지식의 탄생

KNOWING
WHAT
WE KNOW

지식의 탄생

사이먼 윈체스터 지음

신동숙 옮김

이 시대 최고의 지성이 전하는 '안다는 것'의 세계

INFLUENTIAL
인 플 루 엔 셜

영국 도싯주 도체스터 하디스쿨에서
40년간 학생들에게 지리를 가르쳤던
해럴드 만 선생님께,
깊은 감사를 담아 이 책을 바칩니다.

"지식은 유한하나, 무지는 필연적으로 무한하다.
이것이 바로 무지의 주된 근원이다."

—칼 포퍼 경, 1960년 영국 아카데미 강연에서

생활 속에서 잃어버린 삶은 어디에 있는가?
지식 속에서 잃어버린 지혜는 어디에 있는가?
정보 속에서 잃어버린 지식은 어디에 있는가?

—T. S. 엘리엇, 〈바위〉

차례

아무것도 몰랐다는 것만 알 뿐

내가 처음으로 지식을 습득했던 순간은 대체로 몹시 고통스러웠던 기억으로 남아 있다. 1947년 늦여름의 무더운 오후, 내가 세 살쯤 되었을 무렵이다. 그날의 기억은 대부분 흐릿하지만, 단 한 가지 사건 만큼은 75년의 세월이 흐른 지금까지도 선명하게 기억이 난다.

다른 사람들에게는 대수롭지 않은 아주 사소한 일이었겠지만, 나는 이 사건을 통해 처음으로 생생하고 실질적인 지식 몇 가지를 얻었다. 이 지식들은 일종의 정신적 맥락에 따라 언제든 꺼내 쓸 수 있게 보관해두었다. 이날 터득한 지식은 누군가에게 배우거나 책에서 읽은 내용이 아니라 경험을 통해 얻은 것으로, 존 로크가 경험주의로 발전시킨 개념의 완벽한 예였다.

앞에서 언급했듯이 그날은 유난히 더웠던 여름날 오후였고, 평

일이었다. 그 시절 나는 어머니와 런던 북부 외곽의 허름한 동네에 있는 작은 아파트에 살았고, 아버지는 팔레스타인에서 군 복무 중이었다. 벨기에 출신인 어머니는 몸집이 작고 연약했는데, 날마다 나를 유아차에 태우고 장을 보러 다녔다. 어머니는 이웃에게서 얻은 육중하고 번쩍거리는 검은색 유아차를 손수레처럼 사용했다. 나는 어머니와 얼굴을 마주 보는 방향으로 안쪽 끝에 앉았고, 횅댕그렁한 내부는 보통 장 본 물건으로 가득 채워졌다. 유아차 가장자리에 맨발을 대롱대롱 걸치고서는 어머니와 조잘조잘 이야기를 나눴다.

유아차에서는 모든 걸 관찰할 수 있었다. 어머니는 생협, 식료품 체인점, 그 옆에 있는 생선가게에서 주로 장을 봤는데 생선가게는 농어목의 일종인 스누크라는 기름진 생선을 주로 팔았다. 내가 별로 좋아하지 않는 것이었다. 어머니도 고양이 먹이로나 적합하다고 생각했다.

30분 뒤 유아차를 장 본 물건으로 가득 채우고 집으로 향했다. 집 현관 앞 계단에 도착하자, 어머니는 내게 유아차에서 내려와 장화를 신으라고 말했다. 바깥에 내놨던 고무장화는 햇볕에 따뜻하게 데워져 있었다.

이때 내가 지금까지 선명히 기억하는 그 사건이 일어났다. 나는 왼발을 장화에 쑥 집어넣었다가 이내 비명을 지르며 발을 홱 뺐다. 바늘로 찌르는 듯한 격렬한 통증이 발에서 느껴졌다. 허겁지겁 장화를 벗어 던지고 엉엉 울었다. 그때 노랗고 까만 자그마한 무언가가 장화 안에서 나와 휙 날아갔다.

어머니는 깜짝 놀랐지만 곧바로 사태를 파악했다. "말벌이야!"라고 소리치더니, 현관문을 벌컥 열고 뛰어들어가 분홍색 병에 파란색 상표가 붙은 칼라민로션과 얼음 그릇, 진정 연고를 들고 나왔다. 잠시 뒤, 나는 울음을 그쳤고 쿵쾅거리던 가슴도 진정되었다. 그렇게 위기를 넘겼다. 케이크를 먹으며, 여전히 욱신거리는 허옇게 된 상처를 친구들에게 자랑하듯 내보이면서 관심과 동정을 얻었다.

지금 생각해보면, 그 일을 계기로 나는 몇 가지 사실을 배웠다. 이를테면 평생에 남을 인상적인 경험을 했던 것이다. 말벌에 쏘이는 경험은 나보다 훨씬 나이가 많은 사람들에게도 엄청난 일이다. 그렇지만 거기에서 중요한 무언가를 배웠으므로, 결국 득이 된 경험이었다. 나는 뜻하지 않게 조금이나마 지식을 얻게 되었다. 이제 말벌이란 무엇이며, 말벌을 잘못 건드렸다간 어떤 일을 당할지 알게 됐으니 말이다.

지식은 경험을 통해 축적된다

모든 인생의 발자취는 끊임없는 지식의 축적으로 만들어진다. 지각을 가진 존재의 마음에 지식이 전달되는 데에는 의식도 필요하지만, 호기심 어린 열린 마음이 중요하다. 그리고 이 과정은 반복적이고 지속적인 변화를 거친다. 유아기나 아동·청소년기처럼,

지식을 습득하는 속도가 무척 빨라서 처리할 정보가 머릿속에 쓰나미처럼 밀려드는 시기도 있다. 반면 노년기에는 정보가 훨씬 천천히 유입되어 지식이 이끼나 녹처럼 서서히 들러붙어 쌓인다.

영유아 학자들은 아이들이 언제부터 지식을 습득하기 시작하는지 알아낼 수 있다고 말한다. 이들은 아이의 타고난 순수함이 사라지기 시작하는 순간, 즉 아이가 전혀 자각하지 못한 상태에서 지식을 습득한다고 믿는다. 이 과정의 초기에 무언가에 대한 앎이 한층 뚜렷해지는 순간이 생기는데, 이때 아이들은 경험을 통해 어떤 식으로든 무언가를 배우게 된다는 것을 깨닫는다. 더군다나 말벌에게 된통 쏘이는 것처럼 인상적인 사건이라면, 그 기억이 뇌의 어디엔가 저장되어서 이후에 비슷한 일이 생길 때마다 떠오를 것이다. 어른이 된 뒤에도 어린 시절 처음으로 습득한 지식이 무엇이고 어떻게 배웠는지, 얼마나 교훈적이었는지를 운 좋게 기억할지도 모른다.

내 경우 말벌에 쏘인 경험에서 어떤 지식을 얻었을까? 그 당시 나는 일상의 꽤 많은 것을 거의 무의식적으로 습득하고 있었다. 이를테면 덥고 추운 것이 무엇을 말하는지를 알았으며, 몹시 덥거나 추운 날씨에 진저리쳤다. 몇 가지 음식 냄새도 알았는데, 어떤 음식 냄새는 고소했고 어떤 냄새는 역겹게 느껴졌다. 개와 고양이도 구별할 수 있었다. 다만 동물에 대한 지식은 완전히 피상적인 수준이어서, 만일 누군가 물으면 개와 고양이가 실제로 어떤 것을 말하는지 설명하지 못했겠지만 말이다. 그뿐 아니라 개의 품종은 에어데일, 휘핏 등 엄청나게 많고 고양이도 마찬가지로 여러 종인

데 어떻게 내가 개와 고양이를 구별했는지도 설명할 수 없었다. 나도 또래 아이들처럼 세상에 대해 아는 게 꽤 있었지만, 그런 지식은 의식하지 못하는 사이에 저절로 습득된 것이었다. 그런데 이제는 집 현관 앞에서 벌에 쏘이는 경험까지 했으니 새로 배운 지식이 하나 더 늘었다.

그 경험 이후 나는 말벌이라는 곤충의 존재를 알게 됐다(파리와 나비는 이미 알고 있었으며, 곤충은 아니지만 거미에 대해서도 아마 알고 있었을 것이다). 늘 자상했던 어머니는 빠르게 회복 중인 내 상처를 어루만지며 이렇게 말씀하셨다. 만일 나를 쏘았던 곤충이 말벌이 아니라 말벌과 비슷하게 생긴 평범한 벌이었다면 생물학적인 특성 때문에 그 벌은 죽었을 것이고, 결국 벌에 쏘인 사람이(이 경우에는 내가) 최후의 승자인 셈이라고 말이다. 그 말을 듣고 나는 말벌에게 침이 달려 있으며, 침에 쏘이면 격렬한 통증이 사지에 퍼지고 쏘인 부위가 즉시 부어오르면서 색깔과 모양이 달라진다는 사실을 알게 됐다.

그뿐만이 아니다. 얼음과 연고로 통증을 가라앉힐 수 있다는 사실, 상처는 즉시 일종의 전리품이 될 수 있다는 사실, 용감하고 참을성 있게 대처하는 법을 배우고 친구들에게 보여줄 수 있다는 사실, 그리고 칭찬받을 수 있다는 사실도 배웠다. 벌에 쏘인 부위가 왼발이라는 사실도 알았으니 이제 왼쪽과 오른쪽을 구별할 수 있게 되었다. 결과적으로 그 말벌은 분명 교육적으로 상당한 도움을 주었다. 물론 그때는 그렇게 생각하지 않았지만 말이다. 그저 상처가 어서 가라앉았으면 좋겠다는 생각뿐이었다.

우리는 경험을 통해 지식을 습득한다. 내 경우 이 사건을 겪은 뒤 평생 말벌을 조심하겠다고 확실히 다짐했고, 혹시라도 벌에 쏘이면 얼음을 찾아야 한다는 것을 기억에 담아두었다. 신발을 신을 때는 주로 왼발부터 신었고, 왼쪽과 오른쪽을 더는 헷갈리지 않게 되었다.° 그리고 만약 내가 사회성이 좋은 아이라면, 습득한 지식은 자연스럽게 더 확장될 것이다. 또래와 어울리기를 좋아하는 성격이고, 친구가 많고, 사회성과 관련된 지식이 있다면, 말벌이 나타났을 때 다른 아이들의 안전을 위해 벌을 쫓아내고, 친구가 벌에 쏘이면 얼음을 가지러 달려갔을 것이다. 친구가 오른쪽 장갑을 오른손에 끼울 수 있게 도와주거나, 아파도 내색하지 않고 용감하게 행동하면 어떤 사회적 이점이 있는지를 친구에게 가르쳐줄 수도 있다. 경험, 확산, 모방, 이 세 가지는 새로운 사실을 인식하는 데 가장 기본적인 요소다. 나중에 훨씬 더 어려운 개념을 인식할 때에도 마찬가지다.

아직 발달이 충분히 이루어지지 않은 아이들에게는 약간의 고통이나 쾌락, 당혹감도 지워지지 않는 흔적으로 남을 수 있다. 사회적 결속력이 약했던 초기 인류도 마찬가지였다. 초기 인류는 음식을 찾는 것으로 배고픔을 표현했는데, 찾은 음식 중 어떤 것은 맛있었고, 어떤 것은 그저 그랬고, 어떤 것은 몸에 해로웠다. 운이

● 18세기까지만 해도 신발 대부분은 좌우 대칭형이어서 왼쪽과 오른쪽을 구별할 필요가 없었다. 더욱이 좌우의 개념은 대부분의 개념과 마찬가지로 의미를 널리 전하기가 특히 까다로운데, 개념의 보급은 2장 전체에 걸쳐 자세히 다룰 주제다. 참고로 왼손은 당사자가 북쪽을 향해 섰을 때 서쪽을 가리키는 손이다. 나는 벌에 쏘인 발이 왼발이어서, 왼쪽의 개념을 남들보다 더 쉽게 이해했다.

좋으면 만족감을 느끼겠지만, 최악의 경우에는 몸이 상하거나 죽을 수도 있었다. 이런 경험이 쌓이면 동료들에게 어떤 것이 영양가 있는 음식이고 어떤 것이 유해한 음식인지를 알려주었을 것이다. 이것이 초기의 인류가 지식을 전달한 방식이다. 언어도 없고, 문자도 없고, 전자기기도 없던 시절에는 순전히 경험만이 지식에 영향을 미쳤다. 경험은 아주 깊고 중요한 역할을 했으며, 알려진 모든 것과 알려지게 될 모든 것의 원천이었다. 알려질 수도 있었던 could 모든 것이 아니라, 그 당시 알려질 만했고 알려질would 모든 것의 원천 말이다. '-하게 될would'이라는 표현은 그 당시에 수행되어야 할 일이지만, '-수도 있는could'이라는 표현은 경험의 수준을 넘어서는 것, 특히 호기심이나 탐구의 자연발생적인 결과물과 관련된, 미래의 일이다.

어떻게 진화할 것인가

이 책에서는 지식이 대단히 방대한 출처에서, 마찬가지로 대단히 방대한 인간의 정신으로 어떻게 전달됐으며, 인간이 살아온 수천 년간 지식의 전달 수단이 어떻게 진화해왔는지를 살펴본다. 현생 인류가 출현하기 전으로 거슬러 올라가 선사시대에도 지식은 거의 전적으로 경험에 의존했다. 비와 추위를 경험하고서 의복과 은신처를 찾게 됐고, 배고픔을 겪고 나서 양식을 비축하게 됐

지식의 탄생

으며, 야생동물 등 적대적인 상대와 싸우면서 위험을 경계하고 일종의 무기를 준비해두게 되었다.

　과학철학자 칼 포퍼는 무지의 총량은 지식의 총량보다 항상 더 크다고 말했다. 그렇지만 오늘날에는 워낙 막대한 지식이 생성되고 보급되고 있어서, 의지와 능력만 있다면 지식을 얻을 수 있는 경로는 무수히 많다. 우선 인쇄술은 근대의 역사를 열었다. 9세기 중국에서 목판 인쇄술이 개발됐고, 그로부터 600년 뒤인 15세기에 독일 마인츠의 요하네스 구텐베르크와 영국 런던의 윌리엄 캑스턴이 금속활자를 이용한 인쇄술을 개발하면서 근대사가 시작됐다. 오늘날에는 전자 기술이 인쇄술 발명에 맞먹는 변화를 줄곧 이끌고 있으며, 그 속도와 규모는 보통의 이해력으로 따라잡기 힘든 수준이 되었다. 기술이 우리가 사는 시대를 규정하는 가운데, 우리는 지식을 전달하는 방식과 수단이 무한히 많아졌다는 사실에 경외감을 느끼면서도 한편으로는 의문을 품기 시작했다. '지식 전달 방식의 변화가 너무 극단적이고 빠른 것은 아닐까?'

　변화의 규모는 실로 엄청나다. 이를테면 9세기 중국에서는 먹이 군데군데 얼룩진 불교 경전 100권을 찍어서, 승려들이 노새를 타고 서쪽 사막지대 너머 먼 곳까지 전달했다. 그들이 걸친 승복은 이동하는 동안 햇볕과 비바람에 닳고 해지기 일쑤였다. 세월이 한참 흐른 뒤 서구에서는 증기를 동력으로 활판인쇄된 기독교 성경 10만 권을 큰 상자에 담아 배에 실은 뒤 아프리카와 중국의 선교지, 요크셔와 오하이오의 교회로 운송했다. 아직은 과거에 하던 방식과 그렇게까지 큰 차이가 나지 않았다. 세월이 더 흘러서, 인쇄기에서 나온 신문을 접은 뒤에 기차와 트럭에 실어서 수천 킬로미터 반경 내의 각 가정에 배달하고, 그 밖의 경로를 통해 매일 수백만 부를 판매하게 되었다. 이번에는 차원이 다른 변화로 느껴질지 모르지만, 이 역시 옛날 중국에서 행했던 지식 전달 방식의 확장일 뿐 아주 크게 다르지는 않다.

하지만 오늘날 지구 반대편의 어느 도서관에 앉아 단 몇 초 만에 찾고자 하는 모든 정보를 전송받는 것은 어떨까. 이는 차원이 전혀 다른 정보 전달 방식이다. 구식 전화와는 완전히 다르지만 여전히 전화기라는 이름으로 불리는 자그마한 스마트폰은 또 어떤가. 유리 표면을 깃털처럼 가볍게 터치하기만 하면 기기 내부의 트랜지스터 수십억 개에 명령을 내려서 미지의 장소에 보관된 미지의 장비에 연결되고, 상상할 수 있는 모든 주제에 대한 모든 알려진 지식을 즉시 불러올 수 있다. 이러한 엄청난 발전은 인류에게 어떤 의미가 있을까.

이는 그 어느 때보다도 중요하고 시급한 질문이다. 스마트폰에 손가락을 슬쩍 갖다 대는 것만으로 인간의 모든 지식과 사고 전체를 열람할 수 있게 됐다면, 이 사실은 우리에게 어떤 시대를 예고할까. 전자기기인 컴퓨터가 지능이 가장 뛰어난 사람의 두뇌보다 훨씬 강력하고 뛰어난 능력을 갖추게 된다면, 높은 지능의 덕을 누리며 살아온 인간 사회는 앞으로 어떤 결과를 맞이하게 될 것인가. 인간에게 뇌는 영원한 본질이자 정수다. 지식을 획득하고 기억하는 데 더 이상 인간의 뇌가 필요하지 않고 컴퓨터가 모든 것을 대체한다면, 지능은 무슨 쓸모가 있겠는가. 요컨대 인간 지능의 실존적 위기가 닥쳐오고 있다. 기계가 우리를 대신해 모든 지식을 습득하고 대신 생각해준다면, 인간은 어떤 존재의 이유가 있을까.

이 책에서는 기이하고 다소 염려스러운 지금의 상황에 이르게 된 과정을 살펴볼 것이다. 지식이 오랜 세월에 걸쳐 어떻게 생성되고, 분류되고, 조직되고, 저장되고, 분산되고, 확산되고, 전파되어 왔는지를 살펴보면 무언가 결론을 얻을 수 있을지 모른다. 그런데 어떤 식으로든 답을 찾으려면, 우선 가장 근본적이고 단순한 질문에서 시작해야 한다. 대체 지식이란 무엇일까.

'안다는 것'은 무엇인가

워낙 벅찬 질문이라서 설명할 엄두가 나지 않을지도 모른다. '지식knowledge'의 의미를 아주 근본적인 수준에서 논의하는 것만으로도 의미론적 수렁에 빠지기 쉽다. 우선 '지식'이라는 단어가 명사라는 사실만 따져도 그렇다. 지금은 당연히 '지식'의 품사가 명사다. 하지만 늘 그랬던 건 아니다. 18세기까지만 해도 지식은 오늘날 우리가 '인정하다acknowledge'라는 단어를 쓰는 것처럼 동사로도 사용되었다. 지식이 동사로 쓰일 때는 주로 타동사였지만(예: 그녀에게는 뒤처지는 것이 감당하기 힘든 굴욕임을 그는 '알았다'), 간혹 자동사로도 쓰였다(예: 그들은 '알고', 인정하고, 믿는다고 답했다).

이 책에서는 명사로 쓰인 '지식'이라는 단어만 고려할 것이다. 이견을 제시하는 사람도 일부 있지만, 오늘날 대부분의 학자는 'knowledge(지식)'가 타동사인 'know(알다)'에서 파생됐다고 본다. 'know'라는 단어에는 여러 가지 뜻이 있지만, 현재 명사로 자리 잡은 'knowledge'와 가장 관련이 깊은 의미는 다음과 같다.

> (사물, 장소, 사람 등을) 알게 됨; 경험을 통해 익숙해짐; 전달받거나 정보를 얻어서 알게 됨; 이해와 통찰에 도움이 되는 무언가를 익히 알게 됨.

대부분의 사전학자들은 'know(알다)'라는 영어 단어가 영국 제도 동부에서 쓰였던, 소리가 비슷한 단어들, 즉 고대 고지 독일어 (750~1050년에 독일 남부에서 쓰인 언어로, 독일어의 가장 오래된 형태다―옮긴이) knean, 라틴어 gnoscere, 슬라브어 znati, 산스크리트어 jna, 고대 그리스어 'γνω' 등의 단어들과 관련이 있거나 어원이 같다는 데 동의한다.

'knowledge'는 아주 오래된 단어로, 고대 영어에서 맨 처음 확인된 5만여 개 단어에 포함된다. 이 단어들 상당수는 튜턴족과 바이킹의 언어에서 유래했으며, 오랫동안 앵글로색슨어(고대 영어)로 알려졌던 언어를 구성하는 단어들이다. 예전에는 일부 학자들이 고대 영어를 현대 영어와 다른 별도의 언어로 생각하기도 했지만, 요즘에는 대체로 고대 영어를 현대 영어의 조상으로 받아들인다. 따라서 '고대 영어'라는 용어는 중세 영어와 현대 영어의 전신이며, 이 모두가 끊임없이 진화하는 언어의 광대한 스펙트럼의 일부다. 고대 영어는 영웅의 일대기를 그린 서사시 《베오울프》에 사용된 언어로 잘 알려져 있으며, 그로부터 300여 년이 흐른 뒤 제프리 초서Geoffrey Chaucer와 같은 작가들의 중세 영어 작품에 다른 유형의 언어가 널리 쓰이면서 결국 사라졌다. 'knowledge'는 철자가 많이 바뀌기는 했지만, 그런 과정을 겪고도 살아남은 단어 중 하나다.

'knowledge'라는 단어가 최초로 등장한 것은 963년 역사서 《앵글로색슨 연대기The Anglo-Saxon Chronicle》였는데, 'cnawlece'라는 철자로 기록됐다. 그런데 참조 설명으로 명시된 내용을 보면, 여기서 쓰인 의미는 '인식'이 아니라 '인정'이었음이 분명하다. 다시 말해 우리가 이 책에서 논하는 지식의 의미로 사용되지는 않았다.

'지식'이라는 단어가 그와 다른 의미로 쓰인 사례는 약 400년쯤 뒤인데, 여러 문헌에서 갑자기 등장한다. 이때의 언어는 고대 영어가 아니라 고대 영어를 계승한 중세 영어다. 대략 1350년에서 1450년 사이에 출판된 저작물을 토대로 편찬한 《옥스퍼드 영어사전》에 나오는 지식의 용례는 예전과는 미묘하게 차이가 있다. 그리스의 뛰어난 의사 갈레노스와 인체 해부에 대한 내용을 다룬 1425년 논문에는(현대의 언어로 번역하면 대략) 다음과 같은 문장이 나온다. "그리고 갈레노스는 인간과 유인원, 돼지, 그 밖의 여러 동물에 대한 해부학적 지식knewelych을 얻게 됐다."⦁ 이 문장과 당시 《옥스퍼드 영어사전》에 수록된 17개의 용례는 여러 가지 의미를 지녔던 'knowledge'가 수 세기를 거쳐서 오늘날과 같은 '지식'의 의미로 쓰이게 된 변천 과정을 보여준다. 가장 최근의 쓰임을 보여주는 예문은 2002년 2월의 서평 문예지 《뉴욕 리뷰 오브 북스》에서 인용한 것이다. 사전 편집자들은 단어의 용례 18개를 모두 모아서 다음과 같이 정의했다.

특히 교육, 학습, 연습을 통해서 특정한 대상, 언어 등의 분야에서 실제적인 이해나 능력, 기술을 습득한 것 또는 그런 상태; 배움을 통해 특정한 주제 등에서 습득한 전문성이나 기술.

그런데 우리가 논하는 '지식'이라는 단어의 의미는 더 미묘하고 구체적이면서도, 한결 단순하다. 이런 의미로 사용된 용례는 1398년에 작성되어 현재는 영국 국립도서관에 보관된 어느 텍스트를 살펴보면 잘 알 수 있다. 라틴어로 쓰인 작품을 존 트레비사John Trevisa가 번역한 이 텍스트 덕분에 《옥스퍼드 영어사전》은 '지식knowledge'의 단어 설명에서 'knowlech'와 'konnynge'를 용례 4번의 뜻 b항목으로 정리하고, 고상하고 전형적인 표현으로 이렇게 짧게 설명한다.

사실이나 진실을 마음속으로 인식하는 것; 사실이나 진실에 대한 명확하고 확실한 인식; 사실이나 진실을 알고 있는 상태 또는 상황.

● 단어의 철자가 처음에 'cn-'이었다가 'kn-'으로 바뀐 것은 영어에서 간혹 나타나는 초성의 묵음 현상을 보여준다. 영어의 초성 묵음은 예를 들면 knife(칼), ptarmigan(들꿩), gnostic(지식에 관한, 영지주의의) 같은 단어에서처럼 'k, p, g'로 시작되는 단어에서 주로 나타난다. 'knowledge'의 옛 철자인 'cnawlece'의 경우, 아마도 처음에는 'c'가 목구멍이 그렁거리는 소리로 발음되어서, 영국인들이 듣기에 그 단어의 뜻이 주는 느낌과는 다소 거리감이 있었을 것이다.

지식의 탄생

실질적인 이해를 통해 무언가를 구체적으로 아는 것(예를 들면 해부학적 구조)은 위의 정의에 포함되지 않는다. 이렇게 되면 "사실이나 진실을 알고 있는 상태 또는 상황"이라는 정의는 '지식'이라는 단어의 가장 핵심적이고 근본적인 정의이자,● 우리가 지금 알아보려는 개념에 해당한다. 이런 근본적인 정의를 논하려면 사전학자처럼 정확성에만 초점을 맞추는 데에서 벗어나서 철학자의 관점으로 생각을 전환할 필요가 있다. 실제로 철학자들은 오래전부터 지식의 개념을 훨씬 복잡하고 때로는 갈피를 잡기 힘들 정도로 깊이 파고들었다.

지식에 대한 정의

'지식'이라는 단어가 삶의 근본적인 진실을 탐구하는 의미로 한 걸음 발전한 흔적은 《옥스퍼드 영어사전》에서 찾을 수 있다. 거기에 단어 뜻 바로 밑에 작은 글씨로 다음과 같이 적혀 있다.

● 지식이라는 단어의 정의 중에는 이 책과는 관련이 없는 의미도 있다. 다른 어떤 의미로 사용되는지 궁금해하는 독자들을 위해 몇 가지 소개하면, 가령 'To have knowledge of a person'이라고 표현하면 이성과 성적 관계를 맺는다는 뜻이며, 여기에 'in the biblical sense'라는 문구를 덧붙이면 더 능청스럽게 장난하는 듯한 뉘앙스가 된다. 또 런던 시민들은 익히 알겠지만, 소형 모터사이클을 탄 젊은이가 지시사항이 빼곡히 적힌 클립보드 판을 가지고 다니면, 택시 운전사가 되려고 속칭 'the knowledge'(도로교통 지식 테스트)라고 불리는 시험을 준비 중임을 짐작할 수 있다.

인식론의 주요 관심사 중 하나인 지식_{ἐπιστήμη}의 정의를 '정당화 된 참인 믿음'으로 규정한 것은 플라톤의《테아이테토스_{Theaetetus}》로 추정된다. 그러나 에드먼드 게티어_{Edmund Gettier}는《분석 Analysis》을 통해 이런 정의에 의문을 제기했다.

여기서 우리는 앞에서 던진 질문, 즉 '지식이란 무엇인가'에 대한 보다 완전한 대답에 접근하기 시작한다. 지식에 대한 해석 중 가장 유명하고 가장 오랫동안 지지를 받은 것은 약 2,400년 전 그리스의 젊은 귀족 플라톤이 제시한 설명이다. 폭넓은 관심사를 가졌고 박학다식했던 플라톤은 다른 주제와 더불어 지식이 무엇인가에 대해서도 진지하게 고민했다. 그는 아테네 성곽에서 1.6킬로미터쯤 떨어진 평화로운 아카데모스 숲에 터전을 잡고 오랜 기간 머물렀다. 그곳이 바로 플라톤의 전설적인 아카데미인데, '아카데미'는 오늘날 최고의 지성을 뜻하는 용어로 일반화되었다. 이곳에서 플라톤은 부단한 저술 활동을 했으며, 그의 저작은 오늘날에도 많은 사람에게 존경받고 있다. 지식에 관한 글은 그의 저술 활동 경력 중반에 집필됐다.

특이하게도 플라톤은 글에서 자신의 목소리를 직접 내지 않고, 대신에 그의 위대한 스승인 소크라테스를 등장시켰다. 플라톤이 지식에 관한 중요한 글을 집필한 것은 소크라테스가 세상을 뜬 지 이미 30년이 지나서였다. 소크라테스는 그리스 청년들의 정신을 타락시키고, 국가가 숭배하는 신들을 섬기는 대신 거짓 신을 숭배한 죄로 유죄 판결을 받아 독미나리 즙을 먹고 사망했다.

소크라테스는 기원전 399년에 사망했는데, 플라톤은 그로부터 30년이 지난 기원전 369년에 소크라테스가 지식의 정의와 지식을 얻는 다양한 방법에 대해 설법하는 대화편을 썼다.*더 특이한 것은 플라톤이 이 대화편의 제목으로 플라톤과 소크라테스 두 사람 모두의 친구였고 저명한 그리스 수학자였던 테아이테토스의 이름을 따서 붙였다는 점이었다. 엄밀히 따지면 지식의 본질에 관한 논의에서 테아이테토스는 거의 관련이 없다. 그런데도 가장 중요한 지식에 관한 대화를 포함한 35회의 대화에 그를 등장시킨 것은, 당시 아테네 지성인들의 위엄을 상기시키기 위해서였다. 테아이테토스는 모든 면이 같은 정다면체, 즉 정4면체, 정8면체, 정12면체, 정20면체, 정6면체의 다섯 가지 규칙적인 볼록 다면체가 존재하거나 존재할 수 있다는, 가장 기본적인 수학적 정리 중 하나를 증명한 사람으로 잘 알려져 있다.

플라톤의 대화편 가운데 《테아이테토스》에서, 소크라테스는 수학자 친구와 '지식이란 무엇인가'에 대한 논쟁을 벌인다(둘이 대화를 나눈 장소는 의아하게도 운동 연습장이었다). 그는 세 가지 명제를 제시한다.

첫째, 지식이란 '무언가를 인식하는 것'이라고 했다. 가령 당신이 어느 날 아침에 어떤 동물을 보고 낙타라고 공표하면, 당신

---

* 아는 게 많은 척 으스대는 아테네 사람들과 같은 입장에 서게 된 지금, 그런 사람들에 대한 존 밀턴의 평가가 이 책 서문의 제목으로 인용됐다는 사실에 주목해보자. 밀턴의 《실낙원》 4권에는 이런 구절이 나온다. "그들 중 최고이며 가장 현명한 자들은 모두, 아무것도 몰랐다는 것만 알 뿐이라고 공언했다."

—— 지식의 본질을 최초로 철학적으로 규정한 플라톤은 19세기의 이 그림에서 스승인 소크라테스의 무덤 앞에 앉아 있다. 그는 해골과 나비를 두고 불멸에 대한 사색을 하고 있다.

은 이런 행동을 통해 이날 낙타를 보았다는 지식을 얻는다. 그런데 소크라테스는 곧바로 이런 단순한 생각을 버린다. 이렇게 되면 낙타과 동물에 대한 전문지식이 전혀 없는 사람도 낙타에 대해 아주 잘 아는 동물학자들과 똑같은 권위를 누리게 될 터이기 때문이다. 무언가를 보고 어떤 것이라고 공표할 때, 사실로 인식하고 공표할 수 있지만, 그렇다고 이것이 반드시 사실인 것은 아니다.

소크라테스는 더 깊이 파고든다. 그가 제시한 두 번째 시나리오도 동물의 존재를 인식한다는 점에서는 첫 번째와 상당히 비슷하다. 하지만 이번에는 이 동물이 낙타라는 순수한 믿음에서 낙타라고 공표한다. 다시 말해 아무 생각 없이 낙타라고 지칭하는 것이 아니라, 낙타라고 정말로 믿기 때문에 낙타라고 말하는 것이다. 소크라테스는 이 개념에 대해 조금 더 깊이 고민한다. 평균적인 아테네 시민들의 순수함에 대해 상당히 관대하게 받아들이면서, 기꺼이 시민들의 눈높이에 맞춰 해석한 것이다. 그렇지만 곧바로 수학자 친구에게 이런 견해 역시 충분하지 않다고 말한다. 모든 인간이 순수한 것은 아니며, 사람들의 믿음이 편견·자만·거짓에 물들지 않고 영원히 보전되는 것도 아니므로 순수한 믿음만으로는 충분하지 않다는 것이다.

위대한 두 지성 사이의 논쟁은 이런 식으로 진행되었는데, 여기서 '위대한 지성'이라는 표현에 주목할 가치가 있다. 이전에는 그 누구도 지식에 관해 의식적으로 글을 쓰거나 공개적으로 숙고한 적이 없었다. 이 주제는 아무도 손대지 않은 지적 영역이었다. 지금 우리 눈에는 그저 맥줏집에서 술잔을 기울이며 나누는 대화 소재에 불과해 보일지 몰라도, 두 사람 간의 열성적인 대화에 담긴 생각은 당시 대단히 독창적인 견해였다. 또한 이 대화는 인류의 역사에서 지식의 본질을 최초로 숙고했던 사례였다. 그렇기 때문에 이 주제에 대해 깊이 생각하고, 고려하고, 관련 영향을 숙고하고, 최대한 분별력 있게 추정한 두 사람은 마땅히 지적 거장으로 역사에 남을 법하다.

두 거장은 그때까지 아무도 생각해본 적이 없던 서술적 지식 descriptive knowledge의 개념을 제시했다. 서술적 지식은 실질적인 방법과 경험을 배우는 지식이 아니라 지식 그 자체에 대한 지식을 뜻한다. 서술적 지식은 인식될 수 있으며 진실임을 순수하게 믿을 수 있는데, 제시된 생각이 진실임을 믿기 위한 논리적 타당성, 즉 '로고스logos'를 위해 필요한 지식이다. 이 대목에서 소크라테스는 세 번째 설명을 보탠다.

이 단계에서는 '로고스'가 핵심이다. 이제 지금까지의 견해에 타당성이라는 요소가 더해진다. 당신이 어떤 동물을 보고, 낙타가 틀림없다는 진정한 믿음에서 그 동물이 낙타라고 말한다. 그런데 당신은 이 말을 의심하는 사람들이 있음을 인식하고, 자신의 의견을 입증할 증거와 타당한 논리를 찾으려고 한다. 이를테면 낙타는 등에 혹이 있는데, 자신이 본 그 동물에게도 혹이 있다. 또 그리스인 중 일부가 멀리 바다 건너에서 키우던 낙타를 이곳 그리스까지 데리고 와서, 현재 이 지역에 낙타가 살고 있다는 사실을 알고 있다.

낙타를 의미하는 그리스어 'κάμηλον'라는 단어가 적힌 낙타 그림이 있는데, 조금 전에 본 그 동물의 모습이 그림 속의 동물과 아주 흡사하다는 사실을 안다. 아는 사람들 중에 그 동물을 보고 마찬가지로 낙타라고 말하는 사람이 있을 것임도 안다. 이처럼 당신은 등에 혹이 있는 낯설지 않은 이 동물이 낙타라는 사실을 뒷받침하는 추가 정보를 제시할 수 있으며, 이 지역에 낙타가 존재한다는 사실을 잘 알고, 진정으로 믿는다. 모든 사실을 종합하면 당신이 목격한 동물은 낙타일 가능성이 높고, 그리스에도 낙타가 살고 있다는 사실이 회의주의자들의 목소리를 잠재울 만큼 충분히 입증되어 이 동물이 실제로 낙타라고 선언할 수 있다. 그렇게 선언함으로써 당신은 절대적으로 진실하고 정당한 지식의 한 조 각을 얻게 된다.

고대 그리스어 문헌 번역가들은 플라톤의 대화편에서 소크라 테스가 언급했던 이 말을 '정당화된 참인 믿음justified true belief(JTB)' 이라고 번역한다. 여기서 '정당화된'이라는 표현이 세 번째 시나리 오에서 추가된 개념인 로고스에 해당한다. 이 표현은 《옥스퍼드 영어사전》의 뜻풀이 밑에 주석으로 짧게 언급된다. 방송인에게 BBC라는 용어가 익숙하고 미국 대통령을 연구하는 역사가에게 FDR이나 JFK라는 용어가 익숙하듯, 정당화된 참인 믿음의 약자 JTB는 철학자들에게 익숙한 표현이다. 이 표현은 상당히 오래됐 지만 오늘날의 문헌에서도 여전히 통용된다. 이는 '대체 불가능한 토큰nonfungible token(NFT)'이나 '파동-입자 이중성'처럼, 들어본 적 은 있지만 정확히 이해하기가 어려워서 긴 설명이 필요한 용어 중 하나다.

지식을 '정당화된 참인 믿음(JTB)'으로 보는 개념은 아주 오래 전에 검증되어 인식론epistemology의 밑바탕을 이루었다. 참고로 인 식론이라는 용어는 '지식에 관한 학문'이라는 뜻의 그리스어 '에 피스테메epistēmē'에서 유래했다. 지식의 본질에 대한 플라톤의 설 명은 오늘날 이 문제를 분석할 때 기준이 되는 접근방식으로 알 려져 있다. 이 개념은 오랜 세월 성서와 같은 존재, 즉 비판의 여지 가 없는 완전무결한 주장이자 앞으로도 영원히 전수될 개념으로 받아들여졌다. 이 개념이 주장하는 바는 아주 단순하다. 어떤 명 제proposition(P라고 부르기로 하자)가 있을 때, (1) P가 참이고, (2) 사람들이 P가 참이라고 믿으며, (3) P가 참이라고 믿는 사람은 그렇게 믿는 것이 정당하기 때문에, P는 참으로 알려지고 결국 지식이 된 것이다. 그런데 겉으로는 단순해 보여도, 따져보면 그렇게까지 단순하지만은 않다.

정당화된 참인 믿음이 더 이상 분석하거나 보완할 필요가 없는 개념이라고 생각하는 것은 경솔하다. 칸트, 케인스, 버트런드 러셀, 르네 데카르트, 라이프니츠, 스피노자, 헤겔, 비트겐슈타인을 비롯한 수많은 위대한 학자는 수 세기에 걸쳐 정당화된 참인 믿음이라는 문구의 의미와 관련 표현들을 다듬고 개선해왔다. 이 주제를 파고든 논문들도 나왔고, 학술지 한 호 전체를 이 주제에 관한 논의로 꾸민 사례도 있으며, 학자들이 며칠씩 모여서 학술회의를 진행하면서 믿음의 조건, 참의 조건, 정당화의 조건을 논했다.

더욱이 18세기 이마누엘 칸트 이후 서술적 지식(이밖에도 명제적 지식, 진술적 지식, 확인적 지식 등의 여러 용어로 불린다)은 크게 두 종류로 구분된다. 하나는 선험적 지식으로, 이런 지식은 추론과 근거, 이론에서 나온다. 예를 들면 테아이테토스의 볼록 다면체처럼 수학적 계산과 추론이 가능한 지식이 이에 해당하는데, 이런 지식은 실제 경험보다는 마음속 생각에서 나온다. 다른 하나는 관찰과 경험을 바탕으로 하는 경험적 지식이다. 그렇지만 이에 관한 논의가 워낙 철학적이어서, 구변 좋은 설명에 불과하다고 생각하며 이견을 제시하는 사람들도 있었다.

종교와 믿음의 개념

고심해야 할 문제가 아직 한 가지 남았다. 세 가지 핵심 요소 중 하나인 믿음이라는 개념은 역사적 영향을 쉽게 받는다는 점이다. 과거 수 세기 동안 인간의 생각과 마음은 일관성 없는 다양한 종교적 교리로부터 영향을 받았다. 실제로 아주 오래 전부터 사람들은 문제에 부딪힐 때마다 다양한 부류의 신들에게서 답을 찾았다. 이를테면 교회는 태양계의 구조(지구가 우주의 중심에 자리한 구조), 지구의 나이(기원전 4004년 10월에 탄생), 창조의 메커니즘(6일은 신의 계율에 따라 일하고, 하루는 신성한 회복의 시간을 보내는 것), 뱀의 존재(유혹에 굴복한 아담에게 신이 내린 형벌) 같은 설명을 내놓았으며, 정통성과 교리에 도전하는 사람은 벌을 받을 것이라고 경고했다.

그러나 18세기에 들어서면 홉스, 로크, 루소, 디드로, 앞서 언급한 칸트, 벤저민 프랭클린, 볼테르라는 필명으로 더 잘 알려진 프랑수아-마리 아루에François-Marie Arouet와 같은 중요한 인물들이 등장한다. 이들을 포함한 수많은 훌륭한 사람의 노력과 계몽주의로 불리는 장기간의 지적 혁명 덕분에, 믿음의 개념은 받아들이기가 쉽지 않아 보이는 공상적인 개념에서 일반적으로 검증할 수 있는 확정적인 개념으로 금세 진화했다. 태양계의 구조에서 아담과 하와의 이야기에 이르기까지, 먼 옛날부터 이어져온 믿음이 하나씩 무너지고 일부는 확실성을 잃었다. 이제 독단적인 신조와 교리는 차츰 사라져갔다. 결국 정통으로의 회귀를 꾀하는 근본주의 기독교 신자들만이 환상이 사실이 되기를 희망하며 과거의 믿음에 매달리게 되었다.

1755년에 리스본에서 일어난 대지진은 계몽주의의 시험대가 되었다. 11월 1일 토요일, 대부분의 포르투갈 사람들이 주말 아침식사를 즐기고 있었을 오전 9시쯤 지진이 시작됐다. 지진은 엄청난 위력으로 그 지역을 강타했으며, 지속 시간도 길었다. 지진에 따른 화재로 도시 이곳저곳이 불타면서 건물 잔해에 깔린 수천 명이 화마에 휩싸였다. 사망자가 6만여 명에 이르렀고, 남유럽과 북아프리카에서도 무수히 많은 건물이 파괴됐다.

도시의 고위 관료들은 이 모두가 전지전능하고 지혜로운 하느님의 뜻이라고 말했다. 재앙에 대한 다양한 해석이 나왔다. 하느님이 벌을 준 것이다, 하느님의 복수다, 하느님이 보내는 경고다, 당시 그 지역에 널리 퍼져 있던 이단 사상에 대한 징벌이다 등등. 이런 설명이 전통적인 견해였기 때문에, 자비로운 하느님이 세상과 사람들을 돌봐줄 것이며 모든 것이 다 잘될 것이라고 굳게 믿었던 사람들조차, 때로는 과오를 바로잡는 신성한 중립성이 필요하다고 믿었다. 물론 하느님은 선을 행하며, 건강한 아이의 출생, 봄철의 하늘, 풍성한 음식과 포도주, 잔잔한 바다, 그 밖의 일반적인 번영을 보살피지만, 때로는 신의 건재함을 과시하기 위해 어두운 면도 드러내야 한다고 느낀다. 인간들이 지나치게 현실에 안주하고 안락을 추구하는 징후가 나타나면 찬물을 끼얹어서 갑작스러운 충격을 주는 것도 그리 나쁜 일은 아니라고 본 것이다.

볼테르는 이런 견해가 허튼소리에 불과하다고 생각했다. 그는 자신의 글에서 리스본 대지진에 관해 두 차례 언급했는데, 첫 번째는 시를 통해서였고, 두 번째는 소설 《캉디드Candide》에서였다. 이 소설에서 볼테르는 성직자와 교회 신자 들의 한결같은 낙천주의를 맹비난하면서, 도시를 파괴하고 무고한 사람들을 죽음으로 몰아갈 만큼 신이 나약했던 이유를 해명해야 한다고 주장했다. 그는 "어머니 품에 안긴 채 잔해에 깔려 피 흘리는 아이들은 과연 무슨 죄를 저질렀는가?"라며 맹렬히 분노했다. "이제는 존재하지 않는 도시 리스본이 과연 런던이나 파리보다 악행이 더 많이 벌어지고 사람들이 향락에 빠져서 사는 도시였는가? 리스본은 몰살됐지만, 파리에서는 사람들이 춤을 추고 있다."

볼테르 자신은 인식하지 못했지만, 딱히 과학자도 아니었는데 일어난 사건에 대한 합리적인 설명이 필요하다는 주장을 펼쳤던 것이다. 화산의 존재나 지진 발생과 관련해 어느 정도 합리적인 설명을 내놓았던 사람들이 있긴 했다. 이들은 성직자들도 어쩌지 못했던 지하로부터의 폭발이, 지하수와 지구 중심부에서 발생한 화재와 혼합 작용하면서 일어났다고 설명했다. 합리성에 기초한 지질학이라는 새로운 학문이 급성장한 데에는 볼테르가 회의주의적 견지에서 기독교 지도자들을 노골적으로 공격했던 것이 주효했다(볼테르는 여전히 신에 대한 믿음을 가졌기 때문에 신을 비난하지는 않았다). 지구의 나이가 5,000년을 넘지 않았고, 화석들은 전능한 능력을 드러내기 위해 신이 의도적으로 바위 안에 끼워 넣은 것이며, 지진·화산·쓰나미·태풍·허리케인·사이클론 등 자연현상과 관련된 모든 사건은 신이 때때로 내리는 변덕스러운 결정에 따라 하늘이 행하는 일이라고 설명했던 위선적인 교리가 퇴장하고, 마침내 새로운 과학인 지질학이 번성할 수 있게 된 것이다.

지식에 근거해 이 행성의 본질을 설명하는 학문인 지질학이 과학을 지배했던 교회의 가르침으로부터 해방되자, 자연철학의 모든 영역에서 그와 비슷한 합리적 사상이 스며들고 전파되기 시작했다. 가장 일반적인 의미의 과학이 연구와 도전의 영역으로 정당히 받아들여지고 널리 퍼졌으며, 계몽주의의 특징인 합리주의와 자유의지가 본격적으로 주목받았다.

18세기 후반에는 지식이 신앙으로부터 완전히 분리되었다. 이제 믿음은 이성적 판단이 필요한 영역이 되고, 엄밀한 의미의 지식은 우주에서 제자리를 차지하게 되었다. 사람들은 지식이라는 단어를 알고, 그 개념도 알고 있었다. 이제 우리는 지식의 소유, 앎의 과정과 알고 있다는 사실, 무지의 상태에서 방법·이유·목적·대상을 알아가는 변화, 배우고 완전히 인식해서 모든 사람에게 이익이 되기를 바라는 마음에서 그 힘을 행사할 준비가 된 상태로 바뀔 때 억제할 수 없는 불가피한 힘이 생긴다는 것을 알게 되었다.

20세기로 거슬러 올라가면 은행가에서 출판업자로, 미국인에서 영국인으로, 믿음이 부족한 신자에서 성공회 신자가 되었으며, 노벨 문학상과 영국 왕실의 공로훈장*을 받아 누구도 부인할 수

● 영국에서 가장 권위 있는 훈장으로, 영연방에 속한 24개국의 국민에게 '군주의 의지'를 반영해 수여한다. 월드와이드웹(WWW)을 발명해서 후대에 길이 남을 큰 공을 세운 팀 버너스-리(Tim Berners-Lee)도 2007년에 공로훈장을 받았다.

지식의 탄생

없는 높은 문화적 권위와 영향력을 가진 T. S. 엘리엇이 등장한다. 그는 지식의 문제에 대해 단 한 차례, 대단히 진지하게 고민한 적이 있었다.

그 일이 있었던 것은 1934년이었다. 〈프루프록Prufrock〉, 〈황무지The Waste Land〉, 〈공허한 인간The Hollow Men〉 같은 시를 발표한 지 여러 해가 지난 뒤였고, 뉴욕 브로드웨이와 런던 웨스트엔드 덕분에 그의 문학 유산 중 단연코 가장 유명한 작품이 된 뮤지컬 〈캣츠〉의 원작 《주머니쥐 할아버지가 들려주는 지혜로운 고양이 이야기Old Possum's Book of Practical Cats》가 나오기 5년 전이었다. 엘리엇은 드라마, 음악, 시를 아우른 작품을 시도하면서, 1934년에 런던의 새들러스 웰스 극장에서 〈바위The Rock〉를 연극 무대에 올렸다. 상업적인 성공을 거두지는 못했지만, 전통적인 형식에 본인의 심오한 아이디어를 접목했다는 점에서 오늘날 크게 칭송받는 작품이다. 이 연극에서 엘리엇은 사회가 붙들고 있는 지식이 지나치게 많다는 생각(사실 이는 1930년대보다 오늘날 훨씬 더 자주 나오는 불만이다)에 대해 숙고하고, 이를 시와 음악, 극적인 화법, 연출 기법을 사용해 표현했다. 이 극에 나오는 후렴구의 일부를 앞의 서문에 인용했는데, 여기서 전문을 읽어보면 좋을 것 같다.

> 독수리가 천국의 꼭대기로 비상하고,
> 사냥꾼은 개들을 데리고 사냥에 나선다.
> 오, 배열된 별들의 끊임없는 공전이여,
> 오, 정해진 계절의 끊임없는 반복이여,

오, 봄과 가을, 탄생과 죽음의 세계여!

생각과 행동의 끝없는 순환,

끝없는 발명, 끝없는 실험에서

움직임에 대한 지식을 얻지만 고요함에 대한 지식은 얻지 못하고,

발언에 대한 지식을 얻지만 침묵에 대한 지식은 얻지 못한다.

말에 대한 지식을 주지만, 그 말에 무지하게 된다.

모든 지식은 우리를 무지로 이끌고,

모든 무지는 우리를 죽음으로 이끌지만

죽음에 가까이 다가선다고 신에 더 가까이 다가서는 건 아니다.

생활 속에서 잃어버린 삶은 어디에 있는가?

지식 속에서 잃어버린 지혜는 어디에 있는가?

정보 속에서 잃어버린 지식은 어디에 있는가?

20세기에 천국의 순환은

신에게서 멀어져 흙에 더 가까워지게 만든다.

이 시가 중요한 건 머릿속을 맴돌게 하는 섬세한 표현 때문만
은 아니다. 이 시로 인해 인식론이라는 광범위한 영역 내에 또 하
나의 학문 분야가 우연히 탄생했기 때문이다. 이 분야의 학자들
은 T. S. 엘리엇이 의도하지는 않았겠지만 이 시가 오늘날 DIKW
피라미드(데이터data, 정보information, 지식knowledge, 지혜wisdom의 계층 구조로
데이터의 가공과 활용 과정을 보여주는 모델―옮긴이)로 불리는 학문
적 개념의 탄생에 기여했다고 본다. DIKW 피라미드는 정보학자
들이 창안한 개념이다. 정보학Information Science은 비교적 새롭게 대

두한 학문 분야로, 지난 세기 지식이론Theory of Knowledge, TOK의 선두를 차지했던 인식론을 제치고 최근 맨 앞자리를 차지하고 있다. DIKW의 기본적인 개념은, 오늘날 지식은 쉽게 구분되는 여러 줄기로 구성되며, 그 줄기들이 맞물려 전체를 이루는 것으로 바라보아야만 플라톤이 말한 정당화된 참인 믿음과 관련된 스펙트럼이 드러난다는 것이다.

데이터, 정보, 지식, 지혜

DIKW는 데이터(D), 정보(I), 지식(K), 지혜(W)의 머리글자를 딴 약어로, 네 가지 요소 모두 상당히 중요하며 깊이 연구할 가치가 있다. 데이터와 정보는 서로 비슷하거나 연관이 있으면서도 의미가 구분되는 개념이다. 이런 개념에서 어떻게 지식이 파생됐는지, 그리고 데이터·정보·지식 세 가지가 지혜(지식의 축복으로 오랜 세월 축적된 마음의 궁극적인 표현)라는 개념과 어떤 관계를 맺고 있는지를 탐구하는 것은 매우 난해하다. 이 네 가지 요소를 구분하는 것이 분야 연구의 핵심이 되었다. 처음 세 가지(데이터, 정보, 지식)의 상호작용에 대해서는 완벽한 설명이 가능하다. 하지만 데이터, 정보, 지식이 기하급수적으로 증가하는 세상에서는 지혜와 그 미래에 대한 우려가 불가피하다. 이에 대해서는 책의 마지막 장에서 다룰 것이다.

이 순서에는 그럴 만한 논리, 즉 타당성이 있다. 지혜의 미래가 어둡다는 문제의식은 애초에 이 책을 쓰게 된 배경이기도 하다. 지혜로워지는 데 필요한 조건을 알아보려면, 지혜의 발현에 작용하는 것으로 추정되는 요인들에 대한 논의가 필요하다. 지식의 구조와 지식의 선행요소인 데이터와 정보의 역할을 먼저 평가하지 않고서는 지혜를 논하고 지혜의 미래를 예측하기가 힘들다. 데이터, 정보, 지식 없이는 아예 논의가 성립하지 않을 것이다. 데이터란 무엇인가? 정보란 무엇인가? 그리고(앞에서 언급했던 질문을 또다시 꺼내기가 머뭇거려지지만, 글의 논리를 완성하기 위해 다시 언급하자면) 데이터와 정보의 측면에서 바라볼 때 지식이란 과연 무엇인가?

엘리엇이 자신도 모르는 사이에 도출해냈던 계층적 논리에서 피라미드의 맨 아래에 자리한 데이터는 그 자체로는 의미가 없는 기본 구성 요소로, 정보의 존재를 암시하는 신호나 기호에 가깝다. 그 한 단계 위인 정보는 유용성이 생긴 데이터다. 정보는 데이터에서 추론되는 것으로, 수집된 데이터가 많을수록 추론된 정보가 한결 완전해진다. 사람들은 데이터를 확인해서 정보를 얻는다. 데이터는 무엇을 혹은 누구를 반영할까? 데이터는 어디에서 발생할까? 데이터에 나타난 이들 중 얼마나 많은 이가 관련되어 있으며, 이들을 둘러싼 사건은 언제 발생했을까? 이런 식의 질문을 이용해서 미가공 데이터를 처리하면, 마치 어린아이가 점을 이어서 그림을 그리거나 숫자가 매겨진 칸을 순서대로 색칠해서 그림을 완성하듯, 정보가 서서히 드러난다.

때로는 데이터가 걸러지지 않았거나 연결된 점의 개수가 너무 많아서 어리둥절해지기도 한다. 그런데 데이터가 너무 많다고는 말할 수 있겠지만, "지식이 너무 많다"고 말하는 사람은 없다. 반면 "정보가 너무 많다"는 말은 아주 일반적이고 흔한 문화적 용어이자 거의 상투적인 말이 되었다. 잘 알려져 있듯이, 17세기 영국의 목사이자 작가였던 로버트 버턴Robert Burton이 1621년 출간해 오늘날에도 여전히 영감을 주는 책《우울의 해부The Anatomy of Melancholy》에서는, 정보의 과잉이 엄청난 혼란을 초래하고 있다고 불평하며 다음과 같이 말한다.

　　날마다 전쟁·전염병·화재·수해·절도·살인·학살·유성·혜성·분광分光·영재·유령에 대한 숱한 소문과 프랑스·독일·오스만·페르시아·폴란드 등지에서 도시가 포위되고 마을이 공격을 받았고, 매일같이 병사를 소집하고 전쟁 준비를 한다는 소식이 들린다. 우리는 이런 격정적인 시대에 불가피한 전투, 전쟁, 목숨을 잃은 무수한 사람, 싸움, 난파선, 해적질, 해전, 평화, 연맹, 책략, 새로운 경고 신호를 들으며 살아간다. 서약, 소망, 조치, 칙령, 청원, 소송, 탄원, 법률, 포고문, 불만, 불평 같은 크나큰 혼란이 날마다 우리 귀에 들어온다. 매일 새로운 책, 소논문, 이야기, 온갖 종류의 책 목록, 새로운 역설·의견·분열·이단·철학·종교 등에 관한 논쟁이 불거진다. 결혼식, 가장, 가면극, 접대, 기념제, 사절, 경쟁과 대회, 트로피, 승리, 축하연, 운동경기, 연극 등의 소식이 들리는가 하면, 다른 한편으로 반역죄, 부정행위, 강도질, 온갖 부류의 극악 행위, 장례식, 매장식, 왕자의 죽음, 새로운 발견, 탐험 소식도 들린다. 희극적인 소식과 비극적인 소식이 연이어 들려오기도 한다. 오늘 새로운 영주와 장교가 탄생하고, 다음 날 어떤 위인이 폐위되고, 그런 뒤에 새로운 사람에게 작위가 수여된다. 누군가는 풀려나고, 다른 누군가는 투옥되고, 누군가는 뭔가를 사들이고 다른 누군가는 파산하고, 누군가는 성공하고 그의 이웃은 망했다는 소식도 들린다. 풍족했다가 기근이 들어 곤궁해지고, 누군가는 뛰고, 다른 누군가는 탈것을 이용하고, 언쟁을 벌이고, 웃고 우는 등의 이야기도 들린다. 그러므로 나는 날마다 이런 사적이고 공적인 소식을 듣는다. 즐거움, 자신감, 당혹스러움, 염려, 단순함과 극악함, 미묘함, 용맹함, 솔직함, 성실함 등이 뒤섞여 드러나는 세상의 용맹과 고통 속에서, 나는 전적으로 개인적인 삶을 그럭저럭 살아간다.

데이터에서 정보가 나오고, 그렇게 만들어진 모든 정보에서 비로소 지식이 생긴다. 지식은 단순히 정보가 처리되고, '조건에 맞게 잘 만들어져서, 이해된' 어떤 맥락에 배치된 것이라고 말하는 사람들도 있다. 실제로 지식은 완전히 주관적이다. 어떤 사람이 무언가를 알고 있으며 그에 대한 지식이 있다고 주장할 수 있다. 다른 어떤 사람은 전혀 다른 무언가를 알고 있지만 첫 번째 사람이 아는 것에 대해서는 전혀 모를 수 있다. 첫 번째 사람은 알고 있지만 두 번째 사람이 모른다면 그것은 지식이 아닌 걸까? 공유되지 않은 지식은, 아무도 없는 숲에서 나무가 쓰러지면 그

소리가 아무에게도 들리지 않기 때문에 소리가 났다고 볼 수 없는 것과 마찬가지의 굴욕을 겪는 걸까? 이런 질문에 관심을 쏟고 평생 탐구하는 사람들도 있다. 정보학을 연구하는 사람들은 지식이란 규정하기 힘든 개념이며, 지나치게 깊이 정의되고 고려되며 분석된다고 말하기도 한다. 지식은 데이터나 정보와는 분명 다르며, 보통 묘사되기보다는 인식되고, 예가 있을 때 설명하기가 더 쉽다. 아니면 단순히 생각해서, 상상에서나 가능할 정도로 비현실적이고 이론적이면서도 충분히 일어날 법한 일이라고 볼 수 있다.

데이터는 어떻게 지식이 되는가

두 장의 사진이 인쇄된 종이가 있다고 해보자. 첫 번째 사진에는 테이블이 하나 있고 그 위에 책 한 권이 놓여 있다. 두 번째 사진에도 똑같은 테이블과 책이 있지만, 책이 바닥에 떨어져 있다. 사진에 대한 설명이나 서술, 해설은 전혀 없다. 보이는 건 순수한 데이터가 전부다. 두 장의 사진에는 유용한 정보가 아무것도 없으며, 흥미로운 요소도 거의 없다. 이런 것이 바로 데이터다. 데이터는 그 자체로 의미를 갖거나 이해하기 힘든 단순한 신호, 기호, 표시, 부호다.

이번에는 사진 두 장 대신에 짧은 동영상이 있다고 가정하자.

동영상에 테이블과 책 한 권이 나오고, 잠시 뒤 사람의 손이 보인다. 그 손이 테이블 위에 있던 책을 툭 밀쳐서 바닥으로 떨어뜨린다. 이 영상에도 해설이나 자막은 없다. 그러나 이 동영상에는 이해를 돕는 정보가 약간 들어 있어서 앞의 사진 두 장보다 조금은 유용하다. 이 동영상 덕분에 책이 어떻게 바닥에 놓여 있는지 알게 됐다. 사진 두 장에서 데이터 포인트 두 개를 종합해 사건에 대한 약간의 정보를 얻었다. 하지만 이것이 전부다. 우리는 4세기 전에 로버트 버턴이 경험했던 것과 마찬가지로, 의미를 알 수 없는 정보만 잔뜩 가지고 있을 뿐이다. 그런 정보는 미가공 데이터라기보다는 처리되지 않은 정보이자 언뜻 눈에 들어오는 사실의 총합으로 볼 수 있다. 목화나 양모에서 뽑은 실로 옷감을 만들듯, 그 자체로는 아직 옷감이 아니며, 그저 재료·구성 요소·신호·상징 같은 데이터가 한데 모인 것에 불과하다.

그럼 최종적으로 한번 상상해보자. 사진을 확대하면, 책을 밀쳐 바닥에 떨어뜨린 손의 주인이 보인다. 책의 제목도 눈에 들어온다. 이렇게 추가로 두 가지 정보를 얻었다. 그 자체로는 별로 유용하지 않을지 모르지만, 두 정보를 결합하면 충분히 이해할 수 있고 개연성 있는 스토리를 만들 수 있다. 그리고 이 스토리로 사건의 원인과 추후 전개를 유추할 수 있다. 책이 바닥에 떨어져 있는 이유가 누가 손으로 밀쳤기 때문이라는 것을 알게 됐으니, 이제는 이 작은 사건에 대한 지식이 있다고 말할 모든 요소가 갖춰졌다. 우리에게는 사건의 맥락이 있으며, 누가 책을 밀쳤는지, 무엇에 어떤 일이 벌어졌는지, 사건이 어디서 발생했는지를 어느 정도 확신할 수 있다. 만일 이 장면 어딘가에 시계가 있거나 시간이 찍혀 있다면, 이런 추가 정보를 통해 사건 발생을 유추할 수도 있을 것이다. 확보되지 않은 정보는 사건이 발생한 이유뿐이다. 그리고 최종적으로 지혜는, 이 사건의 원인이 밝혀지면 저절로 나타나겠지만, 아직은 아득히 멀리 있다. 지혜는 사건의 기본적인 전개에 대한 이유를 설명하고, 특별할 것 없는 지식을 대단히 소중한 지식으로 바꾸어놓는다.

원주민들은 어떻게 위험을 피할 수 있었나

지각이 있는 모든 존재에게 생명은 기필코 지켜야 할 가장 소중한 가치임이 분명하다. 존재에 위협이 되는 상황(위험, 공격당할 가능성, 위협의 징후)은 무엇이든 피해야 한다. 그래서 우리의 모든 경험적 지식 중에서도 눈앞에 닥친 위험에 대한 지식이 가장 우선시된다. 어릴 때 경험을 통해 주로 얻는 지식도 종족 보존을 위한 지식 유형이다. 예컨대 불은 위험하고, 매서운 추위에 동사할 수 있으며, 물은 익사의 위험이 있고, 말벌에 쏘이면 엄청나게 고통스럽다는 사실 등 말이다. 아직도 전 세계 곳곳에 남아 있는 오래된 토착 문화권에서는, 본능에 가까운 생존 지식이 공동체의 핵심을 이루며, 때로는 한층 발전된 수준 높은 문화권 사람들로부터 경외심과 부러움을 살 만한 집단 대응이 나타나기도 한다.

토착 원주민의 지식이 현대에 어떻게 작용하는지를 생생히 보여주는 가장 적절한 최근 사례를 살펴보자. 미얀마 인근의 벵골만에 위치한 정글로 뒤덮인 석회암 바위섬들이 늘어선 안다만제도에서 일어난 일이다. 안다만제도는 열대지대로, 최근까지 외지인의 발길이 거의 닿지 않았다. 이곳은 공식적으로 인도의 영토이며, 주민의 대다수는 인도 본토에서 온 벵골인과 타밀인이다. 거주 인구는 총 35만 명 정도로, 대부분 농업이나 임업에 종사한다. 그런데 이 섬 지대에는 옹게족Onge, 자라와족Jarawa, 센티넬족Sentinelese으로 알려진 원주민들도 살고 있으며, 각 부족민의 인구는 수백 명에 불과하다. 전해지는 바에 따르면, 이들은 자연환경에 대한 전통 지식에 의존해 목숨을 부지할 수 있었다고 한다.

2004년 12월 26일 일요일은 인도양 전역에서 강도 높은 해저지진과 엄청난 지진해일이 발생해서 수많은 사람의 생명을 앗아간 날로 기억된다. 인도네시아 수마트라섬 북쪽 끝의 진앙지에서 엄청난 속도로 밀려온 거대한 해일이 벵골만을 거쳐 걷잡을 수 없이 퍼져나가서 태국, 인도, 스리랑카 등의 해안 마을과 관광지를 쑥대밭으로 만들었다. 금세기 최악의 자연재해로 기록된 이 지진해일로 약 23만 명이 목숨을 잃었다.

해일은 오전 나절에 시속 800킬로미터의 속도로 안다만제도를 강타해 섬들을 덮쳤으며, 걷잡을 수 없는 위력으로 해변을 강타해 무려 7,000명에 이르는 사람을 휩쓸어버렸다. 희생자 대부분은 오래전 안다만제도로 이주해온 본토 인도인들의 후손인 힌두교도들이었다. 하지만 앞서 언급한 옹게족, 자라와족, 센티넬족에

속하는 원주민 약 500명은(이들 모두 본토에서 건너온 이주민들에 대한 적대감이 상당했고, 그들의 관심과 교류를 거부했다) 이 비극적인 재해를 겪고도 단 한 명의 사망자도 발생하지 않았다. 그들은 밀려오는 맹렬한 파도를 피해 탈출했는데, 그게 가능했던 것은 어떻게 해야 하는지를 알고 있었기 때문이다.

그들이 어떻게 그걸 알고 있었는지에 대해서는 여전히 불확실한 부분이 있다. 일부 학자들은 노래를 통해서였다고 하고, 오랜 역사를 거쳐 내려온 시를 통해서였다고 말하는 사람들도 있다. 부족의 연장자들에게서 젊은이들에게로 이야기가 전해졌다는 설도 있다. 어떤 방식을 통해서였든 간에, 원주민들은 그런 위기 상황에서 공통된 행동을 했다. 해안에서 낚시를 하거나 그물을 손질하던 사람들은 주변 환경에 심상치 않은 변화가 생겼다는 것을 재빨리 감지했다. 밀물의 속도가 빨라지고, 모래에서 갑작스럽게 물기가 사라지며, 바다 색이 변하고, 먼 바다의 수평선 위로 물거품과 물보라가 일어났다. 그들은 이런 변화가 무엇을 의미하는지를 곧바로 인식하지는 못했다. 그저 시나 노래의 구절, 부족의 주술사나 원로들이 했던 말 같은 희미한 기억을 떠올렸을 뿐이다. 그런 일이 발생하면 내륙으로 재빨리 뛰어가서, 숲속 깊은 곳의 언덕으로 올라가야 한다는 가르침에 대한 막연한 기억이었다. '언덕으로 달려가야 해, 위로, 위로!'

원주민들은 기억의 지시를 따랐다. 행동이 굼뜬 사람들과 다른 데 정신이 팔려 있는 이웃을 재촉해가면서 컴컴한 산비탈로 올라갔다. 그렇게 수백 명이 한데 모여서 겁에 질린 채 주변을 주시했

——— 2004년 12월 인도양 지진해일이 덮친 안다만제도의 재해 현장. 당시 23만 명이 목숨을 잃었으나, 섬의 원주민들은 노래를 통해 전수된 토착문화의 지식 덕분에 재빨리 언덕으로 대피해서 사상자가 매우 적었다.

다. 거대한 파도가 조금 전까지 그들이 있던 해안을 집어삼키더니 집들이 부서지고, 배들이 뒤집혀 침몰했다. 낌새를 전혀 알아차리지 못한 마을 사람들 수십 명(힌두교도 주민들, 본토에서 건너온 사람들, 외지인들, 이주민들)이 파도에 휩쓸려 익사했다.

원주민들은 겁에 질리고 공포에 떨면서 그 광경을 바라봤겠지만, 어쨌든 모두 목숨을 부지했다. 그들이 살 수 있었던 건, 선조들로부터 전수받은 지식을 떠올렸기 때문이다. 그들은 '태초의 지시original instruction'라는 근사한 이름으로도 불리는 지식을 본인들도 모르는 사이에 간직하고 있었다.

전 세계의 원주민들은 다들 비슷하게 아주 오래된 지식의 원천을 간직하고 있으며, 그런 지식은 대부분 끔찍한 위급 상황보다는 일상생활에 필요한 지식이었다. 전통적인 관심의 분야가 워낙 다양해서 인류학자들은 지식이라는 단어를 '지식들knowledges'이라는 복수형으로 지칭하는 것을 선호한다. 비록 원주민의 전통 지식과 원주민을 몰아낸 정착민들이 알고 있던 다양한 주제의 지식을 구분하는 것 자체가 원주민을 원시적이고, 유치하고, 야만적인 사람들로 생각했던 제국주의적 습성의 잔재라는 비판이 있지만 말이다.•

　지식을 다양한 것으로 받아들이는 인식이 일반화되자, 필연적으로 지식의 상대적인 질, 즉 어떤 한 가지 지식을 다른 지식들과 비교했을 때의 상대적인 가치에 대한 논쟁이 벌어지기 시작했다. 독일 과학자의 입자물리학에 대한 지식이 캐나다 북부 이누이트족의 눈雪에 대한 지식보다 더 가치 있을까? 여러 종의 호랑이에게 인상적인 라틴어 학명을 붙이는 것이 시베리아 숲 주민들이 호랑이를 포함한 대형 고양잇과 동물을 구별하는 방법보다 호랑이에 대해 더 많은 지식을 전달할까? 중국 서부와 티베트의 유목민들이 이용하는 별자리표는 선진국의 우주연구기관에서 발행하는 복잡한 우주 지도보다 열등할까? 이런 질문을 던지다 보면, 더

• 원주민을 원시적이고 야만적인 존재로 보는 데 그치지 않고, 아예 인간이 아닌 존재로 보기도 했다. 악명 높았던 1971년의 호주 법원 판결에서처럼, 새롭게 이주한 정착민들이 그 영토가 본래 "원시사회의 미개인들"이 점령하고 있던 땅이라고 일단 판명하면, 그 땅은 법적으로 무주지(terra nullius), 즉 '주인이 없는' 땅으로 간주되어 정착민들이 자유롭게 점령할 수 있었다. 그로부터 오랜 세월이 흘러서, 1992년에 그 유명한 마보사건(마보 대 퀸즐랜드)의 최종 판결이 나오고 나서야 이런 관념은 뒤집히게 된다. 즉 원주민이 처음부터 줄곧 그들의 땅을 소유하고 있었으며, 그들은 여러 면에서 오랜 세월 뛰어난 지식을 보유하고 있었다는 사실을 공식적으로 인정했다.

조심스럽게 접근하고, 모든 지식을 신성하게 여기고, 상대방이 그렇게 여기는 것만큼 본인에게도 가치 있는 것으로 생각하게 된다.

더 나아가 이 책은 지식(지식들)의 전승과 확산에 관한 이야기를 다루기 때문에, 원주민들이 다양한 가르침을 전수한 방식을 살피는 것은 인류에게 지식의 확산이 어떻게 시작됐는지를 알아볼 좋은 예가 된다. 우리는 이미 초기 인간들이 최초의 지식을 어떻게 '습득했는지'를 살펴봤다. 이를테면 말벌에 쏘인 경험이 어린 내게 지식을 주었듯이, 지식은 경험에서 생긴다. 쏘이는 것은 고통스럽긴 해도 배움의 순간이 된다. 마찬가지로 갑작스럽게 몰아치는 눈보라는 수렵채집인들에게 피난처를 찾게 하고, 그칠 줄 모르고 매섭게 몰아치는 폭풍은 더 크고 튼튼한 집을 짓게 한다. 이모두가 배움이 쌓이는 순간이다.

그런데 우리가 다룰 주제는 지식의 습득 말고도 많다. 앞으로 이런 지식이 어떻게 전달되고, 전파되고, 확산되고, 학습되고, 사회에 퍼져나가는지 살펴볼 것이다. 벌에 쏘인 아이는 친구들에게 "말벌이 나타나면 가까이 오지 못하게 쫓아내야 해!"라고 말할 것이다. 눈 때문에 발이 묶인 사냥꾼은, 아마도 1944년 프랭크 로서 Frank Loesser가 〈자기야, 밖은 추워Baby, It's Cold Outside〉라는 노래를 만들면서 표현하려고 했던 것보다 더 순진하게, 자신의 경험을 사람들에게 전할 것이다. 우리는 아는 것을 남들에게 이야기하고, 알린다. 글로 써서 전달하기도 한다. 그 밖에도 수많은 방법을 사용하는데, 그런 전달 방법에 대해서는 본문에서 자세히 다룰 것이다.

고대의 지식 전달 수단 중 일부는 현존하는 원주민 사회에서 여전히 사용되고 있다. 그런 수단은 기본적으로 그림이나 언어를 이용하며 이야기, 시, 공연, 암각화, 동굴 벽화, 노래, 춤, 게임, 디자인, 의식, 행사, 그리고 호주 원주민의 다양한 언어●로 전수된 노랫길songline(만물에 영혼이 있다고 믿는 정령 신앙을 섬기는 호주 원주민 사회에서 창조신들이 꿈을 꿀 때 생긴 땅을 가로지르는 길을 뜻하는 말로, 노래를 순서대로 부르면서 대륙을 가로질러 먼 길까지 찾아갈 수 있다─옮긴이) 등과 결부된다. 이런 방식은 부족 내에서 지정된 원로나 다양한 문화적 표현 방식에 뛰어난 숙련자들에 의해 여러 세대에 걸쳐 전승되었다.

서구에서 이주한 정착민들은 이런 표현 방식을 흥미롭고, 아주 고풍스럽고, 전통 공연을 찾는 여행객들의 눈길을 끌 만한 문화 정도로 생각했다. 그런데 이런 표현 방식은 꾸준히 진화해온 다른 많은 표현 방식에 비해서 훨씬 오랜 세월 이어져 내려왔다. 물론 라디오, 텔레비전, 통신기술 기반의 전자 네트워크, 그리고 특히 인터넷은 일대 변혁을 일으켰다. 하지만 기술은 대부분 일시적으로 세상을 지배했다. 예컨대 모스부호가 유용하게 사용된 기간은 100년도 채 되지 않았다. 텔렉스는 수십 년간 사용되었으며, 팩스 기계는 20년이라는 짧은 기간을 성가시게 웅웅거리다 사라졌다. 라디오 겸용 레코드플레이어, 케이블, 전보를 아직도 기억하는 사람이 얼마나 되겠는가? 이런 기술은 모두 무의미한 것들이 됐다. 그렇지만 기우제, 환상 열석(거석을 둥글게 줄지어 놓은 고대 유

● 호주의 토착민 언어는 대략 250종으로 추정되며, 방언도 800종이나 된다.

적—옮긴이), 화롯가 모임, 시, 무에진(이슬람 사원에서 기도 시각을 알리는 사람—옮긴이)의 외침 같은 전통문화는 지금껏 수천 년 동안 그래왔듯이 야단스럽지 않은 차분한 방식으로 정보를 전달하는 효율적인 수단으로 여전히 사용되고 있다.

토착민들은 지식의 존재 자체에 상당한 경외심을 품고 지식을 전달한다고 알려져 있다. 고고학자와 인류학자들의 주요 임무는 과거의 유물이나 관습에서 그 의미와 동기를 찾아내는 것인데, 학자들은 지식을 전승하는 활동에 뚜렷한 두 가지 목적이 있었다는 데 일반적으로 동의한다. 첫 번째로 지식 전승은 공동체의 건강과 생존 보장에 즉각적인 도움이 된다. 특히 인류학자들의 용어를 빌리면, 단순한 생존이 아니라 그 이상을 의미하는 잔존survivance, 즉 '선조들의 영혼과 지속적으로 연결되는 경험을 통한 전통의 지속'이 가능해진다. 이런 연결은 '부재가 아닌 실재'를 느끼게 해준다. 두 번째로 지식 전승은 공동체의 결속을 유지하는 데 도움이 된다. 예를 들면 유대교의 전통적인 종교의례와 같은 현대적인 종교 의식이 그렇다. 이런 의식과 의례는 와해되기 쉬운 공동체가 흔들림 없이 유지되도록 하고, 공동체 의식과 자부심을 키운다.

북극의 이누이트족, 아메리카 원주민, 퍼스트 네이션(이누이트족과 메티스족을 제외한 캐나다 원주민—옮긴이), 호주 원주민, 아마존 열대우림의 원주민, 뉴질랜드 마오리족, 폴리네시아섬 주민, 시베리아 원주민 등의 공동체에서 주로 구전을 통해 지식의 가치를 보호하고 전승하는 데 어마어마한 노력을 기울이고 있는 것도 그래서이다.

지식을 전승하는 중요한 책임을 맡은 사람들은 고대 인류의 발전을 연구하는 학계 비전문가들 사이에서 '지식 전승자knowledge keeper'로도 불리는데, 이들은 부족 원로들의 신중한 결정으로 선택된다. 가령 대부분의 아메리카 원주민들은 부족의 지식을 기억하고 그 내용을 후손에 간결하고 충실하게 전수할 능력이 있어 보이는 아이를 어린 나이부터 미리 후보로 정해둔다.

최근 서구에서는 고대인의 단순한 지혜(이런 고정관념이 널리 퍼져 있다)를 현대 사회의 천박함, 탐욕, 자기중심적인 경망과 비교하면서, 금욕을 자처하는 경향이 생겼다. 예를 들어 우리는 기후변화가 이누이트족이나 체로키족, 사모아족처럼 자연과 환경에 깊은 공경을 표하고, 환경을 보존할 방법을 후대에 전수하기 위해 큰 노력을 기울여왔던 것으로 보이는 사람들의 잘못이 아니라는 사실을 자주 떠올리게 된다. 《침묵의 봄》, 《데르수 우잘라》나 〈코야니스카시〉, 〈몬도 가네〉 같은 책과 다큐멘터리 영화 덕분에 우리는 우리보다 훨씬 많이 알고 탐욕은 훨씬 적은 사람들이 우리보다 훨씬 더 오랫동안 지구를 돌봐왔다는 사실을 받아들이게 되었다. 그 책과 영화 들은 이렇게 묻는다. '왜 우리는 그들처럼 받아들이고 행동하지 않는 걸까? 왜 우리는 이들의 발자취를 따르지 않은 걸까? 무슨 일이 있었던 걸까?'

생각해볼 가치가 있는 질문이다. 모두에게 이로울 가능성이 큰 지식의 전승이 도대체 왜 상업, 민족주의, 전쟁의 잡음에 파묻혀버린 걸까? 순전히 정황만 있을 뿐 명확한 증거가 없는 수수께끼

같은 질문이다. 이런 정황은 특히 한 가지 사실을 암시한다. 지식을 문자로 기록해 전달하는 방법은 분명 효율적이지만, 글이 아닌 말로 후대에 전승했던 조상들이 누렸던 가치를 더는 누리지 못하게 만드는 듯하다는 것이다. 지식의 전달 방식이 말에서 글로 바뀌고, 사상과 전통, 문화의 전승이 문자를 매개로 이루어지게 됐으며, 지식이 적절히 기록되어서 쉽게 찾을 수 있게 되자 그때까지 명백했던 가치가 완전히 변화하고 사라지게 됐다. 더 현대적이고 발달한 사회에서도 그렇지만 원주민 사회에서도 전달 수단은 사실상 전달 내용의 필수적인 부분이었다.

새로운 대화 방식인 글이 어조의 전환이라는 변화를 불러왔다고 주장하는 사람도 있을지 모른다. 혹은 사회 전반에 손실을 끼치려는 의도가 아닌 한, 글의 작성자들은 말로 전달할 때보다 구성적인 표현을 훨씬 줄여서 감정을 절제하게 되었다고 설명하는 사람도 있을 것이다. 초기의 글을 보면 자연에 대한 경외심이 대중의 담론에서 상당히 빠른 속도로 사라진 것이 확인된다. 그런데 사실은 예전처럼 그렇게 감명적인 표현으로 숭고한 감정을 기록하지 않았을 뿐이다. 대신 글은 오늘날 구어체에서 흔히 접하는 익숙한 어조로 사회의 세속적인 측면을 다루는 식으로 사용됐다.

글로 지식을 전달하는 최초의 사례는 5,000년도 더 지난 과거의 일이다. 지금의 이라크 땅에서 작은 점토판이 발견됐는데, 햇볕에 말라 단단히 굳어진 상태였다. 점토판에 설형문자(쐐기문자)로 쓰인 글에는 전통에 대한 좋은 감정이나 환경이나 발전된 문

화를 숭고하게 다룬 표현은 전혀 없었다. 오히려 메소포타미아의 한 창고에 다량의 보리를 비축해두었다는 영수증처럼 일상생활과 관련된 내용이 기록되어 있었다. 이 문서는 장부관리자로 추정되는 쿠심이라는 인물이 작성해 서명했다. 현대 사회에서 돈과 경제에 관한 문제가 큰 비중을 차지한다는 점을 고려하면, 이 문서는 지식의 확산 과정을 살펴보기에 아주 적절한 출발점으로 보인다.

이 문서는 비축된 식량의 양을 적은 지극히 평범한 신고서다. 나중에 다른 사람들이 식량의 소유권에 대한 정보를 알 수 있도록 점토판에 글을 새겨 넣었다. 이것은 평범하고 재미없는 일상적인 지식의 하나였으며, 최초의 작성자와 나중에 이 글을 보는 사람들 사이의 의사소통이라는 단 한 가지 목적을 지녔다. 이 글이 확산되고, 전파되고, 여러 사람에게 퍼져나가면, 사람들이 몇 달, 아니면 몇 년, 수십 년, 수천 년 후에도 흥미라고는 전혀 없는 이 사실을 알게 될 터였다. 그래서 다른 사람들은, 보리의 비축과 판매라는 대수롭지 않은 문제에 대한 정보를 얻을 수 있었다.

모든 사람이 일상생활에서 끊임없이 무한한 지식을 접하며, 그 중 일부가 머릿속에 기억으로 저장된다는 것을 생각하면, 사람은 항상 무언가를 배우고 있으며, 교육은 본질적으로 한 사람에서 다른 사람에게로 지식을 전달하는 일이라고 할 수 있다. 하지만 여기서 구분해야 할 중요한 사항이 있다. 이 방대한 지식의 확산에서, 나이가 많은 구성원에서 젊은 구성원으로 세대를 가로질러 한 방향으로 전달되는 지식보다 인류의 미래를 위해 더 중요한 것은 없다. 다시 말해 아이들을 가르치는 것이야말로 지식의 전달이 진정으로 시작되는 지점이다.

1장
배움의 시작

*

**관대하고 고상한 마음을 구별하는 데
깊은 호기심보다 더 확실한 기준은 없다.**

—제로니모 로보의 헌사, 《아비시니아로의 항해》

읽고, 표시하고, 배우고, 내적으로 완전히 이해하라…….

—강림절의 두 번째 주일 기도문, 《공동 기도문 모음집》

슈클라의 학교

인도 중남부의 도시 벵갈루루(얼마 전까지는 방갈로르로 불렸다)는 오래전부터 밝고 영화로운 미래를 상징하는 도시라는 명성을 누려왔다. 이곳의 행정 담당자들은 벵갈루루의 역사가 오래됐는데도 인도의 대도시들, 예를 들면 뭄바이, 첸나이, 콜카타 같은 곳의 골칫거리인 사회적 분쟁과 갈등이 거의 없는 도시라고 생각한다. 실제로 사회적 화합과 안정이라는 평판을 얻은 덕분에 외지인이 많이 유입됐다. 새로 둥지를 튼 기관 중 가장 눈에 띄는 곳은 컴퓨터 소프트웨어와 하드웨어 기업들로, 이들이 본사를 설립하면서 벵갈루루는 현대적인 분위기가 물씬 풍기는 도시가 됐다. 벵갈루루는 데칸고원의 고지대에 자리해서 인도의 다른 도시에 비해 시원하고, 깨끗하고, 수목이 푸르며, 지형과 위치 덕분에 계절풍의 맹렬한 비바람을 피할 수 있다.

첨단기술의 전당이자 사치스러운 소비문화가 자리 잡은 벵갈루루에도 아주 빈곤하게 살아가는 사람들이 있다. 주변을 포함한 벵갈루루 지역의 총인구는 약 1100만 명인데, 이중 200만 명은 생계에 필요한 최저 생활비조차 감당하기 힘든 사람들로 지방 정부가 공식 지정한 800여 곳의 빈민가에 살고 있다. 그곳에는 굶주림, 오물, 빈곤, 범죄가 만연하다.

이런 비참함 속에 사는 수만 명의 어린이들은 교육받을 기회를 누리지 못했고, 앞으로도 계속 그럴 운명으로 보였다. 한 여성이 그곳에 나타나기 전까지는 말이다. 그날은 2003년 초가을의 아침이었다. 슈클라 보스Shukla Bose라는 중년의 벵골인 여성이 벵갈루루에서 가장 열악한 슬럼가 중 한 곳에서, 악취 나는 시커먼 물이 흐르는 수로 옆에 접이식 의자와 작은 간이 테이블을 가져다놓았다. 그때부터 아무도 상상하지 못했던 일이 일어났다. 그녀는 학교에 다니고 싶은 아이는 누구든지 지금 당장, 그리고 앞으로 영원히 무료로 배울 수 있다고 주위 사람들에게 말했다. 이 소식은 판자촌에 들불처럼 퍼져나갔다.

이 순간은 슈클라 보스 자신을 포함한 많은 이의 삶에 일어날 엄청난 변화의 시작이었다. 나는 이미 1970년대부터 그녀와 아는 사이였다. 1971년 말, 인도와 파키스탄 사이에 벌어진 포악한 전쟁의 현장을 취재하기 위해 외신 특파원들이 전쟁 지역의 군 주둔지에 파견됐다. 겨울에 단기간 진행된 교전에서 결국 파키스탄 군이 대패하면서, 벵골인들은 독립국인 방글라데시를 세웠다.

당시 그곳에는 외신 기자들이 열 명쯤 와 있었는데, 나도《가디언》의 특파원으로 파견되어 취재 중이었다. 우리는 매일 전투가 벌어지는 전선에 나가 상황을 지켜보고 저녁이 되면 콜카타의 초우링기 거리에 있는 그랜드호텔로 돌아와 기사를 전송하고 저녁을 먹으며 다음 날의 일정을 준비하곤 했다. 슈클라(당시에는 결혼 전이어서 이름이 슈클라 차크라바르티였다)는 고지대에 있는 도시 다르질링에서 교육받고 콜카타대학교를 졸업한 후 그랜드호텔에서 고객 응대 업무를 담당하고 있었다. 그녀는 당시 인도를 여행하는 사람들이 필연적으로 겪게 되는 여러 문제를 해결해주었다. 어쩔 줄 몰라 당황해하는 나와 다른 기자들에게 보이스카우트 여성 지도자 같은 존재였다.[•] 우리는 모두 그녀의 총명함과 관용, 인내심에 반했다. 그래서 다른 지역으로 떠날 때, 우리는 나중에 꼭 돌아와서 감사 인사를 하겠다고 약속했다.

몇 년 후 인도에서 지내게 됐을 때 슈클라를 다시 한번 만났다. 그녀는 결혼해서 이름이 슈클라 보스로 바뀌었고, 어린 딸도 있었다. 이후에도 우리는 계속 친구로 지냈다. 그녀의 가족은 인도 서부의 아마다바드로 이사해서 쾌적한 벵갈루루의 교외 지역에 보금자리를 마련했다. 딸은 나중에 영국 케임브리지대학교에 입학했다. 슈클라는 직장에서 승진을 거듭해서, 2000년 무렵에는 미국계 호텔 기업의 유능한 임원이 됐다. 인도에서는 지금도 여성

[•] 우리는 특히 통신 문제로 애를 먹었다. 특파원들은 항상 전화 통화를 해야 했지만 당시 인도에서 가장 좋은 통신망인 소위 번개 전화(lightning call)는 일반 요금의 여덟 배에 달했고, 통화가 연결되기까지 30분이나 걸렸다. 국제 텔렉스 연결에는 몇 시간이 걸리기도 했다. 한번은 전화 연결을 기다리는 동안 아버지가 런던의 사무실에서 전화를 걸어서 독수리 타법으로 장문의 축하 메시지를 타이핑했는데, 옆에 있던 동료 특파원들은 "인도에서는 샐러드를 절대 먹지 마라"라는 어머니의 부탁을 전한 소식을 한 단어 한 단어 읽었다. 동료들은 이 일을 두고 오래도록 나를 놀렸다.

이 이런 높은 지위에 오르는 것은 드문 일이다.

성공의 정점에서 그녀는 오랜 꿈을 떠올렸다. 딸이 다 커서 독립했고, 집안 형편이나 경제 상황도 안정되어 상당히 편안해졌으니, 자신의 사명을 실행할 때가 왔다고 생각했다. 가난하고 사회적 관심이 부족해 배울 기회를 잃은 궁핍한 가정의 아이들을 돕고 싶다는 오랜 꿈이었다. 그녀는 지식이 모든 것의 열쇠라고 생각했다. 그래서 인도의 발전을 저해하는 이런 심각한 상황을 해결하는 데 조금이나마 도움이 되고자 번듯한 직장과 안정적인 월급을 포기하고 오랫동안 꿈꿔왔던 계획을 실행하기로 결심했다. 빈곤층 가정의 수많은 아이가 제대로 된 교육을 받을 기회가 없었다. 그 아이들이 지식에 접근할 기회를 갖지 못한다면 그들의 후손도 기회가 없을 터였다. 그녀는 자신의 노력이 지극히 미미한 영향력에 그치더라도 시도해야 한다고 생각했다. 남편과 딸도 그녀의 뜻에 동의했다. 그녀는 학교를 세워 벵갈루루의 가난한 아이들에게 지식을 보급하는 일에 나섰다.

수로 옆에 테이블과 의자를 가져다둔 것이 학교 프로젝트의 시작이었다. 주변에는 단층으로 된 빈민가가 멀리까지 사방으로 자리하고 있었다. 주석과 타르지로 만든 판잣집이 줄지어 늘어서 있고, 길가에는 개들이 어슬렁거렸으며, 사람들이 무리지어 그녀 주위를 비집고 지나다니는 와중에 이따금 집채만 한 소가 꿈쩍도 않고 서서 뭔가를 질겅질겅 씹기도 했다. 남자는 거의 보이지 않았다. 남자들은 대부분 가족을 버리고 떠나서, 남은 여자들이 일을 하러 나가고 아이들은 먹을 것을 구하러 다녔다. 빈민가에 늘어선 수백 개의 화로에서 연기가 피어오르면, 여자들은 화로 앞에 쪼그리고 앉아 화롯불이 꺼지지 않게 살피고 냄비 안에 든 음식이 쏟아지지 않게 살폈다. 수천 가지가 뒤섞인 듯한 냄새, 사람들의 고함 소리와 개 짖는 소리, 울음소리, 간간이 들려오는 소란스럽고 귀에 거슬리는 음악, 산란하게 뒤섞인 색깔⋯⋯. 슬럼가와 가난의 고질적인 풍경이 사방에 가득했다.

마침내 사람들이 슈클라가 가져다놓은 테이블에 관심을 보였다. 아이들은 그녀가 무엇을 하려고 하는지 잔뜩 궁금해하며 주위에 몰려들었다. 그녀가 영어로 '학교'라고 대답하면, 의외로 많은 아이가 어느 정도 알아듣는 것 같았다. 학교에서는 하루 세끼의 식사, 파란색과 노란색이 들어간 멋진 교복, 모든 학생이 감당할 수 있는 만큼의 교육을 공짜로 받을 수 있다고 설명했다. 신기해하던 아이들이 다른 건 못 알아들었어도 음식과 새 옷을 준다는 말은 확실히 알아들었다. 그러자 아이들은 쏜살같이 집으로 달려가서 어리둥절하고 의심스러워하는 표정의 엄마를 데리고 돌아왔다. 엄마들은 처음 들어보는 낯선 제안에 경계하는 듯했다. 슈클라는 칸나다어와 말라얄람어(그녀의 모국어는 벵골어였다)로 엄마들에게 설명하려고 애썼다. 하지만 납득하지 못한 엄마는 아이의 손을 잡고 몸을 휙 돌려서 우중충한 판자촌의 소음 속으로 돌아가기 일쑤였다. 엄마와 아이는 연기 속으로 사라지고, 아이가 악을 쓰며 우는 소리가 저 멀리서 들리곤 했다.

하지만 모두가 그런 건 아니었다. 첫날 저녁 때까지 아이 열한 명이 학교에 다니겠다고 등록했다. 슈클라는 등록한 학생들에게

학교 주소를 알려주었다. 이웃에게서 지붕이 평평한 작은 판잣집 같은 건물을 빌리고, 교사인 친구 두 명에게 자원봉사를 하겠다는 약속을 받아두었다. 학교에 오겠다고 등록한 학생 열한 명(남자아이 다섯 명, 여자아이 여섯 명이었고, 나이는 모두 6세 전후였다)에게는 아침 식사 시간에 맞춰 오라고 전했다.

다음 날 아침 9시, 학생 열한 명, 교사 세 명, 파트타임 조리사를 갖춘 학교가 문을 열었다. 2003년 초가을이었다. 학교를 구경하러 온 사람들은 배운다는 것만으로도 기쁨에 넘쳐 보이는 학생들에게서 생생히 느껴지는 배움에 대한 열정에 감화했다. 파리에서 온 슈클라의 친구와 스코틀랜드 글래스고에서 온 친구들이 봉사자로 거들었고, 많은 사람이 배움에 대한 아이들의 열정에 깊이 감격해서 계속 학교에 머물면서 도와주었다. 외국인들은 가르치는 일뿐 아니라 교실 청소와 허름한 주방에서 식사를 준비하는 일도 도왔다. 얼마 뒤 근처에 본사가 있는 기업 몇 곳이 이 작은 학교 소식을 듣고 돈을 기부하거나 컴퓨터를 기증하고, 교사 인건비를 지원했다.

학교 프로젝트는 서서히 성장했지만 10년이 지날 무렵에는 크게 번창했다. 2021년에는 학교가 네 곳으로 늘어나고 2년제 대학까지 생겼으며, 5~18세 사이의 다양한 연령대의 학생 1,600명이 재학 중이다. 제대로 된 삶을 살 기회조차 거의 없었던 빈민가 아이들이 이제는 장학금을 받고 대학에 입학하고(특히 졸업생 상당수가 미국 노스캐롤라이나의 듀크대학교에 진학했다), 변호사, 내과 의사, 연구 과학자, 호텔 매니저 등 전문직에 진출했다. 도서관 사서나 회사 안내 직원으로 일하거나 자동차 정비사나 제빵사가 되어 가게를 차리거나, 교사가 된 아이들도 있다.

불과 10여 년 만에 벵갈루루 빈민가에 기라성 같은 학교들이 설립됐다. 이 학교들의 영향력이 점점 확대되는 가운데, 약 200년 전에 소설가 로런스 스턴이 "지식에 대한 욕구는 재물에 대한 갈망과 마찬가지로 습득할수록 더욱 커진다"라고 언급했던 것처럼, 지식이 더 많이 스며들수록 지식에 대한 욕구가 더 강렬해진다는 것을 보여주었다. 모두 그랬지만 슈클라 보스 본인조차도 전혀 상상하지 못한 성공이었다.

행복의 에너지가 가득한 이 학교들에서는 활기가 넘쳤다. 교문에 들어서서 모래가 깔린 운동장을 가로지르기 전부터 소란스러운 소리가 들렸다. 농촌에서 동틀 무렵 외양간에 있던 소 떼를 몰고 들판으로 나가는 "소 떼 흙먼지 시간"으로 불리는 선선한 이른 아침, 아이들의 발걸음으로 길에 흙먼지가 일었다. 친구들과 놀거나 수업에 들어가려고 줄을 서서 기다리는 아이들이 북적북적했다. 아이들은 옅은 파란색과 노란색이 들어간 교복을 단정하게 입고, 변화된 삶을 즐기고 있었다.

교사들 대부분은 밝은 색 사리를 입고 얼굴에 환한 미소를 띤 젊은 여성들이었다. 이들은 운동장을 조용히 오가며 학생들이 모두 출석했는지, 예의 바르게 행동하는지, 건강하고 기분이 괜찮은지, 최소한 겉으로 기분이 좋아 보이는지 살폈다. 밖에서 달려 들어온 학생이 친구들을 껴안고, 교사들이 학생들을 안아주는 등 서로를 안아주는 모습이 자주 눈에 띄었다. 종이 울리고 선생님이 손뼉을 치면, 아이들은 여전히 재잘거리며 줄을 서서 손에 출석부를 든 선생님이 이름을 부르는 소리에 대답한다. 그런 뒤에 아이들은 계단을 향해 줄을 서서 운동장에 있는 개들을 쓰다듬으면서 인사했다. 학교에서 지내는 이 유기견들은 셰익스피어 작품 속 인물의 이름을 따서 칼리반, 맥베스, 머큐리오로 불린다고 했다.

나이가 가장 어린 학년의 아이들은 자그마한 책상 뒤에 앉아서 눈을 감고 2분 동안 조용히 명상하며 하루를 준비했다. 선생님이 아이들에게 눈을 뜨라고 말한 뒤 어제 무엇을 배웠는지 묻자, 맨 앞줄에 앉은 여자아이가 손을 번쩍 들고 씩씩하게 일어나서 채소 이름을 말했다. 선생님은 "그래, 좋아요"라고 대답하고, 아이들에게 한 명씩 일어나서 채소 이름을 말해보라고 했다. 키가 작은 여자아이가 가장 먼저 일어나서 "당근!"이라고 말하고 아주 자랑스러운 미소를 한껏 지어 보였다. 그 뒤에 앉은 여자아이가 이번에는 "상추!"라고 대답했다. 한 남자아이는 주위를 둘러보며 잠시 쑥스러워하다가 "브로콜리!"라고 말했다. "완두콩!" "양배추!" "콜리플라워!" 아이들이 아직 나오지 않은 채소 이름들을 하나씩 외쳤다. 시간이 흐를수록 채소 이름을 생각해내기가 점점 힘든 듯했다. "오크라!" "고추!" "루타바가!" "피망!" "호박!" "아스파라거스!"

이 대목에서 나는 놀라서 멈칫했다. 극심한 빈곤 속에 살고 있는 네 살밖에 안 된 어린아이들이 영어 단어 아스파라거스를 알고, 글로 쓸 수 있었다(참고로 아스파라거스는 칸나다어로는 사타바리 satavari, 그 아이들과 집 나간 그들의 아버지의 모국어인 말라얄람어로는 사

—— 이 학교는 2003년 인도 벵갈루루에 설립된 파리크르마(Parikrma) 학교 네 곳 중 한 곳으로 벵갈루루에서도 가장 빈곤한 지역에 사는 학생에게 전액 무료로, 영어로 교육을 시행하고 있다. 개교 당시에는 학생 수가 11명이었지만 지금은 2,000명에 달한다.

티바리세티sattivaricetti로 불린다). 남자아이가 틀린 답을 이야기해서 선생님이 올바른 철자를 알려주기도 했지만, 학생들 모두 악의 없이 키득거리며 즐거워하는 분위기였다. 아이들은 아스파라거스가 어떤 채소이고 어떻게 생겼는지, 처음에는 줄기가 흰색이었다가 나중에 어떻게 초록색으로 바뀌는지, 맛은 어떤지, 어떤 냄새가 나는지, 많이 먹으면 어떤 좋은 향기가 남는지, 너무 많이 먹으면 몸에 좋은지 아닌지를 배웠다. 이 모든 지식은 바로 전날까지만 해도 아이들이 전혀 몰랐던 사실이다. 다홍색과 초록색이 섞인 사리를 입은 젊은 선생님은 아이들에게 이 지식을 전달하는 데 성공한다. 그녀는 아이들이 배우려는 욕구가 아주 강하다고 말하면서 아이들에게 가르치는 일의 어려움을 일축했다.

내가 학교를 떠난 뒤인 그날 오후에는 아이들이 별과 행성, 달, 태양을 지칭하는 단어들을 배우고, 벵갈루루에 안개가 자욱해질 무렵(소 떼가 흙먼지를 일으키며 외양간으로 돌아오는 시간)인 저녁 8시까지 학교에 남아서, 크고 밝은 별들과 잘 알려진 별자리를 찾아볼 것이라고 선생님이 말했다. 그녀는 아이들이 오리온자리를 볼 수 있을 것이라고 말하면서, 눈에 아주 잘 띄는 별들이 동쪽 하늘에 뜨는 시간을 미리 확인해보니 저녁 7시 전후였다고 했다. 아이들에게 너무 늦은 시간은 아니었다. 아이들은 부엌에서 일하는 친절한 중년 여성들이 만든 밥, 나무콩 요리, 오크라로 지은 저녁을 배불리 먹고, 집에 가서 그날 학교에서 배운 것, 즉 어떤 지식을 축적했는지를 엄마에게 이야기할 터였다.

나이가 가장 어린 아이들만 기쁘고 신나하는 건 아니었다. 모든 수업에서 행복한 교감이 이루어지는 듯했다. 통상적으로 기분이 언짢을 만한 당혹스러운 상황이나 중·고등학교 수업에서 가끔씩 나타나기 마련인 반항적인 행동도 이 학교에서는 훨씬 덜 눈에 띄었다. 행운을 누리고 있다는 기분과 이곳에서의 경험이 대단히 유익할 것임을 다들 알고 있기 때문이었다. 한번은 어느 선생님이 나방의 변태 과정을 설명했다. 알이 애벌레가 되고, 애벌레는 고치 안에서 불활성 상태의 번데기로 한참을 지내다가 적당한 때가 오면, 지켜보는 모든 사람을 깜짝 놀라게 하면서 완벽하게 모양을 갖춘 아름다운 나방이 되어 나온다고 말이다. 그러자 한 여자아이가 갑자기 목소리를 높여 이렇게 말했다. "우리하고 똑같네요. 우리도 나비가 되어가는 거잖아요."

나는 지식의 전달과 전수가 다른 방식으로도 사람을 변화시킨 다는 것을 경험했다. 그다음 날 슈클라의 사무실에 들렀을 때, 내가 목격한 이야기다.

　사무실에 있는 전화벨이 울렸다. 슈클라는 전화를 받아 잠시 대화를 나누더니, 수화기를 한손으로 막고서 벵갈루루 교도소장 이라고 내게 속삭였다. 아무래도 좋지 않은 소식이겠다 싶었다. 그녀는 나중에 전화를 끊고서, 학부모 중에 교도소에 수감된 아 버지가 많다 보니 독방으로 옮겨졌거나, 면회 권한이 박탈됐거나, 다쳤거나, 사망했다는 소식을 아이에게 전해야 하는 일이 종종 생긴다고 내게 말했다. 그런데 이번에 받은 전화는 전혀 다른 소 식이었다. 악명 높은 어느 수감자와 관련한 문제였다. 그는 폭력성 이 아주 높은 폭력배 조직원으로, 몸집이 거대하고 아주 지저분 하며 툭하면 성질을 부렸고, 수감 중에도 말썽을 일으켜서 수개 월째 독방에 갇혀 지내는 중이었다.

　그래도 면허 허가가 나올 때마다 여덟 살짜리 아들은 그를 만 나러 갔다. 학생들이 가족의 소중함을 잊지 않도록 해야 한다는 것은 슈클라의 원칙 중 하나였다. 상황만 허락한다면, 부모가 병 원에 있든, 군부대에 있든, 멀리 떨어진 농장에서 일하든 만나러 가도록 했다. 그래서 그 아이는 옅은 파란색과 노란색이 섞인 교 복 셔츠와 회색 반바지 차림으로 선생님과 함께 한 달에 한 번씩 아버지를 면회하러 갔다. 처음에는 선생님과 아이 모두 겁에 질렸 다. 그가 워낙 거구였고, 행색이 꾀죄죄하고 고약한 냄새가 났기 때문이다. 그는 양치질을 전혀 하지 않았다. 마구 헝클어진 머리카락에는 먼지와 기름기가 덕지덕지 내려앉아 있었다. 그는 수갑을 차고 쇠사슬에 묶인 채로 교도관에게 욕설을 퍼붓고 고함을 질렀다. 그저 아들을 만날 때만 흥분을 가라앉히고 조용히 대화를 나눴다.

어느 날 아이는 샴푸, 빗, 치약, 칫솔을 가져가서 아버지에게 드렸다. 몇 주 후에 아이가 다시 면회하러 갔을 때 교도관은 아이에게 깜짝 놀랄 준비를 하라고 말했다. 면회실에 가보니 아버지가 머리를 자르고, 단정하게 빗질하고, 깨끗하게 반짝이는 치아를 드러내며 미소 지었다. 죄수복도 예전보다 훨씬 깨끗했다. 앉아서 이야기를 나누던 그는 몇 가지 단어를 영어로 어떻게 말하는지 아이에게 물었다. 아이는 아버지가 물은 영어 단어를 다정하게 알려주었다.

내가 슈클라의 사무실을 방문했던 날은 그 아이의 아버지가 아들에게 빗과 칫솔을 받은 지 1년 남짓이 지난 때였는데, 교도소장이 전화를 걸었던 건 그가 그해에 품행이 가장 많이 개선된 수감자로 선정됐다는 소식을 알리기 위해서였다. 교도소장은 이렇게 계속 노력하면 머지않아 가석방 자격을 얻을지도 모른다고 했다.

슈클라는 전화기를 내려놓으면서, 아이들이 새로 얻은 지식을 단순히 자신만을 위해서 사용하지 않고 윗세대인 부모와 조부모에게까지 전달하는 이런 사례가 학교 교육의 예기치 않은 성과 중 하나라고 내게 말했다. 교사들은 빈민가에 거주하는 어느 할아버지가 손녀로부터 최근에 있었던 우주선 발사 소식을 신이 나서 이야기하는 것을 듣고, 우주 비행사에 대해 아는 것을 모두 말해달라고 부탁했다는 이야기를 전해 듣기도 했다. 그리고 앞서 소개한 여덟 살 아이의 아버지가 머지않아 출소하게 될 것 같다는 이야기도 들렸다. 이런 결과는 아주 단순하고 기초적이기는 해도 여전히 중요한 지식, 즉 머리빗으로 할 수 있는 일에 대한 지식을 아버지가 전달받은 덕분이었다.

모든 것은 호기심에서 시작된다

벵갈루루 실험의 놀라운 성공에 대해서는 틀림없이 많은 해석과 분석이 있을 것이다. 이와 같은 사례에 적용된 모든 교육적 전문성은 지식의 소중한 가치를 잘 알고 있고 지식을 얻으려고 노력하는 모든 이들에게서 나타나는 공통된 현상에 주목하는 듯하다. 나이나 세대와 관계없이 사람은 누구나 인간의 유용한 능력인 호기심을 갖고 있다. 새뮤얼 존슨은 300여 년 전에 호기심을 "건강한 정신의 확실하고 영구적인 특성 중 하나"라고 말했다.

지식이 철가루라면 호기심은 자석이며, 호기심의 끌어당기는 힘은 적어도 몇몇 사람들에게는 네오디뮴(강한 자석과 적외선 레이저 등에 쓰이는 희토류 원소―옮긴이)으로 만든 것만큼 강력하다. 호기심은 스펀지나 중력처럼 불가피한 힘으로 앎의 요소를 끌어당겨서 결국 앎을 얻는 모든 사람을 변화시킨다. 심리학자들은 지난 수십 년 동안 호기심이란 무엇인지, 사람은 왜 호기심에 빠지게 되는지, 그리고 사람마다 호기심을 느끼는 정도가 다른 이유는 무엇인지를 연구해왔다.

최신 뇌 영상 기술을 이용해 호기심의 신경학적 토대를 규명하고자 하는 신경과학자들은 최근 상당한 성과를 거두고 있다. 소설가 러디어드 키플링은 비전문가로서의 천재적 통찰에서 이 문제를 제대로 간파했다. 그는 '충만한 호기심'으로 가득한 아이가 주어진 지식을 가장 잘 흡수한다고 생각했다. 그가 쓴 동화《아빠가 읽어주는 신기한 이야기 Just So Stories》에서 '코끼리 코는 왜 길어졌을까?'에 나오는 코가 짧고 뭉툭한 아기 코끼리처럼 말이다. 이 아기 코끼리는 "보고, 듣고, 느끼고, 냄새 맡고, 만지는 모든 것에 대해" 계속 질문을 던진다. 다시 말해 누가, 어떻게, 그리고 가장 중요하게는 왜 그런지를 끊임없이 질문함으로써, 배움과 지식을 최대한 확장하기를 원했던 아이였다.

호기심을 가장 확실하게 널리 알린 사람은 아마 맨체스터 출신으로 토론토에서 주로 활동했던 대니얼 벌린Daniel Berlyne 교수일 것이다. 1976년에 52세의 나이로 세상을 떠난 그는 비범한 재능을 가졌고 관심사의 폭이 대단히 넓었다.● 그는 팰로앨토와 버클리의 연구실에서 일하던 젊은 학자 시절부터, 그리고 특히 위대한

● 그는 7개 국어에 능통하고 그 외의 6개 언어를 유창하게 구사했다. 뛰어난 실력을 갖춘 피아니스트였고, 예술, 우스갯소리를 정리한 문집, 전 세계 지하철 노선에 대한 방대한 지식에 심취했으며(평생 전 세계의 모든 지하철을 한 번씩 타보고 싶다는 소망을 밝히기도 했다), 운동에도 뛰어난 기량을 보였다. 대니얼 벌린은 명실공히 진정한 박식가였다. 뒤에서 박식함의 본질과 박식함이 지혜의 개념과 어떤 관련이 있는지를 살펴보면서 벌린에 대해서 더 자세히 이야기할 것이다. 또한 박식한 사람들의 수가 감소하는 것이 전 세계 지식의 보고(내가 생각하기에 대단히 중요한 지식의 보고)에 해로운 영향을 미칠 가능성이 있는지에 대해서도 논할 것이다.

교육심리학자 장 피아제와 제네바에서 함께 일할 때부터 인간은 물론 다양한 동물과 그중에서도 특히 쥐에 푹 빠지게(혹은 호기심을 품게) 되었다. 벌린은 호기심의 유형을 분류하는 체계를 개발했는데, 이 분류 체계는 오늘날에도 여전히 타당하며, 앞 장에서 지식의 유형 분류와 관련해 살펴보았던 것과 마찬가지로 호기심을 복잡하고 다층적인 개념으로 만들 위험이 있기는 하지만, 그 자체로 중요한 의미가 있다.

벌린은 가장 기본적으로 두 축이 서로 수직인 데카르트 좌표계를 그렸다. 그리고 세로축, 즉 세로좌표에는 목표 대상이 얼마나 명확한지를 기준으로 호기심을 분류했다(즉 목적이 있는 호기심 혹은 정확한 의도가 없는 몽상적인 호기심). 세로축의 위아래쪽 끝에는 벌린이 고안한 용어 두 가지가 각각 기재됐다. 하나는 '특정한specific'이고, 다른 하나는 '다양한diverse'이다. 특정한 호기심은 어떤 특정한 정보를 얻으려는 필요에서 나온 호기심이다. 예를 들면 '아이슬란드의 수도는 어디인가?', '노래기는 다리가 몇 개인가?', '생명체가 살 수 있는 행성의 이름 세 개를 말해보라' 같은 질문에 대한 답을 찾을 때다. 다양한 호기심은 목적이 없고, 범위가 방대하며, 강렬함이 덜한 호기심이다. 예를 들어 슬슬 지루해지기 시작할 때 흥밋거리를 찾으려고 텔레비전 채널을 여기저기 돌리거나 잡지를 뒤적이는 것이 이에 해당한다.

가로축, 즉 가로좌표는 애초에 호기심을 발동시키고 동기를 자극한 요인이 표시된다. 좌우 끝에는 마찬가지로 벌린이 붙인 두 개의 용어가 기재됐는데, 하나는 '지각적perceptual' 호기심이고, 다른 하나는 '인식적$_{epistemic}$' 호기심이다. 지각적 호기심은 놀라운 일(예: 대체 저건 무슨 소리지?), 새로운 일(예: 저 낯선 사람은 누구지?), 불확실한 일(예: 이 동물은 마모셋인가 미국너구리인가?)에서 비롯한다. 반면 인식적 호기심은 무언가에 대한 지식이 긴급하게 필요할 때 생긴다. 예를 들어 '중국어를 배워야겠다'거나 '배관의 구조에 대해서 혹은 잉카의 전통 의학에 대해 알아봐야겠다'는 마음이 생겼을 때다.

따라서 호기심을 이 좌표의 사분면 어딘가에 배치하는 것은 무질서한 개념에 객관적인 논리를 뒷받침하는 것이다. 예를 들어 과학 연구는 사분면에서 '특정한-인식적'으로 분류된 오른쪽 상단에 위치한다. 트위터에 어떤 소식이 새로 올라왔는지 궁금해하며 한가로이 피드를 읽거나 조간신문 웹사이트의 최신 뉴스를 검색하면서 흥분하거나 경악하는 등의 행동은 과학 연구와는 정반대되는 활동이므로, 반대편인 '다양한-지각적' 사분면에 속한다.

이런 분류는 지나치게 이론적으로 파고든 것에 불과하다고 묵살하고 싶어질지 모른다. 하지만 최근 신경과학 연구에서 밝혀진 바에 따르면, 앞에서 언급한 두 유형의 호기심은 서로 다른 뇌 영역을 활성화한다. 이에 대해서는 뒤에서 더 자세히 알아볼 것이다. 여기서는 우선 대니얼 벌린이 제시한 개념의 핵심을 정리해보자. 지식을 진지하게 습득하게 되는 건 무언가가 새롭고(적어도 당사자에게는 새롭고), 복잡하고(생각하기가 힘들고), 무엇을 발견할지 불확실하다(밝혀지는 내용에 대한 다양한 해석이 나올 수 있다)는 인식에서 출발한다는 것이다. 새로운 데이터나 정보가 이 모든 조건을

지식의 탄생

충족하고, 우리가 태생적으로 호기심을 가지고 태어난 인류라면, 우리는 호기심을 품고 몰입해서 신비한 새로운 것에 대한 지식을 얻기 위해 최선을 다할 것이다.

이렇게 되면 더 이상 하찮은 일에 관심을 쏟거나, 연예인의 행적을 집요하게 찾아보거나, 지루함을 떨치려고 애쓰지 않을 것이다. 나는 이 책에서 지식의 확산을 전적으로 근엄하게만 설명할 생각이 전혀 없지만, 최소한 한 가지만큼은 엄숙한 기준을 두고 싶다. 이 책은 60여 년간 철저한 연구 검증을 거친 벌린의 호기심 분류 체계에서, 특히 진지하고 목적의식 있는 지식의 습득에 해당하는 부분에 초점을 맞춘다. 이를테면 킴 카다시안 가족의 활동, 영국 프리미어리그의 소식, 온라인 쇼핑몰에서의 거래 같은 것들도 물론 엄밀한 의미에서 지식이지만, 이 책에서는 명확히 논점에서 벗어난 내용으로 취급될 것이다.

그렇다면 이 책에서 주목하는 진지한 호기심은 모든 인간이 선천적으로 타고나는 것일까? 아니면 소수에게만 기회가 돌아가는 진화의 선물, 즉 다윈의 설명처럼 종의 더 큰 이익을 도모하기 위해 선택되는 유전자 변이일까? 그렇다면 나이도 영향을 미칠까? 갓 태어난 아기에게는 처음 접하는 거의 모든 환경이 끝없는 호기심의 대상이라는 것은 의심할 여지가 없다. 아동 심리학자들은 이런 호기심을 미지의 것에 대한 내재된 두려움을 잠재우기 위한 장치로 본다. 아기는 새로운 장난감이 눈앞에 보이면 안전하게 가지고 놀기 위해서 우선은 만지고, 꽉 쥐어보고, 입으로 맛을 보면서 잠재적인 위험요인을 찾아 없애려고 한다. 또 처음 어린이집에

가면 그곳이 완전히 편안하게 느껴질 때까지 충분히 탐색하고 '파악'한다. 호텔 체인 홀리데이인의 슬로건은 "전혀 놀랍지 않은 것이 가장 기분 좋은 놀라움이다"인데, 그런 이유로 모든 객실을 아주 비슷하게 만든다. 어린아이에게는 방에 있는 모든 것이 놀랍고 다가가기 힘든 두려운 것이어서, 호기심을 발동해서 탐색해야 마음속의 위협을 덜 수 있다.

유아기가 무사히 지나가면 패턴에 약간의 변화가 생긴다. 익숙함이 일상화하고, 신경의 긴장이 완화한다. 서너 살쯤 되면 주변 환경에 거의 무덤덤해진다. 그러다가 학교에 입학하면 비로소 자신이 학교에 목적이 있어서 왔으며, 주어진 세상을 헤쳐나가는 방법을 배우는 것이 그 목적임을 깨닫는다. 그리고 그런 사실을 이해하면서 다시 한번 흥미가 불붙는다. 이제 아이는 더는 미지의 세계에 대한 두려움에 자극받지 않는다. 대신 운이 좋으면 학교에 마련된 다양한 도구와 새로운 환경에서 새로운 주체성을 얻고, 학습에 도움을 얻는다. 잠시 동안이지만 새로운 에너지가 아이에게 자리 잡는다.

아동학계에서는 지식 습득에 대한 욕구가 5세에서 12세 사이에 가장 강하며, 그 이후 10대 청소년 시절까지는 지적 탐구심이 약해진다는 것이 지배적인 견해였다. 따라서 학교는 아이들이 배우는 내용이 자신과 어떤 연관성이 있는지 못 느끼기 때문에 멍하니 창밖을 바라보는 일이 없도록, 아이들의 흥미를 자극할 수 있는 재미있는 교수법을 개발해야 한다고 여겼다. 이에 대해서는 이 장 마지막에서 다시 살펴볼 것이다. 지금은 앞의 첫 번째 질문

지식의 탄생

으로 돌아가보자.

지식에 대한 갈망은 모든 사람이 갖고 있는 인간 조건의 결정적인 요인일까? 폐와 심장에 산소가 필요한 것처럼, 호기심은 뇌와 신경계에 꼭 필요한 요소일까?

질문의 답을 얻기 위한 실마리는 초기 문헌에 나타난 지평선과 수평선에 대한 사람들의 태도에서 찾을 수 있다. 지평선 또는 수평선을 뜻하는 영어 단어 'horizon'은 그리스어에서 유래했으며, 멀리서 하늘을 바다나 땅의 풍경과 분리하는 선으로 나타난다. 저 먼 곳을 바라본 초기 인류는 필시 수평선이나 지평선을 보았을 것이다. 이런 일직선에 가까운 경계선을 본 사람들의 반응은 크게 두 가지였다. 수평선은 호기심 많은 초기 인류에게 궁금증을 불러일으켰다. '저건 뭐지? 저게 왜 저기 있을까? 저건 무엇을 나타내는 걸까?' 그리고 가장 중요하게는 '저 선을 넘어가면 무엇이 있을까?'라는 의문을 품었다.

쏟아지는 친숙한 질문 끝에 나오는 이 마지막 의문은 이 땅에 살기 시작한 인류에게 그 무엇보다 큰 호기심을 불러일으켰고, 의도적인 행동, 여행, 방랑 등을 결심하는 계기가 됐을 것이다. 훗날 '지평선의 유혹'으로 여겨지게 된 이런 결심을 계기로, 사람들은 땅과 하늘의 경계를 인식하고 알아내려고 애쓰면서 평원, 산맥, 바다 건너 멀리까지 여행했다. 지식에 대한 갈망이 여행에 대한 인간의 집요한 욕구를 촉발한 것이다. 초기 인류는 '지평선 너머에 무엇이 있을지 알고 싶다'는 유혹에 이끌려 지평선 너머로 여행을 떠났다(처음에는 기준점이 움직이면 지평선도 함께 움직이기 때문에 지평선에 결코 도달할 수 없다는 사실을 알지 못했다). 그들은 호기심에 이끌려서 그곳을 찾게 됐을 것이다.

호기심은 오랜 시간 유혹의 대상이었고, 지금도 그렇다. 만에 하나 옛날 사람들이 믿었던 것처럼 지평선에 도달하면 세상 끝 저 너머의 심연으로 떨어지게 된다고 하더라도 상관없었다. 위험을 감수할 가치가 충분했기 때문이다. 지식의 가치는 늘 헤아릴 수 없을 만큼 컸으며, 맨 처음 모험을 떠났던 사람들은 지식을 자신의 목숨보다 소중히 여겼다. 여행이라는 영어 단어 'travel'은 출산의 고통을 의미하는 고대 프랑스어 'travail'과 어원이 같다. 한때 여행은 마치 노동을 하듯이 인내가 필요한 것이었으나 그랜드 투어Grand Tour(17~19세기에 영국 상류층의 자제들 사이에서 유행하던 유럽 주요 도시 여행—옮긴이) 시대에 접어들어서야 비로소 유희 활동으로 여겨졌다. 여행은 본질적으로 호기심의 산물이며, 탐험 이외의 목적으로 여행을 떠나더라도, 도중에 지식을 습득하고자 하는 거부할 수 없는 욕구를 느끼게 되므로 필연적으로 호기심이 생길수밖에 없다.

최근 BBC에서 역사상 최고의 여행 이야기로 선정되기도 했던 호메로스의 서사시 《오디세이아》에 대해 생각해보자. 이 이야기에서 이타카의 왕 오디세우스는 지독한 트로이군을 무찌르는 데 10년의 세월이 걸렸고, 전쟁이 끝난 후 아내와 아들이 기다리고 있는 고향으로 돌아가는 데 다시 10년이 걸렸다. 이 기나긴 여정에서 그는 상당히 방대한 지식을 축적했다. 귀향길에 만난 이국적인 생물과 장소들, 예컨대 키클롭스, 세이렌, 스킬라, 카리브디스,

칼립소, 그 외 여러 신과 바다 괴물 등은 그를 가르치고 시험했다. 오디세우스의 여정이 끝날 즈음, 수백만 명의 독자들도 상상하기 힘들 정도로 많은 것을 배운다.

호메로스의 위대한 서사시 두 편(다른 하나는 《일리아드》이다)이 나오고 2000년이 지난 뒤에, 단테는 서사시 《신곡》에서 율리시스(오디세우스의 라틴어 이름)를 재창조했다. 여기서도 마찬가지로 숨겨진 지식의 발견은 호기심과 호기심에서 출발한 여행에 따른 자연스러운 결과였다. 단테의 시대로부터 시간이 한참 흐른 뒤, 영국 시인 앨프리드 테니슨Alfred Tennyson은 시 〈율리시스〉에서 향수에 깊이 잠긴 왕의 여행을 더 깊이 추론했다. 참고로 더 최근에는 제임스 조이스, 마거릿 애트우드 같은 여러 작가들이 이 주제를 다루었다. 테니슨은 호소력 짙은 시의 마지막 구절에서, 결연하고 관조적인 노인이 된 오디세우스의 말을 잊을 수 없이 인상적인 표현으로 묘사한다.

비록 잃은 것이 많지만, 남은 것도 많도다.
이제는 힘이 옛날 같지 않아
땅과 하늘을 움직일 수는 없을지라도, 그래도 우리는 우리,
한결같이 영웅적인 기백을 가진 사람들이니.
세월과 운명에 약해졌지만, 강한 의지로
굴복하기 위해서가 아니라, 찾고 구하기 위해 분투하리.

이 시는 교과서에 수록되어 학창시절에 배운 기억이 있을 것이

다. 특히 마지막 구절은 공적인 추도문에서 자주 사용된다.[•] 70행으로 구성된 이 뛰어난 시는 1833년에 쓰였으며(출판된 것은 그로부터 9년이 지난 뒤다), T. S. 엘리엇이 '완벽한 시'라고 칭송하기도 했다. 그런데 앞서 나온 표현들은 시간과 장소를 거슬러 한 가지 중요한 개념에 초점을 맞춘다. 그래서 영국 링컨셔에 살았던 빅토리아 시대의 시인 테니슨은, 13세기 피렌체의 전설적인 시인 단테의 믿음을 회상한다. 또 그의 믿음은 그보다 1,000년 전에 살았던, 맹인으로 널리 알려졌으며 아마도 아주 유명한 사람으로 추정되는 아나톨리아(오늘날 튀르키예 영토에 해당하는 반도ー옮긴이)의 어느 시인이 전설적인 이타카의 왕에 대해 썼던 내용과 상통한다. 이타카의 왕은 기필코 고향으로 돌아가겠다는 결심으로 지중해 전역을 여러 해 떠돌았다. 그런데 그는 배움에 대한 강렬한 열망뿐 아니라 변치 않는 깊은 호기심에서도 동기를 얻었다. 그래서 테니슨은 배움에 대한 오디세우스의 채워지지 않는 열망을 보다 감동적으로 이렇게 표현했다.

> 그리고 이 늙은 영혼은
> 생각의 경계 저 너머로 꺼져가는 별처럼
> 지식을 좇으며 갈망하리니.

• 대표적으로 남극 맥머도만 위쪽에 자리한 전망대의 십자가에 적혀 있다. 이 십자가는 1912년 영국 탐험가 로버트 팰콘 스콧(Robert Falcon Scott)이 노르웨이인 탐험가 로알 아문센과 함께 남극점 최초 정복에 도전했다가 실패해 사망한 것을 기리기 위해 세워진 기념비다.

문자의 탄생

아침 수업에서 채소 이름을 말해보라는 선생님의 말을 듣고 수줍게 일어서서 "아스파라거스!"라고 목청껏 외쳤던 벵갈루루의 어린 학생과 그의 영광스러운 순간을 다시 떠올려보자. 선생님은 뿌듯한 표정으로 그 아이를 바라봤다. 4세 아이의 실력이 자랑스러웠던 것은 물론이고, 간단한 지식이기는 해도 배운 것을 많은 사람 앞에서 발표할 수 있다는 자신감을 아이에게 심어주었다는 데에서 자긍심을 느꼈을 것이다. 한마디로 그 아이는 선생님과 학교가 준 선물인 '교육'의 대표적인 예였다.

아마도 세월이 흐른 뒤에 이 아이는 아스파라거스의 발음과 철자를 알려주고 아스파라거스가 무엇인지, 왜 사람들이 아스파라거스를 즐겨 먹는지 설명해주었던 키 큰 벵갈루루 선생님을 기억할 것이다. 아주 오래된 학창시절의 선생님을 기억하고 있는 사람이라면 누구나 그렇듯이, 친절해서 기억에서 잊히지 않는 선생님에게 배운 좋은 교육보다 더 큰 선물은 없을 것이다.

교육이라는 영어 단어 'education'은 '기르다'라는 뜻의 라틴어 동사 'educare'와 '이끌다'라는 뜻의 라틴어 동사 'educere'의 합성어다. 간단히 말해서 교육은 모든 인간 사회의 성인 구성원이 다음 세대를 양육하면서 그들이 가장 좋은 삶의 이상이라고 생각하는 대로 키워내기 위해 자신들의 지식을 전달하려는 시도다. 벵갈루루의 아이들에게서 목격했듯이 간혹 부모가 아이에게 배우는 경우도 있지만, 일반적으로 교육은 윗세대에서 아래 세대로 이어진다. 적어도 인생 초반에는 줄사다리를 밑으로 늘어뜨려서 사회의 어린 구성원들이 그 사다리를 잘 잡고서 올라가도록 격려하고, 나중에는 어른들도 합류해서 계속해서 사다리를 올라간다. 운이 좋고 바람이 도와준다면 다음 세대가 어른들이 도달했던 것보다 더 높은 곳까지 닿을 수 있게 뒷받침하게 될 것이다.

역사 초기에 가르치는 일은 부모나 조부모의 몫이었을 것이다. 머리가 희끗희끗해진 어른들은 자신이 아는 지식을 본보기, 몸짓, 말, 그림을 통해 미성숙한 어린 세대에게 전달했다. 기록이 남아 있지 않아서 그저 추측만 할 뿐이다. 젊은 세대를 가르치는 연장자들의 동기가 전적으로 고결하거나 이타적이지만은 않았을 것이다. 마모셋 원숭이를 덫으로 잡는 방법을 가르치거나 묘목이 물이 부족해 시들지 않도록 관리하는 법을 아이에게 가르치는 이유는 아마도 연장자를 포함한 모든 사람이 먹을 식량을 확보하는 데 차질이 없게 하려는 것이다. 부족이 계속해서 대를 이어갈 수 있게 하려고 정보가 후대로 전승됐다는 낭만적인 생각은 분명 지나친 가정이다. 그러나 다시 말하지만, 기록이 전혀 남아 있지 않아서 그런 교육에 어떤 동기가 있었는지 결코 알 수 없다.

그런데 상황에 변화가 생겼다. 5,000여 년 전, 지식의 전달에 있어 극적인 전환점이 갑작스럽게 등장해 인류의 삶에 엄청난 변화가 나타났다. 기원전 3400년경부터 약 2,000년에 이르는 시기에 지구상에서 서로 멀리 떨어진 네 지역에서 문자라는 새로운 기술이 발명된 것이다. 녹음 장비가 나오기 전에는, 말로 이야기한 내용은 모두 허공으로 사라지고 인간의 기억이라는 일시적인 저장소와 일부 원주민의 구전 전통으로만 남을 뿐이었지만, 문자가 만들어지면서 기록의 보존이 가능해졌다. 이제는 학교 제도, 교육, 학습을 포함한 인간 생활과 사회의 모든 측면을 후대 사람들이 이어받아 사용할 수 있게 된 것이다.

문자는 간단한 그림으로 사물과 개념을 표현하면서 시작됐다. 그런 초기 문자 중 일부는 사라지지 않고 남아서 고고학자들에게 발견되었다. 주로 절벽이나 동굴의 벽에 새기거나 구운 점토판에 적은 문자였다. 지금의 이라크, 이집트, 중국, 멕시코 남부에서 발견된 것들이다. 문자들이 모두 비슷한 연대에 만들어졌으며, 그 문자를 만든 문명들이 서로 접촉했던 흔적이 없다는 사실은 시사하는 바가 있다. 즉 인류 진화의 역사가 꾸준히 순차적으로 진행됐으며, 진화 단계에서 유전자가 중요한 역할을 했으리라는 것이다. 마치 아메리카 대륙에서 중국에 이르는 방대한 영역에 걸쳐 서로 다른 시기에 별개로 출현해 살아온 사람들의 유전자가 거의 동시에 작용해서, 숙주인 인간의 정신과 육체에 서로 유사한 반응을 일으키고 각자의 생각과 지식을 문자로 기록해 영구적으로 보존하도록 한 것처럼 말이다.

언급한 네 지역은(더 정확하게는 그 지역에 대해 연구하는 고고학자와 인류학자들)은 각자의 지역이 문자가 최초로 만들어진 곳이라고 주장한다. 1822년에 로제타석(1799년에 이집트 나일강 하구의 로제타 마을에서 발굴된 비석조각. 하지만 발굴 당시에는 이집트 상형문자를 해독할 기술이 없었다 ― 옮긴이)의 글이 해독되면서* 이집트 상형문자에 대한 관심이 촉발된 이후로, 나일강 유역에서 가장 먼저 문자가 생겼다는 주장이 끊임없이 제기되어왔다. 지금보다 훨씬 비옥한 상태였던 사하라 사막에 살던 신석기시대 사람들이 최초의 문자를 만들었다는 주장이 최근 제기되었지만, 현재로서는 티그리스강과 유프라테스강 사이에 길게 뻗은 비옥한 초승달 지대와 이라크 동부 바스라와 북부 바그다드 사이의 도시들이 위치한 메소포타미아의 고대 유적지에서 많이 발견된 석판의 설형문자가 단연코 가장 오래된 문자라는 설명이 널리 인정받고 있다.

더욱이 로제타석은 세계 최초의 문자에 대한 증거일 뿐만 아니라, 문자의 진화, 즉 사물의 이미지를 엉성하게 그려서 만든 표의문자에서 말할 때의 소리를 담은 상징 부호로 바뀌는 수 세기에 걸친 변천 과정을 보여주는 자료이기도 하다. 사람들은 사물뿐 아니라 감정, 주변 사물과 환경의 색깔·무게·속도, 예의·기대·행동 등의 개념, 외국인, 정치, 신 등 삶의 다양한 측면에 대해서도 서로 이야기를 나눴기 때문에, 문자로 된 음성언어는 인간 감정의 모든 영역을 탐색하고 기록할 수 있었다. 요컨대 문자언어는 사물을 그림으로 나열하는 단순한 방식과는 다른 차원의 발전을 이뤘다.

● 로제타석의 상형문자 해독을 둘러싸고 벌인 19세기 초의 국가 간 경쟁은 쓰라리면서도 대단히 낭만적인 이야기다. 박학다식한 영국인 토머스 영(Thomas Young, 전기 작가는 그를 '모든 것을 다 아는 최후의 인물'로 묘사했다)과 프랑스 그르노블 출신의 젊은 교사 장프랑수아 샹폴리옹(Jean-François Champollion)이 경쟁해서 결국은 샹폴리옹이 승리했다. 이 이야기의 중심에는 그 유명한 '다시에 씨에게 보내는 편지'가 있다. 샹폴리옹은 문제를 풀다가 "알아냈어!"라고 외치고 프랑스인 특유의 방식으로 곧바로 실신했다고 한다. 이 편지에서 그는 프랑스 한림원의 비서를 통해 자신의 성공 소식을 세상에 알렸다. 로제타석은 처음에 프랑스 군인에게 발견된 뒤에 1779년 루브르박물관으로 옮겨져 전시됐다가, 나폴레옹이 패전하면서 1802년부터는 영국박물관에 전시되어 있다.

───── 세계에서 가장 널리 알려진 석조 유물인 로제타석은 그리스인 통치자의 명령으로 기원전 196년에 이집트에서 만들어진 것으로, 왕(프톨레마이오스 5세)을 칭송하는 글이 세 가지 언어로 새겨져 있다. 이 돌은 현재 영국박물관에서 가장 많은 방문객이 찾는 전시물이다.

메소포타미아 점토판에 기록된 최초의 설형문자는 기원전 3000년경의 것으로, 수메르인으로 알려진 사람이 갈대를 잘라 다듬어서 만든 펜으로 마른 진흙에 작성했다. 대충 엉성하게 만든 상형문자이지만 지금도 꽤 많이 알아볼 수 있어서 해석도 가능하다. 예를 들면 이라크 동남부 바스라 인근에 있으며 지금은 폐허가 된 도시 우루크에서는 최근 수메르인 회계사 쿠심이 작성한 창고 관리 기록의 일부가 발견됐는데, 이 점토판에는 보리의 머리 부분이 약간 기발하면서도 쉽게 알아볼 수 있는 형태로 묘사됐다. 아시리아학자Assyriologist●들이 추론해낸 사실 덕분에 우리는 이 점토판이 어느 도시의 창고에서 회계사가 비축물을 기록한 목록임을 알 수 있다. 그런데 약 13만 점에 이르는 다른 점토판들과 함께 영국박물관에 최근 수용된 가로 약 10센티미터, 세로 약 7.5센티미터 크기의 주황빛 점토판에는, 작은 암포라(고대 그리스·로마 시대에 사용된, 양쪽에 손잡이가 있고 목인 좁은 큰 항아리—옮긴이)와 비슷하게 길이가 길고 밑 부분이 뾰족하게 생긴 큰 병이 여러 개 그려져 있다(고고학자들의 설명에 따르면 맥주를 담는 데 사용됐다고 한다). 이 점토판에는 마치 사람이 그릇에 대고 뭔가 마시는 것처럼 작은 그릇 옆에 사람의 머리가 함께 그려진 부분도 있다. 이 그림이 나올 때마다 서로 다른 개수의 점이 옆에 찍혀 있어, 학자들은 그 지역의 부족이나 계급별로 맥주가 얼마나 많이 지급됐는지를 보고 있다. 우리는 이 두 가지 점토판을 통해 수메르 문명의 서로 다르면서도 연관된 두 가지 기록(창고에 보관된 보리 재고량, 회계장부에 기록된 맥주 배급량)을 확인할 수 있다.

문자가 탄생한 이후 2,000년 동안 진화하는 과정에서 일어난 일은 겉으로 보면 조금 이상할지 모르지만 교육 언어의 역사에서 매우 중대한 의미가 있으며, 지식의 전달과도 의미가 깊다. 문자는 사물을 단순히 그림으로 형상화하는 것에서 사물과 의사소통에서 사용되는 모든 다양한 개념을 지칭할 때 사용하는 소리를 부호화해서 표현하는 것으로 차츰 변모했다. 그때까지는 상형문자

● 아시리아학자라는 용어는 메소포타미아 연구자에게 포괄적으로 사용된다. 아시리아인은 메소포타미아 역사에서 수메르인, 아카드인, 바빌로니아인보다 나중에 등장하며, 칼데아인, 후리안인, 엘람인은 물론이고 구티인, 아모리인, 카시트인, 아람인, 수투인, 게다가 에베르나리, 베트누하드라, 베트가르마이에 살았던 사람들보다도 뒤에 등장한다. 그렇지만 아직 해독되지 않은 수십만 개의 점토판이 런던, 파리, 베를린, 그리고 특히 시카고대학교에 보관되어 있어서, 메소포타미아 유적을 연구하는 사람들은 거의 틀림없이 앞으로도 오랜 시간 보조금을 받으며 편히 연구하게 될 것이다.

를 어떻게 소리로 표현하는지 알 수 없었지만, 글로 표현된 음성 부호가 나오면서 문자가 구어를 표현하는 역할도 맡게 됐다. 이에 따라 다양한 형태와 크기로 지식을 전달할 수 있는 이상적인 소통 수단이 탄생했다.

수메르의 상형문자는 다소 더딘 속도로 발전했는데, 약간 기이하게 느껴지는 첫 번째 변화는 점토판에 처음 상형문자를 새겼던 때로부터 약 3세기 후인 기원전 2700년경에 나타났다. 이때부터는 보리의 이삭, 맥주를 담은 항아리, 사람 손, 머리 같은 형상이 반시계방향으로 90도 회전된 그림이 등장하기 시작한다. 지금까지는 위에서 아래로 읽어야 문자를 이해할 수 있었지만, 이제는 문자가 가로로 배치되어 있어서 왼쪽에서 오른쪽으로 읽어야 했다. 이와 동시에 일부 상형문자에서 곡선이 사라지고 수평이나 수직으로 정렬된 선, 기하학적으로 정확한 각도로 정렬된 가느다란 선이 나타났으며, 이런 선이 시작되는 지점에는 삼각형 끝의 뾰족한 모양(즉 쐐기 모양)이 배치됐다. 강의 토사를 건조해 만든 점토판에 갈대나 금속으로 만든 펜으로 문자를 새겨넣었다. 이것이 바로 그 유명한 설형문자다.

설형문자는 대단히 성공적인 문자체계로 자리매김해서, 메소포타미아 동쪽으로는 페르시아, 서쪽으로는 레바논과 레반트, 지중해 연안까지 퍼져나갔다. 이 문자는 세계 최초의 진정한 제국주의자 중 한 사람으로 꼽히는 아카드의 사르곤 왕 집권기에 그 지역 곳곳에 전파돼, 서로 다른 약 열다섯 가지 언어가 설형문자와 음절 문자체계를 사용하게 된다.

학자들은 점토판에 적힌 내용을 면밀히 연구해서 그 시대 사람들이 탐구와 발견, 가르침이 가득한 지적인 생활을 해왔다는 것을 이미 오래전에 밝혔다. 기원전 1700년대에 함무라비가 왕위에 오른 뒤 바빌론은 통치자의 강력한 성품에 걸맞은 거대한 도시로 성장했다. 이 도시에는 학자, 필경사, 사제 교사, 도서관, 학교, 수사학과 토론을 가르치는 기관들이 자리 잡고 있었다. 이 시기에 앞에서 언급한 이타카의 왕 오디세우스의 인상적인 모험담과 헤라클레스의 탄생에 영향을 준 기념비적인 문학 작품 《길가메시 서사시》가 집필되기도 했다.

　천문학이 번성하면서 천문학의 모태인 점성술과 12궁의 개념이 탄생했는데, 이에 관한 원리가 정교한 설형문자로 기록되어 있다. 수학적 원리도 상당 부분 이 지역에서 유래했다고 알려져 있지만, 서구에서 극동지역으로 불리는 지역을 비롯한 다른 문화권들은 이런 견해에 강력하게 이의를 제기한다. 그렇지만 이론의 여지가 없는 부분도 있는데, 바빌론의 수학자들이 60진법을 도입했으며, 당시 그 지역에서는 현재 우리가 사용하는 10진법 대신 60진법이 널리 사용됐다는 사실이다. 아마도 숫자 60은 나일강, 티그리스강에서 페르시아만에 이르는 농업지대인 비옥한 초승달 지대의 유산 중에 가장 널리 알려진 예일 것이다. 오늘날에도 60은 전 세계적으로 널리 사용되는 숫자다. 예를 들어 1분은 60초, 한 시간은 60분으로 되어 있고, 지구의 위도와 경도를 측정할 때에도 60의 배수가 사용된다.

　이런 풍부한 지식은 널리 확산되었으며, 이는 오랜 세월에 걸쳐 널리 퍼진 유산들로 증명된다. 지식의 확산은 일종의 문화적 삼투현상이 아니라 공식적인 가르침, 즉 바빌로니아의 젊은이(거의 전적으로 남성)들이 제대로 된 체계적인 교육을 받게 되면서 이루어졌다.

인류 최초의 학교

최초의 자리를 놓고 다른 문화권과 치열한 경쟁을 벌이고는 있지만, 메소포타미아의 학교는 여전히 세계 최초의 학교로 인정받고 있다. 바그다드에서 남쪽으로 약 145킬로미터 떨어진 유프라테스강 지류 양옆, 고대 수메르의 습지대 마을 니푸르에서 발굴된 학교들이 좋은 예다. 최근 발굴된 이 학교들은 특수한 목적을 위해 건립된 인류 최초의 학교였다.●

이 마을의 유적은 1851년에 영국의 제국주의자이자 불굴의 탐험가였던 오스틴 헨리 레이어드 경Sir Austen Henry Layard에 의해 처음 발굴됐다. 레이어드는 빅토리아 시대의 전형적인 인물로, 부유하고, 느긋하고, 오만하고, 모험심이 강하고, 용감했으며, 이 지역

● 우르, 우루크, 키시, 이신, 라르사, 에슈눈나, 니푸르 같은 바빌로니아의 인구 중심지에서 발견된 유적들은 고대 인류 사회의 가장 초기의 흔적을 보여주는 소중한 유산이지만 오늘날 정치적 분쟁으로 끔찍한 시련을 겪고 있다. 과거 오스만제국 영토의 한쪽에서 벌어지는 끝없는 전투에서 군인과 테러리스트들이 역사적 가치를 고의로 무시한 채 공격하고 폭력을 휘둘러서 파괴와 죽음을 초래하고 있다는 것은 결코 무시할 수 없는 사실이다. 고대 바빌로니아인들이 필시 무덤 속에서 데굴데굴 구르고 있을 것이다.

에 대해 식을 줄 모르는 열정을 품은 위대한 언어학자였다. 성지인 예루살렘 일대에서 성경에 언급된 수많은 도시와 마을을 발견한 그를 두고, 런던의 신문들이 "성경을 사실로 만든 사람"이라고 묘사한 것은 전혀 놀랄 일이 아니다. 얼마 뒤 그는 고고학적 명성을 더 높이기 위해 더 유망한 발굴지였던 니네베로 활동 무대를 옮겼다. 그렇지만 작은 마을인 니푸르에 대한 관심도 여전히 지속돼서, 니푸르 유적에 대한 연구가 거의 끊임없이 진행됐다. 최근에 이루어진 연구들은 대부분 펜실베이니아대학교의 교수와 학생들이 수행한 것이다. 그곳에서 발굴된 수백 개의 석판은 오랜 기간에 걸쳐 해독됐으며, 펜실베이니아대학교 연구원들과 시카고 동방연구소Oriental Institute의 박식한 학자들이 여전히 열심히 연구하고 있다.

수메르어로 에두바eduba라고 불리던 아주 작은 마을 학교도 많은 관심을 불러모았다. 이 학교의 유적지는 오늘날 니푸르의 점토판 저장소Tablet House of Nippur라는 이름으로 불린다. 이 학교 건물은 과거 미국 대초원에 있었던 한 칸짜리 집에 비견할 만하다. 네브래스카주에 있는 작은 학교에서는 겨울의 매서운 추위를 막아줄 장작 난로가 필요했겠지만, 니푸르의 학교는 난방 기능을 하면서 동시에 아이들에게 먹일 빵을 굽는 오븐이 설치됐다.

그 장면을 한번 상상해보자. 엄격한 규율을 지켜야 하는 하루 일과를 시작하기 위해 아이들이 새벽에 등교하면, 빵을 굽는 고소한 냄새가 실내에 퍼졌을 것이다. 많아야 스무 명 남짓한 학생들은 모두 의자에 앉아서, 돌을 쐐기 모양으로 예리하게 깎아서

——— 19세기 후반 메소포타미아 니푸르(오늘날의 이라크에 위치)에서 세계 최초의 학교로 추정되는 건물과 설형문자가 적힌 학생들의 점토판이 발굴되었다.

만든 일종의 펜을 쥐고, 고개를 푹 숙인 채 선생님이 나눠준 물 묻힌 점토판 위에 열심히 설형문자를 써내려갔을 것이다. 밖에서는 농부들과 상인들이 떠드는 소리, 낙타가 으르렁거리는 소리와 염소가 메에 우는 소리가 배경 소음으로 희미하게 들려왔을 것이다. 점토판의 왼쪽에는 선생님이 적은 그날의 학습 내용이 적혀 있고, 오른쪽에는 학생들이 서툰 솜씨로 따라 쓰고, 고치고, 지워서 지저분해진 흔적이 가득하다.

그로부터 4,000년이 흐른 뒤 저 멀리 미국에서는, 아이들이 석판에 분필로 글씨를 쓰면서, 잘못 쓴 글씨는 옷소매로 석판을 문질러 닦아내고 새로 쓰곤 했다. 하지만 니푸르의 학생들은 조금 달랐다. 점토판에 새긴 것이 만족스러우면(짐작하듯 학생들은 모두 남학생이었다), 점토판을 빵 굽는 오븐 위에 잠시 올려두었다가 딱딱하게 굳으면 선생님에게 제출했다. 그런 뒤에 의자에 등을 기대고 편히 앉아서, 유유히 흐르는 유프라테스강을 바라보면서 선생님의 평가를 기다렸다. 망쳐서 포기하거나 선생님의 평가를 통과하지 못한 점토판은 교실 한가운데에 있는 구덩이에 내던져졌다. 그리고 그날 수업이 끝나면 반장이 강물을 주전자에 담아 따뜻하게 데워서 깨진 점토판 조각들 위에 부었다. 점토판 조각들이 흐물흐물해지면 한데 섞어서 반죽해 공 모양으로 뭉친 다음, 다시 납작하고 평평한 점토판으로 만들었다. 이런 식으로 점토판을 재활용해 다음 날 수업 시간에 다시 사용했다. 부서진 점토판 중 일부는 실수로 흘리거나 바닥에 떨어지거나 해서 점토판으로 재활용되지 못하는 경우가 필연적으로 생긴다. 수천 년이 지나서 이런 부서진 조각들이 발견되면, 학자들은 이를 연구 표본으로 활용해 꼼꼼히 조사한다. 그런 표본들에서 바빌로니아 학교생활을 추측하는 것이다.

니푸르의 이 학교가 지어진 것은 기원전 1700년대로 추정된다. 하지만 거의 4,000년 전 학생들의 일과가 오늘날 소규모 마을 학교 학생들의 일과와 크게 다르지 않다는 것을 알 수 있다. 교직원의 구성은 다소 차이가 있다. 미국의 초등학교 교사는 대학을 갓 졸업한 젊은 여성이 많다. 반면 메소포타미아에서는 필경사와 사제, 즉 그 지역에서 지혜가 있는 사람으로 여겨지는 나이 지긋한 남성이 교사 역할을 했다. 이들은 축적된 지식을 어린 학생들에게 전수하는 임무를 수행했다. 오늘날 미국에서는 교육이 편안하고, 다정하고, 설득력 있는 방식으로 진행되지만, 바빌로니아의 아이들은 규칙을 지켜야 하는 엄격한 교육을 받았다. 기록에 따르면 불량한 행동을 하거나, 결석하거나, 분통이 터지도록 느린 아이는 가혹한 체벌을 받았다고 한다. 채찍질에 대한 언급도 일부 문헌에서 발견된다.

학생들에게 가르친 내용과 학생들 대다수가 습득하게 되는 기술은 오늘날과 놀라울 정도로 비슷하다. 가장 나이가 어린 학생들은 석필을 잡는 법, 한 획으로 된 설형문자를 쓰는 법, 단어를 쓰는 법(간단한 단어에서 시작해 점점 복잡한 단어를 배운다), 단어를 읽는 법, 기본적인 발음을 가장 적합한 문자로 바꿔 점토판에 옮기는 법 등의 기본적인 문자 작성법을 배웠다. 이 과정을 마치면 자기 이름 쓰는 법을 배우고 곧이어 친구들의 이름을 쓰는 법도 배운다. 지금까지 발견된 점토판 조각들을 대충 조합해서 추정한 학생 목록을 보면, 누가 어떤 수업을 들었으며, 어떤 학생들이 서로 친구였고, 누구는 친구가 없었는지도 확인할 수 있다.

학년이 높아질수록 수업 내용은 더 어려워졌다. 그로부터 4,000년 뒤에 인도양 너머 벵갈루루에 사는 4세 아이들이 그랬던 것처럼, 니푸르의 학생들은 사물의 이름을 배우고, 암기한 사물의 목록을 나중에 점토판에 적어야 했다. 어느 영국인 연구원이 프랑스 학술지 《아시리아학 연구Revue d'Assyriologie》에 게재한 글에 따르면, 니푸르에서 발굴된 목록에는 "나무, 목조물, 갈대, 선박, 가죽으로 만든 물건과 쇠로 만든 물건, 동물과 고기, 돌, 식물, 물고기, 새, 의복, 지명과 용어, 별, 식품 명" 등이 적혀 있었다. 한편 8~9세 아이들은 "도량형 목록과 표, 수메르어로 된 기호 읽는 법, 친족관계 용어와 직업 이름, 속담, 그리고 가장 중요한 곱셈과 구구단"을 배웠다고 한다.

4,000년 전 니푸르의 어린 학생들이 수업을 열심히 듣고 과제를 성실하게 제출했다면, 산술 계산과 천문학, 주변 세계와 환경에 대한 상당한 지식을 갖춘 상태로 성인의 삶을 시작할 수 있었을 것이다. 그 아이는 1갤런, 1큐빗, 1캐티, 1킬로미터를 측정하는 방법을 알고 있었을 것이다. 또 학교 교과과정 외에도 전설과 이야기를 통해 인간관계의 복잡한 문제에 대해 배웠을 것이며, 나중에는 메소포타미아 왕과 그의 민족이 살았던 레반트의 미덕과 지혜를 칭송하는 찬송가와 노래, 시의 가사도 배웠을 것이다.

학자들은 최근에 니푸르, 우르, 이신, 시파르, 키시 등의 도시와, 티그리스강 상류의 아수르와 유프라테스강 상류의 마리, 남동쪽으로 바스라의 습지와 페르시아만에 이르는 메소포타미아의 비옥한 초승달 지대에 자리한 마을들에 이 같은 학교가 수십 개 더 있었다는 사실을 밝혀냈다. 오늘날 이 지역은 혼란과 고통, 석유와 부, 항공모함과 드론, 고의적이거나 우발적인 고대 유적지 파괴 등으로 상처투성이가 됐지만, 함무라비 시대에는 지역 주민들이 부러워하는 좋은 학교가 있고 수준 높은 교육이 이루어졌다는 사실을 기억할 필요가 있다.

이런 교육 문화는 함무라비 왕 이후로도 계속 번성했다. 그러다가 네부카드네자르 왕이 이웃한 페르시아, 그리스 도시들과 끊임없이 충돌하면서, 옛 바빌론의 영광은 신바빌로니아제국의 문제가 됐고, 불안정한 상황이 계속 이어지면서 설형문자는 물론 설형문자로 글을 쓰고 가르치던 아카드인들도 서서히 사라졌다. 최후의 아카드 문헌으로 알려진 글은 75년에 발표된 복잡한 천문학적 예측으로, 당시 근동지역(서남아시아 및 중동 지역―옮긴이)을 휩쓸었던 정치적·군사적 혼란에도 불구하고 사람들이 얼마나 지식을 끊임없이, 그리고 열정적으로 추구했는지를 엿보게 한다.

이런 혼란 속에서 군인, 상인, 다양한 종교의 성직자들이 다른 곳으로 옮겨가면서, 기원 신화를 통해 인류의 기원으로 알려졌던 곳으로부터 전 세계로 교육이 전파되기 시작했다. 예컨대 고대 로마의 군단병이 학교의 개념을 브리타니아(대브리튼섬의 로마 시대 명칭으로, 지금의 영국 지역―옮긴이)와 갈리아(지금의 북이탈리아, 프랑스, 벨기에 등을 포함한 지역―옮긴이), 일리리아(발칸반도 서부 아드리아해 동해안의 고대 국가―옮긴이), 이베리아(고대 캅카스 남부 지방으로, 지금의 조지아 지역―옮긴이)의 주둔 기지에 전달했을 것으로 상상할 수 있다. 알렉산드로스 대왕이 인더스강에서 나일강까지 제국을 확장한 뒤로, 헬레니즘 문화권 전역에서 학교 교육이 비약적으로 확대됐다고 보는 것은 결코 지나친 비약이 아닐 터이다.

실제로 영국도서관에는 2세기 이집트의 유물인 나무판으로 만든 작은 노트가 전시되어 있다. 이 노트를 보면 한 어린아이가 그리스어로 글자를 쓰고 계산하려고 힘겹게 최선을 다했다는 것을 알 수 있다. 나일강 계곡 주변으로 이미 상당수 학교들이 세워져 있었으며, 카이로에 사는 귀족들이 상형문자를 배우는 것은 이집트 사회에서 수백 년 동안 이어진 두드러진 특징이었다. 나무판 낱장을 끈으로 묶어 만든 이 작은 노트는 교육이 더 넓은 사회 계층으로 확산됐음을 보여준다. 교사가 나무판의 움푹 꺼진 곳에 왁스를 발라서 만든 '페이지' 위에, 금속 도구로 단어와 숫자를 긁어서 이런 짧은 격언을 적는다. "현명한 사람의 조언을 받아들이자. 친구를 무조건 다 믿는 것은 옳지 않다." 그러면 학생이 노트에 똑같이 따라 적는다.

2,000년 전에 니푸르의 필경사가 (아마도 손에 채찍을 들고서) 학생들에게 시켰던 것과 마찬가지로 말이다. 아직 실력이 서툰 이집트 소년은 최선을 다했지만 여기서 한 글자,[*] 저기서 한 글자를 빠뜨렸고 계산에서 셈을 완전히 망쳐놓아서, 교사가 문질러 지우고 고치려고 애를 먹다가 결국 포기하고 말았다. 노트에 나타난 이 학생의 노력에서 한 가지 확실한 사실을 알 수 있다. 먼 곳에서 전래된 교육이 이제는 나일강 유역에서 본격적으로 행해지고 있었으며, 필사, 산술 계산, 문해가 교육의 중심이었다는 사실이다. 이런 교육 내용은 티그리스강 제방에서 서쪽으로 뻗어나간 지식의 촉수가 닿는 모든 곳에서 갈수록 보편화되는, 조직화된 인간 삶의 요소였다.

● 이때 사용된 문자는 페니키아에서 유래한 그리스 문자체계(알파에서 오메가까지)의 일부로, 오늘날의 서양인들에게 아주 친숙하다. 이 문자는 유명하고 역사가 오래된 이집트 상형문자 체계의 그림문자에서 발전한 형태다.

배움과 가르침의 욕구

동쪽으로 뻗어나간 지식의 촉수가 중국에 메소포타미아식 교육을 전수하지 않았을까 하는 추측이 솔깃하게 들릴지 모른다. 우리가 실크로드라고 부르는, 안티오크와 중국 시안 사이의 무역로가 기원전 1세기경부터 두 문명을 확고히 연결하고 있었으니 말이다. 계속된 수백 년 동안 대상隊商과 낙타의 행렬이 중앙아시아의 대초원을 왕래했다. 이들은 여러 도시의 수도를 정기적으로 오가며 다양한 문화의 관습을 가져왔으며, 틀림없이 도시나 국가를 위해 그런 관습을 가르치는 것을 고려했을 것이다.

그런데 사실 중국에서는 이미 오래전부터 정식 교육을 실행하고 있었다. 중국은 교육과 관련해 중동이나 여타 지역으로부터 영향을 받지 않았다. 메소아메리카(중앙아메리카 일대 지역—옮긴이)의 마야와 아스텍 사회에서는 15세기 콜럼버스의 항해 이후 스페인과 포르투갈의 정복자들이 이곳에 도착하기 전부터 학교가 운영되고 있었고, 마찬가지로 중국도 외부에서 받은 영향이 미미하거나 전혀 없다고 봐야 한다. 아메리카 대륙의 교육에 외부의 영향이 미쳤을 가능성에 대해서는, 약간 비현실적인 생각일지 모르겠지만, 11세기 무렵 아시아에서 배를 타고 건너온 사람들이 지금의 멕시코나 에콰도르에 도착해서 그들과 유전적으로 동족인 원주민들과 교류하면서 학교 교육 체계를 전수했다고 추정할수 있을지도 모른다. 하지만 이런 견해를 뒷받침할 증거는 없다

기원전 16세기에서 10세기에 걸친 중국의 상商 왕조 시대의 문헌에는, 세계의 다른 어떤 곳보다 훨씬 이른 시기에 학교가 존재했다는 단서가 있다. 이에 대해서는 중국 사람들도 잘 모르며, 별로 알고 싶어 하지도 않는다. 당시 외부와의 접촉은 거의 없었다. 그런데 어떻게 거의 비슷한 시기에 중국과 메소포타미아에서 학교들이 설립되어 자리 잡았는지는 수수께끼로 남아 있다. 혹시라도 앞서 언급했듯 유전자의 작용으로, 사회적인 측면보다는 분자 구조학적 측면에서 배움과 가르침의 욕구가 생겨난 것이라면 모를까.

행동이 유전적 작용에 크게 좌우된다는 견해를 고수하는 사람들은 우생학eugenics(유전 법칙을 응용해 인간 종족의 개선을 연구하는 학문으로, 19세기에 프랜시스 골턴이 창시해 20세기 전반까지 유행했으나 지금은 과학계에서도 폐기된 이론이다 — 옮긴이)의 꺼림칙한 냄새가 조금 나기는 해도, 그런 추정에 동의할지 모른다. 어찌 됐든 언젠가는 논쟁의 여지가 적은 설명이 나올 것이다. 바빌로니아 니푸르에 학교가 설립된 것이 기원전 1800년경이고, 고대 중국에서 학교의 존재가 처음 언급된 것은 기원전 1500년경이다. 그 300년 사이에 어떤 형태로든 문화 전달이 이루어졌을 가능성도 물론 있다.

중국에서 체계적인 교육이 처음 시작될 때 나타난 패턴은, 이후 수 세기에 걸쳐 세계의 곳곳에서 나타난 과정과 동일했다. 일단 수업은 지역 주민을 대상으로 이루어졌다. 부모들이 처음에 다 같이 모여서 아이들에게 가장 중요한 지식(곡식을 심고 수확하는 법, 동물을 도살하고 가죽을 벗기는 법, 물건을 만들고 수선하는 법 등)을 가르쳤다. 가족과 공동체는 이런 식으로 후대에 기술을 전수해서, 미래 세대의 생존을 도모했다. 이후 규모가 크고 더 확실히 자리 잡은 공동체가 방대한 규모의 교육을 시작하고 나서야 비로소 어떤 것을 가르쳐야 하는지를 비롯한 일종의 교육 정책이 나타난다. 그리고 항상 그런 정책의 중심은 부처나 공자, 맹자의 가르침, 베다 경전의 위대한 말씀, 고대 인도의 2대 서사시로 꼽히는《마하바라타Mahabharata》와《라마야나Ramayana》, 다양한 신념을 히브리어, 산스크리트어, 아랍어, 페르시아어, 그리스어, 라틴어, 영어로 작성한 시인들의 종교적인 글 같은 신념체계와 국가의 건국신화가 차지했다. 이런 교육 내용은 도덕과 윤리, 예절을 가르쳐서 기존의 문화를 후대까지 보존하고, 유지하고, 강화하는 데 기여했다.

앎보다 믿음이 중요한 사람들

토라, 쿠란, 신약성서, 모르몬 경전, 그 밖의 여러 문헌에 기초한 교육은 아무래도 검증 가능한 사실보다는 신실한 믿음에 기초하기 때문에서 마음이 불편한 사람들도 당연히 있을 것이다. 다양한 종교 경전에 나오는 내용 중에 플라톤의 정당화된 참인 믿음과 전적으로 일치하는 것은 거의 없다. 물론 그것들은 분명 종교적 믿음이지만, 참이라고 정당화하기 힘든 일과 사건에 대한 믿음이다. 그렇다는 사실이 마드라사(이슬람교 사원의 부속학교─옮긴이), 예시바(정통파 유대교의 학교— 옮긴이), 신학교처럼 경전의 사실적·역사적 무오류성을 주장하는 엄격한 근본주의자들의 열정을 꺾지는 못하겠지만 말이다.

믿음은 많은 이에게 위안과 위로, 확신을 준다. 앎보다 믿음을 항상 더 중요하게 여기는 사람들도 있다. 예를 들어 16세기에 지금의 북아일랜드 지역에 있는 아마주의 주교였던 제임스 어셔James Ussher의 말을 믿는 사람이 오늘날에도 꽤 있다. 어셔는 신앙심이 없는 사람들도 모두 그 앞에 벌벌 떨며 복종하는, 아일랜드 전역의 대주교였다. 그가 제시한 일련의 교리는, 오늘날에도 미국에서 텔레비전을 이용한 조금 기이한 방식으로 구식 전도 활동을 하는 사람들 사이에서 여전히 통용된다. 그는 예수의 가계를 연대기 순으로 기록했다고 주장하는[●] 영어 번역본 성경인 킹 제임스 성경에 나오는 모든 출생과 출생자의 기록을 집계하고, 칼데아인과 아카드인들의 문헌 중에 그가 관련이 있다고 생각한 것들을 복잡하게 짜맞춰서, 하느님이 일주일에 6일을 일하고 토요일 하루를 쉬면서, 기원전 4004년 10월 23일 일요일에 세상을 창조했다고 당당히 발표했다. 그의 권위가 워낙 높았기 때문에 이를 토대로 만든 성경은 공인을 받았으며 그 이후로 수십 년 동안 출판되었다. 이 성경에는 〈창세기〉 첫 부분 "태초에 하느님이……"라는 구절 옆

● 가장 긴 출생 기록은 〈마태복음〉 1장에서 찾을 수 있는데, 그중 간단한 예를 들면, "살몬은 라합에게서 보아스를 낳고, 보아스는 룻에게서 오벳을 낳고, 오벳은 이새를 낳고, 이새는 다윗 왕을 낳고, 다윗 왕은 우리야의 아내였던 여자에게서 솔로몬을 낳고, 솔로몬은 르호보암을 낳고……" 하는 식이다. 이 기록을 바탕으로 어셔는 지구의 지질학적 시간 척도를 자신만의 계산법으로 정리해 제시했다.

에 작은 주황색 글씨로 그 '태초'가 10월 23일이라고 공식적으로 기재했다.

다른 성직자들도 논의에 참여해서 이 연대기를 다듬었다. 케임브리지대학교의 부총장으로 임명될 정도로 지위가 높았던 존 라이트풋John Lightfoot이라는 현명한 목사도 하느님이 기원전 4004년 10월 23일에 세상을 창조했다고 밝혔으며, 어셔의 계산을 더 구체적으로 분석해서 하느님이 23일에 아침을 먹은 뒤인 9시 정각에 창조를 시작했다고 규정했다.

절대적 믿음의 종식

교리에 대한 절대적 믿음이 종식되기까지는 19세기에 활동한 네 사람의 역할이 컸다. 이들은 서로 다른 지역에서 각기 다른 방식으로 활동했지만, 이들의 노력이 한데 작용하면서 전 세계의 관심이 지식 수집을 향하게 됐다. 이들의 활동이 대중에게 미친 영향은, 계몽주의가 200년 이상 엘리트 계층에 미쳤던 영향과 같은 것이었다.

특히 한 사람은 거의 혼자 힘으로, 당시 천조天朝로 자칭하던 중국에서 급진적인 변혁을 일으켰다. 19세기 초 중국은 신화, 전설, 신념을 주로 가르치는 학교 커리큘럼을 숭배하고 고수하는 데 따른 폐해가 무엇인지를 보여주는 대표적인 사례였다. 당시 자금성

안에서 지내던 청나라의 만주족은 여전히 막강한 권력을 누리고 있었다. 청나라의 교육기관은 수, 당, 송, 명 등 이전 왕조들이 대부분 그랬던 것처럼 유교 경전과 천상의 원리만을 가르쳤다. 하지만 나라 밖 상황은 완전히 달랐다. 1776년에는 미국에서, 1789년에는 프랑스에서 정치혁명이 일어나고, 증기력과 공학에 기반한 산업혁명이 대서양 인근을 비롯한 유럽의 지형과 운명을 바꾸고 있었다. 그러나 중국에서는 이런 변화가 전혀 일어나지 않았으며, 서구 학교에서 당연히 가르치는 수학, 물리학, 응용과학을 가르치는 학교도 없었다.

그 결과 중국은 기술적으로 낙후됐고, 징벌적인 대가가 뒤따랐다. 군대는 장비와 훈련이 부족했다. 1840년대와 1860년대 두 차례의 아편전쟁이 벌어졌을 때 청나라 군대는 영국군에 대패했으며, 프랑스군과의 전쟁에서도 마찬가지로 패배하면서 베이징의 이화원이 불탔고 황제는 단기간 피신해야 했다. 중국은 영토를 빼앗기는 막대한 손실과(가장 중요하게는 홍콩을 영국에 할양했다) 체면을 잃는 견디기 힘든 수모를 겪었다.

청나라 말기에 황실은 두 번 다시 이런 치욕을 되풀이하지 않도록 삐걱거리는 정부 시스템과 미래 세대에게 가장 중요한 교육 시스템을 손보는 대대적인 개혁을 서둘러 진행했다. 이에 따라 양무운동洋務運動으로 불리는 정책이 추진됐는데, 중국 남부의 도시 쑤저우의 유복하고 높은 학식으로 존경을 받았던 학자 풍계분馮桂芬도 이에 함께했다.

기품 있는 고관이자, 조정 고위 관리들의 참모였던 풍계분은 최고 점수를 받은 진사 급제자로, 일찍이 총명함을 인정받아왔다. 우연한 기회로 서양인과 친분을 맺은 당시 몇 안 되는 중국인 중 한 명이었는데, 태평천국운동太平天國運動이 일어났을 때 상하이 조계지의 영국군 및 미국군과 가까이 지내게 되었다. 태평천국운동은 청나라 말기에 자신이 예수의 동생이라고 주장하는 한 젊은 기독교도가 일으킨 반정부 봉기였다. 이로 인해 2000만 명 이상이 목숨을 잃었다. 이때 풍계분은 상하이에서 반란군에 맞서 싸우게 되는데, 아편전쟁에서 청 왕조의 군대를 패퇴시켰던 바로 그 서구의 선진 무기와 군사기술이 이제는 반란군에 맞서 황실을 돕는 것을 보고 외국에 대한 생각을 바꾸게 되었다. 어쩌면 그들이 그렇게 악랄하지는 않을지도 모른다고 생각했다. 그는 서양인의 군사기술과 무기가 막 시작된 양무운동에 도움이 될 것이라고 판단했다. 그래서 그들에게 손을 내밀어 선진 산업화 세계의 지식을 배워야 한다고 처음에는 마지못해, 나중에는 열의를 가지고 청나라 조정에 조언했다.

얼마 전까지만 해도 중국은 거의 모든 것을 발명해내는 선진국이었지만, 그 무렵에는 과학과 기술의 전설적인 광채가 희미해지고 퇴색한 상태였다. 그토록 찬란했던 위업을 달성했던 중국은 이제 정체되고, 쇠퇴하고, 낙후됐다.[•] 중국은 한때 서양이 그들에게

[•] 1970년대 케임브리지의 중국학 연구원 조지프 니덤이 제기한 이른바 '니덤의 질문(Needham Question)'은 중국의 뛰어난 창조력이 둔화한 의아한 현상을 다룬다. 이 주제에 흥미를 느끼고, 나체주의자이자 모리스(morris: 영국에서 유래한 일종의 가장무도회 ─ 옮긴이) 무용가, 아코디언 연주자, 기독교 생화학자였던 이 기이하고 특출한 인물 조지프 니덤에 대해 더 자세히 알고 싶다면 나의 책《중국을 사랑한 남자》를 읽어보기 바란다.

아무런 의미도 없고 쓸모도 없다며 완전히 무시했다. 그런데 이제는 손을 내밀어 그들에 대해 알아내는 것이 현명한 처사이며, 더나아가 꼭 그래야 할 것처럼 보였다. 서양 지식의 장점을 활용하고 더 많이 배우기 위해서였지, 서양 지식이 본질적으로 우월해서가 아니었다. 오히려 탐욕스러운 서구 열강들(영국과 프랑스가 그랬고, 곧바로 독일도 그 대열에 합류했으며, 포르투갈은 예전부터 늘 그랬고, 러시아도 막 경쟁에 뛰어들 참이었고, 이탈리아도 그런 기미를 보였다)은 중국을 분열시키거나, 그러려고 준비 중이거나, 맞설 준비가 되지 않았다는 중국의 자백을 악용해 그들의 영토, 강, 항구, 섬을 점령하고 각자의 이익을 꾀하느라 바빴다. 준비가 필요했던 중국으로서는 서구 지식의 도입이 그들의 요구를 물리칠 수 있는 좋은 전략으로 보였다.

여기서 상황의 맥락을 이해하는 것이 중요하다. 중국은 준비와 경계 태세가 부족했기 때문에 거대한 양쯔강 전체(그리고 그 밖에도 많은 지역)를 강제로 개방해서 외국인들의 무역을 허용해야 했다. 그리하여 영국과 미국의 군함이 양쯔강을 활보하고 다녔으며, 치외법권이라는 해괴한 원칙 때문에 영국이나 미국의 선원이 범죄를 저질러도 중국 판사가 아닌 외국 판사가 판결을 내렸다. 이에 대해 수백만 명의 중국인들이 모욕감과 굴욕감을 느끼고, 오랜 역사를 자랑하는 조국의 근간을 뒤흔든 외부인들의 오랜 과오를 바로잡고 싶어 하는 것을 과연 비난할 수 있을까? 입장을 바꿔서, 미국인들이라면 중국 해군이 미시시피강 상류에서 하류까지 마음대로 활보하게 내버려둘 수 있을까? 아니면 상하이에서 온 선원이 이스트런던 라임하우스에 있는 술집에서 소란을 피우고 술값도 안 내고 유유히 떠나도록 영국 정부가 내버려두고, 지역 경찰과 경범죄를 다루는 영국의 치안 판사는 이에 대해 아무것도 하지 못하는 상황에서 베이징의 판사가 술집 주인의 잘못이라며 호되게 다그치는 것을 상상할 수 있겠는가? 누구든 이런 일을 당한다면 시간이 아무리 오래 걸리더라도, 궁극적으로 배상받을 방법을 찾을 것이다.

그런데 이런 생각은 지금의 중국인이나 할 수 있는 것이다. 19세기 중반 청나라 조정의 관리들은 복수의 욕구를 불태우기보다는, 그저 체념하고 받아들이는 분위기였다. 그래서 외국인들이 아무리 무례하게 굴더라도 우선은 예의와 격식을 갖춰 신중하게 대해야 한다고 여겼다. 지금까지 야만적인 외부인이나 중무장한 약탈적 침략자로 여겨 경멸하고 멀리했던 국가들에 대응하기 위해, 청나라 조정은 최초의 외무부인 총리아문을 황급히 창설했다. 1862년에는 베이징에 동문관同文館이라는 관립학교를 건립했다. 이 학교의 초대 교장은 스코틀랜드 선교사 존 버든John Burdon•이 맡았다. 학생 10명으로 시작한 이 학교는 금세 성장해서 1877년에는 학생 수가 100명이 됐고, 광둥성과 상하이에 분교를 개설해 영어, 독일어, 프랑스어, 러시아어, 일본어는 물론 수학, 천문학, 화

• 존 버든이 중국에 도착한 시기는 풍계분이 연루됐던 태평천국운동이 일어났을 때였다. 처음에는 어쩔 줄 몰라 당황했지만, 냉정한 품성의 목사였던 그는 몇 달을 시골에 숨어 지내면서 수십 차례의 전투를 가까스로 피했다. 그 후 수도에 도착해서 영국 공사관 목사로 임명되어 일하다가, 뜻하지 않게 동문관의 교장으로 초빙됐다. 결혼을 세 차례나 했고 처음 두 번의 결혼에서 아내와 1년 안에 사별하는 등 개인적인 삶은 다소 불운했지만, 결국 홍콩의 교장직을 수행한 주교로서 성공적인 경력을 쌓았다.

학, 의학, 공학, 지리, 국제법도 가르쳤다. 오늘날 중국의 과학기술 및 제조업 발전을 경이롭게 바라보는 사람이 많은데, 이 작은 학교에서 모든 발전이 시작됐다고 보아도 큰 무리는 없다.

19세기 중반 중국의 발전에 결정적으로 작용한 그런 사건들에서 필연적으로 이런 질문이 제기됐다. '어떤 한 가지 지식체계나 학습체계, 정보 축적이 다른 것들보다 우수할까?' 학자들과 정치가들은 오랜 시간 이를 두고 논쟁해왔다. 관련 사례에서 나온 주된 답변은 실용적 지식(즉 방법적 지식과 사실적 지식)은 단기적으로 더 확실한 가치가 있다는 것과, 문화·역사·철학·예술처럼 더 모호하게 규정되는 영역의 지식은 즐거움을 주고 의식을 고양시키고 교화하는 순기능이 있지만, 당면한 문제인 인류의 발전을 실현하고 유지하는 데에는 도움이 되지 않는다는 것이다.

물론 분별 있는 접근방식은 지식의 유형을 서로 구분하지 않고 종합적으로 다루는 것이다. 따라서 두 종류의 앎은 모두 적절한 쓰임이 있으며, 믿음과 증거는 똑같이 가치가 있어서 서로 대립하지 않고 융합될 수 있음을 인식하는 사람이 진정한 지식인이자 현명한 사람이라고 주장할 수 있다. 더욱이 이런 절충 의식은 지역적인 조건을 초월한다. 단순히 동양의 믿음과 서양의 지식 사이의 가치 대립이 아니라 한층 근본적인 차원의 문제, 즉 믿음과 증거가 서로 조화되기 어려워 보인다는 점에 있다. 우리 사회에는 양극단에 있는 이 두 가지 가치를 한데 모아서 일종의 교감을 이끌어내는 데 주력하는 단체들이 있다.

그중 가장 주목할 만한 단체는 필라델피아 바로 북쪽에 근거지를 두로 있는 존 템플턴 재단John Templeton Foundation이다. 엄청난 재력을 갖춘 이 재단은 1987년부터 과학과 종교는 서로 동등한 가치를 인정받고 똑같이 존중되어야 한다는, 설립자의 유지遺旨를 장려하기 위해 노력해왔다. 계몽주의가 널리 퍼지면서, 종교적 교리와 과학적 발견 사이의 간극은 점점 더 깊어지고 넓어졌다. 양자 간의 분열과 공공연한 적대감은 나트륨과 물이 만났을 때 나타나는 요란한 폭발 반응과 비슷하다. 템플턴은 물과 기름처럼 완전히 분리되지는 않지만 샐러드 드레싱처럼 조화롭게 섞인 상태로 만들 수 있다고 생각했다. 존 템플턴의 견해를 기이하고, 순진하고, 위험할 정도로 반과학적인 의견으로 보는 사람도 있지만, 갈수록 혼란스러워지는 이 시대에 꼭 필요한 사려 깊고 긍정적인 견해로 받아들이는 사람이 더 많다. 어떻게 생각하든 '특정 부류의 지식의 가치가 다른 부류의 지식의 가치보다 더 오래 지속되는가?'라는 질문에 대한 답을 건설적으로 모색할 때 나중에 다시 이에 대해 논의하게 될 것이다.

그런데 19세기 중국의 황제와 황실은 당시 서양의 실용적인 지식, 예컨대 공학과 화학 지식의 즉각적인 유용성을 1862년에 분명히 인식하고 있었다. 그리고 그런 생각을 한 것은 중국 황실만이 아니었다.

동양의 도덕, 서양의 과학

일본도 중국에 동조했다. 풍계분이 중국의 근대화를 추진하기 위해 조직적인 활동을 벌이던 때와 거의 같은 시기에, 일본의 작가이자 공공지식인(사회적 관심사에 직접 참여하고 비판하는 지식인―옮긴이)인 후쿠자와 유키치福澤諭吉는 훗날 도쿄로 불리게 되는 수도 에도에서 경직된 정부 구조와 교육 체계에 그와 비슷한 압박을 가하고 있었다. 그가 추진한 활동과 성공이 일본에 미친 영향은 기념비적인 업적으로 인정받고 있다. 중국은 60여 년이 더 지난 1911년에 신해혁명으로 청나라 황제가 퇴위한 이후에야 엄밀한 의미의 근대화가 조금씩 추진된 데 비해, 일본은 종교나 윤리관에 얽매인 사회도 아니었고, 신앙이 깊은 사회도 아니었기 때문에 빠른 속도와 결단력으로 개혁에 나섰다.

일본은 17세기 초반 이래로 외부로부터의 영향을 거의 차단해왔다. 그런데 이 뛰어난 학자의 저술에 깊은 영향을 받고 설득되면서, 19세기 말 무렵 모든 면에서 발전을 이루어갔다. 이러한 업적을 기리는 의미로 1만 엔권 지폐에 후쿠자와의 초상화를 넣었는데, 시대의 흐름에 따라 다른 지폐의 인물은 바뀌었으나 그의 초상화는 현재까지 변함없이 자리를 지키고 있다. 오늘날 지갑을 들고 다니는 일본인 대부분은 후쿠자와 유키치의 초상화를 말 그대로 가슴속에, 그것도 충분히 그럴 만한 이유로 품고 다닌다고 할 수 있다.

19세기 일본이 외부 사상에 대해 완전히 폐쇄적이거나 외국에 대한 지식이 전혀 없었던 것은 아니었다. 당시의 막부(쇼군의 정부) 가 엄격한 쇄국정책을 시행했다는 것은 엄밀히 말하면 옳은 설명은 아니다. 물론 인접국인 중국의 학문과 일부 기술이 동쪽으로 전파되어 일본에 흘러들었다. 유럽의 문물도 마찬가지였다. 네덜란드는 인공섬인 데지마出島에서 오랫동안 일본과 제한적인 교역을 해왔다. 데지마는 나가사키 항구 쪽으로 돌출된 반도였지만, 작은 운하를 사이에 두고 섬으로 떨어져나가서 선박들의 임시 정박지이자 상설 검역소가 되었다. 하지만 검역이 불완전했던 탓에 유럽의 선진 문물과 언어, 사건에 대한 소식이 일본의 주류 문화로 끊임없이 스며들었다. 게다가 막부의 고위 지배층은 데지마의 항구 책임자에게 네덜란드 동인도회사의 대표와 함께 에도에 와서 정기 보고를 명령했다. 외국의 지식에 목말라 있던 일본의 과학자들과 의사들은 대표단이 에도를 방문할 때마다 어떤 지식을 가져올지 잔뜩 기대하며 모여들었다고 한다.•

이 과정에는 사전이 도움이 됐다. 1603년에 포르투갈 리스본에서 처음으로 《일본어-포르투갈어 사전Vocabulario da Lingoa de Iapam》이 출판되었다. 그로부터 세월이 꽤 흐른 뒤인 1796년에는 일본에서 만든 《네덜란드어-일본어 사전》이 나왔다. 첫 네덜란드어 사

• 수년에 걸친 엄청나게 힘든 작업 끝에 네덜란드어로 번역된 독일의 해부학 백과사전이 1771년에 일본어로 중역되면서, 일본의 고위 계층 사이에서 '네덜란드학' 열풍이 불기 시작했다. 원로 학자이자 현인인 스기타 겐파쿠(杉田玄白)는 네덜란드의 지식이 "넓은 연못에 떨어진 기름 한 방울이 퍼져나가 수면 전체를 덮은 것처럼" 일본 전역에 퍼졌다고 언급했다.

전이 나오자 바깥세상에 대한 일본인들의 관심이 폭발적으로 증가하면서, 수많은 언어로 된 사전과 회화책이 쏟아져 나오기 시작했다. 1853년에는 페리 제독이 이끄는 미 해군 증기군함 소함대가 일본 앞바다에 나타났다. 처음에는 무례하고 대담하게 접근하다가 나중에는 필연적인 상황을 만들어 도쿄만으로 밀고 들어왔다. 이때 이들은 미국과 수교를 맺으면 얻게 될 탐나는 혜택으로 보일 만한 것들을 선물로 가져왔다. 그 물건들 중에는 증기기관차의 움직이는 모형, 망원경, 질 좋은 캘리포니아산 포도주, 완벽하게 작동하는 전신기, 노아 웹스터가 새로 편찬한 그 유명한 《미국 영어사전》 제2판도 있었다.

미국의 전략은 효과가 있었다. 사전을 만들기 위해 개인적으로 비축한 쌀 20톤을 담보로 맡길 정도로 외국어 사전을 편찬하는 데 관심이 많았던 사쿠마 쇼잔佐久間象山은 일본의 미래를 위한 자신의 꿈은 "동양의 도덕, 서양의 과학"이라는 말로 요약할 수 있다는 유명한 글을 남겼다. 그는 이렇게 덧붙였다.

현재 중국과 일본의 학문은 충분하지 못해서, 전 세계의 학문을 받아들여 보완하고 완성해야 한다. 콜럼버스는 조사와 탐구의 신념으로 새로운 세계를 발견했고, 코페르니쿠스는 태양 중심설을 정립했고, 뉴턴은 중력의 법칙을 알아냈다. 이 세 가지 위대한 발견 이후, 모든 예술과 과학은 이런 발견에 기초해왔다. 이 세 가지는 어느 하나도 거짓이 아닌 진실이다.

—— 후쿠자와 유키치는 최초의 일영사전을 편집하고 도쿄에 게이오대학교를 설립한 인물로, 일본은 그의 공적을 기리는 뜻에서 1만 엔권 지폐에 그의 초상화를 인쇄했다.

후쿠자와가 일본의 근대화에 얼마나 기여했으며, 더 나아가 지식을 갈망하는 세계 전반에 그가 얼마나 중요한 의미가 있는지를 제대로 인식하려면 관련 맥락을 이해해야 한다. 귀가 솔깃해질 만한 이야기가 많은데, 그중 하나는 저 멀리 스코틀랜드에 있는 작가 로버트 루이스 스티븐슨Robert Louis Stevenson의 관심을 사로잡았을 정도로 감동적인 사연이다.

이 이야기의 주인공은 일본을 떠나 미국으로 가겠다는, 당시로서는 상상도 할 수 없는 일을 계획했던 요시다 쇼인吉田松陰이라는 젊은 사무라이였다. 그는 미국으로 돌아가는 전함에 태워달라고 페리 제독을 설득할 요량이었다. 비단옷을 입고 길이가 다른 검 두 자루를 허리에 찬 사무라이 복장을 한 그는 나이가 어린 친구와 둘이서 스미다강 항구 앞바다의 거친 물살을 헤치며 제독의 기함인 USS 포와탄까지 노를 저어 갔다. 미국으로 데려가달라고 간곡히 요청하는 두 사람이 마음에 들었던 페리 제독은 깊이 고민했지만, 결국에는 거절했다. 당시 일본인이 허락 없이 나라 밖으로 나가는 것은 사형에 처해질 수 있는 중범죄였는데, 그런 불법행위를 도와주었다가 자칫 미국과 일본 사이에서 논의 중이던 일련의 조약 협상이 위태로워질 수 있다고 판단했기 때문이다. 페리 제독은 낙담과 두려움에 사색이 된 두 사람을 육지로 돌려보냈다.

두 사람은 즉시 체포되어 감옥에 갇혔고, 이후 에도로 이송되어 가택연금에 처해졌다. 다소 놀랍게도 학식이 높았던 쇼인은 그곳에서 허가를 받고 몇 년 동안 학교를 운영할 수 있었다. 그는 막부의 편협한 정책을 통렬하게 비판했고, 1859년에 집권 가문의 일원을 암살하려는 음모를 꾸밀 정도로 무모하고 고집불통이었다. 일련의 사건으로 그는 사형선고를 받고, 사무라이 검으로 참수되었다.

스티븐슨은 몇 년이 지난 뒤에 이 비극적인 사건을 미국에서 전해 듣고, 불굴의 지조, 집념, 결의, 바깥세상의 지식에 대한 강렬한 열망에 크게 감명했다. 그래서 선집 《인간과 책에 관한 친숙한 연구Familiar Studies of Men and Books》를 집필하면서, 쇼인을 요시다 토라지로라는 새로운 이름으로 칭하고, 한 장 전체를 그의 이야기에 할애했다. 스티븐슨은 "용기를 발휘해 실패가 비장해지도록 만든다면, 실패는 성공과 다르지 않을 것이다"라는 헨리 데이비드 소로의 말을 인용하면서, 쇼인의 선택을 옹호했다. 이 책은 입소문을 타고 19세기 미국에서 베스트셀러가 되었다. 요시다 쇼인은 순식간에 영어권에서 영웅적인 인물로 떠오른, 해외에서 명성을 얻은 최초의 일본인이다. 바로 그 무렵에 강제로 잠들어 있던 일본은 새로운 지식을 습득해 막 잠에서 깨어나기 시작했다.

바로 이 대목에서 후쿠자와 유키치가 등장한다. 페리 제독이 1853년 일본 해역에 진출했을 때 후쿠자와는 갓 성인이 되었다. 요시다 쇼인만큼 높은 지위나 가문의 출신은 아니었지만, 그도 도대체 무엇 때문에 그렇게들 야단인지, 규정을 어기고 직접 보러 가고 싶은 유혹을 느꼈을지 모른다. 그렇지만 그는 신중한 길을 택했다. 우선 데지마로 건너가 네덜란드어를 공부해서 1년 만에 능숙하게 구사하게 되었다. 이후 선박 건조와 총기 제작을 비롯한 각종 기술을 익혀서, 인생을 바꾸어놓을 직책을 얻었다. 네덜란드에 주문해서 건조한 증기선 간린마루咸臨丸호에 승선해 장교를 보필하게 된 것이다. 1860년 2월, 간린마루호는 막부의 명령을 받고 태평양 건너 샌프란시스코까지 항해하는 최초의 외교 원정에 나섰다.

후쿠자와는 배에 승선한 미국인 장교에게 속성으로 영어를 배워서 그런대로 괜찮은 실력을 갖췄고, 프랑스어도 어느 정도 구사할 수 있게 됐다. 그 이후 유럽과 그 밖의 지역으로 원정을 거듭하면서, 세계 여러 곳에서 온갖 놀라운 것을 배우고 다양한 지식을 최대한 흡수했다. 1860년 봄, 첫 항해에서 배가 캘리포니아에 정박했을 때 훗날 "얻을 수 있는 모든 정보를 받아들이려고 열성인, 걸어 다니는 안테나"라고 불렸을 정도로 수많은 질문을 던지며 열정적으로 배움에 임했다.

과학이나 기술에 관한 내용은 고국으로 돌아간 뒤에 책으로 공부할 수 있기 때문에, 여행 중에 따로 공부하지 않았다. 하지만 일상생활에서 흔히 접하는 문제들은 책에 자세히 나와 있지 않으므로, 사람들에게서 직접 배워야 한다고 느꼈다. (……) 중요하다고 생각되는 사람을 만날 때마다 질문을 하고 그 사람이 말한 것을 모두 노트에 적었다.

특히 일상생활과 관련해 당황스러울 때가 많았다. 예를 들어, 미국에 체류할 때 지나가는 사람에게 조지 워싱턴의 후손이 어디에 살고 있는지 물었더니 아무도 모르고 아예 관심도 없어 보인다는 사실에 큰 충격을 받았다. 일본이라면 쇼군의 가족이 사는 곳을 모르는 사람이 없을 터였다. 그는 이렇게 생각했다. '미국인들은 어떻게 자신의 조국을 세운 인물의 가족에 대한 존경심이 이토록 부족할까?' 나중에 영국에 가서 의회 민주주의와 다당제 정치에 대해서 배울 때는, 의견이 서로 다른 정치인들이 정부에서 싸운다는 개념을 도무지 이해할 수가 없었다.

한동안 무엇을 위해 싸우는지, 전쟁이 없는 평화로운 시기에 '싸우는 것'이 대체 무엇을 의미하는지 전혀 이해할 수 없었다. 그들은 "이 사람과 저 사람은 의회에서 서로 적수입니다"라고 말하곤 했다. 그런데 '적수'인 사람들이 식탁에 나란히 앉아서 함께 식사하고 차를 마시고 있었다. 아무리 생각해도 도통 이해가 가지 않았다. 진저리날 정도로 생각하고 또 생각하며 시간을 한참 보내고 나서야 이런 기이한 사실들과 관련된 종합적인 개념을 정리할 수 있었다. 조금 더 복잡한 문제는 설명을 듣고서 5~10일 정도가 지나야 이해가 되기도 했다. 그래도 대체로 많은 것을 배웠다.

이 모든 여행에서 듣고 배운 내용을 종합한 책이 바로 《서양사정西洋事情》이다. 이 방대한 분량의 책은 일본 사회를 뿌리째 흔들었다. 총 열 권으로 출판된 이 책은, 1867년부터 1870년까지 원고가 완성될 때마다 얇은 책으로 한 권씩 나왔다. 마치 한 가지 주제를 다룬 잡지 특별호를 연달아 내는 식이었는데, 나오는 즉시 베스트셀러가 됐다. '영국의 상황'이나 '프랑스의 상황' 같은 신간이 나올지도 모른다는 소식에 사람들이 서점에 몰려가기도 했다.

일본 독자들은 그로부터 몇 년 전에 맨해튼 부둣가에 잔뜩 모인 뉴욕 주민들이 찰스 디킨스의 《오래된 골동품 상점》의 다음 편이 나오기를 손꼽아 기다리며, "손녀 넬이 죽은 걸까?"라고 애처롭게 외치곤 했다는 이야기를 들어본 적이 아마 없을 것이다. 그렇지만 책을 기다리며 모여들었던 일본의 독자들에게 그 시절 뉴욕 사람들과 같은 감성은 없었을지 모르지만, 기대하고 흥분된 마음은 마찬가지였다. 그들은 '상공회의소는 무엇을 하는 곳인가? 청각장애인을 위한 학교란 무엇인가? 캘리포니아에는 교도소가 몇 개나 있는가? 전신국 직원들은 어떤 일을 하는가? 여학교의 일상, 비스킷 공장에 대해서, 공식 작전이 시작될 때 군대 막사에서 일어나는 상황'과 같은 제목이 달린 글에서 후쿠자와가

들려주는 최신 소식을 잔뜩 기대하며 기다렸다.

이 책은 일본 사회에 엄청난 영향을 미쳤다. 후쿠자와는 서양 문명에 대한 대중의 인식을 높이고 에도 막부의 군 통치자들에게 일본이 완전히 개화할 경우 어떤 미래가 펼쳐질지를 제시하는 두 가지 목적을 5년 만에 달성했다는 데 상당히 만족했다. 그는 지식 없이는 문명이 존재할 수 없다고 말하면서, 좋든 싫든 세계에서 유용하고, 실용적이고, 접근하기 쉽고, 미래지향적이고, 가치 있는 지식의 대부분은 서양의 지식이라는 사실을 피할 수도, 부정할 수도 없다고 주장했다. 당시에 그런 주장을 하는 것은 결코 쉽지 않았을 것이다.

이러한 주장에 반대하는 사람도 적지 않았다. 일본인 삶의 본질을 더럽히는 불결한 의견이라는 것이다. 그들이 보기에 후쿠자와의 견해는 엄격한 행동 규범, 명예와 세부적인 측면, 역사에 대한 관심, 위대한 유물과 영적 신비에 대한 경외심 및 충성을 바탕으로 하는 일본의 사회적 결속력과 전반적인 만족감에 대한 직접적인 공격이나 마찬가지였다. 이런 가치를 바꾸거나 거스르는 행동은 국가의 존엄에 돌이킬 수 없는 해를 끼치는 일이 될 터였다. 후쿠자와에게 동조했던 사람들은 갑자기 위험에 처하게 됐다. 간린마루호가 역사적인 태평양 횡단과 캘리포니아 탐험을 마치고 도쿄만으로 돌아왔을 때 선장이 샌프란시스코에서 구입한 우산을 사람들 앞에 내보이자, 암살당할지 모르니 소낙비가 아무리 세차게 내려도 에도 거리에서는 우산을 펴지 말라고 누군가가 큰 소리로 경고했다.

지식의 탄생

후쿠자와 본인도 외국인을 혐오하는 폭도들에게 살해당할지 모른다는 두려움을 느끼고 숨어 지냈다. 그는 꼬박 10년을 해가 저문 뒤에는 바깥 외출을 삼갔다. 그는 작은 집에 머물며 글을 쓰고, 사전을 편찬하고, 오늘날까지도 잘 운영되고 있는 훌륭한 대학을 설립하고,* 일본이 세계에 합류하려면 세상에 대한 지식을 최대한 많이 받아들여서 진정한 교양인이 되어야 한다는 지도 방침을 지키는 데 남은 생애를 바쳤다.

후쿠자와는 1901년에 69세의 나이로 세상을 떠났다. 그는 1835년 하급 사무라이 가문에서 태어났다. 당시 일본은 700여 년 전부터 그래왔듯 여전히 군 독재자인 쇼군이 수도 에도에서 전국을 통치하고 천황은 얼굴을 외부에 알리지 않은 채 고대 도시인 교토에 은닉해 사는 폐쇄적인 국가였다. 독신이었던 후쿠자와가 홀로 죽음을 맞이했을 때는 많은 것이 변해 있었다. 막부는 권력을 잃고 공식적인 사무라이는 더 이상 없었으며, 일본은 대외무역을 거의 완전히 개방했고, 천황은 헌법이 정한 국가 지도자가 되었으며, 도쿄로 이름이 바뀐 동부의 수도에 머물렀다. 그리고 이제 일본은 영국과 프로이센의 의회를 모델로 하는 서구적인 민주주의 체제를 갖춘, 아시아 최초의 의회 민주주의 국가가 됐다.

일본인들은 이후 많은 증거로 증명됐듯, 끝없이 쏟아져 들어온

● 후쿠자와 유키치는 1858년 서양 학문의 중심지가 될 학교를 설립했다. 미국 로드아일랜드에 있는 브라운대학교를 대략적인 모태로 삼은 이 학교는 '고귀한 지성의 본보기'가 되겠다는 사명을 내세웠다. 이 학교가 바로 오늘날 일본에서 가장 존경받는 교육기관 중 하나인 게이오대학교다. 총리, 우주비행사, 기업 CEO 등을 대거 배출했으며, 재학생들은 럭비 실력도 뛰어나다.

지식을 받아들인 덕분에 개화되고, 서양의 문물을 교육받은 민족이 됐다. 후쿠자와 유키치가 처음으로 태평양을 건너서 미국에 도착해 우산, 과자 공장, 전신국 같은 기술과 문화에 놀라고, 조지 워싱턴의 후손이 어디서 어떻게 살고 있는지를 전혀 모르는 사람들을 보며 어리둥절했던 40년 전에 예견했던 것처럼 말이다.

일본이 이런 단계를 밟기로 한 데에는 여러 가지 이유가 있었지만, 암묵적으로든 아니든 이들에게 쏟아져 들어온 지식의 격류가 자신들의 지식보다 우월하다는 것을 인정하는 것과는 전혀 관련이 없었다. 오히려 고위 관리층에서는 손위 형제의 나라인 중국에 이미 닥친 운명(즉 탐욕스러운 서구 열강들 틈에 끼어 붕괴될 운명)이 이제껏 한 번도 다른 나라의 지배를 받아본 적이 없던 일본에도 찾아올 수 있다는 신중한 믿음이 영향을 미쳤다. 일본은 그런 재앙을 피하기 위한 방어 수단으로 근대화를 추진했으며, 오랜 기간 축적된 지식의 보고에 무언가 결핍이 있다고 인정하지는 않기로 단호히 결정했다.

허버트 조지 웰스H. G. Wells는 1920년 《세계사 대계The Outline of History》에서 후쿠자와의 비전이 이룬 성과를 다음과 같이 요약했다. "인류 역사상 일본처럼 비약적인 발전을 이룬 나라는 없었다. 1866년의 일본은 지극히 낭만적인 봉건주의를 서투르게 모방하던 국가였지만, 1899년에는 가장 진보한 유럽 열강과 대등한 수준으로 완전히 서구화된 국가가 됐다." 공상과학 소설의 창시자다운 은근한 우월감을 빼면 그의 진술은 모두 사실이다. 근본적으로 일본은 결코 과거를 돌아보지 않았다.

더 나은 교육은 무엇인가

그렇기는 해도 서양의 교육이 동양의 교육보다 '더 나은' 교육이었을지도 모른다는 생각을 중국과 일본이 온전히 받아들였던 적은 없다. 두 나라 모두 서양식 교육을 채택하면서도 그것을 필수적인 조건이 아닌 정략적인 방편으로 생각했다. 하지만 시암(태국), 수마트라, 보르네오, 벵골 등 이 지역의 거의 모든 곳에서 개혁을 단행했던 것에서 알 수 있듯, 20세기 초 이 지역에서는 서양의 통치 방식과 교육 방식이 분명히 유행하고 있었다. 이 지역 대부분이 이미 유럽 열강의 식민지가 되었고, 식민지 국민은 원방의 변덕과 결정에 종속되어 있었기 때문에 그런 개혁을 더 쉽게 시행할 수 있었다.

실제로 아시아 외에도 여러 제국의 지배를 받고 있는 많은 지역에서 서양 지식의 우월성에 대한 관념은 피지배 국민들에게 이미 강하게 인식됐다. 그중에서도 특히 엄청난 사회적 혼란을 겪었던 인도만큼 악명 높은 인상을 남겼던 곳은 없을 것이다.

19세기 초 인도에서 서구식 교육 정책은 외견상 영국 제국의 당국자 행세를 하며 식민지배 기간 내내 인도를 통치했던 집단에 의해 시행되었다. 이들은 인도의 어린이와 대학생들이 서양의 백인들만 알고 있는 지식을 배우면 무한한 이점을 얻게 될 것이라고 설명했다. 당국자들은 제국주의적인 오만한 태도로, 그들의 통치를 받고 있는 국가에서는 사회 전체를 발전시키려는 자생적인 운동이나 내부적인 열망이 전혀 나타나지 않는다고 주장했다. 그리고 상대의 기를 꺾는 우월감을 내보이며, 그런 열망이 군이 필요하지도 않다고 공언했다. 수백만 명의 식민지 주민에게 서구의 지식을 확실히 심어줄 서양의 통치자들이 아주 많으니, 콜카타의 풍계분이나, 뭄바이나 첸나이, 벵갈루루의 후쿠자와 유키치는 필요 없으며, 열정적인 지역 인사들이 나서서 개혁을 촉구하는 목소리를 군이 보태지 않아도 된다고 주장했다.

이런 주장이 식민주의의 추레하고 부당한 측면의 하나인지, 아니면 선량한 통치자들의 현명한 정책으로 봐야 하는지는 여전히 논쟁의 여지가 있다.[•] 그렇지만 기억해둘 만한 명확한 사실이 하나 있다. 인도 전역에서 지식의 전달과 관련한 개혁은 1835년 2월 런던에서 작성된 '인도 교육에 관한 의사록The Minute on Indian Education'이라는 악명 높은 문서가 보급되면서 일어났다는 점이다. 인도에서 새로운 교육 정책을 수립하도록 동인도회사에 공식적으로 제안한 이 문서를 작성한 사람은 런던의 역사학자이자 시인이었던 35세의 토머스 배빙턴 매콜리Thomas Babington Macaulay였다. 그는 오늘날까지도 인도, 파키스탄, 방글라데시 전역에서 여전히 악명 높은(혹은 유명한) 인물이다.

당시 인도는 공식적으로 인가받은 방대한 규모의 민간 무역회

● 19세기 중반에서 20세기 중반에 걸친 지배 기간에 자행된 끔찍한 행태들이 드러나면서, 오늘날 영국의 인도 지배를 긍정적으로 평가하는 사람은 갈수록 줄어들고 있다. 1857년 봉기에 대한 잔인한 진압, 1919년 암리차르의 잘리안왈라 바그에서 시위대를 향한 다이어 준장의 기관총 난사, 1943년 벵골 기근으로 수백만 명의 사망자를 낸 정책 등의 여러 잔학 행위는 인도에서 영국의 통치가 선량하고 지속적인 이점이 있었다는 향수 어린 의견에 맞서는 오늘날의 주장에 큰 영향을 주었다.

사인 동인도회사가 운영했다. 동인도회사는 단순히 차, 설탕, 비단, 아편을 취급하는 상인에 불과했을 수도 있지만, 도움이 필요할 때 군사를 소집할 수 있었고, 수준 높은 교육을 받은 유능한 영국 관료들을 직원으로 두고 있었다. 동인도회사에 공식적으로 권한을 준 것은 런던에 위치한 영향력과 권위를 가진 동인도회사 이사회였다. 당시 이사회의 8월 모임에서 영국 정치계와 지식인 사이에서 떠오르는 스타였던 토머스 배빙턴 매콜리는 휘그당 총리 찰스 그레이 경Lord Charles Grey에 의해 장관으로 임명됐다.

오늘날 그가 어떤 평가를 받고 있는지와 관계없이, 매콜리가 위대한 지성을 갖춘 사람이었고 최소한 동료들 사이에서 도덕적 목적의식이 높은 사람으로 통했다는 것은 분명하다. 그는 노예제 폐지 운동으로 이름난 활동가의 아들이었고, 케임브리지대학교에 입학하기 전부터 어학, 법률, 수학에서 뛰어난 재능을 보였다. 그는 천재적인 기억력을 갖췄고, 사람보다 책이 더 가치 있는 친구라고 진심으로 믿을 정도로 책을 좋아했으며, 성경에 통달했고, 확고한 복음주의적 신념으로 기독교 신앙에 접근했다.• 간단히 말해서 19세기의 전형적인 박식가의 수준을 뛰어넘었고, 마치 철과 참나무를 깎아 만든 것처럼 강건하고 자신감이 넘쳤으며, 영국 국교회 중에서도 권위를 중시했던 고교회파High Church였고(당시

• 매콜리가 인도로 떠나기 직전의 일은, 그의 성품을 잘 보여주는 일화다. 당시 정부는 노예제 폐지를 정책화하려면 몇 푼 안 되는 노예의 임금에서 압류한 돈으로 노예 소유주에게 보상해야 한다는 이해하기 힘든 발상을 내놓았다. 매콜리는 말도 안 되는 계획이라고 생각하고, 공개적으로 통렬히 비난하면서 의원직을 두 차례나 사임하려고 했다. 결국 이 계획은 무산됐고, 그는 정해진 대로 인도에서 4년간 체류하기 위해 출발했다.

—— 토머스 배빙턴 매콜리는 영어를 인도에 도입하는 정책을 책임졌다. 그는 인도 사람들이 영어를 쓰게 하는 것이 인도를 서양의 지적인 틀에 편입할 수 있는 수단이라고 보았다. 오늘날 그의 평판은 여전히 논란의 여지가 많다.

급성장하던 영국에는 고교회파 신도들이 많았다), 오늘날에는 조롱의 대상일지 모르지만 당시에는 성자이자 영웅으로 칭송받는 인물이었다.

그가 탄 배는 1834년 3월 틸버리에서 출항해 습하고 숨 막히게 더운 6월에 인도 동부의 항구 도시 마드라스(현재의 첸나이)에 도착했다. 그는 현명하게도 시원한 닐기리 산지로 이동해서 인도의 역사와 관습을 파악했다. 그는 인도 남부의 인기 있는 휴양지 중에서도 우타카문드(우티 또는 스누티 우티로도 불린다)라는 허름한 마을에서 몇 주를 보냈다. 우티는 영국인들이 폭스하운드 개들을 키우던 곳이며, 이 지역의 한 클럽은 당구의 일종인 스누커 게임이 발명된 곳으로 알려져 있다. 오늘날에도 그 클럽은 저녁에 불

지식의 탄생

을 때서 까맣게 된 침실 벽난로를 매일 아침 하얗게 만들어둔다.

여름 더위가 한풀 꺾이자, 매콜리는 해안 저지대로 내려가 콜카타에 있는 동인도회사 관리 본부로 들어갔다. 그리고 거의 업무를 시작하는 것과 동시에 총독인 윌리엄 벤팅크 경으로부터 중요한 임무를 지시받았다. 그 임무는 비단, 차, 인디고 같은 산물에서 더 많은 이윤을 창출할 방법을 찾는 것이 아니라, 수백만 명이나 되는 인도의 아이들을 가르칠 교육 방안을 만들라는 것이었다.

동인도회사는 수익을 기대하는 투자자들을 충족해야 하는 합자회사였으나, 단순히 상업에만 관심을 둔 집단은 아니었다는 사실을 기억해야 한다. 동인도회사는 국가 전체를 운영하는 데 필요한 수많은 책임도 떠안아야 했다. 이를테면 도시를 관리하고, 세금을 부과하고, 부두를 운영하고, 경찰력을 제공하고, 도로를 내고, 농업을 관장하고, 시장을 만들고, 법률을 제정하고, 사법체계를 구축해야 했다.

그리고 아이들도 교육해야 했다. 당시 통치자들은 신神은 영국인이라는 관념에 사로잡힌 백인이었으므로, 기본적으로 인도에 영국식 교육 체계를 구축한다는 계획을 세웠다. 열정 넘치는 젊은 복음주의자인 매콜리는 공식적인 책임을 맡고 이 임무에 몰입해서, 영웅적인 열정으로 능력을 발휘했다. 그는 지식이 전부라면서, 인도의 아이들에게 현명하고 사려 깊고 신중한 방식으로 지식을 심어주어야 한다고 주장했다. 더욱이 이 지식은 영국 납세자들의 세금으로 운영될 공립학교에서 가르칠 영국의 지식이어야 하며, 영어로 가르쳐야 한다고 덧붙였다.

인도에서 보낸 처음 몇 달 동안 그의 생각은 더욱 확고해졌고, 공식적인 권고안을 내기에 충분했다. 그리고 다음에 소개할 인용문은 그가 일찍이 영국 하원에서 했던 연설을 의회 의사록에서 발췌한 것으로, 인도에서 그가 시행했던 정책에 깔린 그의 사고방식을 가장 간결하고 수치스럽게 드러내는 대목이다.

누구든 [영어를] 아는 사람이라면 지구상 가장 현명한 국가들이 90세대에 걸쳐 만들어내고 축적한 방대한 지적 재산에 즉시 접근할 수 있습니다. 오늘날 현존하는 문헌 중 영어로 작성된 것은 300년 전에 세계 각 언어로 만들어진 모든 문헌보다 훨씬 가치가 크다고 해도 무리가 없을 것입니다. (……) 이제 우리가 결정해야 할 문제는 이것입니다. 언어를 가르치는 것이 우리 마음대로 결정할 수 있는 문제일 때, 보편적으로 말해서 어떤 분야의 책이 됐든 우리 영국에 필적할 만한 책이 없는데도 외국어를 가르쳐야 할 것인지, 또 유럽의 과학을 가르칠 수 있을 때, 보편적으로 말해서 체계가 유럽과 다른 부분은 모두 다 나쁜 쪽으로 다른데도 그런 체계를 과연 가르쳐야 할 것인지, 그리고 건전한 철학과 진정한 역사를 수호할 수 있을 때, 왕의 기록을 쌓으면 9미터나 될 정도로 숱하게 많고 통치 기간만도 3만 년이나 되는 긴 역사, 당밀의 바다, 버터의 바다로 구성된 지형, 영국 사립학교 여학생들의 비웃음을 자아낼 천문학을, 그것도 공공 비용으로 가르쳐야 할 것인지입니다.

지식의 탄생

영국과 인도 모두 매콜리의 의견에 즉각적으로, 엄중히 반발했으며, 그런 반발은 꺾이지 않고 계속됐다. 매콜리의 이런 견해는 인도의 자아상과 자존감에 깊은 상처와 흉터를 남겼다. 매콜리는 당연히 인종차별주의자로 비난받았으며, 명문가 태생의 영국인 특유의 고압적인 겸손과 경멸을 의미하는 매콜리적 기질Macaulayism 이라는 용어가 생길 정도로 두고두고 사람들의 화를 돋웠다.

오늘날 인도의 학자들과 정치인들은 앞다투어 매콜리를 비난하는 데 열을 올린다. 인도 고등연구소Indian Institute of Advanced Study • 소장을 지냈으며 인도 최고의 지성으로 손꼽히는 카필 카푸어 Kapil Kapoor 교수는 2001년 '인도인 정신의 탈식민화'를 주제로 한 저명한 강연에서, 매콜리는 "오랫동안 계승된 학문을 소외시키고", 학계가 "자기비하의 정신"에 빠지게 하는 데 영향을 미쳤다고 주장했다. 매콜리가 활동하던 시절에서 거의 200년이 지난 시점에 나온 그의 주장은, 이제는 다소 이끼가 뒤덮인 이런 논쟁에 좋은 쪽으로든 나쁜 쪽으로든 매콜리가 여전히 어느 정도 영향력을 미치고 있다는 것을 보여주는 듯하다.

논란의 여지가 없는 사실도 한 가지 있다. 매콜리의 저술과 1835년에 인도 학교들이 어떤 방식으로 지식을 보급해야 하는지를 명시한 법령에 인종차별적인 사고가 배어 있을지 모르지만, 어

• 존경받는 단체인 인도고등연구소는 선선한 히말라야 산기슭에 위치한 도시 심라의 옛 식민지 총독 관저에 본부를 두고 있다. 거대한 성처럼 생긴 이 건물은 인도의 독립이 처음으로 논의된 장소이자, 마운트배튼 경의 주제로 1947년 영국이 떠난 뒤에 인도를 세 개의 영토로 분할한다는 결정을 내린 곳이다(이 결정으로 동파키스탄과 서파키스탄이 탄생한다).

쨌든 인도와 인도 국민들은 크게 득을 보았다는 사실이다. 인도 인구 14억 명 중 성인의 문해율은 63퍼센트이며, 남성의 문해율만 따지면 75퍼센트에 이른다. 인도의 아동 약 1억 3000만 명이 학교에 다니고 있으며, 거의 모든 아이가 23개 공용어 중 하나인 영어를 배우거나 영어로 교육을 받고 있다. 게다가 인도는 원자력 발전소, 우주개발 계획, 강력한 군대, 발전한 민주주의와 선망의 대상인 사법체계, 자유로운 언론, 세계적으로 사랑받는 거대한 엔터테인먼트 산업, 방대한 규모의 철도망, 열렬히 보살핌을 받는 아름다운 야생동물들, 과거 역사에 대한 애정과 자부심, 선임 통치자들의 건축 유산, 뛰어난 스포츠 실력, 놀랍도록 다양한 창의적 에너지의 결과물을 보유한 국가로서 전 세계의 찬사와 존경을 받아왔다.

인도는 존 스튜어트 밀이 1861년 자신의 저명한 책《대의정부론Considerations on Representative Government》에서 희망했던 바를 정확히 달성한 것으로 보인다. 진보적인 제국주의자였으며 매콜리처럼 동인도회사에서 일했던 밀이 책에 적었듯 영국의 문화는 '독특하게 진보한 문화'였다고 주장하는 사람들도 일부 있겠지만 서양의 지식, 특히 다윈에서 브루넬, 파스퇴르에서 러더퍼드, 멘델에서 비트겐슈타인에 이르는, 대체로 19세기에 탄생한 지식의 혜택은 부인할 수 없다. 이런 결과가 어째서 일어났고 언제 어디서 일어났는지는 아무도 정확히 알지 못하며, 그 원인에 대해서도 여전히 논쟁 중이다. 하지만 분명 일어난 일이었다. 계몽주의가 막을 내리고, 증기기관이 발명되었으며, 빅토리아 여왕의 집권이 끝나기까지의 기간에 서양은 믿기지 않을 정도로 엄청나게 많은 것을 실행하고, 발견하고, 깨닫고, 발명하고, 선보이고, 가르치고, 생각하고, 건축하고, 작곡하고, 창조했다. 혜택은 이런 지식을 갈망하던 지역에 축적됐으며, 법적인 강제나 도덕적 설득을 통해 인도 역시 혜택을 받았다. 물론 일부는 인종차별적이고 거들먹거리는 분위기에서 강요되어 무용지물이 되기도 했다.

하지만 앞서 살펴본 것처럼 비슷한 혜택이 중국과 일본에서도 삼투현상에 가까울 정도로 자연스럽게 스며들었으며, 실제로 가장 오래된 문명에 속했던 이 두 나라가 이런 혜택을 얻고자 했다. 이들은 궁극적으로 자신들과 똑같이 취약한 상태였던 인도의 생각에 동참해 서구 지식의 일부 요소는 우월하며 당시 지식 중 최고라고까지 표현할 수 있음을 은근하고 조심스럽게 인정했다. 그런 뒤에 모두 서양의 지식을 받아들였다. 각 민족은 신성한 산스크리트어 문헌, 유교의 전통적 가르침, 일본 고대 불교의 건축과 미술 등 각자의 핵심적인 문화를 높이 받들어 일종의 '명예 지식knowledge emeritus'의 지위로 승격했다. 그런 뒤에 빠른 속도로 근대화하는 세계에 재빨리 진입하기 위해 노력했고, 얼마의 시간이 흐른 뒤 모든 지식의 원천이었던 나라들을, 그것도 그 나라들이 사용했던 것과 똑같은 방법으로 이기는 진정한 역사적 아이러니를 보여주었다. 서양의 지식은 가장 대단한 상전벽해가 일어나도록 만든 촉매제였으며, 그 시작을 꾀하는 데 큰 도움이 됐다.

지식의 숲과 배움의 자유

혜택이라고 볼 수 있는 측면이 이렇게 많았더라도, 서양이 자기 비판에서 완전히 자유로운 것은 아니었다. 1907년도에 출간되어 지금까지도 고전으로 통하는 헨리 애덤스의 저서 《헨리 애덤스의 교육The Education of Henry Adams》에서 그 예를 확인할 수 있다. 이 책은 기본적으로 자서전이며, 부끄러울 것이 없는 엘리트 저자의 이야기다. 헨리 애덤스는 하버드대학교 출신의 문필가이며, 보스턴의 명문가를 칭하는 보스턴 브라민Boston Brahmins 중에서도 가장 귀족적이고 대통령을 두 명 이상 배출한 가문의 후손이다. 그는 이 책에서 미국의 지식 보급과 관련한 문제와, 왜 지식의 보급이 질적으로 떨어졌는지(최소한 그가 생각하기에)에 대해 혀를 내두를 정도로 자세히 파헤친다.

헨리 브룩스 애덤스는 1838년 비컨힐의 '보스턴 주의회 의사당 그늘 아래'에서 태어났고, 1918년 3월 워싱턴에서 죽음을 맞았다. 그가 살아온 80년 동안 이 세상에는 엄청난 일이 많이 있었다. 그는 남북전쟁과 1차 세계대전을 목격했다. 또 링컨 대통령의 암살, 중국 황제와 러시아 차르의 폭력적인 권력 전복도 목격했다. 그의 생애는 빅토리아 여왕의 통치 기간 내내 계속되었다. 마차와 역마차를 타고 먼 거리를 이동했고, 철도가 완공되기 전에는 보스턴에서 워싱턴DC까지 갈 때마다 증기선을 타고 서스쿼해나강을 건넜다. 1900년 무렵에는 자동차를 구입했고, 키티호크에서 라이트 형제가 최초로 시험 비행에 성공한 것을 보면서 비행기가 미래의 장거리 운송수단이 될 것임을 확신했다. 그의 인생 초반에는 연락을 주고받으려면 손으로 편지를 써서 우편으로 보내고 며칠 답장을 기다려야 했지만, 인생 후반에는 나중에 라디오라는 이름으로 불리게 될 무선 전파를 통해 전보를 보내고 음성을 들을 수 있게 됐다. 어릴 시절에 보았던 전쟁터에서는 대포와 화승총이 주로 쓰였지만, 그 뒤로 호치키스 기관총이 나왔고, 나이 들어 노쇠해졌을 무렵에는 수백만 명을 살상할 수 있는 무기들이 개발되었다. 이제 그는 자신이 한때 그토록 소중히 여겼던 안정되고 안전한 세상이 사라질지 모른다는 두려움을 느꼈다.

애덤스는 변화의 속도가 너무 빨라서 전통적인 교육 시스템으로는 그토록 맹렬히 변화하는 세상을 살아가는 데 필요한 지식을 가르칠 수 없다고 결론지었다. 학교 교육은 너무 느리고, 무관한 것들에 뿌리를 두고 있으며, 교실 밖 현실 세계와의 연관성이 너무 적다고 비판했다. 그는 발전 속도를 따라잡을 유일한 방법은 끊임없이 확장되는 지식의 숲을 통과할 길을 각자 결정하고, 혼자 힘으로 배우고, 방랑하고, 관찰하고, 책을 읽고, 질문하는 것이라고 결론지었다.

명문 대학에서의 교육은 상당한 돈이 드는 만큼 대체로 훌륭했다. 하지만 교육 내용이 그리스어, 라틴어, 역사, 문학 같은 고전에 뿌리를 두고 있었는데, 그런 학문이 얼마나 가치 있는가에 대해서는 솔직히 회의적이었다. 그는 "교육의 가장 경이로운 점은, 교육에 종사하는 모든 사람, 즉 교사들을 몰락시키지 않는다는 점이다"라고 책에 썼다. 그는 하버드 교정을 떠나 성인의 삶을 시작하는 순간에, 자신은 주변 모든 곳에서 펼쳐지는 과학적 혁명의 '발전기'가 되어 정력적으로 활동할 준비가 제대로 안 되어 있다는 것을 깨달았다고 한다. 그가 책에 쏟아내는 이야기에서 성미가 까다로운 지식인의 불안이 감지된다. 그가 어떤 희생을 치르더라도 새로운 지식을 습득하려고 온 힘을 기울이는 그 자신과 비슷한, 사회와 잘 조화되지 않는 똑똑한 사람들과 친밀한 우정을 쌓은 것은, 당연한 일이었을지 모른다.

그의 가장 친한 친구인 클래런스 킹Clarence King은 바로 그런 사람이었다. 킹은 강인하고 늘 에너지가 넘치는 산악인이자 지질학자였다. 예일대학교 출신인 킹과 하버드대학교 출신인 애덤스는 여러모로 서로 다른 사람이었다. 두 사람은 콜로라도주 그릴리 근처의 로키산맥에서 만났다. 애덤스가 킹을 만나게 된 과정은 꽤나 모험적인 경험이었다. 애덤스는 혼자 노새를 타고 가다가 어둠 속에서 길을 잃고 말았다. 그는 노새가 안전한 길을 알고 있을지 모른다고 생각하고, 노새 등에 걸터앉은 채로 궐련을 피우며 기다렸다. 노새는 끈기 있게 절벽과 협곡 사이로 천천히 조심스럽게 나아갔다. 두 시간 남짓 지났을 때 저 멀리서 희미하게 불빛이 보였다. 다가가니 허름한 오두막이 하나 있고 바깥에 남자 세 명이 나와 있었다. 그중 한 사람이 클래런스 킹이었는데, 당시 그는 정부에서 의뢰한 6년간의 기념적인 탐험인 북위 40도 조사Fortieth Parallel Survey 프로젝트를 이끌고 있었다. 책에서는 이렇게 설명한다.

애덤스는 클래런스의 품에 안겼다. 대부분의 우정이 그렇듯, 성장이나 의심은 결코 문제가 되지 않았다. 고풍스러운 지평선에서 두 사람은 친구가 되었다. (……) 킹은 그날 그릴리에서 지붕과 문이 없는 가벼운 사륜차를 타고, 보급품을 실어 나르는 노새가 지나가기에도 좁은 산길을 올라왔다. 길이 얼마나 좁았는지 아는 건 나중에 애덤스가 그 사륜차를 타고 내려갔기 때문이다. 오두막에는 호화스럽게도 손님들을 위한 침대가 딸린 방이 하나 있었다. 그들은 방과 침대를 함께 쓰며 새벽녘까지 이야기를 나누었다.

킹은 애덤스가 관심을 갖고 기뻐할 만한 모든 걸 가진 사람이었다. 그는 예술과 시에 대해 애덤스보다 더 많이 알았고, 미국에 대해서, 특히 서경 100도에 대해서는 그 누구보다 아는 게 많았다. (……) 실용적인 지질학에 대한 지식도 보통 이상이었고, 교과서보다 적어도 한 세대 이상 앞을 내다보았다. 태초부터 세상을 제대로 보는 사람은 목숨을 부지하기 어려웠는데, 킹은 다른 측면에서 세상을 제대로 보았다. 그의 매력은 다른 사람이 보는 것을 보면서도 남들보다 훨씬 많이 본다는 점이었다. 재치와 유머, 모든 사람의 관심을 그의 관심사로 끌어 모으는 가득 찬 에너지, 젊음과 예의범절에서 나오는 매력, 자신이 마치 대자연이라도 된 것처럼 마음으로든 돈으로든 아낌없이 남들과 나누는 품성을 가진 그는 미국인들 중에서 거의 독보적인 존재였다. 그의 내면에는 그리스인의 면모가 있어서, 그에게서는 알키비아데스나 알렉산드로스 같은 분위기가 느껴졌다. 클래런스 킹 같은 사람은 이 세상에 오직 그 한 사람뿐이었다.

이 만남이 바로 진정한 교육의 근원이었다. 천재적인 재능을 가진 사람을 만나서 서로의 생각을 끊임없이 주고받으면서 공통의 지적 목표에 대한 열망을 품었고, 그런 진지한 우정에서 수많은 새로운 사실을 깨닫게 됐다. 두 사람은 1871년 사람의 발길이 거의 닿지 않는 깊은 산속에서, 아주 우연하고도 운명적인 만남을 이루었다. 그 시절 남북전쟁은 완전히 종료됐고, 해안을 연결하는 철도망이 완성되었으며, 과학적 발견이 넘쳐났다. 그 와중에 두 사람은 노새를 타고 다녀야 하는 험한 산길 끝에 있는 허름한 오두막에서 지적 흥분을 한껏 느꼈다.

애덤스는 이것이 바로 지식을 가장 잘 얻을 수 있는 방법이라고, 마음속으로 단언했다. 분필 먼지가 자욱한 교실, 계단식으로 설계된 대강의실, 으스스하게 소리가 울리는 끔찍한 시험장에서 해야 했던 하찮을 활동에서 벗어나서, 각자 끈덕지게 몰입하고 탐구함으로써 그런 배움을 얻을 수 있다. 배움의 자유를 누리며 각자 알 수 있는 모든 것을 알아내는 것, 그것이 바로 완전히 성찰한 삶을 살아가는 사람이 택해야 할 길이었다. 헨리 애덤스는 이 사실을 결코 의심하지 않았다. 그리고 이 위대한 탐험을 성공리에 끝내고 나서 미국지질조사국의 초대 국장으로 임명될 정도로 엄청난 명성을 얻게 된 클래런스 킹에게, 이런 삶의 방식은 그야말로 제2의 천성이었다.*

지식의 탄생

시험은 왜 필요한가

앞에서 끔찍한 시험장을 잠시 언급했었다. 배운 내용 중에 어떤 것들이 실질적으로 습득되고 기억될까? 습득된 지식이 어떤 것인지를 판단하려면 어떤 질문을 던져야 할까? 그런데 그것이 정말로 중요할까? 시험은 학교에서 정한 방식으로 지식을 기억하고 있는지를 확인하는 수단이어야 할까, 아니면 학생이 필요한 것을 제때 알아내는 사고능력을 갖추었는지를 확인해야 할까? 이는 교육이 처음 시작됐을 때부터 줄기차게 이어진 논쟁이다. 그렇지만 한 가지 확실한 점은 있다. 시험이 인생을 바꾸어놓을 정도로 지극히 중요해져서, 시험을 치르고 견뎌낸 거의 모든 사람이 시험과 관련된 세세한 내용을 평생 기억한다는 것이다.

내 경우에 더 먼 과거의 일을 떠올릴수록 기억이 더 희미해지기는 하다. 1950년대 영국에서 성장한 사람들 대부분이 그렇듯, 나도 간단하지만 잔인할 정도로 어렵고 중요한 선발 시험인 '일레븐

● 킹의 이야기는 흥미로운 결말로 끝난다. 지질조사국에서 은퇴하고 뉴욕에서 지내던 어느 날, 공원에서 에이다 코플랜드(Ada Copeland)라는 흑인 수녀를 만났다. 그는 그녀에게 다가가 자신의 이름은 제임스 토드이며, 흑인이고, 기차의 특실 객차 짐꾼으로 일한다고 소개했다. 두 사람은 결혼했고, 남은 13년 동안 킹은 집에서는 흑인으로 지내면서 다섯 아이의 아빠가 되었고, 기차를 타고 먼 곳으로 떠나 있는 동안에는 백인 지질학자가 되는 이중적인 삶을 살았다. 그는 1901년 임종의 순간에야 아내에게 모든 사실을 고백했다. 캘리포니아와 남극에 자신의 이름을 딴 호수와 산이 있고, 워싱턴 외곽에 지질조사국 중앙도서관을 짓는 데 기여하는 등 직업적으로 많은 업적을 남겼음에도 불구하고, 사적인 삶에서 내린 선택 때문에 세상을 떠난 뒤에도 끝없이 긴 소송이 이어진 복잡한 삶을 살았다. 그의 손자 중 두 명은 흑인으로 분류됐으며, 1차 세계대전 때 미군으로 참전했다.

플러스eleven-plus' 시험을 치렀다. 영국 정부가 학생들의 상급학교 진학을 결정하기 위해 만든 시험인데, 내가 시험을 보았을 때는 나온 지 10년쯤 후였다. 이 시험은 수학, 언어 추론, 영어 독해, 비언어 추론의 네 영역으로 구성됐다. 수학을 제외하면, 지식을 얼마나 갖고 있는지보다는 사고능력을 검증하는 시험이었다. 즉 알고 있는 지식을 확인하는 시험이라기보다는 IQ 테스트에 더 가까웠다. 이 시험을 통과하지 못하면 세컨더리 모던스쿨이라고 불리는 학교에 진학했는데, 그렇다는 건 기본적으로 대학에 진학하지 못하고 사회 하위계층의 직업과 삶을 살게 될 것이라는 의미였다. 시험에 합격하면 그래머스쿨이라고 불리는 유형의 학교에 진학하고, 15세와 17세에 각각 한 번씩 추가 시험을 치른 뒤에 대학에 지원할 수 있었다. 그러니까 지적으로나 사회적으로 지위가 높은 계층에 진입할 가능성이 높았다. 나는 이 시험에 통과했다.

15세 때는 영어, 영문학, 라틴어, 프랑스어, 역사, 지리, 지질학, 화학, 생물학, 물리학, 종교 과목에 대해 각 과목당 두 시간씩 시험을 보는 O레벨Ordinary Level 시험에 응시했다. 나는 열한 개 과목 중 아홉 개를 통과했고, 그 이후 세 과목의 심화 단계를 공부한 뒤에 A레벨Advanced Level 시험에 응시했다. 내가 선택한 과목은 화학, 물리학, 동물학이었으며, 세 과목 모두 대학에 지원하기에 충분한 성적을 받아서, 최종적으로 옥스퍼드대학교 지질학과에 지원했다.

시험이 점점 더 발전하고 응시자의 나이와 수준에 따라 심화되면서, 과학자가 되려고 준비하던 내 경우에는, 주어진 문제에 대해 생각하고 처리하는 능력보다는 순전히 사실적인 지식을 묻는 내용이 훨씬 더 많이 출제되었다는 사실에도 주목할 가치가 있다. 예컨대 화학이나 지리학 시험이라면, 플루토늄의 원자량과 핵 구조, 모로코 아틀라스산맥의 날씨에 따른 동물 이동 패턴처럼, 이 주제에 대해 알고 있는 내용을 깊이 분석해야 했다. 이와 달리 영문학 시험에서는 시나 산문에 나오는 구절의 미묘한 차이와 의미를 이해하고, 토론하고, 비판하고, 생각하고, 깊이 고려하고, 반추할 수 있는지를 검증했다. 문학에는 절대적인 것이 없으며, 다양한 해석이 가능했다. 물리학의 세계에서는 맞거나 아니면 틀리거나 둘 중 하나여서, 이분법적이고 유한했다. 그렇지만 화학이든 지리학이든 영문학이든 모두 지식의 유형이었다. 화학과 지리학은 사실적 지식의 범주에 속했고, 영문학 분석은 더 넓은 방법적 지식의 범주에 포함되는, 플라톤식 용어로 표현하자면 조금 더 일시적인 문제였다.

그리고 1962년에는 옥스퍼드대학교 입학시험이 있었다. 내가 지원한 단과대학은 아직 건물을 짓는 중이어서, 펨브로크 칼리지의 식당에서 시험을 치러야 했다. 뒤집힌 채로 책상 위에 놓여 있는 시험지보다 더 위협적이었던 건 주변 환경이었다. 옥스퍼드대학교 출신인 새뮤얼 존슨의 아주 오래된 유화 초상화가 내가 앉은 자리 바로 위에 걸려 있었기 때문이다. 대학 부속 예배당의 시계가 9시를 알릴 때, 나는 시험 감독관이 '젊은이, 저 노인네가 방해하게 내버려두어서는 안 되네'라는 뜻으로 내게 은밀한 윙크를 지어 보이는 상상을 했다. 감독관은 간단히 이렇게 말했다. "여러

분, 시험 시간은 세 시간입니다. 자, 그럼 시험지를 뒤집고, 시작하세요."

총 다섯 가지 질문이 있었고, 종이 맨 위에는 '아래 다섯 가지 질문 중 두 가지를 골라 그에 대한 에세이를 작성하시오'라는 간단한 지침이 적혀 있었다.

60년 전의 일이다 보니, 내가 택하지 않은 세 가지 질문이 무엇이었는지는 기억이 나지 않는다. 하지만 주어진 시간 중 각각 90분 내에 답안을 작성할 수 있을 것 같았던 질문 두 가지는 아직도 똑똑히 기억한다. 첫 번째 질문은 '민주주의를 위한 두 차례의 환호: 둘은 적당한 숫자인가?'였고, 두 번째 질문은 '미국의 생활 방식을 정말로 외국에 수출할 수 있을까?'였다.

겉으로 보기에는 단순하고 똑똑한 체하는 것처럼 느껴지지만, 실제로는 테스트하는 지식의 두 부문을 하나로 매끄럽게 통합해내는 아주 영리한 질문이었다. 각 질문에 대한 에세이를 작성하려면, 서로 다른 두 가지 주제에 대해서 논쟁의 여지가 없는 명백한 사실을 많이 알고 있어야 하고, 생각을 이끌어내야 한다. 그런 다음 역사, 경험, 이해한 바에서 끌어내고, 깊이 생각하고, 비판하되 설득력과 일관성이 있어야 하고, 궤변적인 설명을 내놓아서는 안 된다. 이것은 상당히 어려운 주문이다. 내 기억으로는, 문설주가 달린 창문 너머를 바라보며 연필을 손에 끼우고 빙글빙글 돌리면서 위태롭게 10~15분을 보내고 나서야, 본격적으로 답안을 작성해야겠다는 생각이 겨우 들었다. 그때부터 나는 같이 시험을 치르는 또 다른 수험생과 함께 남은 시간 동안 정신없이 글을 써

지식의 탄생

내려갔다. 그러다가 웅장한 예배당 시계에서 정오를 알리는 종소리가 들렸고, 검은 가운을 입은 감독관이 《타임스》 십자말풀이를 내려놓으며 세 시간 전과 똑같은 어조로 담담하고 조용하게 "자여러분, 답안 작성을 멈추고, 펜을 내려놓으세요"라고 말했다.

그로부터 4주 뒤에, 황갈색 마닐라지 봉투에 담긴 입학 허가서가 도착한 걸 보면, 그날 제출한 에세이가 통과된 것이 분명하다.●

SAT의 기원

미국의 중등학교가 학생들이 지식을 얼마나 축적했는지를 평가하는 방식은 현격히 다르다. 1926년 SAT(Scholastic Aptitude Test)라고 불리는 시험이 만들어진 이후로, SAT 점수는 상급 학교로 진학할 가능성을 결정짓는 잣대가 됐다. SAT는 영국의 O레벨, A레벨 시험과 일레븐플러스 시험만큼 학생들이 두려워하는 시험은 결코 아니다. 기본적으로 응시료(약 80달러)를 낼 능력이 있고, 매년 SAT 시험이 열리는 일곱 차례의 시험일 중 하루 시간을 낼 수만 있으면 원하는 횟수만큼 여러 차례 시험에 응시할 수 있다. 최근에는 매년 150만 명에 이르는 미국 학생들이 SAT 시험에 응

● 나와 함께 시험을 봤던 남학생도 합격했다. 전공 분야는 달랐지만, 우리 두 사람은 1963년 11월 22일 자전거를 타고 강으로 산책을 가서 행복한 오후 시간을 보내고 돌아오는 길에 케네디 대통령이 댈러스에서 총에 맞아 사망했다는 소식을 함께 들었을 정도로 가까운 친구가 됐다.

시하고 있다.

　SAT의 기원은 오늘날의 기준에서 볼 때 확실히 문제가 될 만한 측면이 많다. 이 시험을 만든 사람은 프린스턴대학교의 심리학 교수인 칼 브리검Carl Brigham이다. 그는 뉴잉글랜드의 명문가 출신으로, 도덕적으로나 윤리적으로 미심쩍은 우생학에 대한 믿음과 실천을 주창했던 대표적인 인물이다. 그는 1차 세계대전 중인 1917년에 미국 육군 중에서도 단연코 암울한 부대인 의무대에 복무하면서, 의무대가 군사 심리학이라는 생소한 과학을 적용하기에 가장 적합한 장소라고 판단했다. 그래서 의무대에 있는 동안 선택적 번식과 결함이 있다고 판단되는 부류의 사람들을 제거하는 방법으로 집단 전체를 개선할 수 있다는 생각을 발전시켰다. 브리검과 그의 동료 우생학자인 로버트 여키스Robert Yerkes는 미군 병사들의 상대적 지능을 측정하기 위해 일련의 테스트를 고안했다. 군에서 제대한 뒤에는 33세의 나이로 프린스턴대학교 종신교수직을 얻었다. 학문적 명성을 누리게 된 브리검은 군대에서 모은 데이터를 바탕으로 1923년《미국 지능 연구A Study of American Intelligence》라는 책을 써서 잠시 학계의 주목을 받았다. 이 책의 결론은 상당히 명백했다. 브리검이 '북유럽 인종'이라고 이름 붙인 부류에 해당하는 병사들은 '알프스 인종'이나 '지중해 인종'보다 훨씬 더 똑똑하며, '흑인' 인종은 지적으로 훨씬 더 뒤처져 있다는 것이다. 이런 정서는 브리검이 프린스턴대학교에서 사용하기 위해 직접 만든 입학시험의 바탕이 됐다. 이와 같은 견지에서, 브리검은 다양한 이민자 집단의 국가 기여도가 대체로 유전학적으로 결정된다고 판단해서, 당시 그가 '알프스 인종'이라는 특이한 이름으로 분류한 유전자형을 가진 동유럽인들이 미국으로 대거 이주하는 것을 보고, 잘못된 이민 정책을 바로잡아야 한다고 주장했다.

칼 브리검에게 갑자기 쏠린 관심에 신설 단체인 칼리지보드 College Board도 주목했다. 칼리지보드는 고등교육 기관들의 연합 단체로, 결속력이 아주 강한 편은 아니었다. 이들은 고등교육 기관에 진학하려는 고등학교 졸업생 수천 명을 전형할 현실성 있는 방안을 모색 중이었다. 당시 입학 전형 절차는 엉성하고 일관성이 없어서, 내가 1962년에 옥스퍼드대학교에 가서 시험을 봤던 것과 마찬가지로 지원자가 희망하는 대학에 직접 찾아가서 대학별로 시행되는 개별 고사에 응시해야 했다. 영국처럼 작은 나라라면 크게 어려울 것이 없겠지만, 미국처럼 땅이 넓은 나라에서는 결코 쉽지 않은 일이었다. 가령 메인주 학생이 캔자스시티의 대학에 지원하거나 샌디에이고에 사는 학생이 탬파에서 공부하고 싶어 할 경우 현실적인 어려움이 컸다. 그래서 대학연합인 칼리지보드는 전 지역에서 같은 시험문제를 출제하고 모든 곳의 기준이 충족되도록 점수 배점을 관리하는 표준화된 시험을 만들어보자는 의견을 냈다. 그리고 칼 브리검이 이와 비슷한 분야에서 상당한 성과를 냈고, 그가 쓴 책이 사람들의 존경을 받으며 서점에서 판매 중이었다. 게다가 그는 1차 세계대전에 참전한 보병들의 학습과 지능, 지식에 관한 방대한 데이터를 보유하고 있었다. 그들은 젊은 교수인 칼 브리검에게 10년 전에 찬사를 받았던 육군 병사들의 지적 능력 테스트를 모델로 이 새로운 시험을 설계하도록 의뢰하자는 결론에 이르렀다.

　브리검은 칼리지보드의 제의를 선뜻 수락했다. 그리하여 수학, 읽기, 쓰기 능력을 평가하는 세 영역으로 구성된 시험을 고안했으며, 그 결과가 바로 SAT 시험이다. 그런데 그로부터 7년 후 브리검이 자신의 의견을 공식적으로 모두 부인하면서, 시험 전체가 혼란의 소용돌이에 휩싸이게 된다. 그는 1930년에 발표한 논문에서 과거에 자신이 병사들을 테스트하는 데 사용했고 자신의 책에도 소개했던 방법에 심각한 결함이 있으며, 그 방법이 백인에게 유리한 쪽으로 너무 편향되어 있어서 무가치하다는 비판론자들의 의견에 동의했다. 즉 지능이 유전에 기초한다는 증거는 전혀 없으며, 그가 예전에 펼쳤던 주장은 아무런 가치가 없었다. 이런 결과와 SAT 사이에 명확한 인과성이 있었던 것은 아니지만, 힘들게 탄생해서 미국인들의 삶에서 매우 중요한 역할을 했던 SAT의 운명이 끊임없는 혼란에 빠졌음은 분명하다.

　2차 세계대전 직후 본국으로 돌아온 수백만 명의 군인이 제대군인원호법에 따라 대학 등록금을 대폭 지원받거나 전액 무료로 학교에 다닐 수 있게 됐을 때, 당시 거의 보편적으로 사용되던 SAT가 대학 입학처의 부담을 덜어주었다. 하지만 잠시 급증했던 대학 입시생 수가 다시 정상 수준으로 감소한 뒤로는 SAT의 인기가 한풀 꺾이면서 시들해졌다. 각 문항에 네 가지 선택지가 제시되는 객관식은 학문적으로 엄격한 사람들에겐 우스꽝스러운 일이었다. 학생의 잠재력을 컴퓨터로 데이터 처리할 수 있는 시험으로 평가할 경우 결과에 운이 작용할 수도 있기 때문이다. 가장 우둔한 사람도 4분의 1의 확률로 정답을 맞힐 수 있었다. 나중에 더 엄격한 학문적 잣대를 요구하는 교육자들의 압박으로 SAT 주최 측이 에세이 작성을 도입하기로 했지만, 에세이 평가의 복잡성, 제시된 문제 구조의 정형화된 특성, 제출된 에세이의 형편없는 수준 등의 문제로 에세이를 도입하는 실험은 엉망진창이 되었다. 그러다 보니 에세이 작성이 시험에서 필수인 해도 있고 그렇지 않은 해도 있고 들쭉날쭉하다가 2021년 6월부터는 에세이 작성이 완전히 사라졌다.

한때 미국 교육과정에서 반드시 거쳐야 할 의례였던 이 시험은 부정행위와 추문, 부유한 아이들에게 훨씬 높은 점수를 보장하는 고액과외가 기승을 부리면서 꽃도 피기 전에 시들어가는 듯하다. SAT를 학생의 미래 잠재력을 판단할 전적인 수단으로 활용하는 학교는 갈수록 줄어들고 있으며, 이제까지의 성취도를 보여주는 학교 생활기록부가 더 신뢰할 만한 기준이라는 공감대가 갈수록 커지고 있다(최근 미국에서는 학생의 지식, 지능, 이해도를 측정할 때 성취도라는 용어를 가장 빈번히 언급한다).

더욱이 거의 모든 교육 선진국의 관점에서 볼 때 미국의 SAT는 터무니없이 쉬운 시험이다. 텔레비전 심야 프로그램에서 미국 학생들이 베트남 전쟁에서 맞붙은 상대국이 독일이었고, 냉전시대에 베를린이 한때 만리장성을 사이에 두고 분단되었으며, 이스라엘이 아프리카 서부에 있다고 대답했다는 믿기지 않는 사례가 소개되는 등, 미국인들의 문해력과 지식수준이 암울한 지경이라는 데 대한 가차 없는 농담이 끊이지 않는다. 이런 상황은 고통스럽고 안타깝다. 그런데 오늘날 미국의 젊은 세대에서 확연히 드러나는 지적 결핍에 특히 놀라워하면서 경멸스러운 걱정의 눈으로 바라보는 나라가 있는데, 바로 중국이다.

가오카오, 중국의 시험 지옥

중국의 바둑이 미국의 카드 게임 고피시Go Fish와 마찬가지이듯이, 중국의 중등교육 최종 시험인 대학입학시험은 미국의 SAT와 마찬가지다. 중국에서 매년 시행하는 대학입학시험은 습득한 지식의 양과 질이 모두 최고임을 보여주어야 하는 지극히 중요한 통과의례다. 가오카오高考라고 불리는 이 시험은 학생들에게 큰 불안과 두려움의 대상이며, 당연히 그럴 만도 하다. 가오카오는 중국 사회구조에 깊숙이 자리 잡은 제도의 유산이다. 일본의 동양사학자 미야자키 이치사다宮崎市定가 1963년에 쓴 책《과거, 중국의 시험지옥》은 1,500년 전에 중국 황실에서 시작된 시험제도의 기원을 다룬다. 지금의 대학입학시험은 유교를 비롯한 고전적 지식을 평가하던 과거제도와는 그 내용이 완전히 다르지만, 시험을 치르는 의식만큼은 거의 변하지 않았다.

수 왕조는 589년에 잠시 시안을 본거지로 삼고, 오랜 전쟁을 끝낸 중국을 본격적으로 통합하고 치유하는 작업에 돌입했다. 이 모든 일을 시작한 것은 수나라를 통치한 세 황제였다. 이 시기는 베이징과 상하이를 연결하는 전설적인 대운하가 건설되고, 불교가 중국을 대표하는 종교로 자리 잡고, 불교의 가르침에 따라 부패와 뇌물수수, 특권으로 점철된 고대의 귀족 지배 체제와 전쟁을 벌일 때였다. 실제로 수나라 시대에 관직의 내부 등용 제도가 사라지고, 처음으로 인맥이 아닌 능력을 보고 고위 관료를 등용했다. 차기 왕조인 당나라 때는 과거제도가 한층 개선됐으며, 당왕조 시대의 중국은 유례없는 평화와 번영을 누렸다. 10세기 말에는 관직에 오르기 위한 시험이 중국 지식인의 삶에 확고하게 자리 잡았으며, 이 제도는 이후에도 계속 유지되다가 20세기 초에 공화주의 혁명이 일어나면서 잠시 중단됐다.

시험 준비는 심지어 유년기 전부터 시작됐다. 갓 결혼한 새댁은 구리로 만든 거울을 받았는데, 거울 뒷면에는 '아들 다섯이 과거에 합격할 것이다'(남자만 과거에 응시할 수 있었다)라는 글귀와 똑똑한 아들을 낳는 방법이 적혀 있었다. 이를테면 '이런 식으로 앉고, 이런 음식을 먹고, 이런 색이 칠해진 방에는 들어가지 말고, 이런 시를 듣고, 이런 고전을 읽어야 한다'는 식의 권고였다. 모든 권고는 되풀이해서 주입됐다. 보통 아이가 3세가 될 무렵이면 스물다섯 글자를 뗐다. 18세가 되면《논어》,《맹자》,《주역》,《춘추좌씨전》,《예기》등의 고전에 나오는 43만 1286글자를 외우도록 교육받았다.《옥스퍼드 영어사전》초판에 등재된 단어가 약 48만 개인데 영어 사용자 중 사전에 수록된 단어 10퍼센트 이상을 아는 사람은 거의 없다는 점을 고려하면, 43만 1000개가 넘는 한자를 외운다는 건 무척 어려운 일임이 분명하다.

그리고 나면 공정한 과정을 거쳐 실력이 떨어지는 사람을 가차 없이 걸러내는 무시무시한 시험의 사다리가 시작됐다. 마을 단위의 시험, 현 단위의 시험, 성 단위의 시험, 인구가 많은 주요 도시에서 치르는 시험, 마지막으로 자금성과 궁정에 출입할 자격을 얻기 위한 시험이 있었다. 이 마지막 단계의 시험을 볼 수 있는 단 한 번의 기회를 잡으려면 인재들 중에서도 능력이 가장 뛰어나야 했다. 널찍한 시험장에 입장할 자격을 얻는 것도 쉬운 일이 아니었다. '하급 관리와 백성들의 존경을 받을 만큼 키가 크고, 힘이 세고, 외모가 준수한가?' '사투리가 아닌 정확하고 유창한 말투를 사용하며, 미묘한 어감과 은근한 암시를 포함한 모든 내용을 사람들이 잘 알아들을 수 있게 전달하는가?'와 같은 일정한 용모 기준을 통과해야 했다.

다음으로는 필기시험이었다. 원로 학자가 뽕나무 종이에 시험문제가 빼곡히 적힌 커다란 다발을 용의 형상이 조각된 계단 꼭대기로 들고 가서 의례와 교육, 시험을 관장하는 예부禮部의 대신에게 예를 갖추어 건네는 동안 궁중 관리들은 향을 피웠다. 향이 피어오르면서 머리 위로 연기가 자욱한 가운데, 예부 대신은 문제지를 들고 응시자들에게 지시를 내렸다. 응시자들은 모두 리넨 옷감으로 된 흰색 예복 차림이었으며, 시험장에 들어오기 전에 이미 병사들에게 신원 확인과 소지품 검사를 받은 상태였다. 응시자들은 차가운 대리석 바닥에 무릎을 꿇고 아홉 번 이마를 바닥에 대는 고두叩頭의 예를 올려서, 그들이 응시한 시험제도에 복종한다는 뜻을 표시했다.

그런 뒤에 응시자들은 여덟 시간에 걸쳐 각 문제에 대한 답을 작성했다. 답안을 적을 때는 "미천한 신하가 질문에 대한 답을 올립니다. (……) 폐하께서는 잠시도 쉬지 않고 국정에 전념하고 계십니다. 그럼에도 불구하고 국정 업무의 압박감 속에서 시간을 내어 소인처럼 부족한 사람에게 (……) 의견을 물어주시니, 지대하게 감격스러울 따름입니다"라는 식의 상투적이고 장황한 문구로 답안을 작성하기 시작했다.

시험문제는 늘 중국 고전에 관한 것이었으며, 작성된 답안에 대해서는 소수의 궁중 서기와 대신들로 구성된 심사단이 예비 등급을 매겼다. 답안지에 동그라미가 그려져 있으면 만점, 세모는 60점, 선 하나는 40점, 가위표는 20점이었다. 고관이 검토해서 점수가 가장 높은 답안 10개를 골라 황제에게 전달하면 황제가 최종 결정을 내렸다. 답안을 채점할 때는 어떤 응시자가 작성한 것인지 알 수 없었다. 익명성과 사심이 개입하지 않도록 세심히 고안된 공정한 채점 방식은 수 왕조의 반反 귀족주의 제도의 핵심이었다. 황제가 최종 평가를 내릴 때는 필기시험의 답안이 얼마나 뛰어난지도 물론 고려했지만, 응시자의 용모와 행동의 품격 등도 함께 살폈다.

이처럼 길고 복잡한 과정이 끝나면 공식적으로 승인된 술잔치가 며칠 동안 이어졌다. 이 잔치에는 황제도 종종 잠깐씩 얼굴을 비쳤다. 중국에서 가장 똑똑한 사람들은 해마다 이런 식으로 선발되어 관직에 등용됐다. 새로 등용된 고위 관리 중에서 가장 뛰어난 사람은 궁정 안에서 일하면서 황제에게 국정의 가장 중요하고 까다로운 사안에 대해 조언하는 역할을 맡았다. 시험에서 우수한 성적을 거뒀지만 근소한 차이로 낙방한 사람들의 이름은 황금색 현수막에 새겨져서 베이징 시내 거리에 전시됐다.

그러다가 1905년 왕조 체제가 순식간에 전복되자 과거제도의 시행이 중단됐다. 앞에서 언급했던 풍계분처럼 개혁과 현대화를 주창한 사람들은 19세기 말부터 과거제와 같은 시험제도를 없애려고 노력해왔다. 시험에 출제되는 문제 대부분이 구시대의 낡은 지식이고 빠르게 변화 중인 바깥세상과는 거의 관련이 없는 내용이었다. 청나라 말기에 막강한 권력을 휘둘렀던 서태후는 위태로운 황실 권력을 지키기 위한 마지막 방편으로 노예제를 폐지하고, 범법자에 대한 전통적인 고문 처벌을 금지하고, 관직 등용을 위한 과거제를 없애는 등 일련의 개혁을 단행했다. 1,316년 동안 거의 중단되는 일 없이 중국의 방대한 관료조직을 유지해왔던 과거제도의 마지막 시험은 그해 여름에 소수의 응시자들을 대상으로 치러졌다.

이후 약 50년 동안 학식이 높은 사람을 선발하는 시험은 일시적으로 중단됐다. 이 기간 중국에서는 소크라테스가 말한 '성찰하지 않는 삶unexamined life'이 만연했다. 마오쩌둥이 이 격언을 알았는지는 알 수 없지만 1952년에 이 제도를 재개했다. 이후 불가피하게 일시적인 차질이 빚어지기도 했다. 1950년대 후반의 경제 공업화 정책인 대약진정책과 1960년대 후반의 문화대혁명을 추진하면서 시험 절차에 큰 혼란이 생겼고, 원래 단계대로 진행된 시험은 거의 쓸모가 없거나 아무런 가치가 없었다. 1967년부터 한동안은 가장 똑똑한 학생들이 대학 진학을 거부당하고 도시에서 쫓겨나 시골의 외딴곳으로 강제이주해서 그곳의 노동자 및 농부들과 함께 지내면서 그런 평범한 사람들에게서 나온 프롤레타리아 사상을 배워야 했다. 결과적으로 한 세대 전체가 시험을 치르지 않게 되면서 중국인의 지적인 삶에서 들쑥날쑥한 공백이 생겼는데, 그 유익한 효과는 오늘날까지도 뚜렷이 확인된다.

하지만 문화대혁명은 털털거리는 소리를 내며 끝을 향해 달려갔다. 사인방四人帮(문화대혁명 시기에 무소불위의 권력을 쥐었던 네 명의 공산당 지도자인 왕훙원, 장춘차오, 장칭, 야오원위안―옮긴이)은 감옥에 갔혔고, 마오쩌둥은 1976년에 사망했다. 마오쩌둥의 후계자인 덩샤오핑은 1년 뒤에 시험을 부활시켰다. 이 시험이 나중에 가오카오 시험이 된다. 공식 명칭은 '일반대학입학 전국공통시험'이다. 그때부터 줄곧 엄청난 영향력을 유지해온 가오카오는 오늘날 전체 교육 시스템을 지배하면서, 갈수록 똑똑해지고 더 많이 교육받는 청소년들에게 더 혹독하고 냉엄한 기준을 요구해왔다.

가오카오는 매년 6월 초 사흘에 걸쳐 시행된다. 이 시험 시간에는 국가 전체가 거의 활동을 멈춘다고 해도 과언이 아니다. 시험에 응시하는 학생은 1000만 명에 이른다. 시험 과목은 국가 교육정책의 핵심인 수학, 표준 중국어, 외국어(프랑스어, 독일어, 스페인어, 러시아어, 일본어를 선택할 수 있지만 대다수가 영어를 선택한다), 사회과학과 자연과학 분야의 다양한 선택과목으로 구성된다. 학생들은 이날 최상의 결과를 내기 위해, 8세 이전부터 준비한다고 해도 과언이 아니다. 하루 열두 시간 학교 수업을 듣고, 엄격한 규

율을 지키고, 운동을 하고, 몇 시간씩 숙제를 하면서 줄곧 주입식 교육을 받는다.●

외부인은 그런 생각만으로도 오싹하겠지만, 2015년 영국 남부 햄프셔주의 마을 립훅Liphook에서 중국식 학교 제도를 도입하고 이 내용을 BBC 다큐멘터리로 제작해 발표했을 때 시청자들은 놀라움을 금치 못했다. 수학, 영어, 중국어 등 모든 학습 영역에서 가오카오를 대비하기 위해 중국에서 선구적으로 개발한 방법들은 놀라운 성과를 냈다. 같은 학년에서 같은 과목을 배웠지만 학생 중심의 서구 교육 방식으로 배운 학급은, 학년 말 기말고사에서 중국 방식으로 배운 학급보다 점수가 10점 이상 낮았다. 게다가 중국 방식으로 배운 학생들은 처음에는 가혹한 규율과 긴 수업 시간, 사생활 침해에 반발했지만 시간이 흐르면서 차츰 자신들에게 일어난 변화를 받아들이고 더 나아가 좋아하기에 이르렀다.

이 학급의 선생님은 교실을 유교 격언으로 꾸몄는데, 특히 "지식은 겸손을 낳고, 무지는 교만을 낳는다"는 유명한 글을 가장 눈에 띄게 써 붙였다. 그런데 한 여학생이 '겸손'이 정확히 무슨 뜻인지 잘 모르겠다고 말하는 장면이 다큐멘터리에 나온다. 그 학생은 그날 수업이 끝날 무렵 눈물을 흘리면서, 가성의 목소리를 내

● 2018년에 중국 서부의 도시 순칭(順慶)에서 11세 학생들에게 출제됐던 시험문제가 사람들의 이목을 끌었다. 그 문제는 다음과 같았다. "배에 양 26마리와 염소 10마리가 실려 있습니다. 선장은 몇 살일까요?" 대부분의 학생들은 도저히 답을 풀지 못해 포기하고 그냥 넘어갔지만, 한 학생은 가축의 총 무게를 약 7,700킬로그램으로 계산한 뒤에, 5,000킬로그램 이상의 화물을 실은 배를 조종하려면 선박 면허를 취득한 기간이 5년 이상이 되어야 하며, 23세부터 선박 면허를 신청할 수 있으므로 선장은 적어도 28세 이상이라는 답안을 냈다. 이 학생은 "한계에 도전하고 틀에서 벗어난 사고를 했다"는 점을 높이 인정받아 표창을 받았다.

는 키 작은 선생님의 품에 안겼다. 자신과 친구들이 서양식으로 교육받은 다른 학급 학생들과의 경쟁에서 이겼으니, 공자의 말씀과 그런 위대한 성현의 말씀을 알려준 선생님의 가르침이 옳았다는 걸 눈물로 인정할 수밖에 없었다. 그리고 이를 알게 됐을 때의 겸손과 자신이 실제로 아는 것이 얼마나 적은지에 대한 인식이 자부심보다 훨씬 만족스러우며, 이는 무지의 구슬프지만 필연적인 결과라는 사실을 이제 명확하게 깨달았기 때문이다. 선생님은 "배움에는 노력이 필요하지"라고 말했다. 그 학생은 "네, 선생님 말씀이 맞아요"라고 답했다. 그리고 이렇게 덧붙였다. "그렇지만 노력할 가치가 있었어요. 이제는 그걸 알게 됐으니까요."

중국의 입시는 지금도 아주 무시무시하다. 여전히 왕조시대처럼 엄숙하고 철저한 보안 속에서 시험이 진행된다. 수험생을 태운 버스가 경찰의 호위를 받으며 시험장으로 향하고, 학부모와 친구들 수천 명은 길거리에 서서 이를 지켜본다. 고사장에 들어간 친구의 얼굴을 보려고 전봇대에 올라가기도 한다. 수험생들은 몸수색을 거치고, 전자기기는 모두 압수된다. 고사장 복도에는 드론이 날아다니며 불법 무선통신을 탐지하고, 감독관은 학생들의 신원을 철저히 확인한다. 기절하는 학생이 나올 가능성에 대비해 의료진이 대기하고 있으며, 라디오 방송에서는 고함을 치거나, 자동차 경적을 울리거나, 큰 소리로 웃지 말아달라는 간곡한 요청이 들린다. 길 건너에 걸린 현수막에는 모든 수험생의 행운을 기원하는 내용이 적혀 있다. 시간이 흐를수록 시험장 앞에 모여든 인파가 점점 불어나서 경찰이 설치한 바리케이드가 자꾸 뒤로 밀려나고, 부모들은 자식의 얼굴을 보기 위해 고개를 뺀다(왕조시대에 여성은 시험에 응시할 수 없었지만 지금은 당연히 여성도 시험을 볼 수 있다). 그동안 학생들은 다음과 같은 질문의 답안을 작성하느라 애쓴다.

- 토머스 에디슨이 21세기에 찾아온다면 휴대폰을 보고 어떻게 반응할지에 대한 에세이를 작성하라.
- 사람들은 살면서 흔히 자신의 필요에 열중하고 싶어 하지만, 자부심을 느끼기 위해 타인에게 필요한 존재가 되고 싶은 욕구를 느낀다. '필요하다'는 느낌은 일반적인 감정인데, 본인에게는 이 감정이 어떤 의미가 있는가? 이에 대한 에세이를 작성하라.
- 2035년의 열여덟 살 청년에게 편지를 써보자.
- 우유팩은 늘 네모난 상자이고, 생수병은 늘 동그란 병이고, 둥근 와인 병은 보통 네모난 상자에 담겨 있다. 원과 사각형의 미묘한 철학에 대한 에세이를 작성하라.

시험은 엄격한 절차에 따라 채점되며, 미국처럼 컴퓨터로 처리할 수 있는 객관식 문항은 많지 않지만 일부 있다. 최고점은 750점인데, 경쟁이 치열하고 점수와 상관없이 상위 10퍼센트에 해당하는 응시자만이 이른바 일류 대학인 '본과 1차' 대학에 지원할 자격을 갖추게 되므로, 만점을 받는 것이 중요하지는 않다. 나머지 90퍼센트는 순위가 낮은 대학에 지원해야 하는데, 대다수 고

────── 매년 6월 수백만 명의 중국 학생들이 악명 높은 대학입학시험인 가오카오에 응시한다. 부모들은 밖에 서서 초조하게 기다리고, 학생들은 시작을 알리는 종소리가 울리기 직전까지 시험공부에 몰두한다.

용주는 그 대학 졸업생들을 채용하고 싶어 하지 않는다. 다시 말해 가오카오는 인생이 달린 아주 중요한 행사다. 다른 학생들보다 높은 점수를 받으면 미래가 보장된다. 학창시절의 모든 활동이 결국 동년배 학생 열 명 중 아홉 명이 속해 있는 집단으로 밀려나게 된다면, 중국이라는 거대한 기계에서 가장 작은 톱니바퀴 중 하나가 되어 평생 변변치 않은 임금의 노예가 되어 하찮은 삶을 살아갈 운명에 처한다.

그래서 부단히 연습하고, 주입식으로 공부하고, 밤을 새운다. 그리고 염려, 기절, 우울과 불안, 군중, 경건한 침묵, 더 잘해야 한다는 강력한 열망에 사로잡힌다. '시험지옥'이라는 말이 6세기에 그랬던 것처럼 21세기에도 적절한 표현이라는 것을 누구나 이해할 수 있다. 고대의 황제들은 귀족의 막대한 영향력을 몰아내기 위해 경쟁을 통해 인재를 등용하는 체계를 구축했다. 그들은 이런 체계가, 오늘날의 교육자들이 희망하는 것과 마찬가지로, 누구나 열심히 노력하면 성공할 수 있는 공정한 사회를 만들어줄 것으로 믿었다.

가오카오가 끝나면 북쪽으로 러시아와 국경을 맞댄 모허漠河에서 남쪽의 열대지방인 하이난海南까지, 서쪽으로 동인도회사가 영사관을 운영했던 국경 지대의 위구르 자치구 카슈가르에서 한때 독일 식민지였던 동중국해 쪽으로 튀어나온 산둥반도까지, 매년 약 1000만 명의 젊은이들이 거리로 쏟아져 나와 직업과 경력, 미래를 찾기 위한 험난한 여정을 시작한다. 지식이 있고 배운 것을 계속 잘 간직하고 있다면 며칠 내에 일자리를 얻을 것이다. 그렇지 않으면 삶은 무한한 도전이 되고, 지식 관련 활동은 평범한 수준에 머물 것이다. 그러다가 강한 호기심에 사로잡히면, 책을 읽거나 그 밖의 다양한 출처에서 정보를 찾고, 배움의 거대한 저장소인 도서관과 박물관에 열정적으로 뛰어드는 등, 다른 수단을 통해 이 세상에서 일어나는 일들에 대한 지식을 얻게 될 것이다.

2장
최초의 도서관

*

[지식은] 창조주의 영광과
인류의 구원을 위한 풍요로운 보고다.

—프랜시스 베이컨,《학문의 진보》

우리의 기억은 우리가 통제할 수 없는 누군가가
찾아보고 마구 뒤섞어 반환하는 색인카드다.

—시릴 코널리,《동요하는 무덤》

도서관의 비극

지식이 단순한 일용품이라고 생각해본다면, 다음과 같은 딜레마를 받아들이기가 조금은 수월해진다. 인간이 더 많은 것을 알아가면서 지식이라는 상품은 매우 빠른 속도로 확장되었으며 앞으로도 그럴 것이다. 그렇다면 대체 그 많은 지식을 어디에 어떻게 저장할 것인가?

세월이 흐름에 따라 상품화된 지식의 양과 발전 속도는 끊임없이 증가해왔다. 그 확장 속도가 워낙 빠르다 보니, 지식을 수집하고 체계화해서 누구나 쉽게 찾아볼 수 있게 하는 방법이 지식의 확장 속도에 못 미칠 위험에 늘 직면해 있다.

더욱이 지식은 오래전부터 등한시하기에는 너무 귀한 것으로 여겨져왔다. 단순히 보관하는 것이 아니라 안전하게 확실히 보관해야 한다. 문자가 탄생한 이래로 우리는 지금껏 알려진 것과 학습된 것, 가르치고 토론하고 이의를 제기하고 논쟁하고 결정할 수 있는 수많은 것을 수집하고 보관하고 보호할 방법을 모색해왔다. 가장 널리 알려지고 가장 오래된 보관 수단은, 최초의 문자를 적을 때 사용했던 나무의 속껍질을 뜻하는 라틴어에서 유래한 이름으로 불리는 기관이다. 나무 속껍질을 뜻하는 라틴어는 'liber'이며, 여기서 유래한 영어 단어는 '도서관library'으로 수 세기에 변천을 거쳐서 영국 시인 제프리 초서가 활동하던 시대인 14세기 무렵부터 사용되었다.

"지식이 여기 있다Knowledge lies here." 비록 의미상 미세하게 모호한 측면이 있지만, 이 말은 우리가 확실히 인식하는 도서관의 근본적인 신념이다. 도서관은 고대 도시 니네베에서 설형문자가 적힌 점토판을 나무 선반에 최초로 보관한 이후 5,000년이라는 세월이 흐르는 동안 인간 사회의 핵심 요소로 존재해왔다. 메소포타미아는 세계 최초의 진정한 도서관의 본고장으로, 기원전 7세기에 아시리아의 마지막 왕 아슈르바니팔이 만든 위대한 도서관이 그곳에 있다. 이 도서관은 단순히 지식을 수집하고 저장하는 장소가 아니라 그 건물에 들어온 모든 사람이 그 지식을 공유할 수 있도록 사용자 친화적으로 설계된 구조물이었다. 허버트 조지 웰스는 아슈르바니팔도서관Library of Ashurbanipal을 두고 "세계에서 가장 귀중한 역사적 자료의 원천"이라고 칭했다.● 그리고 모든 자료

● 지금도 여전히 훌륭하고 여전히 의미 있는 1,200쪽에 달하는 웰스의 세기의 걸작《세계사 대계》에 나오는 말이다. 아슈르바니팔과 관련해서 조금 아쉬운 점은, 웰스가 아슈르바니팔의 그리스식 이름인 '사르다나팔로스(Sardanapalus)'로 부르는 것을 선호해서, 이름을 찾아봐야 하는 과정이 귀찮을 수 있다는 점이다.

가 별 탈 없이 안전하게 보관되어 있어서, 이 도서관은 오늘날에도 여전히 소중하다.

영국의 고고학자이자 외교관이었던 오스틴 헨리 레이어드가 1849년에 발견한 자료들은 그 크기와 규모가 놀라울 정도로 방대하다. 레이어드에 대해서는 이로부터 2년 뒤 바그다드 남쪽 니푸르에서 발굴한 교실 유적에 관해 설명하면서 1장에서 언급했었다. 이 유적을 발굴하는 과정은 레이어드가 메소포타미아와 그 주변 지역에 쏟은 관심과 열정이 어느 정도였는지를 잘 보여준다. 그가 니푸르의 유적을 발견한 것은 폭이 넓고 유속이 느린 유프라테스강 하류의 습지에서 작업하고 있을 때였지만, 2년 앞서 발견한 아슈르바니팔 왕의 이 보물창고는 그가 소규모 지원단을 이끌고 훨씬 더 북쪽에 있는 강의 상류 지역에서 흙더미를 조사하다가 발견한 것이다. 이 도서관의 유적은 통째로 런던 블룸즈버리에 위치한 영국박물관으로 옮겨졌으며, 가장 대표적으로 약 4,000년 전에 쓰인 것으로 추정되는 아카드의 《길가메시 서사시》를 포함해서 한때 왕이 소장했던 모든 자료를 번역하고 디지털화하는 작업이 어느 도서관의 자금 지원으로 20년째 진행 중이다.

이제는 블룸즈버리를 오가는 사람이라면 누구나 《길가메시 서사시》를 쉽게 볼 수 있다. 이 서사시는 도서관에서 3,000여 년 동안 아무런 손상 없이 잘 보관되어 있었다. 이렇게 온전히 보전된 것은 참으로 다행스러운 일인데 현명한 계획이나 판단 때문이 아니라 운이 따랐던 덕이 크다. 안전은 전 세계의 도서관에게 주어진 특징이 아니었으며, 레이어드가 도서관 유적을 발견했던 한 곳에서는 특히 비참한 역설적 상황이 존재했다. 그런 상황은 개화를 반대하는 반反계몽주의적인 지역에 위치한 또 다른 도서관들이 처한 위협을 떠올리게 한다. 고대 메소포타미아는 대체로 지식에 관대했지만, 오늘날 그 지역은 지식을 대하는 태도가 달라졌으며 특히 좋지 않은 쪽으로 많이 바뀌었다. 레이어드가 발견한 도서관은 니네베의 흙더미에서 나왔는데, 현재 그곳은 소름 끼치도록 현대적인 이라크의 대도시 모술에 완전히 둘러싸여 있다.

최근까지 모술에는 꽤 유명한 철도역이 있었다. 그 철도역은 애거사 크리스티의 추리소설 《오리엔트 특급 살인》에서 탐정 에르퀼 푸아로가 이스탄불로 가는 야간열차에 탑승했던 곳으로 잘 알려져 있다. 푸아로는 이스탄불에서 오리엔트 급행으로 갈아타서 파리로 향하던 중 열차 안에서 살인사건과 맞닥뜨린다. 또한 웅장하고 아름다운 대학 도서관도 있었다. 벽돌 건물로 위치가 서로 가깝다는 점에서 아슈르바니팔도서관의 직계 후손으로도 볼 수 있는 이 도서관은 2016년 말에 무참히 파괴되고 말았다. 이때 100만 권에 달하는 책과 귀중한 필사본이 거의 모두 불에 타버리는 비극을 겪으면서 현대적으로 암울한 의미가 있다.

도서관이 파괴된 이유는 이슬람 근본주의 무장투쟁조직 IS의 지도부가 도서관이 자신들의 존재에 위협이 될 수 있다고 판단했기 때문이다. 이라크 사람들은 아랍 전역에서 생각이 깊고 교양 있는 민족으로 알려져 있다. "책은 이집트에서 집필되고, 레바논에서 인쇄되고, 이라크에서 읽는다"라는 유명한 아랍 속담이 있듯이, 이라크인들은 폭력조직이 가짜 칼리프의 나라를 새로 세우는 것을 순순히 용인하지 않을 사람들이다. 더욱이 모술은 수백 년 전부터 서점이 발달한 도시인만큼 책이 빼곡히 진열된 작은 서점이 무척 많다. 마을 사람들은 서점에서 커피를 마시고, 소설책을 읽고, 역사나 예술 서적을 감상하고, 지도책을 살핀다. IS는 모술을 장악했던 3년 가까이 모든 서점을 폐쇄하고 학교, 열람실, 강의실, 공연장, 도서관, 상점 등 지역 주민들의 정신적 양식 역할을 해왔던 모든 기관을 조직적으로 파괴했다.

가장 먼저 파괴된 곳은 신성한 도서관으로 존경받던 모술대학교 중앙도서관이었다. 티그리스강 왼편으로 나무가 우거진 캠퍼스에 자리한 이 도서관은 1967년에 설립되었다. 그럼에도 '신성한'이라는 수식어가 붙은 것은 오랜 역사가 아닌 명성 때문이다. 모술대학교 중앙도서관의 건립은 모술의 미래를 상징하는 매우 중요한 일로 여겨졌기 때문에 도시의 주민 60명 이상이 개인 소장품을 기증하면서 거의 하룻밤 사이에 중동 전체에서 가장 장엄한 도서관이자 일반인이 이용 가능한 도서관이 되었고, 옛 니네베의 도서관을 계승할 가치가 있는 도서관으로 자리매김했다.

IS 무장세력이 이 도서관을 파괴하려고 했던 것은 이런 높은 위상 때문이었다. 2016년 12월, 중무장한 괴한들이 문을 부수고 들어가 고요한 회랑에 난입해 서가에서 책들을 꺼내 표지를 제외한 모든 페이지를 찢어버렸다. 이들은 예언자 무함마드의 가르침에 반하는 것으로 생각되는 철학, 법, 시, 과학 분야의 책들을 특히 혐오하는 듯했다. 그리고 9세기에 파피루스에 작성한 쿠란 경전처럼 신성한 책을 포함해서 불태울 수 있는 모든 것을 모아 오래된 열람실 한가운데에 쌓아놓고 불을 붙였다. 책을 불쏘시개처럼 이용해서 건물 전체를 불태워버리기 위해서였다. 소방관들은 감히 손쓸 엄두를 내지 못했고, 해가 질 무렵 도서관 건물은 만신창이가 되었다.

고의적인 약탈 행위만으로는 부족했는지, 2017년에 미국 및 이라크의 보병대와 총격전을 벌일 때(이를 계기로 결국 IS 무장세력이 축출됐다) 포격으로 더 심한 훼손이 발생해, 도서관 건물은 사실상 완전히 파괴됐다.

그러나 도서관은 다시 태어났다. 모술도서관이 재건되기까지는 5년이라는 시간이 걸렸는데, 자원봉사자들의 열정과 전 세계에서 기증한 수천 권의 책이 있었기에 가능한 일이었다. 2022년 2월, 새 도서관은 흔히 상상하는 중동의 도서관과는 전혀 다른 번쩍이는 현대식 건물이었다. 학생들이 도서관을 다시 찾기 시작하면서 열람실은 조용히 학업에 열중하는 사람들로 북적이고, 서가는 도서관 본연의 보습대로 문학과 정치, 역사의 의미와 기억, 사실에 대한 나지막한 소곤거림이 가득하다. 이 새로운 도서관은 생각과 의견을 끊임없이 활발하게 교환하는 곳으로 재탄생했다. 이제 모술에서도 다시 태어난 니네베의 자취 속에 '지식이 여기 있다'라고 말할 수 있게 됐다. 한때는 '지식이 여기서 죽다'라고 해야 했을지 모르지만, 더 이상은 아니었다.

다시 말하지만 지식은 다른 모든 곳에도 있으며, 많은 사람은 지식의 보고인 도서관이 아주 소중하고 꼭 필요한 장소라고 믿는다. 세계 최고 수준의 엄선된 타밀어 문학 장서를 보유하고 있었으나, 1981년에 타밀족 무장단체에 포격당해 불타버린 스리랑카의 자프나도서관Jaffna Public Library도 다시 지식의 보고로 돌아왔다. 사라예보도 마찬가지다. 1992년 늦여름 보스니아계 세르비아인의 대포 공격으로 완전히 파괴됐던 보스니아헤르체고비나 국립대학도서관National Library of Bosnia-Herzegovina을 나중에 재건하면서, 사라예보에도 다시 지식의 보고가 생겼다. 보스니아헤르체고비나도서관은 오스트리아-헝가리제국 시대의 귀중한 문헌들과 1527년에 사라예보 최초의 도서관을 설립한 오스만제국의 자료를 포함한 300만 권의 책을 소장하고 있었는데, 야만적인 보복행위로 모든 것이 소실됐다. 도서관을 뒤덮은 화염을 목격했던 사람들은 포위공격이 벌어진 8월의 이틀 동안 검은 새떼가 상공을 맴돌았다고 말하지만, 사실 그건 검은 새떼가 아니라 불탄 책들의 검게 그을린 자취였다고 한다.

그토록 끔찍한 지식과 학문의 손실을 겪은 옛 사라예보도서관도 새롭게 재탄생했으며, 포격을 뚫고 늠름하게 살아남은 수천 점에 불과한 귀중한 고서와 필사본, 두루마리는 새 도서관에서 가장 중요한 장서들이 됐다. 도서관 재건에 힘을 보탠 기관 중에는 수백만 달러를 지원한 카타르 정부도 있다. 도서관은 모술의 중앙도서관과 마찬가지로 사라예보 도심에 자리한 번쩍이는 새 건물에서 새롭게 문을 열었으며, 시민들은 도서관을 되찾았다는 안도감에 기뻐했다.

이와 비슷한 이야기를 끊임없이 찾아볼 수 있다. 스페인 정복자들은 15세기에 아스텍 사회에서 도서관으로 통하던 사슴가죽 두루마리에 불을 질렀다. 만리장성을 쌓은 것으로 유명한 진나라의 시황제는 제국 내의 모든 책을 불태우고, 모든 도서관을 허물고, 그 안에서 일하는 모든 학자를 처형하라고 명령했다고 한다. 문화에 대한 모독은 다른 나라를 쉽게 정복하기 위한 수단의 하나로 여겨지는 경우가 많다. 고의적인 훼손 외에도 자연재해나 단순한 사고로, 우연히 혹은 계획적으로 사랑받던 도서관이 허물어지는 일도 일어나는데, 그때마다 헌신적인 사람들의 영웅적인 노력으로 새롭게 재건되곤 했다. 최근 리비아의 수도 트리폴리(폭도들에게 공격받음), 피렌체(아르노강의 범람으로 진흙탕에 잠김), 로스앤젤레스(돌발적인 화재 발생), 카이로(마찬가지로 화재로 불에 탐)에서의 사례가 모두 그런 경우였다. 수많은 도서관의 복원이 가능했던 건 자원봉사자, 기부자, 수집가, 정부, 지식의 보고인 책을 아끼고 누구나 이용할 수 있는 도서관이 꼭 필요하니 어떤 대가를 치르고서라도 도서관을 보존해야 한다고 생각하는 일반 시민들의 노력 덕분이었다.

인간의 잔인함은 때로 상상할 수 없는 수준에 이른다. 모술과 그 밖의 지역에서 자행된 IS의 만행을 부정하는 것은 아니지만, 비교적 최근에 상당히 능률적으로 실행됐던 지식의 숙청 사례를 떠올려보라. 1944년 말에 나치에 의해 폴란드 바르샤바가 조직적으로 파괴된 일은 그 규모와 무자비함에서 견줄 대상이 없을 정도다. 그전에 베를린 거리에서 책을 불태운 히스테리적인 사건만으로도 이미 충분히 끔찍했을지 모른다. 검게 탄 장작더미의 이미지는 전 세계인의 기억에 여전히 남아 있다. 그런데 바르샤바에서의 불난리는 완전히 다른 차원이었다. 이 사건은 1,000년간 폴란드 문화를 지탱했던 지식과 문화를 말살하려는 목적으로 신중하고 치밀하게 진행된 엄청난 규모의 복수였다.

기본적으로 이 모든 일은 하인리히 힘러가 10월 17일 베를린에서 열린 나치 친위대 장교 회의에서 악명 높은 선언을 하면서 시작됐다. 힘러 친위대장은 나치 점령군에 헛되이 맞섰던 폴란드 저항군의 63일간의 바르샤바 봉기에 대한 직접적인 대응으로, 이렇게 선언했다. "이 도시는 지구상에서 완전히 사라져야 한다. (……) 돌 하나라도 남겨선 안 된다. 모든 건물을 흔적 없이 허물어버려야 한다."

이 결정은 1930년대 화재의 동기였던 사회주의, 볼셰비즘, 프리메이슨주의, 유대인이 쓴 특정한 서적을 불태우는 수준을 완전히 뛰어넘은 것이었다. 그 나라에 있는 모든 서적을 불태워 없애겠다는 결정은 책의 분야나 출판 시기, 가치를 불문하고 모두 없애버림으로써 국가의 모든 기억과 기록을 말소하는 행위였다. 이에 따라 아무것도 남지 않았으며, 80년이 지난 지금까지도 고통은 계속되고 있다. 중앙시립도서관은 횃불에 의한 방화로 전소됐다. 35만 권의 책을 소장하고 있던 중앙 병영도서관도 마찬가지로 불에 타서 소실됐는데, 그때 전소된 자료 중에는 스위스에 보관되어 있다가 고국으로 반환된 폴란드 역사도서관의 문화재들도 있다. 폴란드의 최대 규모 도서관이자 유럽에서 가장 웅장한 도서관 중하나로 꼽히는 폴란드 국립도서관Biblioteka Załuskich도 처참하게 훼손됐다. 소실된 자료와 문화재를 나열하자면 끝이 없다. 상상할 수 없을 정도로 가치가 크고 규모가 막대한 소장품을 보유한 시설 14곳, 규모는 그보다 작지만 그 가치와 중요성은 결코 뒤지지 않는 그 밖의 시설 수십 곳에서 소실된 책은 모두 1600만 권으로 추정된다. 이런 일을 벌인 데에는 폴란드인이 축적한 지식을 모두 없애버리겠다는 가혹한 복수심 외에 다른 이유가 없었다. 소실된 건물들은 대체로 복원돼서 그 자리에 서 있지만, 그 안에 담겨 있던 생각과 기억, 사상과 지식은 상상할 수 없을 정도로 막대한 규모로 손실됐기 때문에, 영원히 사라졌다고 봐야 한다. 물론 전쟁기간에 나치는 수백만 명의 생명을 학살하는 훨씬 더 나쁜 짓도 저질렀지만, 폴란드 문명의 기록을 거의 완전히 말살한 것은 참으로 비양심적인 악행이었으며, 그 영향은 오늘날에도 고스란히 느껴진다.

지식을 보관하는 방법

역사상 가장 유명하며 경이로운 고대 건축물로 유일하게 평가받는 도서관은 이집트의 알렉산드리아도서관Bybliotheca Alexandria이다. 이 도서관은 이집트의 대피라미드, 바빌론의 공중정원, 로도스의 거상, 알렉산드리아의 등대 같은 고대의 장대한 건축물들과 어깨를 나란히 하는 건축학적·예술적·미학적 전설이다. 물론 당시의 알렉산드리아도서관은 현존하지 않으며 역사적으로 한 차례 이상 파괴됐지만, 이는 중요한 문제가 아니며 사람들 대부분은 이에 의미를 두지 않는다. 사라예보에 위치한 보스니아헤르체고비나 국립대학도서관은 스리랑카 자프나, 폴란드 바르샤바, 이라크 모술에 있는 도서관들과 마찬가지로 파괴됐다가 그 자리에 다시 세워졌다는 점이 그 도서관의 가장 큰 의미일지도 모른다. 하지만 알렉산드리아도서관은 그저 존재한 적이 있다는 사실만으로 중요한 의미가 있다.

오늘날 이집트의 알렉산드리아는 낮은 지대의 다소 황폐한, 낙타가 보이지 않는 현대적인 풍경이지만, 한때 상인들이 아프리카 북부 해안 시장을 확보하려고 애쓰던 시절의 녹슨 갈고리 닻의 흔적이 남아 있는, 혼란스럽고 갈피를 잡기 힘든 도시다. 지금의 모습에서는 고대 알렉산드리아가 걸어온 길을 상상하기 어렵다. 기원전 332년에 알렉산드로스가 이곳을 그리스의 전초기지로 삼은 뒤, 서늘한 해안가를 찾아 그 지역에 모여든 유대인들과 이집트인들이 수준 높은 헬레니즘 문화를 융성하면서, 이 도시는 식민지 항구 도시에서 학문과 연구의 중심지로 순식간에 발전했다. 이를 달리 표현하면, 알렉산드리아는 알려진 세계의 모든 지식이 담긴 문서를 보관할 도서관을 짓기에 아주 적합한 장소로 자리매김했다. 당시 그 지역은 대부분 그리스의 지배를 받고 있었기 때문에 그리스 출신의 왕 프톨레마이오스 2세가 도서관 건립 계획을 우선적으로 추진한 것은 논리적으로 타당한 일이었다. 오늘날 알렉산드리아도서관의 창립자로 알려진 인물이 바로 프톨레마이오스 2세다. 그는 아테네에 있는 조언자들의 의견과 마찬가지로

기원전 3세기 그리스 통치자들이 지식의 수도 알렉산드리아에 세운 이집트의 알렉산드리아 도서관. 방대한 파피루스 문서를 소장했던 이 도서관은 약 300년간 번성했다. 이 그림은 19세기에 독일인이 그린 것이다.

해안 지대에 웅장한 도서관을 세우면 지중해 전역에서 수도인 알렉산드리아의 명성이 높아지고 영광스러운 미래가 보장될 것으로 믿었다.

프톨레마이오스 왕조의 열렬한 지원 속에 건립된 알렉산드리아도서관은 형형색색의 돌과 목재가 정교하게 어우러진 매혹적인 건물로, 사암 기둥에는 아테네의 위대한 정치가와 철학자들의 조각이 장식되어 있었다. 서가에 소장된 문서들은 기원전 2세기 초 헬레니즘 제국 전역의 중개상들이 10년에 걸쳐서 사들인 것이었다. 그에 덧붙여 항구에 정박한 무역선에서 획득한 문서도 있었다. 이들은 지중해 동부에 새로 생긴 이 항구에 들어오는 수많은 무역선에서 발견된 모든 문서를 가로채는 방법으로 도서관 장서를 늘렸다. 배가 항구에 정박하면 곧바로 수색대가 투입됐는데, 이들은 밀수품을 검사하는 세관원이 아니라, 문서 수집을 위해

부두에서 근무하는 도서관 사서들이었다. 이들 중 일부는 단순히 문서를 찾아 가로챘으며, 일부는 필경사를 고용해 공들여서 베껴 쓴 뒤, 보통은 필사본을 돌려주고 원본은 도서관으로 가져갔다.

여기서 우리가 논하는 대상은 책이 아니라 문서_text_다. 알렉산드리아도서관에는 책이 없었지만, 책 못지않게 소중한 당대의 지식 전달 방식이 있었다는 사실을 기억해야 한다. 아시리아의 수도 니네베에 있었던 아슈르바니팔도서관도 마찬가지였다. 오늘날과 같은 형태의 책은 없었지만, 설형문자를 새긴 점토판이 가득한 학문의 성채였다. 알렉산드리아도서관은 책 대신 파피루스로 만든 수천 개의 두루마리가 훨씬 큰 규모의 학문과 배움, 지식의 성채 역할을 했다. 두루마리들은 오늘날 우리가 대체로 책을 세워서 꽂는 방식과는 다른 방식으로 진열되었다.

우리는 이런 파피루스 문서를 간혹 현존하는 그림 속에서 보기도 하지만, 돌돌 말린 두루마리들을 수평으로 조심스럽게 쌓은 선반이 늘어선 상상의 이미지 속에서 본다. 만일 현대인이 이런 도서관을 방문한다면, 벽지를 파는 상점이라고 생각할지도 모른다.

두루마리 문서는 귀중하고 찢어지기 쉬운 물건이어서, 세워서 보관해야 하는지 아니면 알렉산드리아도서관처럼 옆으로 뉘어서 보관해야 하는지를 두고 사서들 사이에 종종 논쟁이 벌어졌다. 두루마리를 수평으로 눕혀서 보관하면 제목이 더 잘 보이는데, 도서관은 문서를 보관하는 창고가 아니라 문서를 읽기 위해 사람들이 찾아오는 곳임을 생각하면 이는 중요하게 고려해야 할 부분이다. 도서관 방문자들이 자신이 찾는 문서가 정확히 어디에 있는지를 알 수 있어야 했다. 고대 이집트의 누비아를 여행했던 사람들의 이야기를 어디서 찾을 수 있을까? 유클리드의 저서는 어디쯤 있을까? (참고로 기하학자 유클리드는 실제로 알렉산드리아도서관에서 그리 멀지 않은 곳에 살고 있었다.) 수학자 에라토스테네스가 몇 년 전에 발표한 지구 둘레에 관한 논문을 보려면 어디로 가야 할까? 문서의 제목과 개요는 조그마한 조각에 적어서, 파피루스 두루마리 끝단의 눈에 잘 띄는 곳에 노끈으로 묶거나 가장자리에 꿰맸을 것이다. 방문자가 원하는 두루마리를 발견하면, 그 두루마리를 조심스럽게 꺼내서 옆에 놓인 대리석 탁자에 올려두고 펼친 채 볼 수 있었다.

서가에 두루마리를 너무 많이 쌓으면 아래쪽에 놓인 두루마리가 손상될 수 있으므로 주의해야 했다. 이에 도서관 관장은 몇 년 뒤 파손되기 쉬운 두루마리들을 최대 여섯 개까지 보관할 수 있는 모자 상자처럼 생긴 카프사capsa라고 불리는 보관함에 넣기로 결정했다. 비슷한 주제끼리 같은 보관함에 넣는 것이 합리적이었으므로, 자연스럽게 분류체계가 만들어졌다. 예를 들면 아프리카에 관한 두루마리는 23번 보관함에, 기하학에 관한 두루마리는 76번 보관함에 넣어둘 수 있다. 더 넓은 범주의 분류도 만들어진다. 예컨대 국외와 관련된 주제를 다룬 보관함은 모두 한 방에 모아두며, 그중 하나가 아프리카에 관한 보관함이 되는 식이다. 또 유클리드 기하학에 관한 두루마리를 포함한 기하학 관련 두루마리는 76번 보관함에 보관하고, 이 보관함은 수학을 주제로 하는 다른 보관함들과 함께 별도의 방에 보관한다. 이처럼 알렉산드리아도서관은 장엄하고 아름다우며, 범위와 규모, 체계 면에서 타의 추종을 불허했을 뿐 아니라, 수 세기가 지난 뒤에 듀이 십진분류법을 비롯한 여러 도서 분류체계가 탄생하는 밑거름이 되기도 했다.

하지만 이 도서관은 그리 오래가지 못했다. 이집트의 지배층 사이에서 교양 없는 사고방식과 행동이 서서히 부활하면서, 도서관은 몇 세기 만에 급격히 쇠퇴했다. 도서관의 몰락에 관해서는 몇 가지 견해가 있는데, 율리우스 카이사르가 불을 질렀다는 말도 있고, 아니면 더 전반적인 관점에서 로마의 여러 잘못 때문으로 보는 견해도 있다. 즉 헬레니즘 시대가 일단락되고, 클레오파트라가 스스로 목숨을 끊고, 기원전 30년에 로마가 이집트를 합병하는 등의 사건이 일어나면서, 도서관에 대한 관심이 서서히 식었고, 그러다가 결국 원인을 알 수 없는 불이 났고 도서관을 구하려는 적극적인 노력이 뒤따르지 않았다는 것이다.

역사학자들은 조금 더 미묘한 해석을 내놓는다. 이들은 후대의 프톨레마이오스 왕조, 그중에서도 특히 프톨레마이오스 8세가 도서관과 왕실 부속 연구소인 무세이온Mouseion*에서 일하는 학자들 수백 명이 허세를 부리고 있다고 여겨서 이들을 공격하고 자금을 서서히 고갈시켰으며, 이 과정에서 도서관의 상황이 크게 악화했다고 주장한다. 당시 도서관장이었던 사모트라케의 아리스타

● 그리스어로 '뮤즈의 집'이라는 뜻으로, 영어 단어 'museum(박물관)'의 어원이다.

르코스가 이런 왕의 결정에 항의하는 뜻으로 일을 그만두고 키프로스로 떠났던 것은 확실하다. 그리고 그로부터 훨씬 뒤인 카이사르 시대에 도서관에 화재가 발생했던 것도 사실이지만 고의적인 방화가 아닌 사고로 추정된다. 현재 학계에서는 도서관을 대하는 로마인들의 태도가 그 바로 전 시대의 그리스인들보다 더 나쁘지는 않았다고 본다. 간단히 말해서 알렉산드리아도서관은 배움과 학문에 대한 사람들의 태도 변화와 시대적 흐름 양쪽 모두의 영향으로 쇠퇴했다고 봐야 한다.

아이러니하게도 알렉산드리아도서관은 쇠퇴했지만, 도서관 자체는 로마제국 내에서 번성했다. 그리스인들은 이미 지중해 동부와 레반트의 주요 도시에 적어도 한 곳 이상의 공공도서관을 건립하도록 지원했다. 400년경에는 로마 시내에만 20개 이상의 공공도서관이 있었다고 한다.

알렉산드리아도서관은 혁명에 불을 지폈다. 그로부터 2,000여 년이 지난 오늘날 인터넷 기업 아마존은 언제 어디서든 말을 걸면 정보를 불러올 수 있는 기기를 만들었는데, 이 기기에 알렉산드리아도서관을 기리는 의미에서 알렉사$_{Alexa}$라는 이름을 붙였다. 그 이름은 알렉산드리아도서관의 혁명적 영향력을 강력히 상징하는 것으로, 이에 대해서는 나중에 자세히 논의할 것이다. 여기서는 우선 도서관의 일반적인 진화에 대해 살펴볼 텐데, 이런 진화는 가장 중요한 단계, 즉 지식의 전달 수단이 두루마리에서 책으로 바뀌는 매우 중요한 물리적 변화를 통해 진행됐다.

책의 탄생

    이런 변화가 하루아침에 이루어진 것은 아니다. 형태, 모양, 느낌에 있어서 이런 지식 확산 메커니즘의 중간 형태는 서기 1세기에 로마인들이 도입한 코덱스codex였다. 현대적인 책의 조상인 코덱스는 파피루스 대신 피지나 양피지를 사용했고 나중에는 종이도 사용했으며, 돌돌 마는 것이 아니라 접는 형태였다. 접어서 가장자리를 잘라내고, 모서리를 잘 맞춘 속지를 겹쳐놓고 꿰매거나 묶어서 책의 등 부분(펼쳐서 읽을 때 손으로 잡는 부분)을 만들었다. 이로써 글을 읽을 때 불편했던 점이 단박에 해결됐다. 지난밤에 읽던 페이지에 책갈피를 끼워두기만 하면 쉽게 찾을 수 있고, 기억이 나지 않는 단락이 있으면 페이지를 앞뒤로 넘기면서 금세 찾을 수 있었다. 그야말로 책을 펼치는 일이 한순간에 간편해진 것이다.

    코덱스는 그 후 몇 세기에 걸쳐 확고히 자리 잡으면서, 두루마리를 제치고 지식을 저장하고 전파하는 주요 수단이 됐다. 두루마리는 600년경 이후 사실상 사라졌으며, 그때부터 우리가 알고 있는 책의 진화가 본격적으로 시작됐다.

    '코덱스'는 한동안 책과 같은 의미로 사용됐지만, 접혀서 절단한 양피지, 접착제, 끈, 표지의 전체 집합체를 의미하는 경향이 있었다. 반면 '책'이라는 단어는 딱딱한 표지나 종이 표지로 만든 겉면 안의 내지만을 지칭하기도 했다. 이후 코덱스라는 단어는 책 제작 어휘에서 완전히 사라졌고, 현대적 형태의 책이라는 단어는 그 후 2,000년 동안 저술 분야에 확고히 자리 잡았으며, 헤아릴 수 없이 많은 책이 도서관의 가로로 늘어선 서가에 세로로 나란히 꽂혀 있는, 도서관의 핵심 요소이자 말 그대로 정수가 됐다.

15세기 중반 요하네스 구텐베르크와 윌리엄 캑스턴이 등장하기 전까지 책은 필사본으로 제작됐다. 손으로 일일이 써서 만들다 보니 무척 수고스럽고 시간과 비용이 많이 들었다. 그렇게 탄생한 필사본은 값을 매길 수 없는 매우 귀한 물건으로 대접받았다. 필사본은 사람들이 동경하는 물건이자 욕망과 선망의 대상이어서, 도난당할 위험도 컸다. 이 때문에 초기의 도서관들은 필사본을 튼튼한 철제 잠금 고리가 달린 나무 상자에 넣어 보관하거나, 한 권씩 쇠사슬에 묶어서 훔쳐가지 못하게 했다. 앞쪽으로 기울어진 특수한 열람실 책상은 중세 도서관의 특징이다. 책이 쇠사슬로 봉에 묶여 있어서, 아래 칸에 꽂힌 책을 한 권씩 꺼내서 책상 위에 놓고 볼 수 있지만, 쇠사슬이 책 밑에 달랑거리며 매달려 있어서, 지금 손에 든 책이 얼마나 값진 것인지를(최소한 금전적인 측면에서) 상기시켰다. 영국의 헤리퍼드 성당과 옥스퍼드의 머튼칼리지에 있는 도서관은 책에 쇠사슬이 달려 있는 체인도서관chained library으로 잘 알려져 있다. 유행이나 일시적인 분위기, 편의에 따라 책을 가로로 나란히 꽂기도 하고, 세로로 쌓아올리기도 하고, 책의 앞 단면이 보이게 꽂기도 하고, 책등이 보이게 꽂기도 했는데, 이런 세세한 부분 모두가 지식을 보관하는 방식의 진화 과정이었다.

1550년대 후반에 최신식 인쇄기가 도입되어 훨씬 적은 비용으로 만든 책을 구할 수 있게 되면서, 도서관은 우리가 알아볼 수 있는 현대적 형태를 갖춘다. 도서관과 함께 글을 읽고 쓸 줄 아는 사회의 조합을 이루는 구성 요소들도 등장했다. 우선 책을 쓰는 작가들이 나오기 시작했고, 책이 더 널리 읽히면서 출판업자, 편집자, 교열 담당자, 제지업자, 디자이너, 조판업자, 인쇄업자, 교정자, 제본업자, 창고업자, 유통업자, 서점, 비평가, 그리고 가장 중요한 독자, 그 외에도 수집가, 도서관, 이 연결고리의 맨 끝에 있는 중고 서적상, 재고 처분업자, 재생지 업자에 이르는 모든 관련자들이 책의 특별한 힘을 중심으로 공생관계를 형성해 수백 년간 삶의 한 부분을 형성했다.

도서관은 모든 책이 모이는 곳, 책을 찾으러 가는 곳, 책에 대해 이야기하고 토론하는 곳이었다. 도서관의 종류도 무척 다양했다. 우선 책을 사랑하는 부유층이 모여 만든 사립도서관이 있었다. 대학 도서관은 규모가 대단히 크고 다루는 책의 주제가 방대하거나 아니면 작은 규모로 운영되면서 한 가지 주제나 언어, 장소를 전문으로 다루거나, 둘 중 하나였다. 그리고 공공도서관도 있었다. 공공도서관 중에 최상위로 분류되는 곳은 국립도서관이다. 국립도서관은 납본도서관copyright library으로 자국에서 출판되는 모든 책을 한 부씩 기증받을 권리가 있다. 그래서 매년 수천에서 수백만 권씩 장서가 불어난다. 도서관 범주에서 가장 아래쪽에 있는 도서관은 마을 도서관이다. 규모가 아주 작아서 도서관의 모든 책을 승합차 한 대에 다 실을 수도 있다. 종종 이동식 도서관으로 운영되어 각지를 돌아다니며 상점이나 우체국도 없는 작고 외딴 마을에 정차해 사람들을 맞이한다. 마을 도서관은 마을 사람들을 바깥세상과 연결해주는 지극히 중요한 생명줄로, 외딴 지역에 사는 외로운 이들에게 위로와 안식을 주고 있다.

이동식 도서관은 실용적인 외관을 갖추고 있지만, 규모가 큰 도서관은 대부분 웅장한 구조를 갖고 있다. 오래전부터 전 세계 건축물들의 큰 규모와 복잡한 구조는 사회 집단의 다양한 부름에 우리가 표하는 존경과 그 명성의 흔적이었다. 가장 먼저 교회와 성당, 이슬람 사원과 불교 사원, 탑과 신사가 우리의 관심을 끌었다. 영국의 캔터베리 대성당, 스페인의 콤포스텔라 대성당, 미얀마의 쉐다곤 파고다, 일본의 료안지龍安寺, 튀르키예의 아야소피아 성당, 인도의 하리만디르 사히브(황금사원) 같은 아름다운 건축물들은 우리가 주요한 신성과 믿음을 엄밀하고 충실하게 기려왔음을 보여준다.

기념비적인 텔레비전 시리즈 〈문명Civilization〉에서 미술사학자 케네스 클라크Kenneth Clark가 믿음과 신앙을 건축학 및 돌의 본질과 아주 대담하게 결합한 신성한 기하학적 구조로 유명한 샤르트르 대성당을 건너편에서 바라보면서 몇 번이고 "정말 그렇지 않습니까!"라고 감탄했듯이 말이다.

세월이 많이 흐른 뒤로는 은행, 크고 볼품없는 건물, 무기 공장, 기차역, (그리고 끔찍하게도) 보험회사 등 으스대는 듯 뻔뻔히 늘어선 건물이나 화강암·유리·철제로 지어진 저속한 상업적 건물들이 도시의 경관을 지배하게 됐지만, 도서관 역시 건축적 연속선상에서 변함없이 두드러져 보이는 것 같다.

지식의 탄생

과거에는 도서관이 다른 기관 안에 둥지를 트는 경우도 가끔 있었다. 세계에서 가장 오래된 도서관 중 하나가 바로 그런 도서관이다. 이 도서관은 이집트의 알렉산드리아가 아니라 시나이 사막 깊은 곳, 모세가 십계명을 전달했다고 전해지는 산기슭에 있는 성녀 카타리나 동방정교회 수도원 안에 있다. 수도사들은 550년 무렵부터 약 1,700년 동안 이 도서관을 운영해왔으며, 최근에는 영국과 미국의 대학들로부터 지원을 받아 많은 양의 고대 서적과 문서를 디지털 파일로 만들어주는 기기를 도서관에 새로 들여놓게 됐다. 프랑스 중동부에 위치한 클뤼니 베네딕트회 수도원에도 도서관이 있다. 이 도서관은 쿠란을 서양어로 옮긴 최초의 번역본이 만들어지고 수백 년간 보관된 곳이다. 하지만 시나이의 도서관을 제외한 다른 도서관들의 공통적인 운명처럼, 클뤼니 도서관은 그 지역의 위그노파(프랑스 프로테스탄트 칼뱅파 교도—옮긴이)에게 약탈당했고, 이후 1789년 프랑스 대혁명의 여파로 치명적으로 손상됐다.

때로는 도서관에 닥친 가벼운 시련이 약간의 즐거움과 전설로 남기도 한다. 1947년 8월, 미국의 시사 잡지 《라이프Life》의 저명한 사진작가 데이비드 더글러스 던컨David Douglas Duncan이 촬영한 사진에는, 뉴델리에 있는 왕립도서관에서 격분한 한 인도인 사서가 '인도'와 '파키스탄'이라고 적힌 두 개의 대형 표지판 밑에 책을 두 더미로 분류하는 모습이 담겼다. 인도와 파키스탄으로 나뉘는 국가 분할의 비극 속에서, 군대가 절반으로 나뉘고, 새로운 국경이 그어져 철도가 끊기고 총독 기차의 일부가 파키스탄으로 보내지는 등의 엄격한 분리가 진행된 것을 감안하면, 국립도서관이 델리와 카라치로 반씩 나뉘었다고 해도 전혀 놀랄 일이 아니었다. 인도 왕실 소유의 《브리태니커 백과사전》이 A-M은 인도, N-Z 는 파키스탄의 소유로 나뉘었다는 우스갯소리를 사실로 믿는 사람이 많았다. 잡지에 실린 사진은 그런 이야기를 확인해주는 듯했다. 하지만 그 사진은 연출된 것이었으며, 그런 일은 일어나지 않았다. 문제의 도서관인 델리의 중앙사무국 도서관은 오늘날까지 아무 손상 없이 잘 남아 있다. 도서관 장서를 반으로 나누려는 계획이 논의된 적은 있었지만, 결코 실행되지는 않았다. 책들이 기차에 실려 1,000킬로미터 가까이 떨어진 파키스탄의 수도였던 카라치까지 보내지는 일은 없었다.* 신생국인 파키스탄은 도서관을 처음부터 새로 지어야 했는데, 그 작업을 상당히 효율적으로 완수해냈다.

많은 도서관이 다양한 역사의 파문을 겪었지만 그보다 훨씬 많은 수의 도서관은 사라지지 않고 남아서 번성했다. 아마도 그런 오래된 도서관은 많이 사용된다기보다는 많이 아끼고 소중히 여겨진다고 봐야겠지만, 지금 이 시대에는 허물어지거나 화재로 소실될 가능성은 거의 없다. 이런 오래된 도서관 중에 특히 더 애정

---

* 인도 국립도서관이 있는 콜카타는 기술적으로 예외를 두어야 한다. 여전히 벨베데레 영지(Belvedere Estate)라고 불리는 토지 내에 있는 커즌 경의 거대한 옛 저택에 보관되어 있기 때문이다. 콜카타에는 도서관이 여러 곳 있었는데(벵골은 인도에서 독서 활동과 도서 대출의 중심지였다), 국가 분단 이후의 혼란기에 콜카타의 한 도서관에서 다수의 페르시아어 필사본을 입수해 동파키스탄, 즉 방글라데시의 수도 다카로 반출했다. 그런데 그 책들이 여름철 우기에 지붕 없는 트럭에 실려 운반된 탓에 상당수 책들이 손상되거나 복구가 불가능할 정도로 훼손됐다.

—————— 1947년 인도는 200만 명에 달하는 난민이 사망하는 사상 최악의 재앙을 겪었다. 나라가 둘로 나뉘는 혼란은 비세르갈 열차가 두 동강이 나고 인도 국립도서관 장서의 절반이 새로운 국경을 넘어 파키스탄으로 보내지는 등 전리품의 일상적인 분열도 존재했다.

이 가는 도서관이 있으며, 몇몇 도서관은 경외감을 불러일으킨다.

뉴욕 5번가를 따라 걸어가다가 42번가 남쪽 두 블록에 걸쳐 있는 거대한 회색 건물이 나오면 오른쪽으로 방향을 꺾는다. 그러면 저 앞으로 수호 사자상 두 마리가 건물 계단 아래 좌우에 서 있는 것이 보인다. 그 계단을 걸어 올라가서 정문을 통과해 대리석으로 된 내부 계단을 세 층 올라가면 뉴욕공립도서관 중앙 열람실이 나온다. 아무리 감정이 메마른 사람이라도 이곳에 처음 들어서는 순간 숨이 멎을 듯한 경외감이 들 것이다. 눈앞에 펼쳐진 모든 것에 따사롭고 편안한 황금빛이 자욱하게 퍼져 있는데, 이 빛은 거대한 참나무 책상 주변에 빼곡하게 들어찬 책들을 아주 차분하고 확고하게 감싸고 멀리까지 퍼져나간다. 바로 밑에는 감춰진 일곱 개 층으로 된 주철 선반과 지지대가 있는 구역이 더 있다는 것을 곧바로 알게 될 것이다. 그곳에는 열람 신청을 기다리는 온갖 분야의 도서 수백만 권이 보관되어 있다.

신청한 책을 기다리며 잠시 앉아 있노라면 거대한 대성당 같은 창문과 부드럽고 따뜻한 천장 조명, 그 주변을 가득 메운 도서관 이용자들이 아주 편안한 자세로 앉아 무료로 책을 읽는 모습에 감탄하고, 더 큰 경외감을 느낄지 모른다. 이 모든 시설이 누구에게나 열려 있다. 입장권을 구입할 필요도, 회원 가입을 할 필요도, 공식적으로 예약할 필요도, 지역 주민임을 증명할 필요도 없다. 유일한 규칙이 있다면 이곳에 있는 책을 들고 나가지 않겠다고 정중하게 동의할 의무가 전부다. 뉴욕공립도서관 중앙 열람실을 찾는 모든 사람은 질문을 받거나 요구받거나 방해받지 않고 시간이 얼마나 걸리든 상관없이 원하는 만큼 책을 읽고, 생각하고, 탐색하고, 고민하고, 평가하고, 사색하려고 단단히 마음먹은 듯하다. 그곳에 있는 것 자체가 뉴욕에서 누릴 수 있는 헤아릴 수 없는 특권이자 기쁨인 듯하다. 그런데 이런 특권은 모든 사람에게 완전히 열려 있다.

미국 의회도서관Library of Congress은 훨씬 더 넓고 화려하다. 영국도서관British Library은 세련된 신식 건물이며, 예전에 있었던 거대한 원형 열람실은 이제는 없다. 서가의 총 길이가 40킬로미터에 달했던 옛 영국도서관의 열람실에는 카를 마르크스, 블라디미르 레닌(제이컴 리히터라는 가명을 사용해서), 《드라큘라》의 작가 브램 스토커Bram Stoker가 찾아와 집필하면서 전 세계 사람들에게 다양한 방식으로 악몽을 선사했다. 베이징의 중국 국립도서관도 세련되고 현대적이다. 도쿄의 국립국회도서관에는 똑같은 책들이 일본어 번역판으로도 있고, 영어 원서로도 있다. 1948년 미국 점령군의 명령으로 만들어진 이 도서관은, 아이러니하게도 마르크스주의자로 알려진 초대 사서가 일본 의회와 일반 대중을 모두 고려해서 설계했다. 이 도서관의 개관으로 정보의 전파를 크게 제한했던 전쟁 전의 체계가 종식되면서, 법을 만드는 의원들에게만 공개됐던 지식에 일반 대중도 접근할 수 있게 됐다.

도서관의 분류 체계

세계의 대표적인 도서관들이 아무리 위대하고, 웅장하고, 현대적이고, 효율적이고, 방대하더라도, 각자 집 근처에 개인적으로 좋아하는 도서관이 분명히 있을 것이다. 나이 많은 영국인 중에는 건강용품과 미용용품을 취급하는 약국 체인점 부츠Boots가 운영하고 주로 매장 위층에 딸려 있는 책 애호가들의 도서관Book Lovers' Libraries에 대한 좋은 기억을 간직한 사람이 많다. 두 매장을 함께 배치한 것은 아래층에서 비누와 치약으로 몸을 깨끗이 하고 위층에서 빌린 책으로 마음을 채우고 깨끗이 한다는 뜻이었을 것이다.

그런가 하면 미국인들 대다수는 막대한 부를 축적한 철강 재벌

앤드루 카네기가 세르비아, 피지, 모리셔스, 벨기에 등 전 세계 곳곳에 도서관 수백 곳을 세웠고, 미국에도 50개 주 중 두 곳을 제외한 전국에 거의 1,700개에 가까운 도서관의 건립을 지원함으로써 재벌의 죄책감을 덜었다는 데 동의할 것이다. 이렇게 설립된 카네기도서관들은 여전히 개가식으로 운영되고 있는데(현재 미국에는 카네기도서관이 750곳 남아 있다), 사실 초창기의 사서들은 개가식 열람방식을 아주 싫어했다. 프리메이슨의 특별한 비밀 기술을 흉내 내는 사람들이 서가에서 책을 훔쳐갈 수도 있다고 생각했기 때문이다. 미국에서 카네기도서관이 가장 많은 곳은 인디애나주로 164개이며, 사우스캐롤라이나주의 작은 마을인 호니패스는 인구가 1,700명에 불과한데도 도서관을 얻었다. 카네기도서관이 건립된 지역의 주민들은 여전히 그를 존경하고 있으며, 그가 막대한 부를 독차지했고 수천 명의 직원들을 냉혹하게 대했다는 비판이 있지만 영어권 사회에 지식을 전파하려고 했던 그의 의도는 전적으로 칭찬할 만하다고 생각하는 듯하다. 1889년 최초의 카네기도서관이 건립된 펜실베이니아주 브래독과 콜로라도주 레드빌, 루이지애나주 걸프포트, 뉴저지주 몽클레어, 뉴욕주 노스토너원더 그라운드리 스트리트 240번지에 있는 카네기아트센터를 방문하는 사람들은 미국에 있는 다른 750개 도서관 이용자들과 마찬가지로 카네기도서관을 더할 나위 없이 훌륭한 도서관으로 생각한다고 해도 틀린 말은 아닐 것이다.

개인적으로 가장 좋아하는 도서관이자 모든 도서관 중 최고라고 할 수 있는 곳은 따로 있다. 규모가 크지 않고 다소 특이한 회원제 대출 도서관으로, 런던 세인트존스광장 북서쪽 모퉁이에 자리 잡고 있다. 역사가 200년 가까이 된 이 도서관은 영국인들이 가장 사랑하는 문화시설의 하나인 런던도서관London Library이다.

　런던도서관은 빅토리아 시대의 유명한 전기 작가이자 비평가인 토머스 칼라일이 1840년에 장기간 소화불량을 앓으면서 시작됐다. 당시 46세였던 칼라일은 이미 문학계에서 명성을 쌓았는데 그 무렵에는 영웅과 영웅주의, 영웅 숭배의 개념을 탐구하고, 올리버 크롬웰과 나폴레옹 보나파르트의 전기와 프랑스 혁명의 장대한 역사에 몰두하는 등 다양한 주제를 맹렬히 탐색하던 중이었다. 하지만 필요한 책을 구할 수 없어 집필하는 데 어려움을 겪었다. 영국박물관은 앞서 언급했던 원형 열람실이 아직 완공되지 않았을 때여서, 자리가 비좁고 조명이 어두워 책을 보는 데 많이 불편했다. 실제로 그는 자리를 찾지 못해 사다리에 기대앉아야할 때가 많았다. 게다가 칼라일은 영국박물관의 도서 관리인 파니치 씨Mr. Panizzi에게 개인적으로 원망하는 마음을 품게 됐다. 그가 다른 관리인들과 마찬가지로 책의 대출을 거부했기 때문이다. 적어도 칼라일이 보기에 책을 박물관에 보관하고 그곳 직원들이 책을 관리하는 것은 합당한 방식이 아니었다. 그는 책은 도서관에 보관되어야 하고, 대출도 가능해야 한다고 믿었다. 그는 영국박물관의 대출 금지 정책이 지식의 교류라는 개념 자체를 무의미하게 만든다고 비난했다. 그래서 칼라일은 1841년에 회원들에게 사용료를 받고 책을 빌려주는 일종의 독서클럽과 같은 도서관을 만들어 벌금과 같은 제한 없이, 자유롭게 책을 빌려주기로 했다.

더 나아가 그는 이 도서관(런던도서관)이 발전하기를 바라는 마음에서, 개인적으로 소장하고 있던 많은 도서를 일종의 종자용 씨앗으로 기증했다.

실제로 런던도서관은 경이로울 정도로 엄청나고 훌륭하게 성장했다. 광장 모퉁이에 있는 평범한 3층짜리 타운하우스처럼 생긴 건물 입구의 소박한 참나무 문 뒤에는, 거의 2세기 만에 세계에서 가장 큰 독립적인 대출 도서관으로 성장한 런던도서관이 자리한다. 찰스 디킨스, 윌리엄 글래드스턴, 조지프 러디어드 키플링, 윈스턴 처칠, 찰스 다윈, 버지니아 울프, T. S. 엘리엇, 애거사 크리스티, 윌리엄 새커리, 조지 엘리엇, J. B. 프리스틀리 등 영국 문학사에 자취를 남긴 거의 모든 작가가 이 도서관의 회원이었다. 열람실과 스터디룸을 갖추고 있고, 서류 보관실, 컴퓨터실, 리셉션 룸은 그 자체로 아주 특별한 클럽 같은 분위기를 풍긴다. 고요하고, 나무로 장식된 벽과 좋은 그림, 흥미로운 지도와 도표들(주로 서로 연결되어 얽혀 있는 복잡한 미로 같은 건물 내부를 묘사한 것들)이 걸려 있으며, 특히 위층에 자리한 서가가 멋지다.

각 층마다 들어찬 서가는 총 길이가 24킬로미터에 이르는데, 바닥이 구멍 뚫린 철제 쇠창살로 되어 있어서, 줄줄이 늘어선 좁은 통로를 걸어 다니며 책을 고르는 사람들의 모습을 2미터가 조금 넘는 책 선반 사이로 볼 수 있다. 도서관의 각 구역 위쪽에는 네온 등과 연결된 줄이 있는데, 그 줄을 당기면 그 구역의 등이 켜진다. 책을 찾은 뒤에는 다시 줄을 당겨서 소등해야 한다. 런던도서관 서가의 아주 특별한 모습을 처음 접하면 호르헤 루이스

보르헤스의 경이로운 판타지 소설《바벨의 도서관The Library of Babel》의 첫 구절이 필연적으로 떠오른다. 보르헤스는 부에노스아이레스에 있는 아르헨티나 국립도서관 관장으로 오랫동안 재직했기 때문에 도서관에 대해 잘 아는데, 소설 첫머리에 서가의 배치를 다음과 같이 서술한다.

> 도서관 서가는 변함이 없다. 한 면에 긴 선반 다섯 개씩, 총 스무 개의 선반이 두 면을 뺀 전면을 덮고 있다. 서가의 높이는 사서의 평균 키보다 높을까 말까 할 정도다. 막히지 않은 벽면 중한 곳에는 똑같이 생긴 다른 구역으로 연결되는 좁은 통로가나 있다. 입구의 왼쪽과 오른쪽에는 아주 작은 방이 두 개 있다. 하나는 선 채로 잠을 자는 방이고, 다른 하나는 용변을 해결하는 곳이다. 이 구역을 통과해 지나가면 나선형 계단이 나온다. 이 계단은 심연에서 저 높은 곳까지 이어진다. 입구에는 외모를충실히 복제해 비춰주는 거울이 달려 있다. 사람들은 이 거울을 보면서 도서관이 무한하지 않다고 추론하는 습관이 있는데 (실제로 무한하다면 왜 환상에 불과한 복제물을 보여주겠는가?) 나는 번쩍거리는 거울의 표면이 가능성과 무한함을 꾸며내서 보여준다고 상상하는 편이 더 좋다.

런던도서관에 소장된 도서는 수백만 권인데, 원하는 만큼 빌려가서 보고 싶은 만큼 오래 볼 수 있다. 몇 주 후에 도서관에서 연락이 오더라도 빌린 책을 잘 가지고 있고 아직 보고 있는지 확인하는 것일 뿐이니 걱정할 필요는 없다. 1990년대에 내가 그곳을 찾았을 때, 남태평양의 섬들을 조사해 작성한 영국 해군의 전시戰時 보고서 네 권을 모두 빌려가려고 했는데, 서가에서 세 권만 찾을 수 있었다. 나머지 한 권(제2권)은 '근무지 무단이탈' 상태였다. 도서관에는 가장 어둡고 깊숙한 구석에서 눈에 거의 안 띄는 책을 찾아내는 데 일가견이 있는 직원들이 있어서, 그들에게 도움을 요청하기로 했다. 내 말을 들은 직원은 잠시 생각하더니 도서 대출 데스크로 따라오라고 했다. 그는 뒤쪽 선반을 뒤지더니 정리용 파일 카드가 가득 담긴 네모난 상자를 꺼내 들었다. 그는 카드를 앞뒤로 넘기며 훑어보다가 마침내 "아하!" 하고 외치고는 이렇게 말했다. "윈덤 부인이 대출해갔네요. 그럴 것 같았어요." 그러고는 "그 책은 지금 토키에 있어요"라고 덧붙였다.

윈덤 부인은 사망한 해군 장성의 부인이었다. 부인은 무려 1958년에 그 책을 빌려갔는데, 도서관에서 1962년, 1973년, 1988년에 연락을 취해서 그 책이 여전히 필요한지 문의했지만, 답장이 없었다. 그래도 불안해하는 기색은 전혀 없었다. 그 직원은 윈덤 부인에게 다시 연락해볼 것이며, 이번에는 그 책을 찾는 사람이 있으니 꼭 반납해야 한다고 아주 단호히 이야기하겠다고 내게 말했다. 그 책은 사흘 뒤에 내 손에 들어왔다.

나는 그 책을 5년이나 가지고 있었다. 《남태평양 섬들에 관한 영국 해군 보고서》 제2권은 처음 필요한 부분만 몇 시간 읽어보고는, 그 뒤로 줄곧 내 책상 위에 놓여 있었다. 앞표지에 붙어 있는 강렬한 주홍색과 흰색의 레이놀즈 스톤 서체로 된 장서표는 볼 때마다 이 책이 내 것이 아니라는 사실을 일깨워주었다. 원하는 만큼 얼마든지 오래 가지고 있어도 괜찮다는 사실을 상기시키는 것으로도 생각할 수 있었지만 말이다. 필시 윈덤 부인도 이런 기분이 들어서, 책을 반납하기가 아쉬웠을 것이다. 그 책은 그 부인에게 가족과 같은 존재였고, 이제 내게도 가족의 일원처럼 느껴졌다.

도서관 서가에 오래 머물면서 얻는 순수한 기쁨이 이 도서관의 가장 큰 매력이라면, 그것은 필시 뭐라고 설명하기 힘들고 상식에서 완전히 벗어난 듯한 이 도서관의 도서 분류체계를 이용해서 책을 찾으려고 애쓰는 중에 겪는 상황과 연관이 있을 것이다. 듀이 십진분류법●에 대해서는 누구나 한 번씩 들어서 어렴풋이 알고 있을 것이다. 이 분류법은 미국 의회도서관을 비롯한 많은 기관에서 사용된다. 그리고 국제십진분류법에 대해서 아는 사람들도 일부 있을 것이다. 하지만 현재 런던도서관에서 사용하는 방식과 비교하면, 이런 분류법들은 질서와 논리의 전형이어서 지독히 따분하고 재미가 없다. 이에 비해 런던도서관의 시스템은 뒤죽박죽이고 불경스럽기는 해도 가장 순수한 시의 재료 같은 느낌을 준

● 1876년 처음 사용된 멜빌 듀이(Melvil Dewey)의 분류체계는 멜빌보다 더 오래 이 세상에 존속했지만, 그는 인종차별주의자이자 반유대주의자라는 평판과 성인 여성을 애무하고 비하하는 것이 지나치다는 비판으로 큰 타격을 입었다. 그의 이름(그는 이름 철자를 바꾸고 싶은 마음에 처음에는 Melville에서 Melvil로 짧게 줄였고, 성의 철자도 Dewey에서 Dui로 바꾸려고 시도했지만 실패했다)은 한때 여러 분야에서 높이 평가됐지만, 결국에는 수상 명단과 주요 기관의 심사에서 탈락했다. 기독교 기원 신화는 듀이의 분류체계에서 200번인 '종교'에 포함되는 반면, 체로키 신화는 300번인 '민속'에 포함된다는 사실은 오늘날 사서들이 수정이 필요한 부분으로 지적하는 문제의 일부일 뿐이다.

다. 이 시스템은 1893년부터 1940년 사망할 때까지 무려 47년 동안 도서관장을 지냈던 찰스 시어도어 해그버그 라이트 경Sir Charles Theodore Hagberg Wright의 작품이다. 평범한 두뇌로는 이런 것을 생각해낼 수 없기 때문에, 더 정확하게는 아이와 같은 천진한 두뇌에서 나온 작품이라 하겠다.

벨벳 재킷을 걸치고 바다코끼리 같은 콧수염을 기른 해그버그 라이트는 1900년에 런던도서관에 소장된 모든 도서의 목록을 만들고 재분류하는 일을 맡았다. 그는 작업실에 다음과 같은 좌우명을 손으로 큼직하게 써서 걸어두었다. "추측하지 말자. 생각하지 말자. 정확성. 정확성. 정확성." 그는 전체 도서를 놀라울 정도로 터무니없는 범주로 나누었다. 대충 설명하자면 우선 책이 있던 대강의 위치를 기준으로, 그 위치에서 확인되는 주제를 알파벳순으로 배열해 분류했다. 이렇게 정리하다 보면 서로 나란히 배열된 주제들이 아주 기이한 조합을 이룬다.

'과학 및 기타Science and Miscellaneous'라는 대분류 구역을 예로 들어보자. 서가 각 줄 끝부분 벽에 소분류 항목이 알파벳순으로 정리되어 붙어 있다. 어떤 사람이 서가를 둘러보다가 동굴Cave에 관한 책에 관심을 갖게 됐다면(애초에 동굴이 왜 과학 범주로 분류되는지만으로도 이미 충분히 혼란스럽지만) 그 사람은 주제 분류명이 알파벳 B나 D로 시작하는 책들을 돌아보다가 분류명 C로 시작하는 책들을 보게 된 것일 텐데, 이 구역에 있는 책들은 분류명이 알파벳 C로 시작한다는 점 외에는 아무런 공통점이 없다. 그래서 동굴에 관한 책을 살펴보던 사람은, 동굴학을 다룬 책 근처에서 소Cattle

에 관한 책들을 보게 되고, 같은 선반에서 조금 더 멀리 가면 기병대Cavalry, 독신Celibacy, 검열Censorship, 성격Character, 치즈Cheese, 화학Chemistry, 체스Chess, 어린이Children, 크리스마스Christmas, 연대표시명Chronogram, 연대순Chronology, 크리켓Cricket, 범죄Crime를 다룬 책들과 그 밖에도 C로 시작하는 분류명 수십 종의 책들을 보게 된다.

이런 방식은 기이한 점(단점이라고 생각하는 사람도 많을 것이다)이 무척 많으며, 지금 소개한 예는 그중 하나에 불과하다. 이 분류체계는 영국 왕실이 전성기를 누리던 시절에 만들어졌다는 것이 확연히 드러나고, 확고한 유럽 중심주의에서 나온 것이어서 그에 따른 혼란도 만만치 않다. 예를 들어, 세계대전에 관한 책들을 '유럽 1차 대전'과 '유럽 2차 대전'으로 분류해놓아서 원하는 책을 찾기가 쉽지 않다. 게다가 제국주의 시대의 이름도 여전히 많이 남아 있다. 예컨대 아프리카의 로디지아는 1980년부터 짐바브웨로 불리고 있지만, 짐바브웨에 관한 신간조차 옛 지명인 로디지아라는 이름으로 분류된다. 세실 로즈Cecil Rhodes가 얼마나 큰 비난을 받았는지를 고려하면, 로디지아라는 이름을 붙였다는 것이 얼마나 무신경한 선택인지를 알 수 있다(세실 로즈는 남아프리카 식민지의 총리였으며, 로디지아는 1895년 점령지에 그의 이름을 따서 붙인 지명이다—옮긴이). 그리고 알파벳 S는 '과학 및 기타'의 머리글자로 오랫동안 사용됐는데, S로 시작하는 모든 주제명은 상당히 우습고 흥미로운 지뢰밭이다. 무엇보다 계층구조가 아주 이상하다. 음식(S. Food), 음료(S. Drink)라는 항목으로 정리된 책들이 엄청나게 많다. 그런데 치즈(S. Cheese), 와인(S. Drink), 커피(S. Coffee) 항목 밑에 정

SCIENCE & MISC.

↓

S. Astronomy (*cont.*)
S. Athletics
S. Atlantis
S. Atomic Theory &c.
S. Bacteriology
S. Ballooning
S. Baths &c.
S. Beer &c.
S. Bees &c.
S. Bells
S. Big Game
S. Billiards
S. Biology
S. Birds
S. Blind
S. Bookkeeping
S. Botany

↑

S. Capital & Labour
S. Canoeing
S. Canals &c.
S. Camel
S. Butterflies &c.
S. Burial
S. Bull-fighting
S. Building
S. Bridges
S. Boxing
S. Botany (*cont.*)

────── 100년 전에 만들어진 런던도서관의 분류체계는 특별하고 소중하면서도 동시에 아주 짜증스럽다. 서가에서 책을 찾다 보면 알파벳순으로 나열된 주제들 사이에서 자기도 모르게 벗어나 생각지도 않은 주제로 자꾸 관심이 새어나가게 된다. 이 분류체계를 좋아하고 아끼는 사람들은 이런 식의 배치가 뜻밖의 재미와 기쁨을 준다고 주장하지만, 사서들은 분류체계를 현대화할 것을 요구하고 있다. 이 작업은 수십 년이 걸릴 것으로 예측되는데, 착수 과정에 해당하는 절차가 이미 시작됐으며, 일종의 바람 고르기 단계는 완료됐다.

리된 책들도 그에 못지않게 많다.

　S로 시작하는 대분류에서는 이미 분류의 수정이 진행됐다. 빅토리아 시대의 분류로, 지금은 역사의 유물로 이해하는 것 외에는 받아들일 수 없는 광기(S. Insanity)라는 주제명을 없애고, 이 주제에 속하는 모든 도서를 정신건강(S. Mental Health) 밑으로 정리했다. 여성(S. Women)은 페미니즘(S. Feminism)과 젠더 및 섹슈얼리티(Gender & Sexuality) 같은 메타분류가 더 잘 눈에 띄도록 나누어 새로 정리했다. 그리고 새로운 분류 항목이 생겼는데, 바로 기후변화다. 이 분야의 경우 생각보다 아주 오래된 책이 많다. 현재 전 세계 대부분이 주요 실존적 문제라고 생각하는 주제인 기후변화를 구체적으로 다룬 최초의 책은 1986년에 출간됐지만, 다양한

기후가 인간의 건강에 미치는 이점을 다룬 책 한 권이 19세기에 출판된 적이 있다. 런던도서관의 책들을 재배치하는 작업은 아주 느리고도 느린 과정이며, 도서관 직원들은 자신들이 재직하는 동안 도서 재분류가 완료되지 않을 수도 있다는 것을 잘 안다.

재배치가 이루어지는 과정에서도 모든 책은 여전히 체계적인 분류와는 거리가 먼 방식 그대로 먼지 속에 다닥다닥 붙은 채 머물러 있다. 해그버그 라이트의 수고 덕분에 책을 찾으러 온 도서관 이용자들에게 그리 쉽게 발견되지는 않겠지만 말이다. 뜻밖의 발견을 경험하는 경우도 꽤 빈번하다. 때때로 바닥에 뚫린 구멍을 통해서 누군가의 즐거운 비명이 들리기도 하고, 덴마크에 관한 책을 찾던 사람이 우연히 데르비시Dervish(이슬람교의 수도 탁발승―옮긴이)나 악마 숭배Devil-Worship에 관한 책을 찾아보게 되거나, 최근의 종교회의Synod에 대한 의견을 정리하려고 도서관을 찾은 주교가 설탕Sugar, 침묵Silence, 섹스Sex에 관한 책을 발견하게 될지 모른다.

보편적 지식의 저장소

그런데 어떤 도서관에 가더라도 특히 잘 갖춰져 있으며 보통 독립된 공간을 차지하는 종류의 책이 있는데, 바로 백과사전이다. 백과사전은 주제에 따른 한 가지 유형으로 나오거나 여러 권이 묶인 시리즈로 구성되며, 오래전부터 그 자체가 도서관과 다름없는 보편적 지식의 저장소로 여겨져왔다.

현재 런던도서관에서 소장하고 있는 백과사전은 총 918권이며, 그중 500권은 영국식 철자인 'encyclopaedias' 대신에 축약된 미국식 철자인 'encyclopedia'로 표기하고 있다. 역사적으로 큰 의미가 있는 이런 참고도서들을 위해 특별히 마련된 구역에는 가장 많이 읽히는 백과사전 300권이 보관되어 있으며,《항공기 백과사전》이나《와인 백과사전》처럼 특별한 관심사를 다룬 개별적인 백과사전은 해그버그 라이트가 분류한 항목 중 선박(S. Ships)과 와인(S. Wine) 구역에 각각 꽂혀 있다.

한때 '성서'라는 단어에 권위가 실렸던 것과 마찬가지로 '백과사전'이라는 단어에도 권위가 있었다. 백과사전이라는 영어 단어는 '일반 교육'이라는 의미의 그리스어 'enkyklios paideia(ενκυκλιος παιδεια)'에서 파생됐는데, 영국식 영어에서 이중모음이 들어 있는 철자법을 채택한 건, 아마도 그리스어 원어를 더 충실히 축약한 형태의 철자이기 때문일 것이다. 출간 작업이 한창인《국제우주법 백과사전》이나《캐나다 식물 유전자 자원 백과사전》처럼 아주 구체적인 지식 분야를 다룬 한 권짜리 백과사전이든, 아니면 인류의 모든 지식을 담은 백과사전 전집이든, 엄청나게 크고 두꺼운 판형으로 출판되는(아니면 '최근까지 출판됐던'이라고 해야 할지도 모르겠다. 그 이유는 뒤에서 언급할 것이다) 이런 책들은, 그 지위가 독보적이다. 백과사전은 이 세상의 모든 주제에 대한 결정판이라는 점에서 비할 데 없는 탁월함을 자랑한다. 사람들은 관습적으로

"백과사전에서 찾아볼게요"라고 말하곤 한다. 백과사전은 본질적으로 포괄적이고, 검증과 확인을 거쳤으며, 정확하다.

그런데 정말로 그럴까?

지금껏 종이에 인쇄된 백과사전 중 가장 훌륭한 영어 백과사전은 1911년에 출간된 《브리태니커 백과사전》 제11판으로 여겨진다. 약 4만 개의 표제어가 수록된 이 29권의 책은, 1911년부터 시작해서 꽤 많은 수정을 거친 개정판이 나오기 전인 1929년까지 적어도 18년간 대부분의 영어권 국가에서 학문의 최종 결정권자 역할을 했다. 어쩌면 1979년에 전면 개정판이 나오기 전까지 수용된 지식의 표준을 정립했다고도 볼 수 있을 것이다. 더 나아가 영어가 제1언어인 모든 국가에 거주하는 학식 있는 가정에서는 이 책이 모든 지식과 사고, 말과 가르침의 기초가 되었다고 해도 과언이 아니다. 1차 세계대전 무렵부터 대공황, 2차 세계대전, 원자폭탄 시대가 열릴 때까지 《브리태니커 백과사전》은 늘 책장에 꽂힌 채, 그 안에 담긴 3만 2000쪽에 달하는 빽빽하게 인쇄된 페이지를 통해 알려진 모든 것의 확실하고 견고한 토대가 되어주는 든든한 존재였다.

하지만 《브리태니커 백과사전》이 이런 역할을 했던 최초의 책은 아니었다. 최초의 백과사전이 정확히 언제 나온 어떤 책인가에 대해서는 전 세계적으로 오랫동안 많은 논쟁이 있었다.

최초의 백과사전

"드니 디드로는 파리에서 백과사전의 아이디어를 생각해
내고, 그리스어처럼 들리지만 그리스어가 아닌, 앙시클로페디
(Encyclopédie, 백과전서)라는 이름을 붙였다." 이것이 수많은 참고
문헌에 언급된 백과사전의 기원에 관한 설이다. 그런데 디드로의
장대한 저작이 이른 시기인 1751년에 출판됐다는 사실은 전적으
로 인정되지만, 알려진 모든 것을 집대성한 책이라는 백과사전의
정의에 부합하는 최초의 저작은 결코 아니다. 따라서 앞의 설명
은 근거 없는 믿음으로 봐야 한다.

'최초'를 따질 때, 디드로보다 25년 앞선 1725년에, 중국 청 왕
조 때 간행된 82만 2000쪽에 달하는 유서類書《고금도서집성古今圖
書集成》에 주목할 필요가 있다. 엄청나게 방대한 이 책은 여러모로
당시 서양인들이 고려하던 것과 비슷한 종류의 저술 작업이었다.
비록 신화와 전설이 많이 언급되고 용이나 칠교판七巧板(탱그램) 같
은 내용도 많이 다루지만, 그 당시 중국이 상당히 폐쇄적이고 내
향적인 왕조였음에도 바깥세상에 대한 정보를 의외로 꽤 많이 수
록하고 있다. 예를 들어 몰타와 시칠리아섬의 지도와 인도네시아
정글에 사는 사람들의 그림이 수록됐고, 미나리아재비의 세밀화,
인체의 간肝을 해부학적으로 그린 그림, 군함, 중세의 지렛대 투석
기(망고넬), 성문 파괴용 투석기의 도해, '남방의 주작朱雀'이나 '자
미원紫微垣' 같은 재밌는 중국식 이름이 함께 기재된 북쪽 하늘 별

자리 지도도 포함됐다.

이런 방대한 지식의 집합체는 일반적인 서양인이 활용하기에는 필연적으로 한계가 있다. 《고금도서집성》은 중국과 그 통치자들에게 초점이 맞춰져 있고 사실과 우화가 구별되지 않고 마구 뒤섞여 있어서 신뢰성이 떨어진다. 하지만 프로젝트로서 이 책에 쏟아부은 노력과 정성은 가히 독보적이다. 케임브리지대학교와 컬럼비아대학교의 도서관에는 오늘날 《고대 중국 대백과사전Great Imperial Encyclopedia》라는 제목이 달린 이 책의 초판본이 있는데, 학자들은 지금도 이 책을 자세히 조사하면서 청나라 초기의 사고방식에 대한 단서를 찾고 있다.

이보다 훨씬 앞선 10세기에 그리스어로 집필된 준準백과사전도 있다. 제목은 비잔틴 그리스어로 '성채城砦'를 뜻하는 《수다Suda》이다. 사실 이 책은 사전과 백과사전의 중간쯤 되는 어휘집에 가깝다. 책의 내용은 손으로 직접 작성한 것이고, 파일 카드에 적힌 내용을 양피지와 파피루스에 필사해서 만들었음이 분명하다. 이 사전에 수록된 단어는 약 3만 개로, 단어의 정의나 간략한 소론을 달았다. 지금 이 맥락에서 '수다'가 의미 있는 이유는 고대 유물로서의 가치 외에도, 세계 최초의 박식가 중 한 명으로 꼽히는 밀레토스의 알렉산드로스와 관련된 상당히 중요한 내용이 포함되어 있기 때문이다. 그는 '박식가 알렉산드로스Ἀλέξανδρος ὁ Πολυΐστωρ라는 별명으로 불렸는데, 지금 우리가 쓰는 '박식가polymath'라는 용어가 여기서 유래했다.

독일은 백과사전이라는 이름에 걸맞은 진정한 백과사전을 최

───── 박식가인 밀레토스의 알렉산드로스는 《수다》라는 제목의 10세기의 위대한 비잔틴 어휘집에 길게 소개되면서 처음으로 대중에게 알려졌다. 바티칸도서관에 소장된 이 문서는 초기 그리스어 사본의 아름다움을 잘 보여준다.

초로 편찬한 국가라고 주장할 수 있다. 헤센 출신의 칼뱅파 목사였던 요한 하인리히 알슈테트Johann Heinrich Alsted는 말년의 대부분을 트란실바니아 산속에 은거하며 명상적인 삶을 살았다. 그는 30년에 걸친 작업 끝에 《일곱 권으로 구성된 백과사전Encyclopaedia Septem Tomis Distincta》을 1630년에 완성했다. 그는 이 책을 이렇게 설명했다. "인간이 이 세상에서 배워야 할 모든 것을 체계적으로 조직화한 책이다. 간단히 말하면 이 책은 지식의 총체다." 이 책은 식민지 시대의 미국에 알려지게 됐는데, 정열적인 목사이자 하버드대학교 초창기의 과학도였던 코튼 매더Cotton Mather가 이 책을 옹호했지만, 학계의 벽을 넘어설 정도의 실질적인 영향력을 미치지는 못했다.

이보다 더 큰 명성을 얻은 백과사전들도 있다.

현재, 과거, 이제껏 알려진 모든 것을 담은 종합적인 백과사전으로서 대중에게 알려진 최초의 영어 백과사전 두 권은 런던에서 편찬됐다. 하나는 1704년에 존 해리스John Harris가 만든 사전이고, 다른 하나는 우리에게 더 익숙한 이프레임 체임버스Ephraim Chambers가 1721년에 만든 것으로, 그가 붙인 제목에 잘 어울리는 형식과 느낌을 갖췄다. 사실 두 사람 모두 사전을 완성하고 서점에 게시한 공지글에,《백과사전: 학예 일반 사전Cyclopedia, or an Universal Dictionary of Arts and Sciences》을 편찬했다고 설명했다. '학예學藝 사전'이라는 문구를 부제로 먼저 사용한 사람은 존 해리스였지만, 불운하게도 그는 더 박식한 느낌을 주기 위해 책 제목을 라틴어로《렉시콘 테크니쿰Lexicon Technicum》(기술 사전)이라고 붙였다. 하지만 그의 허세는 역효과를 냈다. 서적 판매상과 독자들에게는 수년 뒤에 나온 체임버스의 책이 훨씬 더 매력적이고 나아 보였다. 그래서 본질적으로는 마케팅에서 실패한 결정 때문에(물론 마케팅이라는 개념이 나오기 한참 전의 일이지만), 존 해리스는 자기 무덤을 판 격이 됐으며, 오늘날 그의 이름을 기억하는 대중은 거의 없다. 반면 체임버스는 현대적인 백과사전의 아버지로 불린다. 그의 책이 해리스보다 거의 20년 늦게 나왔지만, 두 사람이 벌인 경주에서 결국 체임버스가 승리한 셈이다.

체임버스는 영국 북서쪽의 작은 마을에서 농부의 아들로 태어났다(참고로 체임버스가 오늘날의 《체임버스 사전Chambers Dictionary》의 출판인과 연관이 있을지 모른다고 생각하는 사람들을 위해 덧붙이자면, 그 둘 사이에는 아무런 관련이 없다). 체임버스는 '많이 알고 싶다'는 일념으로 역마차를 타고 런던으로 갔고, 우연한 기회에 지도와 지구본을 제작하는 존 세넥스John Senex의 견습생으로 일하게 됐다. 세넥스는 조각, 천문학, 지도 제작, 예술 등 다양한 분야에 재능이 뛰어난 사람이었다. 그는 과거에 자신을 매료시켰던 경이로운 지식과 기술을 북부에서 온 이 젊은이에게 가르쳐주고 싶어 했다. 그는 체임버스에게 존 해리스의 《기술 사전》을 읽으면서 기초를 다지라고 조언했다. 체임버스는 그 책을 훑어보고 나서 '내가 더 잘 만들 수 있겠다'고 생각했다. 그리고 견습생 일을 그만두고 근처에 방을 얻은 뒤, 다소 힘들고 지루한 19년이라는 세월을 위대한 업적을 완수하는 데 오롯이 바쳤다. 그는 우선 체계적인 활동 계획을 세우고(제임스 보스웰이 쓴 새뮤얼 존슨의 전기에 따르면, 말년에 영어사전을 편찬하는 위업을 달성했던 존슨은 체임버스가 일을 처리하는 방식에 깊이 감화했다고 한다), 사전 편찬 작업에 참여할 전문가들을 모아서, 백과사전의 표본이 될 두 권의 책을 완성했다.

체임버스는 존 세넥스와의 관계를 원만히 정리한 뒤 사전 편찬 작업에 참여한 전문가들과 그가 알고 있는 모든 종류의 지식을 꼼꼼히 분류하고 분석해서 47개의 범주로 정리했다. 이런 추론 과정을 요약한 것이 바로 백과사전 표제지에 실린 글이다. 사전은 4년 만인 1728년에 완성됐으며, 유료 구독 방식으로 4기니(영국의 옛날 금화로, 1기니는 현재의 1.05파운드에 해당한다 — 옮긴이)를 내고 볼 수 있었다. 수록된 단어는 알파벳순으로 배치됐으며, 상호 참조할 수 있게 구성됐다.

> 다음 분야의 용어 정의와 설명이 제시된다. (······) 인문학과 기술, 다양한 자연과학 분야, 인간적 측면과 신적인 측면; 자연적인 사물과 인공적인 사물의 형태, 종류, 속성, 결과, 준비, 사용; 기독교, 시민, 군대, 상업적인 상황, 진보, 발달, 철학자, 신학자, 수학자, 의사, 골동품 전문가, 비평가 등의 여러 체계, 종파, 의견 등. 이 책은 고대와 현대의 학습 과정으로 계획됐다.

존 해리스의 사전이 이미 나와 있어서 알게 모르게 도움이 됐더라도 무척 힘든 프로젝트였지만, 결과적으로 평가와 판매 모두에서 성공을 거두었다. 사실 초판에는 오류가 많았다. 2,500쪽에 이르는 사전을 재구성하는 대규모 계획이 추진되었다. 수정이 필요한 항목 1,000개 이상을 손보고, 기존의 글을 더 길게 보완했으며, 새로운 항목도 추가하는 등의 개정 작업을 10년 만에 완수했다. 이프레임 체임버스는 1740년에 60세의 나이로 사망했다. 그때까지 자료를 지속적으로 수집해서 개정판을 세 차례나 더 냈으며, 그가 사망한 후에도 책은 느리지만 꾸준히 보완되어 1751년에도 최신 정보를 반영한 개정판이 나왔다.

아홉 권짜리 이탈리아어 번역본이 출간됐으며, 1744년에는 프랑스어판도 나왔다. 체임버스는 이미 세상을 떠난 뒤라서 번역본을 보지 못했으며, 그 책이 프랑스의 비평가이자 철학자였던 어떤 사람에게 영감을 주었다는 사실도 알 수 없었다. 그 프랑스인은 파리에서 그 책을 보자마자 이보다 더 훌륭한 책을 만들어보겠다고 결심했다. 그가 바로 드니 디드로였다. 그는 이 결심을 실행으로 옮김으로써 세계 백과사전의 역사에서 항상 언급되는 인물이 됐다.

한 가지 덧붙일 것이 있다. 영국해협을 사이에 둔 영국과 프랑스의 경쟁은 1066년 노르만족의 영국 침공 이래로 줄곧 계속됐다. 이제는 다소 우호적이지만 그래도 국가 간 경쟁의 분위기는 여전하며, 경쟁과 갈등의 주제는 언어 사용에서 사랑의 기술에 이르기까지 현대 생활의 모든 영역에 걸쳐 있다. 참고도서(백과사전) 제작도 예외는 아니었다. 그래서 프랑스인들은 지금도 디드로가 진정한 의미의 백과사전을 최초로 만들었다고 주장하고 있으며, 그 근거로 그가 그리스어가 아닌 '백과사전Encyclopédie'이라는 고유명사를 책 제목에 썼다는 점을 내세운다. 하지만 런던 사람들은 그들의 주장을 다정하게 비웃는다. 그들은 책의 '이름'은 중요하지 않다고 생각한다. 그보다는 그런 책을 만들어낸 '발상'이 중요하며, 이프레임 체임버스가 백과사전의 원조라고 주장할 것이다. 그리고 관련 증거를 통해 확인할 수 있듯이, 영국 사람들의 주장은 대체로 옳았다.

드니 디드로의 《백과전서》

이제 드디어 더 많이 알려진 인물인 디드로에 대해 알아볼 차례다. 그는 계몽주의 시대에 의사議事 기록계원 직분도 맡고 있었는데, 여전히 부정확하게 최초라는 명성이 뒤따르는 일련의 책을 집필할 때 두 가지에 관심을 두었다. 첫 번째로 다른 편찬자들이 이전에도 그랬고 이후에도 그랬듯이 그 역시 모든 지식을 분류하고, 수집하고, 정리하는 데 관심을 쏟았다. 두 번째로 그는 각계에서 지성이 가장 뛰어난 사람들이 그 분야에 관한 글을 쓰도록 하는 데 관심을 기울였다. 사람을 모으는 문제는 쉽게 해결할 수 있었다. 당시는 이른바 '문단Republic of Letters'의 시대였다. 계몽주의의 가장 잘 알려진 특징 중 하나였던 단체에서는 유럽과 미국의 학자들이 모여서 논쟁하고, 생각을 교환하고, 읽을거리를 추천하고, 모두를 지적으로 풍요롭게 해줄 논문과 에세이를 작성하며 열정적으로 교류했다. 디드로는 상트페테르부르크, 필라델피아, 런던, 리옹 등 세계 각지의 법원, 대학, 살롱(상류 가정 응접실에서 흔히 열리던 작가, 예술가들의 사교 모임─옮긴이)에서 알게 된 똑똑한 남성들(대부분이 남성이었다는 사실은 인정해야 한다)로부터 쉽게 도움을 받을 수 있었다.

하지만 첫 번째 목표인 지식을 분류해 책으로 구성하는 것은 학계 인맥을 찾는 것보다 더 많은 고민이 필요했다. 디드로는 체임버스의 《백과사전》을 부러운 눈으로 열심히 연구하면서 고민

했다. 그리고 16세기 영국의 철학자이자 과학적 방법scientific method
의 설계자인 프랜시스 베이컨의 환영을 역사로부터 소환해서, 베
이컨이 1604년 런던에서 출판한 책에 썼던 내용을 바탕으로 새로
운 분류체계를 공들여 만들었다. 디드로와 그의 공동 저자인 수
학자 장 르 롱 달랑베르Jean le Rond d'Alembert는 자신들이 만든 분류
체계가 30년 전에 체임버스가 만든 다소 혼란스러운 47개의 지
식 범주보다 더 논리적이라고 생각했다. 디드로는 베이컨의 견해
가 책의 구성 원리로 참조할 만한 아주 훌륭한 이론이라고 판단
했다.

그래서 디드로는 1750년에 편찬 계획서를 작성해서, 프랑스와
해외의 모든 서적상에 보냈다. 그 편지에서 그는 이렇게 말했다.
"현재 지구상에 흩어져 있는 모든 지식을 모아서, 그 대략적인 체
계를 지금 이 시대 사람들에게 알리고 후손에게도 전달해서, 지
난 세기의 업적이 다음 세기에 쓸모없게 되는 일이 없고, 우리 후
손이 더 많은 지식을 얻어서 더욱 고결하고 행복한 삶을 사는 것,
그리고 인류의 일원으로서의 마땅한 가치를 누리지 못하고 죽는
일이 없게 하는 것이 저의 바람입니다."

그런데 이 말에는 그의 뜻이 절반도 담기지 않았다. 사실 디드
로는 자신의 저작이 계몽주의의 토대가 되기를 바랐다. 즉 지식의
환속還俗을 돕는 새롭고 강력한 도구이자, 교회가 독점한 진리의
손아귀에서 사회를 해방시키는 자료가 되었으면 했다. 그는 미술
가 샤를니콜라 코생Charles-Nicolas Cochin에게 권두 삽화를 의뢰했는
데, 화려하고 격조 높은 이 그림에는 옷을 반쯤만 걸친 여성이 가

득하다. 그중에는 현미경을 들고 있는 사람, 식물을 찬찬히 뜯어보고 있는 두 사람, 기하학적인 그림 주위에 모여 있는 두 사람이 있으며, '이성'과 '철학'이라고 이름 붙은 두 사람은 '진리'의 형상에 씌워진 베일을 벗겨내서 지난 세월 신조, 교리, 어둠에 가려 있던 빛을 드러낸다. 디드로는 "사람들의 생각을 바꾸고" 싶어 했다. 그가 화를 자초했다고도 말할 수 있을 텐데, 실제로 그는 심각한 문제에 휘말렸다.

140명 이상이 집필에 참여하고, 7만 개의 짧은 글과 2100만 개 단어로 구성된 백과사전 28권을 편찬하기까지는 20년이라는 긴 세월이 걸렸다. 무엇보다도 교회와 정부의 극심한 반대가 시간이 지체된 이유였다. 2권이 출간된 뒤 왕의 자문단인 평의회가 그를 탄압하고, 뒤이어 교황 클레멘스 13세가 디드로의 《백과전서》를 바티칸의 금서 목록에 올리고 디드로에게 위협을 가했다. 디드로는 초반부터 책 제작을 중단해야 했다. 편집자와 인쇄업자들은 끊임없이 괴롭힘을 당했고, 《백과전서》를 불경스러운 혐오물로 비난하는 풍자극이 상연됐으며, 집필 작업에 참여했던 저명한 경제학자 한 사람은 명예훼손 혐의로 기소되어 바스티유 감옥에 갇혔다.

하지만 난관을 이기고 한 권씩 완성해나갔다. 1751년 초여름에는 붉은색 가죽에 금장으로 테두리를 두른 우아한 《백과전서》 전집이 서점에 배포됐고, 초판 구매를 신청한 4,000명의 가정과 도서관에 배송됐다. 제1권의 구성은 구식 사전과 비슷했는데, 대부분의 유럽 문자체계에서 가장 먼저 등장하는 기호인 A의 다양한

─── 1751년 드니 디드로의《백과
전서》에 실린 권두 삽화. 이 책이 최초
로 지식을 집대성한 책은 아니었지만
(훨씬 더 큰 규모의 중국 저작이 25년
전에 출판된 바 있다), 20년에 걸친 디
드로의 프로젝트에는 계몽주의 사상의
정수가 녹아 있다.

뜻과 의미에 대한 설명이었다. 그러다가 곧 백과사전다운 모습을
갖추기 시작했고, 단조로운 활자 옆에 이미지와 도표, 공식과 지
도, 방정식이 가득한 삽화가 곳곳에 배치됐다. 종합 최종판(나중
에 추가된 부록 다섯 권과 색인 두 권도 포함해서)은 1765년에 출간됐
는데, 마지막 수록어는 오늘날 아스완이라는 지명으로 더 잘 알
려진 나일강 변의 도시 주에네Zzuéné였다.

대단히 방대한 지식을 담았다는 점이 의미 있기는 해도, 이 비
범한 책의 중요성은 지식의 전달이라는 단순한 문제를 훌쩍 넘
어선다. 이 책은 프랑스 사회에 그 이전이나 이후에 나온 그 어떤

책보다 큰 영향을 미쳤다. 마르틴 루터의 '95개조 반박문'이 기독교 교회 내부의 근본적인 분열을 촉발한 것은 사실이다. 하지만 디드로의 《백과전서》는 프랑스 혁명을 유도하고, 자극하고, 영감을 주고, 촉발하고, 심지어 일으켰다. 이 책은 18세기 후반까지 계속 대중의 사상에 영향을 미쳤다. 그 결과 논리와 이성이 신성 및 신의 권리와 극명히 대비되고, 공평성이 특권과 대적하고, 능력이 세습에 도전했다. 프랑스와 유럽을 지배하고 신대륙까지 뒤흔들었던 폭동이 발생하고, 그로부터 정확히 200년 후인 1989년에 캘리포니아대학교 로스앤젤레스 캠퍼스에서 열렸던 어느 전시회는, 디드로가 프랑스 역사에 끼친 영향을 다음과 같이 평가했다.

> 백과사전 제작자들은 이성과 통합적인 지식이 인간의 의지를 강화할 수 있다는 믿음을 성공적으로 주장하고 홍보해서, 프랑스 혁명이 다룰 사회 문제를 구체화하도록 도왔다. 《백과전서》 곳곳에서 많이 다루어지는 직업인 수많은 장인, 기술자, 노동자들이 실제로 이 책을 읽었는지는 불확실하지만, 그들의 일이 지식인, 성직자, 통치자의 일과 동등하다는 인식이 자리 잡으면서 각 집단의 견해를 더 잘 반영해줄 것을 요구할 토대가 마련했다. 따라서 《백과전서》는 새로운 세력 기반을 인식하고 이에 활력을 불어넣어, 궁극적으로 낡은 가치를 파괴하고 새로운 가치를 창출하는 데 기여했다.

더 일반적으로, 그리고 더 넓은 세계와 관련해서는 이 백과사전만큼 정치적으로 중요하고, 당대의 문명과 문학사에서 그토록 눈에 띄는 위치를 차지한 백과사전은 없었다고 해도 과언이 아니다. "디드로의 《백과전서》는 정보 제공뿐 아니라 의견 선도에도 힘썼다."

독보적인 지식의 원천

디드로의 업적을 한 문장으로 요약한 이 글은 디드로가 영감을 얻은 사건으로부터 100년 이상이 지난 1911년에 발표됐다. 그리고 디드로의 《백과전서》를 포함한 모든 백과사전은 이런 종류의 저작(즉 백과사전)의 표준으로 통하는 《브리태니커 백과사전》의 모태가 된다. 《브리태니커 백과사전》은 에든버러에 사는 세 명의 신사가 구상한 작품으로, 프랑스에서 디드로 백과사전의 편찬 작업이 끝났을 때인 1768년에 값싼 소책자 시리즈로 일반 독자들에게 첫선을 보였다. 이 책은 큰 야심 없이 기획한 프로젝트로 출발했다. 대중의 인식을 바꾸거나, 혁명을 일으키거나, 군주제를 무너뜨리려는 의도는 없었다. 처음에는 그저 그 분야에서 프랑스보다 앞서려는 작은 시도에 불과했으나 여러 가지 이유로(전체적으로 우수하고 가독성이 높은 것도 한 가지 이유였다) 출간되자마자 인기를 얻었다. 그리고 처음에는 서서히, 그러다가 거의 기하급수적으로 성장해 2세기 사이에 종이에 인쇄된 모든 지식 축적물 중에서 단연코 가장 인상적인 책이 됐다. 영어를 사용하는 세계 모든 지역에서, 이 책은 그야말로 독보적인 지식의 원천이었다.

1768년 브리태니커를 공동 출간한 콜린 맥파쿼Colin Macfarquhar, 윌리엄 스멜리William Smellie, 앤드루 벨Andrew Bell은 모두 변호사처럼 말주변이 좋고 각자의 분야에서 뛰어난 능력을 갖춘 사람들이었지만, 판화가인 벨은 아주 사소한 이유로 조금 더 주목을 받았을지 모른다. 그는 생물학적으로 아주 거대한 코를 가지고 태어났다. 그리고 키가 무척 작아서 신발을 벗으면 137센티미터에 불과한 데다 어릴 때 소아마비를 앓아서 다리가 굽어 있었다. 18세기 에든버러 거리에서 시선을 끌었던 것은 작은 키보다는 거대한 코였는데, 그는 괴물 같은 코를 감추려고 애쓰기보다는 종이 반죽으로 둥글납작한 모양을 만들어 코에 붙여 오히려 더 눈에 띄게 하는 쪽을 택했다. 그렇게 하고 대담하게 시내에 나갔을 때, 누군가가 지나가다가 감히 낄낄거리면 그 사람을 매섭게 노려보곤 했다. 또한 그는 엄청나게 큰 말에 올라탈 때 사다리를 타고 올라가서 이웃들로부터 시끌벅적한 환호를 받기도 했다.

앤드루 벨은 오랫동안 판화 제작을 업으로 삼았으며, 상류층이 키우는 반려견의 금속 목걸이에 수백 개의 정교한 문장과 그림을 새기는 일을 주로 했다. 실제로 벨의 특기는 판화였으며, 브리태니커 사전에 들어갈 페이지에 지금 봐도 빛나는 뛰어난 실력으로 솜씨를 뽐냈다. 사전 초판에는 동판화 160개를, 네 번째 개정판에는 531개를 제작해 넣었다. 한 면 전체에 배, 엔진, 행성을 그린 판화는, 외모야 어떻든 그가 기량이 아주 뛰어난 화가이자 흠잡을 데 없는 감각을 가진 디자이너였다는 사실을 보여준다.

콜린 맥파쿼는 인쇄업자로 자신의 인쇄소에서 편집과 인쇄를 모두 처리했다. 그러다가 앞선 작업을 통해 알려진 호전성을 발휘해서 책의 마케팅과 판매에도 진출했다. '백과사전Encyclopaedia'이라는 제목을 정한 것도 그였다. 그는 디드로의 '백과전서Encyclopédie'에서 프랑스어 색채를 빼서 영국식 이름에 더 가깝게 만들었다. 또한 끓어오르는 애국심에서 이 책은 불가피하게 영국적인 책이 될 수밖에 없었으므로 제목에 '브리태니커Britannica(영국의)'라는 말이 들어가야 한다고 주장했다. 책의 크기도 기존의 백과사전 대다수가 채택했던 2절판folio이 아닌 그보다 작은 4절판quarto으로 해야 한다고 결정했다. 페이지 수(2,659쪽)와 권수(총 3권), 인쇄 부수(3,000부)와 가격(12파운드)을 결정한 것도 바로 그였다. 처음에는 전체를 100권으로 나누어 낱권을 6펜스씩에 팔았고, 종이 질이 더 좋은 것은 8펜스에 판매했다. 낱권으로 나왔던 100권은 나중에 계획대로 세 권으로 묶어서 출판했다.

그런데 세 신사 중에 아주 잠깐이나마 가장 눈에 띄었던 인물은, 불쾌감을 주는 코를 가지고 있을 것 같은 윌리엄 스멜리다. 작가였던 그는 사교계의 멋쟁이였으며, 평판은 좋지 않았지만 박식했고, 고전학에 조예가 깊었으며, 의학과 식물학에 정통했다. 그는 에든버러의 굴요리 식당과 선술집에서 살다시피 했고, 친구인 로버트 번스와 함께 크로샬란 펜시블스Crochallan Fencibles라는 음주 클럽을 만들었는데, 로버트 번스의 덜 알려진 시에 이 모임을 다소 외설스럽게 풍자한 대목이 나오기도 한다. 그렇지만 스멜리는 영리하고 매력적인 작가였으며, 백과사전의 내용을 재밌고 생동감 있게 만들어서, 많은 독자의 사랑과 열광적인 평가를 이끌어냈다.

하지만 논쟁, 소송, 표절 논란에 휘말리고 다른 사람의 책을 노골적으로 도용했다는 비난도 받았다. 짐작건대 술에 거나하게 취한 상태에서, 그는 펜시블스 클럽 친구들에게 이런 편지를 썼다. "친구들이여, 대부분은 내가 썼고, 그저 필요한 만큼만 책에서 잘라낸 걸세. 내가 가위와 풀로 작성한 것이지." 하지만 그의 이런 자백은 거의 도움이 안 됐다.

아니나 다를까, 스멜리와 《브리태니커 백과사전》의 인연은 짧았다. 그래도 세 사람은 '스코틀랜드 신사 협회A Society of Gentleman in Scotland'라는 필명으로 백과사전을 함께 집필해서, 사랑받고 존경받는 작품을 만들어냈다. 그리고 출판 작업 초창기의 몇 년간은 조금 불안했고 실수투성이였지만 프로젝트는 꾸준히 이어졌다. 처음에는 갓 태어난 망아지처럼 비틀거렸지만 새로운 개정판이 나올 때마다 한층 강해지고 힘이 생겼으며, 해가 갈수록 더 탄탄해졌다.

《브리태니커 백과사전》은 출간된 지 244년이 됐는데, 이는 지금까지 영어로 제작된 그 어떤 백과사전보다 긴 기간이다. 이 백과사전은 빠른 속도로 성장했다. 초판은 3권(1권은 'Aa'에서 'Bzo'까지, 3권은 'Macao'에서 'Zyglophyllum'까지 수록됐다), 제2판은 10권, 제4판은 20권이었다. 오류투성이였던 초창기 《브리태니커 백과사전》제11판은 29권으로 구성됐다. 종이 백과사전 출판이 종료된 2012년 3월에 나온 제15판은 32권으로, 총 4000만 개 단어, 2만

4000개의 사진과 그림, 2권으로 구성되고 2,350쪽에 달하는 색인, 총 페이지 수 3만 3000쪽, 22만 8000개의 주제 목록을 수록하고 있다.

《브리태니커 백과사전》이 다른 백과사전들과 차별화되는 건 방대한 분량 때문만이 아니다(실제로 중국 백과사전은 분량이 훨씬 많으며, 규모로 따지면 세계 최고다). 그보다는 각 제시문의 길이, 진지함, 권위, 그리고 특히 19세기 말과 20세기 초에 집필한 저명한 저자들의 이름에 있었다. 익명의 편집진이 작업하는 프로젝트가 아니었기 때문에, 백과사전 집필에 참여한 저자들은 자신의 저술임을 확인하고 알려야 했다는 점도 중요하다. 각 항목을 집필한 작가들의 이름이 공개되는 만큼 독자들도 그 내용의 신뢰성을 스스로 판단할 수 있었다.

제2판이 나올 무렵부터는 시행착오를 멈추고 성큼성큼 걷기 시작했다. 교체된 편집자 제임스 타이틀러 James Tytler 는 위스키를 즐기고 열기구라는 새로운 스포츠에 푹 빠져 있었지만, 분량이 9,000쪽 가까이 되고 총 권수가 10권인 개정판을 낼 정도로 충분한 기량을 발휘했다. 제2판에는 광학에 관한 내용이 132쪽, 의학을 다룬 내용이 309쪽, 그리고 《브리태니커 백과사전》의 탄생지인 스코틀랜드에 관한 내용이 84쪽이나 되는 등 방대한 분야에 걸친 상당한 내용이 수록됐다.

스코틀랜드와 《브리태니커 백과사전》의 관계는 두터워서, 스코틀랜드의 국화인 엉겅퀴가 브리태니커의 상징이었을 정도다. 그런데 출판 이후 100년에 걸쳐 프로젝트의 규모가 커지고 전 세계적으로 명성이 높아지면서 둘 사이의 *끈끈했던* 관계가 약해질 수밖에 없었다. 시간이 흐르면서 에든버러에서 뜻을 모았던 창립 멤버에서 제대로 된 상업 출판사로 소유권이 넘어갔고, 1888년에는 한 영국인이 편집자가 되었으며, 케임브리지대학교가 공식적으로 후원했다. 나중에는 《타임스》도 공식 후원사로 참여했으며, 미국에서도 큰 관심을 보였다. 이제 이 위대한 사전은 세계를 무대로, 세계가 알고 있다고 믿는 모든 것의 끊임없이 진화하는 중앙 지식 저장고로서, 20세기로 접어드는 시점에 그 누구도 넘볼 수 없는 중심적인 역할을 차지하게 된다.

대양을 가로질러 미국의 서점에 《브리태니커 백과사전》이 등장한 이후 맥파쿼, 스멜리, 벨이 알았다면 경악을 금치 못했을 네 가지 사건이 일어났다. 첫 번째는 백과사전의 해적판, 위조판, 복사판, 불법 복제판의 유통이었다. 뉴욕 배터리파크에서 캘리포니아 벌링게임에 이르는 미국 전역의 상점과 노점에서 조잡하게 만든 해적판 수십만 권이 어느 틈엔가 나타났다. 하지만 당시만 해도 미국에는 외국 출판물을 보호하는 저작권법이 없었기 때문에 불운한 영국 출판사는 이를 막을 방법이 없었다.

설상가상으로 애초에 그렇게 경외할 만한 책을 출판했던 고귀한 명분이 도용의 정당한 이유로 작용하는 잔인한 아이러니가 나타났는데, 이것이 바로 두 번째 사건이다. 1879년의 악명 높은 법원 판결은 불법복제를 허용하면서 다음과 같이 명시했다. "외국 출판물을 복제하는 것은 잘못이 아니다. 해외에서 저작권의 보호를 받는 저작물을 국내에서 재출판하는 것이 도덕적인지에 대해서는 의견 차이가 있을 수 있지만, 본국의 공익 질서는 국민을 중시하므로 이러한 재출판에 찬성한다. 이런 저작물은 교육과 지적 발전에 영향을 줄 것으로 사료된다."

이 마지막 문장은 《브리태니커 백과사전》 최초 편찬자들이 마음에 품었던 기본 원칙이었고, 디드로와 이프레임 체임버스, 그보다 앞서 이런 책을 기획했던 다른 모든 사람도 마찬가지였다. 브리태니커는 대중의 지식을 넓히고 지적 수준을 끌어올리기 위해 존재했다. 이런 목적이 법의 판결에서 그들에게 그토록 불리하게 작용해서, 결국 제 손으로 무덤을 파는 무정한 결과를 목격했던 것은 참으로 쓰라린 일이었을 것이다.

이 문제는 결국 법정에서 해결됐고, 저작권을 법으로 완전히 보호받게 되면서 《브리태니커 백과사전》은 미국에서 점점 더 큰 성공을 거두었다. 이와 대조적으로 영국에서는 판매가 부진했다. 이에 따라 19세기 말 브리태니커 사업권 전체를, 미국의 불법 유통자 중 한 명인 호러스 에버렛 후퍼Horace Everett Hooper의 동료였던 인물에게 매각하는 세 번째 사건이 불가피하게 일어났다. 마치 이런 모욕으로는 충분하지 않다는 듯, 새로운 미국인 소유주는 영국인 전통주의자들에게는 믿기 힘든 결정이었을 파트너십을 체결했다. 시카고에 본사를 둔 우편주문 판매회사 시어스로벅과 손을 잡은 것이다. 시어스로벅은 '지구상에서 가장 저렴하게 판매하는 회사'임을 자랑스럽게 내세우면서 작업복, 트랙터 부품, 코르셋, 카펫, 기타, 유아차 등을 팔았다. 카탈로그에는 《브리태니커 사전》에 '260킬로미터에 달하는 단어'가 수록되어 있다고 홍보했다.

29권에 담긴 지식은 77킬로그램의 흑백 인쇄물이었다. 돈이 궁한 고객들도 쉽게 구입할 수 있도록 분할 납부가 가능하다면, 이런 제안에 마음이 흔들리지 않을 사람이 있겠는가?

결국 미국 대초원에 있는 수백만 가정의 변소에는 브리태니커 제품을 홍보하는 낡은 카탈로그가 줄에 매달려 있었다. 변소에서 평온하게 카탈로그를 들여다보다가 솔깃한 광고 문구에 끌리면, 신청서를 작성해 우편환과 함께 시카고로 보냈다. 그러면 얼마 후에 '인간 지식의 총합'임을 보장하는 책을 집에서 받아볼 수 있었다. 이렇게 집에 백과사전을 들여놓으면 "의심스러울 때는 이 책을 찾아보라"는 주문을 기억하기만 하면 됐다.

만일 볼일을 다 보고 손을 씻은 뒤에 시카고로 신청서를 보냈지만 돈을 동봉하지 않고 그저 관심이 있다는 사실만 알렸다면, 정장에 넥타이를 맨 말쑥한 청년이 집에 찾아와서 제안을 할 것이다. 세일즈맨의 탄생, 이것이 바로 이제 미국 회사로 넘어간 브리태니커의 역사에서 네 번째 사건이다. 〈풀러 브러시 맨The Fuller Brush Man〉(풀러 브러시라는 회사에서 근무하는 방문판매 사원의 에피소드를 그린 1948년작 코미디 영화―옮긴이)에 나오는 주인공처럼 집집마다 방문해서 가족, 자녀, 인생을 위해 백과사전을 구입하라고 설득하는 외판원이 백과사전 시장에 등장한 것이다. 전성기 시절, 브리태니커는 북미에 약 2,300명의 방문판매 사원을 고용했으며, 이들 중 상당수는 판매 수당을 받는 외판원으로 평생 일하면서, 중서부 일대의 외진 농가를 방문해서 자녀에게 지식을 선물하는 것보다 더 좋은 일이 어디 있겠느냐고 전업주부들을 설득했다. 단돈 몇백 달러만 내면 백과사전 전집이 책을 보관할 견고한 오크목재 책장과 함께 일주일 내에 배달될 것이며, 지금 구입하면 20달러 할인 혜택도 받을 수 있다고 말이다. "회사에 맞섰던 것이 바로 저였지요." 마지막 세일즈맨이었던 한 사람은 1996년에 자신과 동료들 전원이 정리해고됐을 때 이렇게 말했다. "판매를 성사시키려고 도전하는 것이 정말 즐거웠어요. 결국 판매가 성사되면, 양쪽이 모두 이기는 거라고 생각해요. 백과사전을 처음 펼치는 순간, 책을 구입한 고객의 표정이 항상 아주 환해졌거든요." 이 사원은 전성기 때 억대 연봉을 받았다고 했다. 제11판이 나왔던 시절에 말이다.

제11판은 아주 훌륭한 상품이었다. 그렇지만 일부 항목은 인종차별적이고, 비판적이고, 대외 강경론에 치우치고, 편협하고, 오만하고, 유럽 중심적이고, 훈계조이고, 제국주의적이고, 말만 번드르르하고, 속물적이고, 우둔할 정도로 시대에 뒤떨어졌다는 평가를 받는다. 그런 의미에서 이 백과사전은 장단점이 뒤섞여 있는 상품이었다. 하지만 다른 한편으로는 타의 추종을 불허하고, 디자인이나 외관이 훌륭하고, 글에 품격이 있고, 가장 믿을 만하고, 고전으로 인정받을 만하고, 이보다 더 좋을 수 없는 최고의 백과사전이었다. 디드로가 계몽주의의 시작을 도왔다고 한다면, 제11판의 수석 편집자였던 휴 치점Hugh Chisholm은 이성의 시대the age of reason(계몽주의 시대인 영국과 프랑스의 18세기를 가리킨다—옮긴이) 말엽의 문학적 융성을 대표하는 책으로 계몽주의의 마감을 도왔다고 할 수 있다.

———— 시어스로벅 우편주문 판매회사 덕분에, 단돈 1달러만 내면 미국 전역 어디에서나 《브리태니커 백과사전》 전집을 집 앞까지 배송받을 수 있었다. 미국의 수백만 시골 가정에는 가장 눈에 잘 띄는 곳에 시어스로벅의 두꺼운 카탈로그가 걸려 있었다.

많은 오류와 식민주의의 잔재, 다수의 글에서 나타나는 우생학적인 거만함에도 불구하고, 브리태니커는 제작 당시, 즉 1차 세계대전이 발발하기 전의 비교적 안전한 세상에서 대중의 지적 열망의 정점이 어디인지를 보여주었다. 인쇄된 백과사전은 덧없는 세월을 담은 일시적인 기념물에 지나지 않는다는 것을 잘 알면서도, 제11판 백과사전 28권은 그때까지 알려졌다고 믿고 있던 모든 것의 정수를 훌륭히 담아냈다.

제11판의 14권은 1910년에, 나머지 14권은 1911년에 출판되었다. 그 이듬해 타이태닉호가 침몰했다. 이후 프란츠 페르디난트 대공 부부가 암살당하는 사라예보 사건이 발발하고, 뒤이어 미국 여객선 루시타니아호가 독일에 의해 격침되면서 전 세계가 격돌하게 된다. 제11판은 이러한 배경 속에서도 계속 존재했으며, 이후 20년이 넘는 세월을 거치며 서양인들의 가슴과 머릿속에 남아 유럽과 세계 전역에 불이 꺼지는 것처럼 희미해지며 빠르게 사라져 가던 기억의 비망록으로 남았다. 학교마다 구비하고 있던 백과사전은 나온 지 반세기가 지나 낡고 너덜너덜해졌지만 여전히 비할 데 없는 지식의 원천으로 쓰였다. 때로는 벌을 주는 수단으로도 사용됐는데, 교실에서 누군가 잘못을 저지르면 반장이 그 학생에게 백과사전 전체 항목을 대문자로 베껴 쓰게 했다.

제11판의 편집자이자 지적 영감이 뛰어났던 휴 치점은 부유하고 멋있는 런던 시민이었다. 사교적이고, 당구와 브리지 카드놀이를 무척 잘했고, 영국에서 가장 똑똑하다고 알려진 모든 사람과 친분이 있었다. 그는 T. H. 헉슬리, 어니스트 러더퍼드, 버트런드 러셀, 에드먼드 고스처럼 훌륭하고 뛰어난 사람들에게 글을 써달라고 의뢰했다. 무정부주의자인 표트르 알렉세예비치 크로폿킨은 무정부상태에 관한 글을 썼다. 지크문트 프로이트는 항목에서 빠져 있다. 카를 마르크스는 경제학에 관한 흥미로운 의견을 가진 인물이라고만 언급되어 있다. 독일의 도시와 사람, 사상에 관한 내용이 지나치게 많으며(당시 영국은 독일에 대한 관심이 무척 높았기 때문에), 세 살에 라틴어·프랑스어·역사를 배우고 네 살에 사망한 독일 뤼베크 출신의 신동 이야기처럼 현실성은 없지만 흥미로운 내용도 많이 포함됐다. 이를테면 1791년에 거위 한 마리를 통째로 먹고서 시베리아 대초원에서 사망한 러시아 고관의 이야기,

대관식 날에 자기 연인의 시신을 무덤에서 꺼내 왕좌 옆에 앉히라고 명령했던 14세기 포르투갈 왕의 이야기 같은 것들이다. 이런 글을 포함한 수천 개 항목을 집필할 사람들(과학자, 철학자, 역사가, 성직자, 전기 작가, 언어학자들 중 1,500명은 남성이었고, 여성은 30여 명에 불과했다)에게 원고를 의뢰할 때, 치점은 타자기를 사용하거나 남에게 받아 적게 할 수가 없어서, 직접 손으로 의뢰서를 작성했다. 의뢰를 받은 사람들은 모두 수락 의사를 밝혔고, 그 무렵 이미 머리글자를 따서 'EB'라고 불리던 《브리태니커 백과사전》은 결국 눈부신 명성을 누리게 된다.

그런데 아무리 명성이 드높아도, 말만 그럴듯하면 아무 소용이 없고 잘 팔리는 것이 중요했다. 백과사전을 시장에 내다파는 것은 치점보다 더 세상 물정에 밝은 사람들의 몫이었다. 바로 이 대목에서 미국의 호러스 후퍼가 중요한 역할을 한다. 후퍼는 치점에게 수록 항목을 늘리고 글의 분량을 짧게 줄이라고 지시한다. 그 결과 제10판에 등재된 항목은 1만 7000개였고, 제11판에서는 4만 개로 늘어났는데도 책 전체 분량은 예전과 비슷했다. 후퍼는 매우 공격적인 태세로 광고와 마케팅을 펼쳤고, 방문판매와 시어스 로벅과의 제휴, 심지어 각 권의 크기를 소설책만 하게 줄인 '휴대용'을 만들고 그에 맞는 가격을 책정하기도 했다. 뻔뻔하고 공격스러운 판매 전략을 펼친 결과, 브리태니커는 엄청난 성공을 거뒀고, 이제 완전히 미국 기업이 된 이 회사는 한동안 번창했다. 그러다가 결국에는 무너졌지만 말이다.

브리태니커가 흔들리기 시작했던 건, '인쇄된' 형태의 모든 백과사전이 필연적으로 희생될 수밖에 없는 구조적인 문제 탓이었다. 종이 백과사전으로는 따라잡을 수가 없었다. 편집팀이 최대한 신속하게 최신 내용을 반영하려고 애쓰더라도, 지식이 확장되고 견해가 진화하는 속도가 기하급수적으로 빨라져서 경쟁에서 이길 수가 없었다. 솟구치듯 쏟아져 나오는 새로운 발상과 개념은, 처음에는 계몽주의에 의해 촉발됐지만 이제는 연이은 발견과 끝없는 기술 발전의 충격으로 갈수록 더 많이, 더 빠르게 분출되고 있었다. 그 결과 불운한 편집자들은 인쇄 잉크의 바다에 빠져 허우적거리고 쿵 소리를 내며 떨어져 내리는 종이 더미에 질식할 지경이 됐다. 브리태니커는 마치 유통기한이 한참 지난 것처럼 노쇠함을 드러내며 기진맥진했다. 변화의 속도는 노화하고 비대한 조직이 따라잡을 수 있는 한계를 벗어났다. 브리태니커는 옛이야기 속 신화 같은 존재가 되어버렸다. 자기 자신이 품었던 엄청난 야심의 희생자가 된 것이다.

브리태니커는 1974년에 마지막으로 주사위를 던지며 최후의 도전에 나섰다. 당시 미국의 저술가이며 철학의 대중화에 힘썼던 모티머 아들러Mortimer Adler●가 편집장으로 있었는데, 그는 나온 지 200년이 된 이 책을 처음부터 끝까지 구석구석 점검하기로 했다. 그리고 다른 백과사전들이 잘 택하지 않는 대담한 결정을 내렸다. 알파벳순으로 구성하는 기존의 정렬 방식을 버리기로 한 것이다.

● 학계와 경쟁자들은 그에게 차갑고 냉담하게 대했고, 그를 '철학계'의 찰스 아틀라스(Charles Atlas)나 로런스 웰크(Lawrence Welk), 별 볼일 없는 사람, 괴짜라고 불렀다. 그는 신경 쓰지 말라며 이렇게 말했다. "그들은 전문용어나 각주가 없는 글을 쓰는 것은, 일일이 떠먹여주는 행동이라고 생각합니다."

1910년에 휴 치점은 주요 범주의 영어 단어를 알파벳순으로 나열하는 방식으로 지식을 분류하는 것은 의미가 없다는 사실을 인정했다. 이런 분류는 "어떤 한 가지 주제를 완벽히 조사하려는 사람이 그 주제를 다룬 글을 모두 읽으려면 *상상력을 발휘해야 한다*"는 의미였다. 그런데 방금 '상상력을 발휘해야 한다'라는 말을 기울임체로 적은 건, 학생이 무언가를 이해하기 위해 약간의 머리를 써야 하는 것이 그리 나쁘지 않을지도 모른다는 생각이 들어서다. 그러나 어쨌든 책을 이용하는 독자에게 도움을 주고자 했던 원대한 뜻에도 불구하고, 치점은 알파벳의 저주에서 벗어나는 것이 사실상 불가능하다는 사실을 알았고, 그래서 제11판의 차례를 다음과 같이 만들어서, 나방이 랜턴에 빠져들듯 깔끔하게 덫에 빠지고 말았다.

Anthropology and Ethnology(인류학과 민족학)

Archaeology and Antiquities(고고학과 고대)

Art(예술)

Astronomy(천문학)

Biology(생물학)

Chemistry(화학)

Economics and Social Science(경제학과 사회과학)

Education(교육)

Engineering(공학)

Geography(지리학)

Geology(지질학)

History(역사)

Industries, Manufactures and Occupations(산업, 제조업, 직업)

Language and Writing(언어와 저술)

Law and Political Science(법과 정치학)

Literature(문학)

Mathematics(수학)

Medical Science(의학)

Military and Naval(육군과 해군)

Philosophy and Psychology(철학과 심리학)

Physics(물리학)

Religion and Theology(종교와 신학)

Sports and Pastimes(스포츠와 취미)

Miscellaneous(기타)

　　모티머 아들러가 자랑스럽게 내세웠던 '신 개정판 브리태니커 백과사전The New Encyclopaedia Britannica'● 제15판에는 이런 방식을 사용하지 않았다. 대신 절충안을 택했다. 그는 첫 번째 방법인 알파벳 순으로 정렬하는 비논리적이고 인위적인 구성을 포기하고 명백하고 논리적인 두 번째 방법인 주제에 따른 구성을 택하면, '편향적'

● 전통에 따라 개정판이든 구판이든 브리태니커는 여전히 이중 철자를 사용해야 했고, 미국 대통령과 영국 군주(이 경우에는 1974년이었으므로 리처드 닉슨과 엘리자베스 2세)에게 공동으로 헌정해야 했다. 워터게이트 사건으로 닉슨 대통령이 사임한 후 9월에 서둘러 제2판을 찍어서 닉슨을 후임 대통령인 제럴드 포드로 바꾸었다.

이고 '자의적'인 편집이라고 비난받을 위험이 있다는 점을 인정했다. 알파벳은 사전 속 단어나 전화번호부에 나오는 이름과 전화번호, 안내 책자의 식물명처럼 아주 구체적인 사물들을 하나로 묶을 때는 좋은 도구로 쓰일 수 있다. 그러나 지식처럼 확실한 형태가 없고 포괄적인 실체를 분류할 때 사용하기 좋은 도구는 아니었기 때문에, 이와는 완전히 다른 방법을 써야 했다.

이에 따라 여전히 스코틀랜드의 국화인 엉겅퀴가 은색으로 장식되어 있고 인조 가죽으로 제본된 521쪽짜리 책 한 권이 일종의 서론에 해당하는 책으로 추가됐는데, 그 책의 제목은 '프로피디아Propaedia'였다. 이 이름은 '예비교육'이라는 뜻의 고대 그리스어 명사 'propaideia'의 약어다. 백과사전 30권의 전체적인 주제 배치는 실제로 아들러가 이상적인 분류 구조라고 생각했던 방식을 고수했다. 다만 주제 항목만 그런 식으로 되어 있고 나머지는 모두 알파벳순으로 정리됐지만, 이렇게 첫발을 떼었다는 점에 의미가 있었다. 치점은 주제 범주를 24개로 나눴지만, 아들러는 10개로 분류했다.

Matter and Energy(물질과 에너지)

The Earth(지구)

Life on Earth(지구의 생명체)

Human Life(인간의 삶)

Human Society(인간 사회)

Art(예술)

Technology(기술)

Religion(종교)

The History of Mankind(인류 역사)

The Branches of Knowledge(지식 분야)

나머지 아홉 개 범주와 마찬가지로, 마지막 범주인 지식 분야
는 알파벳순이 아닌 주제 범주로 다시 세분화됐다. 그래서 지식
분야의 하위 범주는 '논리, 수학, 과학, 역사, 인문학·철학'의 다섯
개 영역으로 나뉘었다. 그런 뒤에 아들러는 왜 지식 '안에' 지식을
내포했는지 궁금해할 독자들을 위해 다음과 같은 설명을 덧붙였
다. "다른 아홉 개 범주는 (……) 인식 가능한 범위 내의 우주에
대해 우리가 알고 있는 것을 다루는 반면, 마지막 범주는 우리가
그것에 대해 알고 있다는 것을 아는, 과학 및 기타 지식 분야에
대해 우리가 아는 것을 다룬다." 여러 차례 꼬아놓은 듯한 이 난
해한 진술을 풀어서 간단히 설명하면, 목록의 처음 아홉 개 범주
는 '우리가 아는 것'에 해당하고, 마지막 범주는 '그것을 어떻게 알
게 됐는지'에 해당한다는 것이다.

하지만 대중은 납득하지 않았다. 독자들의 평가도 마찬가지로
부정적이었다. 한 평가자는 "그저 상업적으로 참신할 뿐"이라고
말했고, 또 다른 사람은 "터무니없이 불충분하다"라고 평했다. 이
런 새로운 방식을 구상하는 데 10년이 걸렸고 비용도 3200만 달
러나 들었지만, 쓸모없는 시도였다. 판매는 부진했다. 브리태니커
의 이름과 역사적 유산에 많은 투자자가 관심을 보였고, 잠깐 유

행하다 사라지는 여러 기술을 도입해 재설계하고 이리저리 바꿔봤지만 전부 소용이 없었다. 마지막 인쇄본은 2010년에 나왔으며, 2012년 3월에는 시카고 창고에 4,000세트가 판매되지 않은 채 그대로 쌓여 있었다. 주요 결정권자(당시 소유주였던 스위스인 투자자 야코프 자프라Jacob Safra와 대표였던 멕시코 출신의 호르헤 카우즈Jorge Cauz)는 마침내 손을 떼기로 결정했다. 앞으로 더는 《브리태니커 백과사전》을 찍어내지 않기로 결정한 것이다. 시카고 본사에서 침울함 속에 일종의 기념식이 열렸고, 남은 직원들을 위해 32인분의 케이크가 마련됐다.

정보 검색의 시작, 문다네움

그런데 책이 지식을 수집·저장·전파하는 유일한 수단은 아니었으며 심지어 최선의 수단도 아니었다. 언뜻 보기에 그다지 참신한 아이디어 같지 않은 이 개념은, 19세기 말 유럽의 작은 모임에서 책 대신 색인카드에 지식을 정리해보면 어떻겠느냐는 제안에 따라 기본적인 형태를 갖추게 되었다. 가로 3인치 세로 5인치의 딱딱한 종이 카드 수백만 장을 사용하는 이 방법은 서지학에 관심이 많았던 두 명의 벨기에인 폴 오틀레Paul Otlet와 앙리 라퐁텐Henri La Fontaine이 1891년에 처음 고안한 아이디어였다. 이들은 카드 한 장 한 장에 지식을 짤막하게 잉크로 적어 넣고, 모든 카드를 복잡한 십진분류체계로 정리했다. 이들은 거대한 저장 공간을 마련하고 건물 전체를 파일 캐비닛으로 가득 채운 뒤, 그때까지 알려진 모든 것(이라고 그들이 생각한 것)을 저장하기로 결정했다. 게다가 이 시설은 공공서비스 형태로 운영됐다. 서비스를 이용하고 싶은 사람은 새로운 발명품이었던 전화를 걸어 궁금한 것을 문의할 수 있었다. 예를 들어 '얼룩말의 임신 기간은 어느 정도입니까?', '퀴리 부인은 현재 파리에서 어떤 연구를 하고 있나요?', '콩고의 역사를 간략하게 설명해주세요' 같은 질문을 할 수 있었는데, 이 용료는 벨기에 돈으로 27프랑으로, 다소 비싼 편이었다.

이들이 발명한 이 시설은 '문다네움Mundaneum'이라는 이름으로 불렸다. 비록 번창하지는 못했지만 판지, 베이클라이트, 오크, 구리선으로 구성된 원시적 형태의 구글 검색엔진으로서, 미미하지만 일종의 유산을 남겼다. 가장 먼저 시작된 것이 바로 이런 정보 검색 서비스였다. 1895년 오틀레와 라퐁텐은 수공예 나무 캐비닛을 특수 제작해서 수천 장의 색인카드를 만들어 보관하는 작업을 시작했다. 세월이 흐르면 이 카드들이 지구상에 존재하는 모든 서적, 잡지, 과학 논문, 신문 기사, 논문, 주해 등의 목록의 기초를 이루게 될 터였다. 각 색인카드에는, 그 주제와 관련된 내용으로 그들이 찾아낸 책과 논문의 세부 내용을 잘라서 풀로 붙였다. 그리고 모든 색인카드는 맨 처음에는 대서양 건너 컬럼비아대학교의 수석 사서였던 멜빌 듀이가 고안한 도서관 시스템을 기준으로 분류했다. 두 사람은 각자 놀라운 속도로 작업한 끝에 그해 연말까지 40만 장이 넘는 카드를 정리했고, 이 카드의 핵심 가치를

───── 브뤼셀 왕궁은 수천 개의 서류 캐비닛에 인류의 모든 지식이었던 '국제서지 목록'을 보관하고 있었다. 이 목록은 1891년부터 2차 세계대전이 끝날 때까지 이어진 방대한 문다네움 프로젝트를 통해 수집된 것으로, 현재는 벨기에의 소도시 몽스에 위치한 과거 주차장으로 쓰이던 건물에 보관되어 있다.

화려한 라틴어에 담아 '국제서지Bibliographia Universalis'라고 불렀다.

보편주의는 두 사람이 꿈꾸고 창조하려고 했던 모든 것의 핵심이었다. 그들이 찾고, 읽고, 오리고, 붙이고, 나중에는 타이핑하며 (두 사람은 처음 몇 년 동안 사무실에 타자기를 들이는 것에 반대했다) 정성을 쏟았던 시기는, 적어도 겉으로 보기에는 전 세계가 균열 없이 매끄럽고, 평화롭고, 보편적으로 통치되는 시대였다.

1900년 파리 만국박람회가 열렸을 때 두 사람은 그 주변에서 자신들이 개발한 국제서지를 처음 전시했는데, 이 무렵 약 400만 장에 달했던 국제서지는 그들이 꿈꾸던 이상향의 정점을 보여주는 것이었다. 그 시대는 기술의 발전으로 새로운 세계 질서에 대한 온갖 가능성이 열려 있던 때였다. 전화와 전신, 해저 케이블은 이미 대륙을 하나로 연결하는 데 일조하고 있었다. 굴리에모 마르코니가 발명한 무선통신은 아직 미숙한 단계였는데도 이미 상공이 모스부호로 시끄러워지기 시작했다. 곧이어 이런 무선통신 기술이 전자적으로 설계되어 인간의 목소리를 멀리까지 전송할 수 있게 됐다. 텔레비전television('멀리서 보는 것'을 뜻하는 그리스어에서 유래한 단어)이라는 이름이 붙은 기술에 관한 소식도 어렴풋하게 들렸다. 이디시어(중부와 동부 유럽의 유대인이 주로 사용하던 언어—옮긴이)를 사용하는 폴란드 바르샤바의 안과 의사 L. L. 자멘호프는 국제어의 원형原型을 만들어 에스페란토Esperanto라고 이름 붙였다. 파리 만국박람회가 열렸던 해인 1900년으로부터 5년 뒤, 세계 최초의 에스페란토 사용자 회의가 프랑스 불로뉴에서 열렸다. 소설 《타임머신》과 《우주전쟁》으로 공상과학 소설이라는 새로운 장르를 개척한 H. G. 웰스는 기상천외한 발상과 진보적인 관점에서 세계 정부, 보편적 사회주의, 페미니즘, 보편적 참정권, 탈식민주의, 포괄적인 토론의 장(유엔의 전신인 국제연맹도 그중 하나다)에 관한 대담한 신개념을 내놓았고, 많은 이가 그런 새로운 개념을 접하게 됐다. 이처럼 떠들썩하고 들뜬 이상주의의 분위기 속에서 인류의 모든 지식을 담은 목록을 만든다는 생각은 시대에 딱 어울리는 시의적절한 발상으로 느껴졌다.

그러나 얼마 지나지 않아 균열이 하나둘씩 나타나기 시작했다. 우선 그들이 제안한 프로젝트의 규모가 당시 기술로 감당할 수 없는 수준을 훨씬 벗어나버렸다. 이 프로젝트에 사용된 방은 150개 이상이었다. 그중 36개가 일반에게 공개됐는데, 오틀레는 거창하게 말하기 좋아하는 성격답게 이곳을 '세계의 전당Palace Mondial'이라고 이름 붙였다. 사실 전당이라고 하기에는 턱없이 부족했다. 이 프로젝트는 벨기에 독립 50주년을 기념하기 위해 브뤼셀 도심 동쪽 공원에 세워진 기념비적인 정부 건물인 생캉트네르Cinquantenaire 개선문 옆의 한쪽 날개의 일부를 사용하고 있을 뿐이었다. 정부는 처음에 오틀레의 열정에 매료되어 벨기에의 국제적 이미지를 드높일 가능성이 있다고 판단해서, 그와 그의 팀원들에게 건물 날개 부분 한 동을 기꺼이 내주었다.

하지만 드넓게 펼쳐진 대건축물의 상당 부분을 확보했다고 해도, 전 세계가 알고 있는 모든 것을 담기에 턱없이 모자란다는 건 처음부터 명확했다. 보관실에 빼곡히 들어찬 서류 캐비닛은 기하급수적으로 미친 듯이 불어났다. 그들의 소중한 색인카드는 금세 1500만 장으로 늘었고, 이론적으로는 이 엄청난 양의 지식에 잠재적으로 언제든지 접근할 수 있었다. 하지만 그들은 자신들의 처지를 깨닫고 낭패감에 빠졌다. 직원은 가뜩이나 부족한 데다 운영 자금도 항상 모자라서,* 사람들에게 정보를 제공할 수단도 갖추지 못한 채로 넘치는 정보 속에서 허우적거리고 있었다. 시설 내에 설치된 전신실에는 상상할 수 없을 정도로 난해한 주제에

---

* 1913년에 앙리 라퐁텐이 노벨 평화상을 수상하면서, 잠시나마 프로젝트 기금이 약 300만 달러에 이를 정도로 크게 늘었다. 당시 라퐁텐은 벨기에 의회에서 존경받는 상원의원이었고 대표적인 이상주의 단체의 하나였던 국제평화국(International Peace Bureau) 의장이었다. 노벨 위원회가 이 프로젝트를 "위대한 문서 작업"의 증거로 언급했던 것은 이 두 명의 부지런한 서지학자들에게 짧게나마 기쁨을 안겼다.

대한 정보 요청이 끊임없이 들어왔다. 그들이 펼쳐놓은 후릿그물이 엄청나게 방대하니, 아마도 관련 서지정보가 있을 것이다. 하지만 정확히 어떻게 접근해야 할까? 어떤 방식으로 정보를 제공하는 것이 최선일까? 아무도 그 답을 알지 못했다.

이런 문제는 심각하게 고려된 적이 없었다. 당시는 복사기와 팩스가 아직 발명되지 않았을 때였고, 상세한 사진을 찍는 기술도 거의 없고, 텔렉스조차 없었다. 어쩌면 사무 보조원이 자료를 다른 카드에 손으로 옮겨 적어 우편으로 보낼 수도 있었을 것이다. 더 빈틈없이 계획했다면 애초에 프로젝트를 시작할 때 중요한 색인카드는 여러 장을 만들어뒀다가 갑자기 그 카드를 찾는 사람이 많을 때 사용할 수도 있다. 혹은 폴 오틀레가 정신이 없을 때는 전 세계 여러 도시에 '국제서지'의 위성 사무소를 설치하고, 전신 케이블을 통해 시냅스처럼 서로 연결해서, 전체가 하나의 거대한 두뇌처럼 기능하도록 운영할 수도 있을지 모른다. 이와 관련된 계획은 점점 더 야심적으로 발전해서, 오틀레는 1935년에 발표한 논문에서 다음과 같이 예측하기에 이른다.

우주의 모든 것과 인간의 모든 것은 생성됨과 동시에 원거리에서 등록될 것이다. 이런 식으로 세상의 움직이는 이미지, 즉 기억의 진정한 거울이 만들어진다. 그리고 모든 사람이 멀리서, 각자의 화면에 투사된 이미지를 통해, 원하는 대상보다 확대되거나 그 대상으로만 한정된 텍스트를 읽을 수 있을 것이다. 이런 식으로, 모든 사람은 자기 집 의자에 앉아서 창작물 전체나 일부를 관찰할 수 있게 될 것이다.

그렇지만 2차 세계대전에 대비해야 하는 등 여러 가지 이유로 그의 꿈은 재정적·정치적·지적·물리적 어려움에 계속해서 부딪히게 됐고, 국제서지 목록은 문다네움 자체의 엄청나게 야심적인 계획으로 서서히 변모했다. 이 원대한 계획에서, 국제서지 파일은 광대한 국제도시의 작지만 중요한 부분, 즉 분열되기 쉬운 핵심이 될 것이다. 이런 국제도시는 지식과 사회 정의가 가득하며, 교양 있고 지적이고 사회적 책임의식을 가진 시민들을 위해 모든 것을 운영하는 포괄적인 사회주의 행정부의 지휘로 운영된다. 시민들은 르코르뷔지에(인간을 위한 건축을 추구했던 프랑스 건축가로, 근대 주택의 기본과 고층화된 도시계획을 구상했다 ─ 옮긴이)가 세심히 설계한 집에 살게 될 것이다. 그 집은 시인 윌리엄 워즈워스나 로버트 프로스트가 찬가를 읊을 만큼 애수를 띤 아름다움이 드러나는 목가적 풍경으로 둘러싸인 건물이다. 그리고 이런 건축 구조 전체는 앞에서 언급한 당대의 위대한 유토피아적 선각자 H. G. 웰스의 허가를 받는다.

그렇지만 그 시대는 또한 우생학의 시대였고, 벨기에 왕국의 두 번째 왕인 레오폴드 2세의 집권기이자 콩고의 시대였다. 아프리카 밀림에서 살육이 벌어지고 손이 잘려나가고 인신매매가 행해지던 때였고, 고무와 상아, 보석과 금속으로 돈을 벌려는 무분별한 경쟁 속에 불필요한 잔인한 살생이 자행됐지만 그런 행위가 많은 유럽인에게 정당화되던 때이기도 했다. 폴 오틀레는 관념상으로는 이런 잔인성에 반대했지만, 그 역시 벨기에인이었기에 새로운 국제질서에 대한 신념을 설파할 때조차 사회적 태도는 조국에 대한 애정에 큰 영향을 받았다.

1930년대 후반에는 그의 프로젝트가 사람들에게 널리 알려져 있었다. 그래서 1940년에 나치가 벨기에로 휩쓸고 들어와 수도를 점령했을 때, 다소 호감이 가는 오틀레를 꼭 만나고 싶어 했던 것은 어떻게 보면 당연한 일이었는지 모른다. 비록 1940년 12월 나치 독일의 문화정책 최고 결정권자였던 후고 크뤼스Hugo Krüss가 브뤼셀의 문다네움 본부에 도착했을 때, 곧바로 크게 실망하게 됐지만 말이다.

크뤼스가 브뤼셀에 온 것은 흥미로운 임무를 수행하기 위해서였다. 아돌프 히틀러가 유럽 전역의 도서관을 폐쇄하고 약탈하려고 했던 것은 잘 알려진 사실이다. 그는 점령국 국민들이 위험한 책을 손에 넣는 것을 막으려 했지만, 그러면서도 가장 가치 있는 서적들을 베를린으로 가져가서 그들이 계획한 천년 제국의 대도서관에 소장하고 싶어 했다. 수년 전부터 이 계획을 세우고 있었고, 약탈한 책으로 방대한 도서관을 만드는 일을 담당할 거대한 조직도 이미 꾸린 상태였다. 그리하여 베를린에는 지구상에서 가장 훌륭한 장서를 갖춘 도서관을 만들겠다는 히틀러의 꿈을 위해 책이 가득 실린 화물 열차를 맞이하고, 분류하고, 목록을 작성하고, 그저 그런 책을 걸러내는 일을 담당할 학계 전문가를 고용하고 부릴 사람들이 있었다(이들 중 다수는 지식인 노예와 다름없는 신분으로 도서관 일에 투입됐다).

히틀러는 자신의 손발이 되어 약탈 행위를 책임질 인물로 크뤼스를 지명해두었다. 그런 크뤼스가 임무를 수행하기 위해 브뤼셀에 도착했을 때, 그는 오틀레와 라퐁텐이 구상한 프로젝트에 대해서는 자신도 이미 잘 알고 있었다는 사실을 되새겼다. 크뤼스는 1930년대에 여러 서적 관련 학회에서 두 사람을 만난 적이 있었다. 하지만 그가 직접 확인한 상황은 무척 실망스러웠다. 장대한 프로젝트가 이미 여러 해 전에 자금이 고갈되고 대중의 관심에서 멀어져서 완전히 퇴락할 위기에 처해 있었던 것이다. 한때는 경탄하며 찾아드는 방문객이 하루에 2,000명이나 됐으며, 유토피아적 세계 정부와 국제 평화의 기준으로 묘사되었던 이 시설은, 나치에게 침공당한 지 6개월이 지난 그 시점에 '거대한 쓰레기 더미'가 되어 있었다.

하지만 어쩌면 가치 있는 무언가를 찾을 수 있을지 몰랐다. 그래서 크뤼스는 문다네움을 샅샅이 뒤져서 천문학, 고생물학, 원자물리학, 가축 사육, 물의 성질, 지구상의 모든 국가의 역사, 지도 제작의 역사, 패션의 역사, 상상할 수 있는 모든 형태의 정부 역사에 관한 서지를 골라내라고 부하들에게 주도면밀하게 명령했다. 그들은 왕가의 계곡(고대 이집트 제18대와 제19대 왕조의 무덤들이 있는 곳 ― 옮긴이), 고대 그리스, 북미와 호주의 원주민에게서 얻은 전리품인 돋보기로 살펴보면서 방대한 양의 유물, 예술품, 사진을 세밀히 조사했다. 결국 크뤼스는 완전히 지쳐서 게르만 민족 특유의 짜증을 내면서, 대단히 유감스러운 기분으로 상부에 제출할 공식 보고서에 이렇게 결론지었다. "이 기관과 이들의 목표는 명확히 정의 내릴 수 없습니다. (……) 이곳은 가장 당혹스럽고, 값싸고, 원시적인 방법으로 소장품을 전시한 일종의 '전 세계를 위한 박물관'입니다."

그래도 한 가지는 예외였다. 독일인들은 문다네움의 서고와 수백만 장의 색인카드, 특히 폴 오틀레와 앙리 라퐁텐이 거의 반세기 전에 공들여 설계한 분류체계에 은근히 감명했다. 나치는 국제십진분류법이 "상당히 유용할지도 모른다"고 생각했다.

전쟁이 끝났을 때 문다네움은 수명을 다했다. 벨기에가 독립하고, 복원된 정부는 서류 캐비닛을 철거하고 이 시설이 있던 공간을 원래 기능으로 되돌려놓았다. 프로젝트의 유물은 30년 동안 브뤼셀 공원의 노후한 어느 건물에서, 이름 없이 무시당한 채 서서히 묻혀갔다. 그러다가 1972년 오틀레의 독창적인 발상을 지지했던 잘 알려지지 않은 집단이 뭔가 해야 한다는 의무감을 느꼈다. 그들은 오크나무 캐비닛, 수천 개의 서랍, 그 시대의 모든 지식이 든 수백만 장의 카드를 여러 대의 트럭에 나눠 싣고 보금자리를 찾아 나섰다. 그리고 쾌적한 국경 도시 몽스에 있는 소박한 건물을 찾았다. 한때 백화점이 입점했었고, 그 후에는 철제 대들보를 보강해서 4층짜리 주차장으로 개조돼 사용되다가 인근 도로가 자동차 통행금지 구역으로 지정되면서 주차장도 폐쇄된 상태였다. 소유주는 이들의 제의를 받아들이고 장소를 제공했다.

이제 문다네움은 거의 평범한 외관으로 바뀌었고, 관심 있는 몇 안 되는 사람들만 방문하는 작은 박물관으로 운영되고 있다. 그들은 이 시설이 인터넷의 선도자격인 원시적인 구글 또는 원시적인 위키피디아였다고 설명하면서, 과거의 영광을 조금이나마 되찾으려고 노력하고 있다. 하지만 이런 이야기에 수긍하는 사람은 거의 없다. 사람들은 이 프로젝트가 모든 사람이 모든 지식을 어디서나 이용할 수 있게 한다는 목표로 진행됐던 오랜 여정에서 길을 잘못 들었다고 생각한다. 폴 오틀레와 앙리 라퐁텐처럼 대단한 인물이 지난 세기와 지지난 세기에 걸쳐 유포했던 그런 야망과 꿈, 희망은, 100년이 더 지난 지금도 완전히 실현되지 못했다.

박물관의 시대

지금까지 논했던 이야기에서 지식의 대부분은 단어와 단어의 이미지로 표현된 것들이었다. 예를 들면 설형문자, 상형문자, 표의문자, 지도 같은 것이나 사진에 쓰이는 콜로디온 판, 백금 사진판 등을 통해서다. 글이든 재현된 이미지이든, 이런 모든 표현 방식은 알려진 지식의 무수히 많은 측면을 다양한 방식으로 표현한 것들이었다. 그런데 지식은 언어와 이미지를 초월해 수많은 사물을 통해서도 저장되고 확산될 수 있다.

그리고 교육하거나 무언가를 상기시키거나 혹은 단순히 자랑스럽게 널리 알리려는 의도로 그런 사물을 수집하고 선별해서 전시한다면, 그런 전시물은 보통 박물관에서 찾을 수 있다. 박물관 museum은 그리스 여신 뮤즈에게 바치는 신전이라는 뜻의 그리스어

mouseion(무세이온)에서 유래했다. 박물관이라는 이름에 걸맞은 시설은 오늘날 약 6만 개가 있으며, 수많은 사람의 관심과 애정을 끌어 모으고 있다.

뉴욕의 메트로폴리탄, 런던의 영국박물관, 옥스퍼드대학교의 애슈몰린박물관처럼 엄청나게 방대한 소장품을 지닌 장엄한 박물관도 있고, 아니면 독특하고 거의 알려지지 않은 것들을 주로 수집해 전시하는 박물관도 있다. 특별히 이름난 곳이 없는 지역에는 베이클라이트(초기 플라스틱의 일종—옮긴이), 마늘, 수세식 화장실, 잔디 깎는 기계, 유명인의 내의류, 컵라면, 복화술사 인형, 촌충, 포유류의 배설물, 반짝이는 물건, 남근 모형, 네온 방전관, 미니어처 책, 철조망, 스팸을 다루는 박물관들이 있고, (아는 사람끼리만 통하는 농담이지만, 신기하게도) 캘리포니아 컬버시티에는 다소 협소한 분야를 다루는 쥐라기 기술박물관도 있다.

그런데 이런 시설은 누구를 위한 것이며, 고속도로 진출로에 조그마한 이정표가 붙은 스팸이나 마늘, 베이클라이트의 역사를 전시한 박물관과 고전적인 웅장함과 명성을 자랑하는 세계적인 대도시의 거대한 건축물 사이에는 어떤 연계점이 있을까? 두 가지 모두 일단 관람하고 나면 일반 상식으로 남는 사물을 사람들에게 보여준다. 그리고 양쪽 모두 진기한 사물을 보관하는 곳이며, 그 대상에 관심이 무척 많은 개인이나 전문가로 구성된 소규모 집단이 그것들을 수집하고 전시한다. 양쪽 모두 계속 운영하려면 자금이 필요하다. 어떤 곳은 수백만 달러가 필요하고, 어떤 곳은 소소한 선물이나 입장료로 근근이 운영된다. 조금 전에 던진 질

지식의 탄생

문 모두, 대부분의 위대한 박물관이 건립되던 18세기 말과 19세기 초 서구 전역에서 벌어진 논쟁에서 나왔던 질문이다.

1779년에 독일 중부 카셀에 건립된 프리데리치아눔Fridericianum은 현대적인 용도로 기획된 최초의 박물관으로 알려져 있다. 그 후 1793년 파리 루브르박물관, 1823년 런던 영국박물관, 1846년 워싱턴DC 스미스소니언박물관, 1866년 예일대학교 피바디박물관, 1870년 뉴욕 메트로폴리탄박물관, 1869년 뉴욕 자연사박물관, 그리고 12년 후인 1881년에(그보다 조금 더 이르다고 말하는 사람들도 있다) 런던 자연사박물관이 설립됐다. '박물관을 누구에게 개방해야 하는가'라는 골치 아픈 문제를 놓고도 논쟁이 벌어졌다. 개인적으로 화석, 모형 비행기, 유리, 꽃 같은 물품을 수집해서 전시하는 사람들은 누구나 와서 구경하고 정보를 얻기를 바랐다. 하지만 규모가 크고 위엄 있는 박물관을 기획하는 사람들은 생각이 달랐다.

큰 박물관은 의도적으로 장엄하고 기품 있는 외관으로 건설됐고, 건립과 유지에 돈이 많이 들었다. 그렇기 때문에 이런 박물관은 중상류층의 즐거움과 지적 성장을 위해, 그리고 그런 목적에 충실하게 설계됐다. 하층민은 박물관에 찾아올 생각 말고 극장이나 술집에서 유흥을 즐겼으면 하는 것이 그들의 바람이었다. 어쨌든 적어도 초창기에 만들어진 박물관 상당수는 부유한 수집가들의 개인 소장품을 자랑스럽게 선보이는 자리였다. 그런 소장품을 대중에게 공개하는 것이라면, 진기한 소장품을 구경할 기회를 누구에게 줄지를 직접 결정하고 싶어 했을 것이다.

예를 들어 영국박물관의 수석 사서였던 헨리 엘리스Henry Ellis
는 개관 시간을 저녁까지 연장하면 "변호사, 사무원, 소설을 좋
아하는 평범한 독서가"를 비롯한 "신분이 아주 낮은 사람들"이 많
이 찾아올 것이라면서, 개관 시간 연장을 반대했다. 마찬가지로
부활절 주간에 문을 열어두면 "하층민이 박물관에 더 많이 몰려
들 것이며", 그들이 어떤 나쁜 행동을 할지는 하늘이 잘 알 것이
라고 주장했다. 그 시대의 급진적인 문필가였던 윌리엄 코빗William
Cobbett은 상황을 제대로 간파하고, 박물관은 "호기심 많은 부유한
사람들만 즐길 수 있는 곳"이라고 꼬집었다.

최근 몇 년 사이에는 훨씬 더 강력한 우려의 목소리도 들린다.
요즘은 박물관을 에어브러시로 수정해 만든 식민주의의 디오라
마diorama(축소 모형을 설치해 역사적 사건이나 자연 풍경, 도시 경관 등
을 표현한 것—옮긴이), 반환하지 않은 전리품을 모아둔 일종의 전
당포, 고분고분한 태도로 인신매매에 공모하고 그 혜택을 함께 누
린 수혜자, 백인 우월주의의 성전으로 생각하는 사람들도 있다.
실제로 19세기에 만들어진 박물관 중에는 노예무역에 어느 정도
관여했던 사람들의 소장품들을 바탕으로 운영된 곳이 아주 많았
다. 1833년까지 영국과 대부분의 거대 제국에서는 노예제가 합법
적이었으며, 사냥과 포획을 통해 서구 해안으로 이송된 노예들은
곳곳의 항구 도시에 있는 노예 시장에서 매매됐다. 박물관에 보
관된 주목할 만한 소장품 중 상당수는 이런 노예무역의 실질적·
물류적 지원으로 획득한 것이었다.

한스 슬론 경Sir Hans Sloane이 노예무역에 실제로 관여했다는 의

혹을 제기한 사람은 아무도 없다. 그는 여전히 존경받고 추모되는 인물이다. 그의 이름을 딴 도마뱀, 나방, 심해 물고기, 꽃식물 속屬이 있을 정도다. 그는 초콜릿 우유를 발명한 사람으로도 알려져 있으며, 천연두 예방접종이 처음 나왔을 때 적극 지지했던 사람이기도 하다. 또 런던의 구석진 도로명에 성과 이름이 별도로 사용된 몇 안 되는 사람 중 하나다. 한스스퀘어, 한스스트리트, 한스가든, 한스플레이스, 슬론스트리트, 슬론애비뉴, 슬론가든, 슬론스퀘어 등등의 도로명이 있다. 한때는 슬론스퀘어 인근 부유층 동네에서 손잡이에 스카프를 묶은 핸드백을 들고 다니는 세련된 젊은 여성을 지칭하는 '슬론 레인저Sloane Ranger'라는 이름이 유행하기도 했다. 그런데 그와 관련해서 더 중요한 건, 그가 세심히 분류해 보관했던 엄청나게 많은 종류의 카리브해 식물과 곤충들이 영국박물관과 더 나중에 생긴 자연사박물관의 밑바탕이 됐다는 사실이다. 한스 슬론은 왕립학회Royal Society 회장이었고, 영국 왕실과 대부분의 영국 귀족을 보살피던 주치의였으며, 제국과 지배층, 계몽주의, 기품, 미덕, 부, 지식, 재치, 흠잡을 데 없는 취향으로 대표되는 인물로, 지금까지 출판된 거의 모든 영국 역사책에서 찬사를 받아왔다.

다만, 그가 소장했던 꽃과 식물은 거의 모두 노예선을 타고 영국으로 들어온 것들이며, 그 물건들을 담은, 노예선 갑판에 쌓여 있던 화물 상자들은 화물칸에 있는 악취가 진동하는 다른 종류의 '화물'을 눈가림하도록 도왔다. 가나, 캐롤라이나스, 바베이도스, 자메이카에서 그의 표본 수집을 도왔던 사람들도 이 사실을 알고 있었다. 역사적으로 높이 평가되던 그의 영웅적인 업적은 혐오스럽고 끔찍했던 그런 사업과의 연관성이 최근 부각되면서 불가피하게 훼손됐다. 이에 런던의 박물관들은 사과의 뜻을 밝히고, 그에 대한 이 같은 태도 변화를 반영하기 위해 그의 추모비와 전시물의 맥락을 수정하며 개선을 위해 애썼다.

토머스 제퍼슨은 그가 소유하고 있던 많은 노예 중 한 명이었던 샐리 헤밍스Sally Hemings와 자신의 저택 몬티첼로의 지하실에서 몰래 데이트를 즐겼다. 17세기 서아프리카의 저명한 노예 상인이었던 크리스토퍼 코드링턴Christopher Codrington은 자신의 재산으로 옥스퍼드에서 가장 아름다운 도서관 중 하나로 꼽히는 도서관을 기부했다. 1874년에 아프리카로 파견된 영국 토벌대는 아샨티 왕국에서 아름다운 금 장신구를 약탈했는데, 이 장신구는 오늘날까지도 런던의 박물관에 전시되어 있다. 탐험가 제임스 쿡 선장이 가져온 호주 원주민의 방패는 현재 영국박물관에 전시되어 있다. 파르테논 신전에서 뜯어낸 대리석 조각인 엘긴 마블은, 그리스가 유엔에 도덕적 지원을 요청하며 영국에 반환을 요구하고 있지만 여전히 런던에 남아 있다. 그 밖의 수많은 사례에서, 제국주의의 약탈로 이득을 챙겼던 전 세계 박물관들은 이제 스스로를 돌아보고 재정비해야 하는 상황에 처해 있다. 이는 시간이 많이 걸리는 고통스러운 과정이며, 지식 확산의 매개로서의 박물관은 예상치 못한 집중적인 감시의 대상이 됐다. 박물관들은 역사상 전례없는 변화를 통고받은 상태다.

중국의 보물이 곧 중국이다

　박물관이라는 개념 자체를 대체로 서양의 건축물로 가정하는
것은 흥미롭다. 고대 중국에 박물관이 있었다는 자료는 거의 없
다. 그런데 현대 박물관 중 가장 인상적인 박물관이 한때 중국의
일부였던 대만에 있다는 사실은 다소 아이러니하다. 동아시아에
소규모 박물관이 많이 건립되던 시기였던 1925년, 수립된 지 얼
마 되지 않은 중화민국 정부는 베이징 천안문 광장 북쪽에 있는
자금성에 고궁박물원을 개관했다. 청나라의 마지막 황제였던 푸
이溥儀(선통제)는 1912년에 퇴위했지만 1924년까지 궁궐에 머물 수
있었다. 그러다가 마침내 그 광대한 궁궐에 머물던 황실의 신하들
이나 주위를 어슬렁대는 사람들이 모두 사라지면서 자금성은 때
마침 비어 있었다. 그곳은 이제 반박의 여지가 없는 공화국의 재
산이자 인민의 재산이 됐다. 새 정부는 지난 오랜 세월의 폭정 속
에 축적된 엄청난 양의 보물을 궁궐 담장 안에 마련된 새로운 박
물관에 전시해 대중에게 공개함으로써 혁명의 성공을 기념하면
아주 좋을 것이라고 생각했다.

　그러나 일은 간단하게 풀리지 않았다. 중국은 일제 침략, 장기
간의 내전, 중국공산당의 대장정大長程(1934년 10월, 국민혁명군의 포
위 압력을 견디지 못한 중국공산당이 근거지였던 동남부의 장시성을 떠나
1년여에 걸쳐서 서북부 산시성으로 이동한 사건―옮긴이), 마오쩌둥
이 이끄는 프롤레타리아 진영의 최종 승리 등으로 가장 혼란스

러웠던 25년을 보내면서 격변을 앞두고 있었다. 새 박물관의 책임자는 앞으로 대혼란이 벌어질 것이라고 예상하고 신중하게 상황을 지켜봤다. 1931년부터 전쟁의 북소리가 울리기 시작했다. 1933년 초봄 무렵에는 곧 나라 전체가 유린될 것이 분명해졌다. 박물관장은 고궁박물원에 있는 모든 귀중한 유물을 라피아야자 섬유로 싸서 번호를 매겨 정리하라고 지시했다. 이 작업은 2월부터 5월 중순까지 진행됐다. 그는 유물들을 튼튼하게 만든 운송용 나무 상자 1만 3491개에 담게 했다. 이 상자들은 베이징의 다른 장소에 보관되어 있던 귀중한 다른 유물 상자 6,066개와 함께 화물 열차에 실려 상하이에 있는 더 안전해 보이는 장소로 옮겨졌다.

그 뒤로도 여러 차례 은밀한 이동이 계속됐다. 이동 중에 수하물 트레일러, 화물차, 대형 화물 마차, 범선, 은신처, 매장지, 동굴, 증기선 등에서 도난·사고·몰수 등의 사건이 발생해서, 유물 상자와 포장물의 개수가 야금야금 줄기도 했다. 오늘날에도 나이 지긋한 중국인 중 몇몇은 그 무엇으로도 대체할 수 없고 가치가 높으며 중국 문화의 본질을 보여주는 이 보물들이 파괴되지 않도록 안전한 곳으로 옮기려고 미친 듯 서둘러 이송했던 경험을 기억하고 있거나, 많은 사람이 그 이야기를 전해 들어서 잘 알고 있다. 그 이후에는 보물을 보관할 안전한 장소를 찾는 것이 급선무였는데, 엄청나게 귀중한 이 보물을 대피시키는 것 이상의 중요성을 띠게 됐다. 이 귀중한 보물이 곧 중국이고, 중국의 역사이고, 중국의 문화이며, 어디든 그 유물이 자리하게 될 곳이 바로 중국이라

─── 일본의 침략과 뒤이은 내전 기간 동안 고대 중국의 가장 귀중한 보물은 안전을 위해 2만 개의 상자에 포장되고 500대의 철도 차량에 실려서 전국 곳곳으로 이송됐다. 그러다가 최종적으로 1948년 대만의 수도 타이베이에 있는 국립고궁박물관에 안치됐다. 현재 중국은 이 보물의 반환을 원하고 있다.

는 말까지 나왔다.

유물은 아주 긴 사연 끝에, 대만에 도착해서 타이베이의 국립고궁박물관國立故宮博物院에 안치됐다. 유물 70만 점 중 상당수가 전시되지 않고 라피아야자 섬유에 싸인 채 박물관 지하실에 숨겨져 있다고 알려져 있는데, 이 유물의 존재는 지정학적으로는 말할 것도 없고 정치적으로도 중요한 의미를 띤다. '중국의 보물이 곧 중국'이라는 말은 과거 왕조 시대에도 그랬듯 오늘날에도 여전히 유효하다. 다시 말해 중국의 보물이 현재 본토 연안의 한 섬에 보관되어 있고, 베이징 정부가 아닌 자본주의적이고 민주적으로 선출된 정부가 관리하고 있다는 사실은, 현 중국 정부에게는 자부심에 상처를 내는 일로 받아들여진다. 이는 유럽의 통치령이었던 마카오, 홍콩, 상하이, 한커우漢口(후베이성 동부의 옛 도시로, 현재는 우한武漢의 일부다 ― 옮긴이), 샤먼廈門(푸젠성 동남 연해의 아모이섬에 있는 항구 도시 ― 옮긴이)이 존재했던 것만큼이나 고통스러운 일로 여겨진다. 대만을 중국 본토에 귀속시키려는 의지는 단순히 정치적인 문제가 아니다. 더 단순하고 더 놀랍게도, 타이베이 중심부의 박물관에 보관되어 있는 국가의 문화적 생득권을 되찾기 위해서다. 그들은 그 보물이 중국의 것이라고 주장한다. 보물은 곧 중국이고, 그래서 본향인 중국으로 돌아와야 한다는 것이다.

박물관의 가치

국립고궁박물관 관람객은 다양한 할인 혜택을 받을 수 있지만(예를 들면 17세 미만 또는 65세 이상은 무료이고, 관람료가 무료인 날이 매년 여섯 차례 있다), 대부분의 성인은 미화 10달러 정도의 관람료를 내야 한다.

관람료 이야기가 나온 김에 단순히 관람료에 대해서만 생각할 것이 아니라, 박물관의 사회적 가치(이런 표현이 적절하다면)에 대해서도 한번쯤 생각해볼 필요가 있다. 박물관 중에는 영국 스카버러에 있는 로툰다박물관, 워싱턴과 런던에 각각 있는 자연사박물관, 타이베이의 국립고궁박물관처럼 명백히 교육적 목적의 박물관도 있다. 관람객은 박물관에서 배우고, 매료되고, 깨달음을 얻는다. 그리고 제임스 스미스슨James Smithson이 남긴 스미스소니언 유증遺贈의 핵심 문구를 빌려 표현하면, '지식 확산'의 혜택을 누리는 사람들의 거대한 집합체가 된다.

그러나 다른 많은 박물관은 사실이나 역사적 지식을 전파하는 것(예를 들면 화강암은 이렇게 생겼고, 송나라 조각가들은 청동을 가지고 이런 식으로 작업했고, 증기기관이나 카메라는 어떻게 작동하는지 보여주는 것)에는 그다지 힘을 쏟지 않고 예증에 초점을 맞추며(예를 들면 이것이 인상주의, 수직 양식, 야수파, 포스트모더니즘의 탄생을 보여주는 작품이다). 그런가 하면 특별한 의미가 있는 대부분의 도시는 현대 미술품을 전시할 장소가 있다는 것을 자랑스럽게 여기거나, 한때 번성했던 산업이 몰락해 황폐화한 도시의 옛 공장과 작업장, 창고를 철과 세라믹, 플라스틱으로 만든 작품을 선보이는 대규모 전시장으로 활용하면 상업적 이득을 얻을 수 있다는 사실을 인지하고, 예술이라는 이름으로 최대한 넓은 공간을 이에 활용한다. 하지만 과연 그런 곳이 지식의 확산을 위한 장소일까? 그곳을 방문하는 사람들의 정신적 성장에 꼭 필요한 장소일까, 아니면 다른 종류의 목적을 위한 것이므로 기존의 박물관과는 다른 가치를 부여해야 할까?

박물관 설립자와 관계자 들은 여전히 이런 질문들을 고민하고 있다. 1779년 카셀에서 탄생한 박물관은, 그로부터 거의 250년이 지난 지금, 최초의 현대적 박물관인 프리데리치아눔의 설립자로서는 상상하지 못했을 훨씬 더 복잡한 이 질문의 답을 찾아야 한다. 우리는 누구를 위해 봉사하는가? 대중이란 누구이며 어떤 존재인가? 사람들에게 관람료를 얼마나 받아야 할까? 우리는 정확히 무엇을 위해 존재하는가? 우리의 존재는 더 교양 있고 문화 수준이 높은 사회를 만드는 데 이바지해왔는가?

모든 지식은 기억되는가

아마도 답은 뇌 바깥쪽의 얇은 층인 대뇌피질에서 가장 큰 영역인 신피질 어딘가에 있을 것이다. 모든 지식이 축적되는 궁극적인 장기 저장소가 바로 신피질이기 때문이다. 신피질은 여섯 개층으로 이루어진 머릿속의 파일 캐비닛으로, 비유적으로 표현하면 인간의 문다네움이라고 할 수 있다. 앞선 질문의 답이 아주 짧은 기간 유지되는 작업 기억working memory에 있지는 않을 것이다. 작업 기억은 단 몇 초 내에 머릿속에 입력되었다가 사용한 뒤 곧바로 사라지는 기억으로, 지능 및 정신적 민첩성과 관련이 깊다. 이런 유형의 기억은 뇌의 바깥쪽 층 가장 앞부분인 눈 위, 이마 뒤쪽에 위치한 전두피질에 머문다.

반면, 일반적으로 암묵적 기억implicit memory과 서술적 기억explicit memory으로 나뉘는 장기 기억은 안전하게 보관하고 효율적으로 사용할 수 있도록 뇌의 여러 부위에 나뉘어 저장된다. 움직이고, 숨쉬고, 키보드로 글을 입력하고, 자전거를 타는 등의 방법에 관한 암묵적 기억은 뇌 안쪽 깊숙이, 뇌와 척수의 경계 가까이에 있는 아래쪽 기저핵에 저장된다. 이와 다른 부류의 암묵적 기억, 예를 들면 고개를 옆으로 돌리면서 움직이는 목표물을 계속 주시하는 것처럼 우리가 평소에 알아차리지 못하지만 대단히 놀라운 능력 등을 포함하는 이런 종류의 암묵적 기억은 완전히 분리된 영역인 소뇌에 저장된다. 소뇌는 뇌의 위쪽과 두개골의 두꺼운 뒤쪽 부분에 의해 보호되며, 고대 해부학자들이 '자애로운 어머니'라고 불렀던, 연약한 머리의 맨 위에서 생명에 중요한 모든 것을 감싸는 섬유층인 연질막으로도 보호된다.

한편 서술적 기억에는 일화기억episodic memory과 의미기억semantic memory이 있다. 일화 기억은 어릴 적 내가 말벌에 쏘였던 순간의 짧지만 인상적인 기억 같은 것이고, 의미 기억은 우리가 관련지을 수 있으며 세상과 사람, 우리 주변의 동식물에 대한 일반적인 지식으로 구성된 기억이다. 이 책에서 꾸준히 논의하고 있는 소재이며, 우리가 미가공 데이터라고 부르는 것의 다양한 구현 상태, 혹은 알아내려고 애쓰는 정보이거나 아니면 일단 완전히 인식하고서 그 중요성을 파악하고 이해했을 때 우리가 지식임을 알게 되는 모든 것은, 심층부의 깊숙한 구석에 저장된다. 처음에는 편도체라고 불리는 아몬드 모양의 작은 뇌 부위에 저장되거나(편도체는 우리가 기억하는 것들에 수치심이나 기쁨, 슬픔 등의 감정을 부여한다) 아니면 바다에 사는 해마처럼 생겨서 해마라는 이름이 붙은 한 쌍의 연결된 뇌 부위에 저장된다. 예컨대 미국 메인주의 주도, 내연기관의 작동 원리, 우크라이나 대통령의 이름, 민다나오 해구의 깊이, 보라색의 화학적 특성, 톰 해리슨의 이름을 딴 특정 코뿔소의 린네 이명법 분류, 대수對數의 특성 같은 지식은 해마에서 저장하고 처리한다. 해마는 이렇게 저장된 기억을 우리가 잠을 자는 사이에 영구적인 저장소인 신피질로 보낸다. 기억된 모든 지식의 단편은 신피질에 머물러 있다가, 기억이 붕괴하기 시작해 '눈도 없고, 이빨도 없고, 모든 것이 없어지는' 지경에 이르러 결국에는 완전히 퇴화한다. 때에 따라서는 소설《잃어버린 시간을 찾아서》의 마르셀 프루스트와 마들렌이 녹아든 홍차가 서로 그런 작용을 했듯이, 편도체와 해마가 상호작용하기도 한다. 편도체와 해마는 둘 사이의 연결을 만들지만 잊을 수 없는 다른 많은 순간과도 연결되어 사라지지 않는 강력한 연결을 형성하는데, 이런 종류의 연결은 가장 정교하고 복잡한 정신 작용으로만 이뤄낼 수 있다.

번갯불을 양손에 다루는 사람

1968년 12월 9일, 샌프란시스코에 있는 시빅 오디토리움에서 더글러스 엥겔바트Douglas Engelbart라는 엔지니어가 '모든 데모demo(프로그램이나 하드웨어의 성능을 보여주기 위한 시범―옮긴이)의 어머니'로 불리는 전설적인 시연을 하기 전까지는, 그런 능력은 인간의 뇌(아인슈타인의 뇌가 됐든 아니면 프랑스인의 뇌, 특히 프루스트의 뇌가 됐든)만이 할 수 있는 일이었다. 그 시연은 지금껏 도서관 사서들에게 전혀 알려지지 않은 새로운 기술과 관련이 있었다. 특히 어떤 전자장치에 관한 것이었다.

그 순간은 현대사의 큰 변곡점 중 하나였다고 거의 보편적으로 일컬어진다. 이때부터 전 세계가 갑자기 전자 컴퓨터의 진정한 잠재력을 깨닫게 됐다. 엥겔바트가 1,000여 명의 수학자와 물리학자들이 참석한 가운데 시연했던 것은, 수많은 선구적인 컴퓨터 연구자들의 노력으로 얻은 결실과 그중에서도 특히 그 5년 전에, 단어와 생각과 개념을 전자적으로 연결하는 인공적인 수단을 발명하고 '하이퍼텍스트'라고 이름 붙인 테드 넬슨Ted Nelson●의 연구 결과를 이용한 것이었다.

마틴 루서 킹 주니어와 J. F. 케네디의 암살, 파리와 베트남에서 일어난 사건들 때문에 1968년을 기억에 남을 만큼 끔찍한 해가 되었다. 그렇지만 또한 1968년은, 좋든 나쁘든 간에 세계가 종이와 잉크, 인쇄의 왕국에서 컴퓨터의 세계라는 완전히 다른 본질로 도약한 해이기도 하다.

그 순간을 기점으로, 세상은 서서히 붓과 연필, 펜과 타자기로 작성한 것들을 버리고 인코딩된 키보드 신호와 전자식 마이크로칩을 바탕으로 하는 지식의 확산과 연결의 새로운 패러다임으

● 컴퓨터가 지배하는 현대 사회에 테드 넬슨이 어떤 중요한 영향을 미쳤는지를 소개하기 위해 이 글을 쓰기 시작한 날인 2022년 3월 27일이 바로 위키피디아에서 그의 사망 소식을 발표한 날이라는 상당히 특별한 우연을 언급하지 않을 수가 없다. 이 각주를 쓰던 바로 그 순간에 발표된 사망 소식을 듣고 등골이 오싹했으며, 아직까지도 손이 떨린다. 그런데 이 이야기는 이렇게 끝나지 않으며, 무엇보다도 테드 넬슨은 죽지 않았다. 뒷이야기를 확인하려면 본문을 이어서 읽어보기 바란다.

로 이동했다. 문학 분야의 선구자들도 있었다. H. G. 웰스는 현대인이 쉽게 알아볼 수 있는 유형의 전자적 기술을 19세기 초에 이미 예견했다. 호르헤 루이스 보르헤스는 1941년에 쓴 에세이《갈림길의 정원The Garden of Forking Paths》에서 비록 공상적으로 생각해낸 개념이었지만, 하이퍼텍스트의 연결을 예지했다는 명성을 여전히 누리고 있다. 그런 개념의 필요성과 기술의 창조 가능성을 가장 충실히 고려해서 예측한 사례는 시간이 조금 더 지난 1945년 7월(원자력 시대의 시작과 거의 동시에), 트루먼 대통령 행정부의 최고위 과학자였던 버니바 부시Vannevar Bush 박사의 연구였다.

버니바 부시는 고위 공무원이었음에도 유명 잡지《애틀랜틱 먼슬리Atlantic Monthly》(1857년에 월간지로 창간되었으나, 2000년대부터 발행 빈도가 줄어 2004년 이름에서 Monthly를 뺀 '애틀랜틱'으로 제호를 바꾸었다―옮긴이)에 자신의 견해를 제시할 기회를 한 차례 얻었다. 그는 25쪽 분량의 글에서, 전후 세계 과학자들이 최우선 목표로 삼고 제대로 개발하기만 한다면 누대에 걸쳐 전수된 지식에 접근하고 통제할 수 있는 기술의 개발이 가능하다는 의견을 전달했다. 편집자들은 랠프 월도 에머슨이 자신의 유명한 에세이《미국의 학자The American Scholar》를 통해, 그의 젊은 조국은 유럽의 보호막을 벗어던지고, 그들의 모든 활동과 생각에서 확신을 가진 전적인 미국인이 되어야 한다고 촉구해서 1837년에 논쟁을 불러일으켰던 것과 마찬가지로, 〈우리가 생각하는 것처럼As We May Think〉이라는 제목이 달린 부시의 글 역시 깊은 의미가 있는 심오하고 꾸준한 논쟁을 촉발할 것이라고 믿었다. 부시의 글은 실제로

미국 정부의 전시 과학연구개발사 무소를 이끌었던 버니바 부시는 공학자이자 발명가로 1945년에 잡지 《애틀랜틱 먼슬리》에 기고한 소론 〈우리가 생각하는 것처럼〉에서 인터넷의 발달을 예견한 것으로 선구적인 인물이다.

100년 전 에머슨의 에세이와 거의 비슷한 역할을 했다. 당시 거의 완수되었던 맨해튼 프로젝트는 미국이 비밀리에 작업하면 엄청난 규모의 원대한 과업(이 경우에는 끔찍한 전쟁 무기를 개발하는 것이 목표 과업이었다)을 추진하고 성취할 수 있다는 사실을 이미 입증했다.

이제 부시는 이런 질문을 던졌다. 이러한 지적 에너지를, 이지적인 인간과 지식의 총합 사이에 지금까지 고려되지 않았던 새로운 관계를 구축하는 완전히 새로운 방법을 발명하는 데 사용하면 어떨까?《브리태니커 백과사전》전체를 극히 얇은 필름에 복사하고, 성냥갑보다 크지 않은 장치에 저장하는 것이 얼마나 쉬운 일이 될 것인지를 골똘히 생각한 뒤에, 그는 완전히 새로운 종류의 기계를 만들 것을 제안했다.

이것은 일종의 기계화된 개인 파일과 도서관이다. 이름이 필요하니, 우선 '메멕스memex'라고 부르자. 메멕스는 사람들이 각자 자신의 책, 기록, 연락 내용을 저장하는 장치로, 기계화되어 있어서 대단히 신속하고 융통성 있게 찾아볼 수 있으며, 각자의 기억을 확장해 보완해준다.

메멕스는 책상desk으로 구성되어 있으며, 원거리에서도 작동할 수 있지만, 주로 책상에서 작업한다. 상단에는 비스듬히 기울어진 반투명 스크린이 있으며, 이 스크린에 자료를 투사해 편리하게 읽을 수 있다. 그리고 키보드가 있고, 버튼과 조작용 레버들이 있다. 그것을 빼면 평범한 책상처럼 보인다.

이 글의 뒤를 잇는 몇 단락은, 오늘날 우리에게 놀라울 정도로 친숙한 무언가를 외형적으로 묘사한다. 그런데 무엇보다도 부시는 우리가 가장 중요한 기본이라고 생각하는 연결성을 특징으로 하는 상상의 탐색을 시작한다. 다만 그가 그런 상상을 했던 때는, 하틀리L. P. Hartley의 소설《중개자The Go-Between》의 한 구절을 인용하면, "과거는 지금과는 다른 나라였고, 그곳 사람들은 다른 방식으로 일을 처리한다"는 것을 감안해야 하는 1945년이었다.

메멕스의 주인이 활과 화살의 기원과 특성에 대해 알고 싶어 한다고 가정하자. 그는 특히 십자군 전쟁에서 오스만제국이 사용했던 길이가 짧은 활이 영국의 긴 활보다 더 우수했던 이유를 연구하고 있다. 메멕스에는 관련성이 있을 만한 책과 논문 수십 권이 있다. 우선 그는 백과사전을 뒤져서, 흥미롭지만 간략한 글을 찾아서 스크린에 띄워둔다. 그런 다음 역사 자료에서 관련 항목을 찾아서 두 글을 연결한다. 그는 이런 식으로 많은 항목에서 실마리를 찾아 큰길을 만들어나간다. 그리고 때때로 주요 단서와 연결 짓거나 특정 항목의 샛길과 연결하는 식으로 자신의 의견을 끼워 넣는다. 구할 수 있는 재료의 탄성이 활과 관련이 많다는 사실이 분명해지면, 그는 탄성에 관한 자료와 물리 상수常數 표를 확인할 수 있는 샛길로 들어선다. 그는 자신이 분석한 내용을 수기로 적어 넣은 페이지를 자료에 끼워 넣는다. 이런 식으로 그는 자신이 구할 수 있는 자료들의 미로를 통과해서 관심 분야를 추적해간다.

이 글의 마지막 문단에서 부시는 전자기술을 적용해서 단어와 개념, 발상을 서로 연결하는 신비한 방식으로, 인간의 생각을 대신 해주는 일종의 특별한 두뇌를 만들 수도 있지 않겠느냐고 묻는다. 누군가가 안개 속에서 나타나 그런 일을 해내지 않을까?

시어도어 홈 넬슨Theodor Holm Nelson●은 실제로 밝게 빛나는 곳으로 들어선 이들 중 한 명이었으며, 적어도 이론적으로는 그런 부름에 응답했다. 그는 부시가 구상했던 방식으로 텍스트를 연결할 방법을 제안했고, 1965년 8월 학술단체인 미국 컴퓨터학회ACM의

● 넬슨의 미들 네임은 오스카상을 수상한 배우이자 그의 어머니인 셀레스트 홈에게 물려받은 것이다. 넬슨은 셀레스트 홈의 다섯 번의 결혼 중 첫 번째 결혼에서 낳은 두 자녀 중 한 명이다.

연례 회의에 제출한 논문에서 이를 공식적으로 발표했다. 논문 제목은 더할 나위 없이 간결한, 〈복잡한 정보 처리: 복잡하고, 가변적이고, 불확실한 것을 위한 파일 구조〉였다. 이 논문에는 시대를 초월할 단어가 담긴 이런 유명한 구절이 있다. "'하이퍼텍스트 hypertext'라는 단어를 소개한다. 하이퍼텍스트는 종이에 간편하게 표시하거나 나타낼 수 없을 정도로 복잡한 방식으로 상호 연결된 글이나 그림 자료의 집합을 의미한다."

《옥스퍼드 영어사전》은 이 단어를 즉시 채택했다. 넬슨의 신조어가 영어 어휘로 확고히 자리 잡자, 옥스퍼드 사전은 하이퍼텍스트를 다음과 같이 설명하면서 언어의 궁극적인 중재자로서 권위를 행사했다. "책의 일부 구절, 소론, 정의, 연설의 한 구절에 하이퍼텍스트를 적용하는 것은 (컴퓨터 단말기 등에 표시된) 자료를 읽던 독자가 관련된 다른 문제에 관한 내용을 찾아보기 위해 도중에 그 자료를 읽는 활용을 중단할 수도 있다는 의미다." 독서 역사상 전례가 없는 이 신성한 새로운 정렬법 덕분에, 1960년대 후반의 컴퓨터 프로그래머와 코드 작성자들은 이진법으로 작동하는 컴퓨터가 이해할 수 있는 언어로 그런 연결 링크를 만들 수 있었다. 1968년 크리스마스 직전에는, 앞서 언급한 모든 데모의 어머니인 초기 컴퓨터 공학자 더글러스 엥겔바트의 창의적인 천재성에 힘입어 이 기술을 사람들에게 선보일 수 있었다. 샌프란시스코에 모인 1,000여 명의 청중 앞에서 그가 선보인 시연은 세상을 뿌리째 뒤흔들었다. 누군가는 그의 발표를 듣고, "번갯불을 양손으로 다루는 사람"처럼 보였다고 말했다.

그날 엥겔바트는 컴퓨터에 아주 간단한 식료품 구입 목록을 작성하는 일을 시연해 보였다. 엥겔바트와 그의 동료들은 스탠퍼드 대학교 연구실에 있었고, 임대한 전화 선로와 지극히 원시적인 모뎀 두 개로, 샌프란시스코에서 6.7미터 높이의 스크린을 쳐다보고 있는 청중과 연결됐다. 당시 엥겔바트는 괴짜로 알려져 있었는데, 그날 카메라로 촬영하던 사람이 괴짜들의 핸드북으로 통하던 잡지 《홀 어스 카탈로그The Whole Earth Catalog》의 편집장이었다는 사실도 이런 대중의 인식을 더욱 굳혔다.

청중은 마우스라고 불리는 장치를 이용해, 마우스가 가는 대로 정확히 따라 움직이는 화면의 점을 움직여서 상추, 치즈, 소시지, 레몬, 토마토, 세제, 햄, 바질, 오렌지, 우유, 아스피린 등의 단어를 알파벳 순서로 정렬하고, 그것들을 다시 농산물, 유제품, 육류 등의 하위 그룹으로 분류하고, 틀린 철자를 수정하고, 단어가 적힌 페이지의 크기를 조정하는 모습을 지켜봤다. 잠시 뒤 동료 편집자들(그들의 모습도 스크린에 잡혔다)이 각자 마우스를 움직여 단어를 조작하고, 주위에 선을 그리거나 다양한 모양과 크기의 상자에 단어를 배치했다. 무엇보다도 가장 중요하고 기억에 남는 대목은, 개별 단어를 클릭했을 때 선택한 단어의 의미, 어원, 건강상의 이점, 그 단어에 대한 다른 예상치 못한 정보가 마치 마법처럼, 연초점의 입자가 거친 흑백 스크린에 난데없이 나타나는 장면이었다. 물론 원하는 곳을 가리켜 누르는 '클릭'이라는 개념이 당시에는 아예 없었기 때문에, 뭔가에 홀린 듯 넋이 나간 청중이 시연된 행동의 의미를 제대로 이해하지 못했을지도 모른다. 엥겔바트는 책상 위에 놓인 얇은 판 위에서 한 손으로 마우스를 움직이면서 수줍은 듯 한쪽으로 살짝 미소를 지었고, 그렇게 함으로써 세상을 바꾸는 데 기여했다. 그리고 버니바 부시가 25년 전에 《애틀랜틱 먼슬리》에서 위엄 있는 인상적인 방식으로 제안했던 바를 정확히 실행해냈다.

사람들은 넋을 빼앗기고 즉시 자리에서 일어섰다. 그들은 생전처음 보는 장면이었고, 상상하거나 꿈꿔본 적도 없었다. 이날의 시연에 대해 스티븐 레비는 1994년에 출간한 자신의 책《미친듯이 위대한Insanely Great》에서 이렇게 묘사했다. "마치 진정한 최후의 한계가 그들 눈앞에서 윙 소리를 내며 날아간 것 같았다."

많은 사람의 예상보다 시간은 조금 오래 걸렸지만, 이윽고 이날의 행사로, 비유적으로 표현하자면 최후의 한계의 지평이 열리면서 모든 것이 바뀌었다. 곧 지구인 대다수가 사용하게 될 하드웨어와 소프트웨어가 나왔다. 마우스, 하이퍼텍스트, 하이퍼링크, 그래픽 유저 인터페이스(GUI), 인터넷, 애플 매킨토시도 등장했다. 1990년에는 팀 버너스리의 제안과 지휘하에 월드와이드웹(WWW)이 등장했다. 그리고 드디어 2001년 1월, 인간 사고의 궁극적인 저장소, 지식 저장, 전자적 지원을 받은 지식 확산의 완벽한 예라고 칭하고 싶은, 위키피디아Wikipedia(위키백과)가 나왔다.

참여형 백과사전 '위키피디아'의 탄생

─────────

    2022년 3월 27일 늦은 저녁, 나는 이 책의 초고를 쓰던 중이었고, 공교롭게도 바로 이 장을 쓰고 있었다. 더 구체적으로 설명하면 1965년에 '하이퍼텍스트'라는 용어를 만든 테드 넬슨에 대해 쓰고 있었다. 요즘 글 쓰는 사람들 대부분이 그렇게 하고 나 역시 지난 20년간 그래왔듯이, 위키피디아에서 그의 약력을 확인했다.

    그런데 세상에, 놀랍게도 넬슨이 사망했다고 나와 있었다. 그것도 '내가 그에 대한 글을 쓰던 바로 그날에' 말이다. 입력된 정보는 상당히 명확했다. 그의 항목은 "시어도어 홈 넬슨(1937년 6월 17일~2022년 3월 27일)은 미국의 선구적 인물이었다"라는 말로 시작됐다. 사망 장소는 밀워키였고, 나이는 84세였다. 그래서 나는 당연히 그에 관해 썼던 부분을 수정했는데, 주로 시제를 수정하고 동사 표현을 바꾸는 작업이었다. 그러고서 이런 우연이 예사롭지 않다고 생각해 각주를 추가했는데, 아마도 몇 쪽 앞에서 읽었을 것이다. 나는 잠시 근거 없는 불안에 사로잡혔다. 그에 관한 내 글이 어떤 식으로든 그의 죽음과 연관이 있을지 모른다는 끔찍한 생각이 들었다. 잠시 확실히 마음이 아주 불편했다. 이 내용을 트위터에 올리고 왜 이런 중요한 인물의 부고 소식이 없는지 공개적으로 의문을 표했다.

    그날 밤중에 들은 답은 그의 사망 소식만큼이나 놀라웠다. 컴퓨터에 능통한 뉴질랜드, 그가 선호하는 마오리어로 말하자면 아오테아로아Aotearoa(길고 흰 구름의 땅이라는 뜻―옮긴이)에 사는 젊은 이가 트윗을 보냈는데, 넬슨의 사망은 사실로 보이지 않는다고 했다. 위키피디아에 적혀 있던 내용은 누군가의 장난이었다. 익명의 못된 장난꾼이 몇 시간 동안 넬슨뿐 아니라 위키피디아 내에서 다른 인물들 10여 명의 항목에도 죽었다는 거짓 정보를 입력하고 다녔다. 여기에는 미식축구 감독, 고공 열기구 비행을 수차례 수행한 미 공군 장교, 여러 호주 정치인, 올림픽 사이클 챔피언, 호주 풋볼 선수 등이 포함됐다.

누가 이 온라인 암살을 실행했는지는 절대 알 수 없지만, 경계를 늦추지 않는 위키피디아 관리자는 몇 시간 후에 해커가 무슨 일을 꾸몄는지 알고 모든 자료를 원래 상태로 복구했다. 관리자는 희생자들을 소생시키고, 암살을 명한 문제의 주소를 48시간 차단했다. 적지 않은 고통을 초래할 수 있었고 실제로 혼란을 가져온 행위치고는 솜방망이 처벌이라고 생각하는 사람도 있을 것이다. 그런데 가장 중요한 문제는, 그 사건이 2001년 설립 당시부터 이 온라인 백과사전을 계속 따라다니던 의문을 제기했다는 점이다. '정말 위키피디아를 믿어도 될까?'

래리 생어Larry Sanger와 지미 웨일스Jimmy Wales가 1999년 5월 처음 만난 후 일어난 일에 대해서는 서로 다른 부분도 있지만 두 사람에게 독창적인 아이디어가 있었던 것은 분명하다. 둘 다 다른 저명한 백과사전 편찬자들과 같은 권위를 누리지는 못한다. 생어와 웨일스를 드니 디드로나 이프레임 체임버스와 비교하거나, 250년 전에 브리태니커를 설립한 에든버러의 세 신사, 즉 편집자, 작가,

거대한 코로 유명했던 판화가의 반열에 이들을 올려놓기는 어딘가 불편하다. 앨라배마 출신의 야심찬 젊은 채권 중개인이었던 웨일스는 캘리포니아로 건너가 두 명의 친구와 함께 보미스Bomis라는 회사를 설립하고 다양한 사업을 시도했다. 안정적인 수익을 내기 시작한 것은 젊고 예쁜 여자들을 노출하고 구독료를 받고 나서였다. 구독자들이 약간의 추가 비용을 내고 보미스 프리미엄에 가입하면 이 여성들이 카메라 앞에서 음란한 행위를 하는 것을 지켜볼 수 있었다.

그러나 웨일스에게는 보미스를 이런 성적인 소재를 다루는 것 이상의 매체로 만들고 싶은 야망이 있었다. 그중 하나는 디지털 기술, 특히 하이퍼텍스트 연결의 잠재력을 이용해 온라인 백과사전을 만들어 종이 형태의 모든 백과사전과의 경쟁에서 이기고 결국에는《브리태니커 백과사전》도 능가하겠다는 것이었다.

그는 그 이름을 누피디아Nupedia라고 짓기로 마음먹고, 규칙을 정했다. 이 사이트는 영어로 작성되고, 전문가들이 글을 쓰도록 하고, 소프트웨어를 모든 사람이 사용할 수 있도록 개방해서, 전문지식이 있다고 누피디아 편집자를 설득할 수 있는 사람이라면 누구든 참여시킬 생각이었다. 또 제출된 글은 길이에 상관없으며, 제출 후 같은 분야의 전문가에게 심사를 받게 하고, 일단 발행된 내용은 정기적으로 사용하든 일회성으로 사용하든 완전 무료로 제공할 예정이었다. 운영 비용은 보미스의 사업 전체에서 사업성이 더 좋은 분야의 수익으로 충당하고, 나중에는 광고 수입으로 운영할 계획도 있었다. 웨일스는 편집자 후보를 물색하면서, 주요 업무를 철학자에게 맡기고 싶다고 밝혔고, 결국 래리 생어를 선택했다. 래리 생어와는 인터넷 발달 초기에 같은 생각을 가진 사람들이 모여 서로 형제애를 느끼곤 하던 사이버 공간의 여러 게시판에서 이미 만난 적이 있었다. 생어는 당시 오하이오에서 박사학위 과정을 거의 끝내가고 있었다. 웨일스는 생어에게 당장 샌디에이고로 와서 일을 시작하라고 제안하면서, 박사학위를 마치면 연봉을 높여주겠다고 약속했다(그리고 실제로 이행했다).

그런데 누피디아는 값비싼 실패작이었다. 누피디아 웹페이지에 글을 올리려면 공들여 만든 7단계 과정을 거쳐야 했는데, 이 과정이 지루하게 길어서 마치 끝없는 밀밭을 헤치며 걷는 것 같았다.[•] 시간과 노력이 너무 많이 드는 데 비해 돌아오는 명예나 보수는 보잘것없었기 때문에 누피디아에 글을 올리겠다고 나서는 사람은 거의 없었다. 거의 1년 후에 딱 하나 완성된 항목이 전 세계인이 보는 온라인 공간에 공개됐는데, 무조음악atonal music이라는 다소 생경한 주제여서, 누피디아가 컴퓨터 세상에 불을 지피지는 못했다.

그러다가 2001년 1월, 생어는 거의 1년 동안 일에 매달리느라 지치고 사기가 다소 떨어진 상태에서 두 번째 항목을 사이트에 올리기 위해 자문위원들의 최종 승인을 기다리며 다른 20여 편의 원고 작업을 하고 있었다. 그때 퍼뜩 어떤 생각이 떠올랐다. 일

- 일부 학술 출판사는 여전히 이런 방식을 적용하고 있다. 예컨대 옥스퍼드대학교 출판부는 제출된 모든 원고를 대표위원단(delegates)이 검토하도록 하고, 케임브리지대학교 출판부는 특별위원(syndics)들이 동일한 작업을 수행하는데, 그러다 보니 편집 과정이 지나치게 더뎌서 많은 작가로부터 외면을 당했다.

종의 깨달음이라고 부를 만한 것을 얻은 순간이었다.

전문가들에게 글을 의뢰하고 받은 원고를 심사하는 대신, 일반 대중이 알고 싶어 하는 모든 항목의 글을 대중이 직접 쓰게 하고, 갈수록 확장되는 막대한 집단지성hive mind이 직접 그 내용을 실시간으로 편집하게 하면 어떨까? 전직 외교관이 베트남에 대한 1,000개 단어의 글을 쓰고, 글에 나온 단어 50개 정도를 파란색 하이퍼텍스트로 표시할 수 있다. 참고로 그 당시에는 하이퍼텍스트에 캐멀케이스CamelCase라는 표기법을 사용해서, 예를 들면 'eBay, iPhone, CompuServe'처럼, 단어를 띄어 쓰지 않고 단어의 첫 글자를 대문자로 표기했다. 대중이 직접 글을 작성하게 되면 무질서하고 엉망이 되어버릴 수도 있지만 적어도 더 번거롭고 느리지는 않을 것이며, 사람들이 이런 아이디어를 대체로 호의적으로 받아들인다면 이 온라인 사이트가 잘 성장하도록 함께 보살필 터였다. 이것이야말로 많은 사람이 바라고 꿈꿔왔던 진정한 지식의 민주화일 것이다.

생어는 2001년 1월 10일 수요일 점심시간에 샌디에이고에 있는 사무실 책상에서 누피디아의 모든 집필진에게 보낸 '위키를 만듭시다'라는 제목의 메모에서 그런 꿈을 설명했다. 그는 이렇게 적었다. "허황된 제안이 아닙니다. 그저 누피디아의 발걸음에 작은 용수철을 하나 달아보는 것입니다. 지미 웨일스는 사람들이 이 계획을 못마땅해할 것이라고 생각하지만, 저는 그렇게 생각하지 않습니다." 그는 이렇게 덧붙였다.

위키Wiki는 (……) '빨리빨리'라는 뜻의 폴리네시아어 위키위키 wikiwiki에서 유래했지만, 아주 개방적이고, 웹상에서 공동 편집이 가능한 웹페이지의 이름으로도 쓰입니다. 예를 들어 지식의 순환이라는 페이지를 제가 시작하고 무언가를 씁니다. 그럼 다른 누군가 웹페이지를 방문해 원하는 대로 수정할 수 있습니다. (편집 인터페이스는 상당히 간단해서 누피디아 문서를 작성하거나 편집할 수 있을 정도의 지적 능력이 되는 사람이라면 누구나 쉽게 이해할 수 있습니다.) 제가 만든 페이지에서 다른 페이지로 이동할 수 있고, 물론 누구든 제 페이지로 접속해 들어올 수 있지요. 이 프로젝트는 공공 자원으로 홍보되고 추진됩니다. 몇 가지 공지된 제안이나 규칙이 있는데, 전체적으로 개념은 실제로 잘 작동하는 것 같습니다. (……)

연결 링크는 'CapitalizedWordsBunchedTogetherLikeThis'처럼 캐멀케이스로, 즉 띄어쓰기 없이 단어 첫 글자를 대문자로 표기합니다. 해당 단어에 관한 위키 페이지가 있으면 그 단어에는 밑줄을 넣습니다. 연결 페이지가 없으면 단어 뒤에 물음표가 붙는데, 이 물음표는 클릭할 수 있어서, 누구든 물음표를 클릭하고 들어가 그 주제에 관한 내용을 작성할 수 있습니다.

누피디아에서 위키 설정은 아주 쉽고, 말 그대로 단 10분 만에 끝낼 수 있습니다(이미 확인해봤습니다).

누피디아에게 위키는 콘텐츠 개발을 위한 가장 '개방적이고' 간단하며 손쉬운 형식입니다…….

생어의 메모가 기폭제였고, 며칠 후 보미스가 그의 아이디어를 반신반의하며 승인했다. 그게 시작이었다. 그리고 상상을 초월하는 결과가 뒤따랐다. 불과 며칠 전까지만 해도 편집자들은 자칭 '똑똑한 사람들의 모임'의 철저한 검증을 통과해낼 자료를 생산하기 위해 고군분투했지만, 이제는 관심 있고 열정적인 수많은 일반인이 대중의 편집을 거칠 자료를 보내기 시작했다. 자발적으로 참여한 일반인 편집자들은 자신이 발견한 오류를 열성적으로 수정했지만, 일부는 장난을 치기도 했는데, 그러면 더 책임감 있는 사람들이 나서서 장난스러운 내용을 수정하는 등 전체적으로 무질서하고 혼란스러웠다. 그래서 처음에는 불안정했지만, 어느새 놀라울 정도로 빠른 속도로 위키 백과사전이 등장했고, 명쾌하지만 알맹이는 없는 누피디아와 구분되는 별개의 사이트에 게시됐다. 이렇게 해서 위키피디아가 자연스럽게 탄생했다.

2001년 1월 15일 월요일, 보미스 홈페이지에 '새로운 위키피디아를 만나보세요!'라는 배너가 떴다. 배너의 이 메시지는 현지 시각으로 오전 11시 27분에 기록된 것이었다. 다시 말하면 생어가 위키피디아를 설명하는 메모를 보내고 5일 후, 월요일 모닝 커피를 마시는 휴식 시간이 끝나고 나서, 신원이 여전히 밝혀지지 않은 샌프란시스코 사무실의 누군가가, 무료이며 출처가 공개되는 지식의 결합체를, 제시된 글에서 독자가 관심을 가질 만한 단어마다 하이퍼텍스트 링크를 달아서 이 주제에서 저 주제로 바로 전환하거나 탐색하거나 빠르게 이동할 수 있는 소프트웨어로 구현하기로 결정했다. 게다가 이 지식이 예전의 종이 백과사전처럼 알파벳 순서로 정렬되는 것이 아니라는 점에도 주목할 필요가 있다. 첫 글자가 같은 것을 기준으로 지식을 한데 묶어두는 지적으로 제한된 구조에서 마침내 벗어났기 때문이다. 더 나아가 이 모든 지식은 항상 무료로 제공될 것이다.

벌집에서 벌떼들이 쏟아져 나오듯, 참여자들이 쏟아져 나왔다. 누피디아에 게시된 항목은 두 개뿐이었지만, 위키피디아는 단 며칠 만에 200개, 그다음엔 2,000개, 첫해 연말에는 1만 9000개에 달했다. 누피디아는 길 건너에 사는 친척인 위키피디아와의 경쟁을 멈추고 사실상 운영을 중단했다. 자체 제작을 포기하고, 도네갈 바이올린 전통, 할리카르나소스의 헤로도토스, 찰스 S. 피어스, 구제역, 유전자형, 박테리아, 칼 포퍼에 관해 게시했던 항목은 위키피디아의 완전히 열린 구조 속으로 통합됐다. 칼 포퍼는 "지식은 유한하고 무지는 무한하다"라는 유명한 말을 남겼는데, 오늘날에는 가끔 그 반대가 사실인 것처럼 느껴진다. 그리고 이제 성숙하고 권위 있는, 공들여 보호된 위키피디아가 무한을 내포하고 있는 듯도 하다.

위키피디아의 죽음을 예견했던 사람들은 이제 무의미한 존재로 전락했다. 위키피디아의 방대한 내용에 따른 특성과 어조를 공격하는 사람들의 의견은 대부분 간과된다. 위키피디아를 처음 만드는 데 기여했던 사람들 사이에서 특히 자주 제기되는 비판은 엘리트주의, 사회 기득권층을 존중하는 태도, 믿음을 저버리고 창립할 때의 비전에서 벗어났다는 점 등이다.

위키피디아와 겨루어보려고 애썼던 무모한 경쟁자는 모두 인터넷에서 가장 복잡한 덤불을 헤쳐야 발견할 수 있다. 비록 울프럼 알파Wolfram Alpha와 같은 예외가 있기는 하지만 말이다. 2009년에 출시된 울프럼알파는 계산 논리와 강력한 알고리즘을 이용해 상상할 수 있는 거의 모든 질문에 수학적으로 계산된 간결한 답변을 생성하는 검색엔진이다. 그런데 위키피디아의 규모를 알려달라는 누군가의 요청에 울프럼알파가 4년이나 지난 그래프와 숫자를 제시했던 것을 보면, 어쩌면 생각보다 효용성이 떨어질지도 모른다.

선발되지 않은 평범한 사람들이 대중적으로 선별된 지식의 원천을 제공한다는 아이디어의 뿌리는 빅토리아 시대로 거슬러 올라간다. 1857년에 추후《옥스퍼드 영어사전》이 될 책을 만들면서 이런 아이디어가 제시됐다. 영어 어휘의 미묘한 차이를 보여주는 용례들을 찾는 일을 독자들에게 맡기자는 발상이었다. 이 프로젝트에 참여한 사람들은 각자 책을 최대한 많이 읽고, 그 책에서 중요한 단어들이 수 세기에 걸쳐 문헌에서 어떻게 사용됐는지를 보여주는 문장을 골라내는 일을 부탁받았다. 처음에는 거의 실현 불가능한 방법으로 여겨졌던 이 프로젝트가 사람들의 관심을 끌면서, 영어에 애정을 느끼는 전 세계 사람들이 수백만 개의 예시 문장을 보내왔다. 편집자들은 옥스퍼드대학교 정원에 있는 눅눅한 창고에서 반세기 동안 그 문장들을 사용해 수백만 개 단어의 뜻과 구체적인 의미의 설명을 수정했을 뿐 아니라 각 단어의 역사까지 조사해서, 영어에 있어서 절대적인 가치와 기념비적인 의미가 있는 책을 만들어냈다.

———— 월드와이드웹(WWW)이 만들어지고 8년이 지난 2001년 1월 15일, 위키피디아로 발전할 소프트웨어가 공식 출시됐다. 이 소프트웨어의 탄생으로 종이 백과사전의 오랜 지배는 막을 내렸고, 지금과 같은 크라우드소싱과 완전히 디지털화된 지식의 시대가 열렸다.

《옥스퍼드 영어사전》과 위키피디아를 정확히 비교하기는 본질적으로 불가능하다. 《옥스퍼드 영어사전》에는 전문 편집자, 결정권자, 큐레이터로 구성된 엘리트 집단이 존재한다. 옥스퍼드대학교 출판부는 상업 출판사이므로 사전도 자유롭지 못한 부분이 있다. 그나마 온라인 사전은 약간의 유연성이 있어서 새로운 어휘를 추가할 수 있고, 언어의 변천에 발맞춰 의미를 수정하고 더 정확하게 교정할 수 있다. 그렇더라도 편집 과정이 느리고 신중하게 이루어져서 민첩함과는 거리가 멀다. 반면 위키피디아는 채찍처럼 빠른 속도로 매일 수백 개의 새 항목을 추가하고 수천 개의 글을 수정하며, 참여자와 편집자 모두 크라우드소싱을 통해 작업한다. 위키피디아를 감독하는 기관인 위키미디어 재단의 거대해진 몸집 때문에 부작용을 우려하는 사람들도 있지만, 수익을 창출하지 않고 편집권을 행사하지 않으며, 그보다는 거대해진 기업 전체의 전자기술을 감독 및 지휘하고 사용자들에게 사이트 유지 비용 후원을 호소하는 일에 관여한다.

하지만 본질적인 면에서는 서로 비슷하다. 《옥스퍼드 영어사전》과 위키피디아 모두 변덕스럽고 예측할 수 없는 군중의 지혜에 의존하며, 그 지혜의 총합은 군중의 규모에 비례한다. 그런데 바로 그 대목이 우리에게 염려를 자아낸다. 군중의 규모가 커질수록 더 많은 지식이 모인다는 사실은 쉽게 받아들일 수 있지만, 이렇게 모인 지식의 진정한 가치를 어떻게 확신할 수 있으며, 우리가 찾고 필연적으로 발견하게 될 지식에 우리가 원하고 기대하는 가치가 있는지를 어떻게 알 수 있을까?

요컨대 놀라운 전자기술의 발전 덕분에 끝없이 쏟아지는 방대한 지식을 우리는 어떻게 평가해야 할까? 그 격렬한 흐름 속에서 무엇이 주의 깊고, 평온하고, 고요한 깊은 생각으로 자리 잡을까? 지혜를 우리 스스로 찾을 기회는 있을까? 그런데 그런 기회가 필

요하기는 할까? 필요하다고 느끼는 사람이 과연 있을까? 지혜로
운 사람이 아무도 없다면, 세상은 어떻게 작동할까?

위키피디아는 규모가 엄청나게 커졌고, 게재된 정보가 대체로
정확하며, 운 좋게도 상당히 발전됐지만, 최종적인 답을 가지고
있는 주체가 아닐지도 모른다.

3장
지성의 행진

*

교육은 읽을 줄 알지만 읽을 가치가 있는 글을
구별하지 못하는 방대한 집단을 양산했다.

—조지 매콜리 트리벨리언,《영국의 사회사》

책과 모든 형태의 글은
진실을 억압하려는 자들에게 늘 공포의 대상이었다.

—월레 소잉카,《죽은 남자》

어디에 남길 것인가

아리스토텔레스는 말벌을 별로 좋아하지 않았다. 말벌보다는 꿀벌에게 더 호감이 갔다. 벌들의 정교한 사회 조직, 벌집을 만드는 기술, 그리고 무엇보다 벌꿀을 생산하는 신성한 과정에 감탄했다. 하지만 말벌은 큰 호기심을 불러일으켰다. 왜 그토록 사악하고 잔인하며, 쓸모 있고 향이 좋은 밀랍으로 집을 짓지 않고 거미줄과 쓰레기를 뭉쳐서 만든 잿빛 반죽 덩어리 소굴 같은 것을 매달아놓고 집으로 삼는 걸까? 놀랍도록 관찰력이 뛰어난 동식물 연구가였던 아리스토텔레스는 《동물의 역사Historia animalium》라는 고전에서 이에 대해 자세히 기록했는데, 수천 년이 지난 지금까지도 혐오감이 깊게 울려 퍼진다. 말벌이 완전히 매혹적이라는 것 외에는 좋게 이야기할 게 없었던 듯하다. 훗날 영국의 시인 딜런 토머스가 말벌에 관해 쓴 글에서처럼, 그 역시 말벌에 대해 아는 것은 많지만 '왜' 그런지는 도통 모르겠다고 느꼈다.

아리스토텔레스의 시대로부터 500년이 지난 뒤, 유라시아 대륙 동쪽 끝으로 8,000킬로미터 떨어진 곳에서 세계적인 명성은 없었던 어떤 사람이 말벌을 조금 더 동정적인 마음으로 바라보았다. 그 사람은 중국 후한의 관리 채륜蔡倫이었다. 그의 공식적인 임무는 황실 호위병들이 사용할 검의 제작을 감독하는 것이었지만, 틈틈이 시간을 내서 규모가 큰 말벌 떼가 숙소 밖 처마 밑에 정교한 둥지를 짓는 것을 관찰했다.

관리였던 그가 이 잔인하고 적대적인 곤충의 행동을 꾸준히 관찰하고 기록하는 데에는 엄청난 인내심과 철저한 경계, 주의가 필요했다. 말벌들은 끊임없이 왔다 갔다 하면서, 나갈 때는 빈손이었다가 돌아올 때는 나무나 갈대, 풀 조각을 입에 잔뜩 물고 왔다. 그러고는 각자 자유롭게 자리를 잡은 뒤 물어온 것들을 부수고 씹어 부드럽고 탄력 있는 회색 물질로 만들고, 몸속에서 분비된 엄청나게 많은 양의 침을 섞었다. 그런 뒤에 입속에 있는 회색 물질을 토해내 겹겹이 펴 바르고 마를 때까지 기다렸다. 이렇게 해서 튼튼하고 유연하고 반투명한 벽을 만들어 집을 계속해서 확장해나갔다.

이따금 말벌이 만든 회색 반죽 일부가 땅에 떨어졌다. 그럴 때면 혹시라도 말벌이 침을 쏠 태세로 반죽 속에 들어 있는 건 아닌지 확인한 뒤에 덩어리를 살폈다. 그는 가볍고, 종이처럼 섬세하고, 질긴 성질을 보고 감탄했다. 어느 날 그는 반죽을 집어들어서 손가락으로 쿡 찌르고 살짝 눌러서 평평하게 만들었다. 그리고 갑자기 생각이 떠오르는 대로, 가장 작고 얇은 붓을 꺼내 먹물을 묻

지식의 탄생

혀 이 신비한 반죽에 선을 그렸는데, 마른 뒤에도 선이 그대로 남아 있었다. 이번에는 글씨를 한 글자 써봤다(아마도 한 획이나 두 획으로 된 간단한 글자였을 것이다). 그 글자는 또렷하고 깨끗했으며, 획도 뭉개지지 않아 잘 읽을 수 있었다.

그는 정보를 기록하고 전달할 새로운 방법을 발견했으며, 이 방법은 말벌이 설계한 것이었다. 말벌이 만든 물질을 그도 만들어낼 수 있다면, 다시 말해 나무껍질과 나뭇잎, 풀, 자연에서 얻은 그밖의 재료들을 물에 적셨다가 평평하게 펼친 상태로 말릴 수 있다면, 조정이 명령을 내리고, 기록을 보관하고, 소망과 의견을 전달하고, 궁중 서기들이 시와 수필을 적어서 바치는 데 필요한 물질을 제조할 수 있을 터였다.

이렇게 해서 채륜은 영어권에서 지난 2,000년 동안 종이로 사용된 재료를 만들어냈다. 종이는 잠재적인 쓰임새가 많고 지식 전달에 필수적이어서 세상을 변화시킬 만한 도구였으며, 글을 쓰기에 가장 이상적인 소재였다.

한때는 이런 이상적인 소재가 파피루스였을 것이다. 아니면 송아지 가죽, 양피지, 나무껍질에 글을 썼고, 채륜이 종이를 개발하기 이전의 중국에서는 대나무 조각, 비단, 소의 어깨뼈, 거북의 복갑(배딱지)을 사용하기도 했다. 글씨를 적을 수 있고 그 흔적이 그대로 보존되며 표면이 평평한 모든 자연 재료가 종이의 전신이었다. 고급 피지인 송아지 피지는 오늘날에도 여전히 사용되고 있으며, 그보다 질이 조금 떨어지는 사촌인 양피지도 마찬가지다. 두 가지 모두 동물의 가죽을 씻어서 긁어내고 펴고 말려서 만든다. 최고급 피지는 송아지 가죽으로 만들며, 가급적 태내에 있는 송 아지의 가죽을 사용한다. 송아지 피지이든 양피지이든 제대로만 만들면 무수한 세월을 견뎌낸다. 1215년에 양피지에 작성된 마그 나 카르타(영국의 국왕 존이 귀족들의 압력에 굴복해 선포한 63개조의 법―옮긴이)는 아직까지 완벽하게 양호한 상태로 남아 있다. 1714년 가을에 조지 1세가 서명한 폭동법Riot Act 원본은 돌돌 말아 리넨 끈으로 묶어서 밀랍과 수지로 봉인한 상태로 상원 의사당 도서관 에 보관되어 있는데, 양피지를 펼쳐서 폭도들에게 해산하지 않으 면 법정 대신에 교회에서 재판을 받는 '성직의 특전 없이 사형'에 처해질 것이라는 글을 큰 소리로 읽을 수 있을 정도로 여전히 견 고하고 유연하다.

영국과 아일랜드 모두 의회에서 제정한 최종 법안은 여전히 송 아지 피지에 인쇄된다. 이 때문에 지금도 메서스Messrs라는 가족 경영 회사가 송아지 피지를 제조하고 있다. 버킹엄셔에 있는 카울 리Cowley는 웨스트민스터와 화이트홀에서 사용할 송아지 피지와 양피지를 제조하는 일로 생계를 꾸려가고 있으며, 생산된 피지들 은 격식을 갖춘 왕궁의 화려한 결혼식이나 졸업식에 사용된다.

하지만 역사 초기의 지식 보급에 중요한 역할을 한 것은 파피 루스였다. 종이라는 뜻의 영어 'paper'가 바로 이 '파피루스papyrus' 에서 유래한 단어다. 파피루스가 중요한 역할을 했던 것은 특히 파피루스가 발명됐던 기원전 20세기에 진정한 의미의 문자가 발 명되었기 때문이다. 앞에서 살펴봤듯이 메소포타미아의 표의문자는 그보다 1,000년이나 더 거슬러 올라가며, 점토판에 기록됐다. 나일강 계곡의 늪지대에 살던 사람들이 파피루스 줄기의 속살을 떼어내서 물에 푹 담갔다가 평평하게 두드린 다음 조각들을 붙여서 종이를 만드는 방법을 알아냈을 때쯤에는 상형문자가 처음으로 발달했고, 뒤이어 음성문자도 등장했다.

만일 티그리스강이나 유프라테스강 유역 늪지대에서 파피루스 식물(학명 *Cyperus papyrus*)이 번성했다면, 그 인근에서 바그다드 남쪽 유적지에서 자주 발굴되는 마른 진흙판이 아니라 파피루스 두루마리에 적힌 수메르의 상형문자와 설형문자를 보게 됐을지도 모른다. 하지만 파피루스 식물은 메소포타미아에서는 잘 자라지 않았다. 그 식물의 원산지는 아프리카였고, 파피루스 두루마리나 코덱스에 적힌 글은 보통 이집트에서 발굴된다. 아니면 레반트, 더 일반적으로는 요르단과 현재 요르단강 서안지구에 해당하는 지역, 혹은 수단이나 에티오피아에서 발견된다. 이런 문서는 일반적으로 그리스어, 콥트어, 초기 라틴어와 아랍어로 작성됐고, 드물게는 히브리어나 아람어로도 작성됐다.

지금 이 주제에서 그런 문서들의 중요성은 사실, 데이터, 정보, 지식이 풍부하게 담겨 있다는 점에 있다. 당연히 지금껏 번역된 두루마리와 코덱스는(1920년대 전성기에 이집트학자들이 우연히 발견한 파피루스 유물의 양이 너무 방대해서 지금까지 연구된 것은 그중 일부에 불과하고, 수만 개의 파피루스 두루마리가 아직 읽히지 않은 상태다) 종교, 신화, 고전 문헌에 관한 내용이 압도적으로 많았다. 가장 이른 시기에 나왔던 모든 형태의 글에서는 그런 경향이 당연한 것으로 보이며, 빈, 쾰른, 옥스퍼드, 뉴욕, 앤아버, 뉴헤이븐, 피렌체에 있는 두루마리와 코덱스 중에는 고대의 종교적 사색이 담긴 것들이 넘칠 정도로 많다. 하지만 학식 있고 수준 높은 사람들, 자신이 습득한 학문을 최대한 오랫동안 보존하고 후대에 전승하기를 원했던 사람들이 저자들이 쓴, 오래 보전된 사본에 기록된 지시사항처럼 사실적인 자료도 있었다.

아마도 가장 중요한 파피루스는 1890년대 후반 버나드 그렌펠Bernard Grenfell●이라는 몸이 약한 젊은 고고학자가 이집트 북부 옥시링쿠스 마을 외곽의 쓰레기 더미로 보이는 곳을 뒤지다가 다양한 언어로 작성된 수많은 두루마리와 낱장으로 된 파피루스 문서들을 발견했을 때 나온 것들이다. 그는 "그저 장화 신은 발로 잠깐 흙을 뒤집기만 해도 겹겹이 쌓인 파피루스가 한 겹씩 드러나고는 했다"라고 썼다. 그때 발견한 두루마리들은 아직까지도 연구되고 있다. 지금껏 옥시링쿠스 파피루스 두루마리에 관한 출판물이 무려 80권이나 나왔다. 희곡과 시, 문화적으로 중요한 다른 종류의 글도 있었지만, 현대인의 관심에 불을 지핀 건 더 사실적인 내용을 담은 자료였다. 특히 최초의 중요한 수학 관련 문서 중 하나가 파피루스 형태로 존재하며 옥시링쿠스에서 발견됐다는 사실에 많은 사람이 관심을 가졌다.

물론 발견된 문서는 전체가 아니라 일부 조각이었다. 그렇지만

● 그렌펠은 4년이라는 긴 세월 동안 신경쇠약을 앓았는데, 헌신적인 어머니 앨리스 보살핌을 받았다. 그렌펠의 어머니는 이집트학에 관한 수많은 지식을 접하게 됐고, 그중 풍뎅이 부적에 매료되어 그 분야의 세계적인 권위자가 됐다. 그렌펠은 평생 독신으로 살았다.

오늘날까지도 완벽하게 알아볼 수 있는 종류의 지식 전달의 입증이라는 측면에서 이와 견줄 예가 거의 없다. 이 문서 조각은 총 13권으로 구성된 유클리드의 《기하학 원론_Stoikheia》 일부였다. 역사상 가장 영향력 있는 교과서로 꼽히는 이 책은 1482년에 새 발명품인 인쇄기에서 찍혀 나온 최초의 작품 중 하나이기도 하다. 그런데 버나드 그렌펠이 이집트의 쓰레기 더미에서 발견한 문서는 이보다 더 오래된 것으로, 위대한 그리스 수학자가 이 책을 쓰고서 400년이 채 지나지 않은 서기 1세기에, 그렇게 멀지 않은 도시인 알렉산드리아에서 작성된 것이었다.

그리스어로 작성된 이 글은 2,000년이 지난 지금도 아주 잘 읽을 수 있을 뿐 아니라, 요즘 기하학 교과서에서 익히 볼 수 있는 선, 각도, 기호로 이루어진 도해도 있다. 이 문서 조각 안에 적힌 글과 도해는 유클리드의 책 제2권에 나오는 명제 5번으로 확인됐다. 이 글에서 세계 최초의 수학자 중 한 명인 유클리드는 확신에 찬 어조로 이렇게 진술한다. "주어진 직선을 길이가 똑같게 둘로 자르고 길이가 다르게 둘로 잘랐을 때, 길이가 다른 두 토막으로 만든 직사각형의 넓이와 자른 점들 사이의 직선으로 만든 정사각형의 넓이를 더한 것은, 전체 길이의 절반으로 만든 정사각형의 넓이와 같다."

이처럼 손으로 만든 파피루스 두루마리는 2,000년 전에 지식을 널리 전파하는 용도로 사용됐다. 파피루스를 대체한 종이가 이 역할을, 그것도 훨씬 더 많이 수행하기까지는 그리 오랜 세월이 걸리지 않았다. 그러다가 인쇄술이 발명되면서 종이와 잉크를 통해 지식이 수천, 수백만, 수억 명에게 확산될 수 있었으며, 궁극적으로 지금까지 알려진 모든 지식을 거의 모든 사람에게, 거의 모든 곳에서 전달할 수 있는 잠재력이 생겼다.

종이의 발명

중국인이 종이를 발명했고, 일본인이 제지술을 개선해 완성했으며, 이슬람 세계가 이를 열렬히 받아들였다. 제지술을 전수받은 유럽에서는 글로 된 모든 형태의 소통에 종이가 있었고 그런 경향이 20세기 말까지 계속됐다고 해도 큰 무리가 없을 것이다. 종이 없는 미래를 상상할 수는 있지만, 그런 혁명이 실현되기에는 아직 한참 멀었다. 확실하게 말할 수 있는 건, 널리 사용되고 있는 문자에 비하면 종이는 훨씬 최근에 나온 발명품이라는 사실과, 종이가 지식을 전파하는 가장 중요한 수단이었고 지금도 여전히 그렇지만 지구상에서 종이가 머무는 기간은 그리 길지 않을 것 같다는 사실이다.

제지술은 앞에서 소개했던 중국 후한의 고위 관리 채륜의 관찰과 연구를 통해 서기 1세기경에 개발된 것으로 널리 통용된다. 황실에서 상당한 권력을 얻은 채륜은 85년에는 황제와 유교 교육을 받은 궁중 관료들 사이의 교섭 담당자로 임명되었다. 특히 종이에 관심이 많아 황제와 관료들 사이에서 궁중 행정의 핵심인 청원서

─── 서기 105년, 후한의 환관이
었던 채륜은 세상과 지식의 유통을
변화시킬 종이를 발명했다.

와 칙령 등의 서신을 전달하는 역할을 담당했다.

당시 대부분의 서신은 얇은 나무판이나 대나무에 붓으로 써서
작성했는데, 그러다 보니 무겁고 거추장스럽고 정리해 보관하기가
어려웠다. 채륜은 말벌이 씹어서 축축하고 걸쭉해진 덩어리에 분
비물을 섞어서 궁궐 벽 구석에 아주 튼튼한 둥지를 만드는 것을
지켜보고, 그런 걸쭉한 반죽을 직접 만들어보기로 결심했다. 그
는 해진 천, 낡은 그물, 버려진 마섬유, 대나무 조각, 뽕나무로 만
든 궁전 연단에서 떨어져 나온 나무껍질 부스러기 같은 재료들을
다양한 비율로 섞어 철제 통 여러 개에 나눠 담고 걸쭉한 죽처럼
될 때까지 끓였다. 그런 뒤에 통에서 꺼낸 회색 덩어리를 식혀서

체에 거르고, 망치로 두드려 편 다음 햇볕에 말려서 얇고 유연하고 질긴 새로운 물질을 만들었는데, 품질이 기대 이상이었다. 이 소재 위에 먹물을 묻힌 붓으로 글을 쓰면 번지지 않고 잘 흡수됐다. 돌돌 말고, 접고, 길고 가느다랗게 만들고, 끈으로 묶고, 다발을 만들 수 있었고, 나중에 다시 돌돌 말리거나 접힌 것을 넓게 펼치면 그 위에 적힌 글을 읽을 수 있었다. 붓으로 쓴 글씨가 그대로 또렷이 남아 있었기 때문이다. 필시 그는 참으로 기적 같은 일이라고 혼자 중얼거렸을 것이다.

그는 이 소식(자신이 105년에 종이를 만들었다는 소식)을 궁궐에 떠들썩하게 알렸다. 섬유소 가닥을 물과 결합해 걸쭉하게 만든 뒤 두들겨 말려서 분자 구조를 재배열하는 화학 원리의 작용 같은 것은 몰랐을지 모르지만, 그건 상관없었다. 그는 원흥元興 원년(105)에 후한 황제 화제和帝에게 이 과정을 보고했다. 공식 기록에는 이렇게 적혀 있다. "황제가 그의 뛰어난 능력을 칭찬했다. 이때부터 종이가 모든 곳에서 사용되기 시작했으며, 채륜이 만든 종이라는 뜻으로 채후지蔡侯紙라고 불렀다."

글쓰기와 기록의 보편화

종이가 발명된 때는 많은 발명품이 꼬리에 꼬리를 물며 세상에 첫 선을 보이던 시기였다. 기원후 첫 200년 동안 새롭게 탄생한 것 중에는 배의 키, 혼천의渾天儀, 수동 선풍기, 에어컨의 짐벌(수평 유지 장치—옮긴이), 주행계, 크랭크, 음수陰數의 개념, 지진이 일어날 가능성이 있는 곳을 진자로 감지하는 수단, 지도(등고선이 있는 지도, 지모地貌로 산맥의 위치를 표시한 지도) 등이 있다.

실제로 이 시기의 것으로 알려진 종잇장이 한나라 변방의 사령부 망루 옆에 있는 어느 무덤에서 발견됐는데, 185년경에 제작된 이 종이는 지도 조각이었다. 앞서 언급한 파피루스 유적에는 기하학의 내용이 적혀 있었는데, 이 종잇조각에는 지도 제작과 관련된 내용이 적혀 있었다. 현재 세계적으로 존경받는 인물인 채륜이 그로부터 80년 전에 발명한 제지술로 나무껍질과 마 섬유질을 이용해 만든 이 종잇조각에 적힌 내용이 종교 경전도 아니고, 시 구절도 아니고, 유교 경전도 아닌, 제국의 변방과 관련이 있는 지도 제작법에 관한 지식이었다는 사실은 매우 의미가 있다.

채륜이 제지법을 발명한 뒤로 얼마 지나지 않아, 중국의 후대 황제는 앞으로는 모든 공식 문서를 대나무나 나무가 아닌 종이에 기록해야 하며, 모든 공고를 종이에 써서 알리라는 칙령을 선포했다(이런 선포문은 "모두 두려워 떨고 복종할지니!"라는 구절로 끝맺었다). 공적 차원과 민간 차원 모두에서 민간 고전, 주해, 유명한 소논문의 교정판이 점점 더 많이 나왔다. 9세기에는 목판 인쇄술이 개발됐다. 현재 영국도서관에 전시되어 있는 가장 오래된 목판 인쇄물은 개인의 완성에 도달할 가능성을 탐색한 불교 경전 《금강경》(금강반야바라밀경)이다. 이 경전은 868년 중국 둔황의 한 동굴에서, 무료로 배포됐다는 메모와 함께 발견됐다.

얼마 지나지 않아 메소포타미아에도 종이가 등장했다. 제1천년기에도 세계화를 내세운 무역 활동이 존재했기 때문이다. 그 매개체는 실크로드였다. 종이 제조법(필시 견본과 함께)은 중국 서부의 사막에서 사마르칸트와 부하라를 거쳐 모스크와 삼나무 숲이 우거진 지중해 연안 레반트까지 낙타를 몰고 터벅터벅 걸어 서쪽으로 이동하던 상인들에 의해 서방으로 전해졌다. 다마스쿠스와 바그다드에 제지 공장이 문을 열자 소음과 냄새가 주민들을 불편하게 했다. 정부의 법령과 새롭게 설립된 대학의 졸업장이 종이에 작성됐으며, 수백 쪽에 달하는 쿠란도 새롭게 선보인 종이에 공들여 필사해서 제작됐다. 장부를 기록하고 관리하던 사람들은 특히 종이를 좋아했다. 고대의 회계사들은 곡물 창고 총계를 기록하고 맥주 시장 가격을 계산하는 등 점토판에 장부를 기록하던 시절부터 이 지역에서 열심히 일해왔는데, 이제는 화물 품목과 재고를 종이에 적기 시작했다. 그 기록은 5세기와 6세기의 유적에서 상당히 많이 발견된다.

그로부터 불과 2세기 만에 종이는 더 서쪽으로 전파되어 이슬람교도들을 통해 스페인 남부 안달루시아까지 확산된다. 그리고 당연히 그 뒤로도 더 널리 퍼져나가서 알프스 산지를 넘어서 중부 유럽과 북유럽까지 전파되고, 서양의 기술이 접목돼 더 크게 발전한다. 예를 들어 가위가 개발된 덕분에 종이 기술자들은 해진 천을 더 고르게 잘라서 뭉친 덩어리가 덜 생기게 했다. 금속공들이 철사를 뽑는 새로운 방법을 발견한 덕분에, 마감이 더 매끄러운 체로 펄프를 말릴 수 있었고, 마무리할 때 아교 칠로 표면에

광택을 주어서 가공 과정에서 생기는 얼룩을 없애거나 최소화할 수 있었다.

고대의 필사본 문헌 상당수가 교리 경쟁이 치열했던 시기에 기원한 종교적인 글이었기 때문에, 때때로 흥미로운 논쟁이 벌어지기도 했다. 가령 경건한 이슬람교도가 기도문이나 설교문을 기독교인이 만든 종이, 그중에서도 특히 이 지역에서 새롭게 개발된 기술을 적용해 햇빛에 비추었을 때 기독교의 상징인 무늬가 비치는 종이에 써도 되는지에 관한 논쟁이 벌어지기도 했다. 어느 저명한 이슬람 법학자가 1409년에 이 문제를 오래도록 숙고했다. 그는 신성한 쿠란 문서는 모든 인쇄 수단을 거룩하게 만들고 이슬람교의 상징인 초승달은 기독교의 상징인 십자가보다 항상 우세하기 때문에 이슬람 신자들은 이교도가 만든 매체라도 그 위에 글을 쓸 수 있다는 결론을 발표했다.

이 시기에는 종이의 존재 자체가 글쓰기를 적극 장려하는 역할을 했다. 예전에는 동물을 잡아 가죽을 벗겨서 삶고, 잡아당겨서 늘이며, 증기로 쪄서 깨끗이 만드는 번거로운 과정을 거쳐야 했다. 아니면 터무니없이 비싼 돈을 지불해야 겨우 글을 쓸 수 있었다. 그러나 이제는 글을 쓰기가 아주 쉬워졌다. 백지 한 장의 가격이 거의 공짜나 다름없을 정도로 저렴했기 때문에, 글을 쓰다가 틀리면 그냥 구겨서 동그랗게 뭉쳐 던져버리고 새 종이를 꺼내 다시 쓰고는 했다. 작가에게는 악몽처럼 싫은 순간일지 모르겠지만, 15세기 유럽에서는 행복한 현실이었다. 외교관들은 종이에 보고서를 작성해서 보냈는데, 그런 문서 중 일부는 새롭게 개발된 암호로 작성됐으며, 학자들도 종이로 만든 노트에 자료를 기록했다. 손으로 쓴 마을 소식지가 발행되기도 했는데, 돈이 많은 사람은 이런 소식지에 방문객의 도착을 서로 알리거나 가면극에 상대방을 초대하기도 했다. 스페인의 왕 펠리페 2세는 엄격한 명령을 줄줄이 발표하고 직인을 찍은 뒤 궁정 회의에서 그 종이를 머리 위로 흔들어 표시하는 등 모든 지시를 문서화했기 때문에 '종이의 왕'이라고도 불렸다.

이처럼 글쓰기가 새롭게 유행하면서 독서에 대한 관심과 열정도 나란히 높아졌고, 뒤이어 완전히 새로운 개념의 인기가 고개를 들기 시작했다. 책의 수요가 있을 때마다 손으로 베껴 써서 만들어내야 했으므로 손으로 필사한 책을 대량생산하는 것은 엄청난 도전이라는 생각이 들지 모르지만, 15세기 초에도 일종의 베스트셀러가 있었다. 예를 들어, 장 제르송Jean Gerson이라는 야심찬 파리의 성직자는 더 많은 독자에게 읽히기를 바라는 마음에서 라틴어와 프랑스어로(대부분은 라틴어였고 프랑스어 저서는 일부였다) 엄청나게 많은 양의 책을 펴냈다. 르네상스 시대의 저명인사였던 제르송이 펴낸 책자 중에는 당대의 또다른 저명인사였던 잔 다르크에 관한 생생한 이야기를 간단히 적은 '트랙타컬리tractaculi'라는 시사 요약이 포함되며, 그는 직분상 반드시 참석해야 했던 다양한 종교회의에서 이 책자를 홍보했다. 특히 독일 남부에서 열린 콘스탄츠 공의회에는 1만 8000명에 달하는 고위 성직자들이 모였는데, 그는 참석자들에게 자신의 책을 주문해달라고 설득했다. 회의장에서 필경사 여러 명이 곧바로 작업에 착수해서 제르송 추기경의 책을 필사해 제작했는데, '콘스탄츠에서 필사됨'이라고 적힌 책 80권 이상이 오늘날까지 남아 있다.

한편 필경사들이 분주히 생산한 도서를 수집하고 보관하기 위한 대형 도서관들이 생겨났다. 피렌체의 한 수집가는 약 800권의 제본 도서를 모았는데, 이 책들은 오늘날 거대한 바티칸도서관의 핵심을 이루는 장서다. 피렌체에서 수집된 이 도서들은 르네상스 문학의 정수라고 할 수 있는데, 대다수가 현지에서 개발된 서체로 세심하게 작성됐고, 이 서체에서 우리에게 친숙한 현대 서체들이 많이 파생됐다. 현재 로만체라고 불리는 서체는 카롤링거 소문자체로 알려진 필기체 방식을 기반으로 한다. 로마체는 최대한 빨리 글을 써내야 하는 필경사가 속도를 내기 위해 옆으로 기울어진 필기체(즉 이탤릭체)처럼 급조된 다른 서체들과 더불어 필경사들의 주요 서체로 자리 잡는다.

인쇄술과 구텐베르크 성경

이렇게 멋진 손글씨 서체가 개발되는 동안 또 하나의 위대한 순간이 찾아왔다. 엄청나게 중요한 시기가 될 세기의 중반에 접어들 무렵, 두 사건이 결합되면서 모든 것을 바꾸어 놓았다. 많은 사람이 중세의 종말과 근대의 시작을 알리는 신호탄이라고 주장할 이 중요한 사건은 1440년에 일어났다. 그 무렵 종이는 역사상 가장 중요한 발명품인 인쇄기와 연결될 준비가 이미 되어 있었다. 얼마 뒤 종이와 인쇄술이 완전히 결합됐을 때 깊고 지속적인 영향을 미칠 진정한 정보혁명이 시작됐다.

그렇다고 해서 유럽이 인쇄술 발명에서 우위였음을 주장하려는 것은 아니다. 1908년 크레타섬 파이스토스 궁전에서 작업하던 고고학자들은 초기 인쇄 기술을 보여주는 인상적인 나선형 그림문자(픽토그램)가 찍힌 원형의 구운 점토판을 발견했다. 이 점토판은 15세기 중반의 것으로 추정됐지만, 오늘날 일부 학자들은 이 유적이 교묘하게 조작된 것이라고 생각한다. 유럽에서 발견된 유물은 이것이 전부이기 때문이다. 반면 중국의 목판 인쇄는 9세기부터 존재했다는 사실이 확실히 입증됐으며, 얼마 뒤 한국에서 금속활자로 책을 인쇄했다는 증거가 다수 존재한다. 1380년경 중국 명나라를 건립한 초대 황제는 크기(가로 약 33센티미터 세로 23센티미터)와 금액(구리 동전 100개) 면에서 모두 엄청나게 큰 지폐를 회색 뽕나무 종이에 인쇄하라는 지시를 내렸는데, 그 지폐는 현재 영국박물관을 포함한 서양의 여러 박물관에 소장돼 있다.

그렇지만 요하네스 구텐베르크의 활판인쇄술 발명으로 그때까지 다른 곳에서는 실현되지 않았던 저렴하고 빠른 대량생산이 가능해졌다. 증기기관과 전력의 기하급수적인 발전이 이루어지기 전인 15세기에도 인쇄기의 존재는 한 페이지에 담긴 지식을 수백만 명에게 배포할 수 있다는 것을 의미했다. 즉 인쇄기의 사용은 지식의 민주화를 의미했다. 인쇄기의 발명으로 돈을 대량으로 찍어낼 수 있게 됐다. 최초의 서양 지폐는 1661년 스웨덴에서 보안

이 철저한 구텐베르크식 인쇄기에서 찍혀 나왔다.

독일 마인츠 출신이며 사람들에게 존경받는 요하네스 구텐베르크는 숙련된 금세공 기술자였다. 그는 아버지와 마찬가지로 지역 조폐국에서 일하며 주화를 만들고 위조 주화를 찾아서 녹이는 일을 했다. 그러다 보니 금속을 주조하고 성형하는 법에 정통했다. 1440년 스트라스부르에 임시 거주하던 시절에, 그는 자신이 용융 금속으로 문자를 만드는 최적의 방법을 찾아냈다는 소식을 알리는 짧은 글을 발표했다. 그가 찾아낸 방법은, 글자를 하나씩 집어서 개별적으로 움직일 수 있었기 때문에 앞뒤를 맞춰가며 일렬로 배열해 단어를 만들고, 그 단어를 연결해 문장을 만들고, 문장을 나열해 단락을 만들 수 있었다. 구텐베르크의 움직일 수 있는 활자의 발명으로 어떤 글이든 배치해서 만들고 인쇄할 수 있는 무한한 가능성이 열렸으며, 문서를 빠른 시간 내에 인쇄해 수많은 사람에게 공급할 수 있게 됐다.

그로부터 6세기가 지난 지금도, 이 기술의 복잡성은 상상하기 어려울 정도다. 이 과정에서 첫 단계는 주어진 글에 사용된 개별 글자(구텐베르크 당시에는 대체로 23개의 글자로 이루어진 라틴어를 사용했다)의 경상鏡像, mirror image을 단단한 금속에 조각하는 것이다. 구텐베르크 활자의 디자인은 당시 공식 문서에 가장 널리 사용되던 손글씨를 변형한 형태였는데, 세로선과 가로선이 굵고 선명해서 종이에 찍혔을 때 직물과 같은 느낌을 주었기 때문에 '텍스추라textura'라고 불렸다. 조각한 각 글자는 '펀치punch'라고 불렸는데, 펀치는 다양한 크기로 제작해야 했다. 인쇄술이 더 정교해지면서 해당 페이지에서 사용되는 방식에 맞는 다양한 유형의 펀치가 필요했으며, 이와 더불어 대시, 마침표, 쉼표, 따옴표에 해당하는 금속 펀치도 제작해야 했다. 구텐베르크의 작업팀이 몇 명 안 되다 보니 유형별 글자를 모두 조각하는 데에는 짧으면 몇 주, 몇 달에서 길게는 몇 년이 걸렸다. 식자기에 들어가는 위치를 고려한 대문자와 소문자, 구두점까지 모두 합치면 총 290개의 펀치를 수작업으로 조각해야 했다. 다른 언어는 사용하는 알파벳이 조금 달라서 약간의 차이가 있겠지만, 그가 작업하던 라틴어 문서는 기본적으로 필요한 펀치의 개수가 290개였다.

290개의 펀치는 보통 구리처럼 무른 금속으로 만들었지만 때로는 철을 이용했으며, 망치로 두드려 새겨서 보기 좋은 형태로 각 글자를 만들었다. 무른 금속에 새긴 각각의 활자 모형을 주형에 고정한 뒤에, 튜브로 소량의 용융 금속(보통 주석과 납의 합금)을 부어 넣었다. 차갑게 식어 단단히 굳은 금속을 틀에서 꺼내면, 좌우 대칭이 바뀌지 않은 제대로 된 모양의 활자가 만들어진다. 이렇게 해서 인쇄에 사용할 활자가 완성된다. 완성된 활자들(w, e, p, q, 쉼표 등등)은 칸막이로 나뉜 활자 상자에 보관한다. 이제 조판공이 이 활자들을 골라서 줄과 단락을 만들 것이다. 그러고 나면 활자들을 지정된 위치에 단단히 고정하고 특수 제작한 유성 카본 블랙 잉크를 가볍게 솔로 바른 뒤, 백지에 대고 프레스를 눌렀다가 조심스럽게 들어올려 종이를 꺼내 말리면 한 장의 인쇄된 문서가 완성된다.

인쇄 기술자에게는 고생 끝에 기쁨을 맛보는 순간이다. 그런데 아직은 끝이 아니다. 확인 작업이 필요하기 때문이다. 우선 모든 단어의 철자가 정확한지 확인한다. p와 q처럼 혼동하기 쉬운 글자들이 올바른 방향으로 잘 찍혔는지 확인한다. 그리고 인쇄가 번지지는 않았는지, 글자 간격이 적당한지, 행간이 너무 넓거나 좁지 않은지, 전체적인 디자인과 느낌은 어떤지 살핀다. 인쇄 기술자들은 세심하고 꼼꼼해서 기쁨의 환호성을 지르기 전에 인쇄된 페이지를 엄밀히 점검한다. 15세기 마인츠에서든 21세기 맨해튼에서든, 이 모든 작업이 완수됐을 때는 그 아름다움에 경탄하고 헤아릴 수 없이 큰 창의적 만족감을 맛보게 된다.

물론 작업의 마지막 단계는 몇 번이고 반복할 수 있으며, 그것이 바로 구텐베르크의 발명이 그토록 중요한 이유이기도 하다. 인쇄물 한 장을 10장 또는 100장, 1,000장으로 만들 수 있으며, 너무 많이 사용해서 활자가 마모되면 녹여서 주형 틀에 부어 새로 만들면 된다. 이런 의미에서 인쇄는 지속 가능한 기술이었다. 5,000년 전 바빌론 근처의 니푸르 학교에서 수메르의 점토 조각을 물과 섞어 필사 연습용 점토판으로 재활용했듯이 말이다.

구텐베르크는 처음에는 조금씩 가볍게 시도했다. 그는 동료 인쇄 기술자인 요한 푸스트Johann Fust와 페터 쇠퍼Peter Schöffer 두 사람과 함께 일했으며, 재정적으로 늘 어려움을 겪었고 이런저런 소송에 끊임없이 시달렸기 때문에 조수는 감당할 수 있을 만큼만 고용했다. 그는 독일어 시, 라틴어 문법, 가톨릭 면죄부 등 몇 가지 간단한 인쇄물에 실험적으로 새로 개발한 금속활자를 사용해서, 수동 인쇄기가 잘 작동하는지 확인하는 일종의 시험비행을 거쳤다. 사면초가에 몰려 파산 직전까지 갔던 구텐베르크는 1452년, 특별히 개발한 인쇄술로 최고의 걸작이 될 작품을 제작하기 시작한다. 이 책은 가히 세계에서 가장 널리 알려진 인쇄본이라고 말할 수 있다.

이 책의 이름은 공식적으로는 42행 라틴어 성경이고, 비공식적으로는 42행 성경으로 불리며, 전 세계적으로 널리 일컬어지는 이름은 '구텐베르크 성경'이다. 구텐베르크 성경은 약 3년간의 비밀 작업 끝에 1455년에 첫 출판됐다. 비밀 작업이었지만 구텐베르크의 팀원 중 한 명이 작업 과정의 중간쯤에 견본 다발을 가져다가 인근 도시 프랑크푸르트에 가서 관심을 가질 만한 사람들에게 보여주고 긍정적인 반응을 얻으면서, 작업을 계속할 확신과 힘을 얻었다.●

이름에서 알 수 있듯이 이 책은 총 1,286쪽으로 각 페이지가 2단 42줄로 구성되어 있고, 가죽 표지로 제본한 2권으로 제작됐다. 구텐베르크와 조수 여섯 명이 총 180부를 제작했는데, 그중 135부는 종이에, 나머지 45부는 송아지 피지에 인쇄했다. 종이는 리넨 천을 주원료로 만들어졌으며, 이탈리아에서 제작됐다는 워터마크가 찍혀 있었다. 페이지 번호는 없었다. 유성 니스에 가까운 성분인 잉크는 절대 지워지지 않게 종이에 완전히 접착됐으며, 짙은 검정색이었다. 다만 붉은색으로 적어야 할 부분은 빈 공간으

● 1454년 구텐베르크는 특별한 임무를 띠고 프랑크푸르트를 방문한다. 이 방문은 프랑크푸르트에서 열린 최초의 서적 판매 사업 중 하나였으며, 오랜 역사를 자랑하는 프랑크푸르트 도서전의 첫걸음으로 여겨진다. 프랑크푸르트 도서전은 오늘날에도 여전히 세계 최고의 상업 출판 시장이다.

───── 1455년 구텐베르크가 이동식 금속활자로 인쇄한 42행 성경의 현존하는 사본 49권 중 하나로, 값을 매길 수 없을 정도로 귀중한 유물이다. 사진 속 사본은 종이에 인쇄된 135권 (45권은 송아지 피지에 인쇄됐다) 중 하나로, 1978년부터 뉴욕공립도서관에 전시되어 있다. 이 책이 1847년에 뉴욕에 도착했을 때 세관원들은 모자를 벗고 책을 살피도록 지시받았다.

로 남겨 두었다가 인쇄 후에 붉은색 잉크로 손글씨로 적어 넣었는데, 이 부분은 주서朱書, rubric라고 불렸다. 나뭇잎 같은 장식을 넣거나 정교한 그림으로 대문자 글씨를 크고 화려하게 꾸미고 싶을 때도 해당 부분을 빈 공간으로 남겨두고 인쇄했다.

책의 전체적인 모양과 느낌은 구텐베르크가 의도했던 대로 수도원 필사실의 느낌, 즉 수도사들이 모여서 최고급 송아지 피지에 하느님의 영원한 말씀을 수작업으로 정성스럽게 필사한 느낌이 묻어났다. 물론 실제로는 기계를 이용해 수작업 방식으로 제작한 것이었다. 신성한 의무를 위해 몸을 낮게 웅크린 수도사들, 수도사의 의복과 두건, 삭발한 머리와 성무일과서聖務日課書, 멀리 수도원 회랑에서 울려 퍼지는 기도문 대신에 인쇄기에서 책이 나오는 과정은 이렇게 진행된다. 여러 명의 기술자가 원본 주형 틀로 제작한 활자 290개가 담긴 활자 상자에서 조심스럽게 해당 글자를 골라서 활자 막대에 올려놓고, 한 줄로 정렬된 완성된 무거운 활자들을 서식에 맞게 올린 뒤에, 각 줄을 나무 가로대 안에 넣고 단단히 고정시켜 틀 안에 잠가두고, 완성된 압반壓盤에 검은 잉크를 묻혀, 각 페이지를 몇 초에 한 번씩 문지르고, 종이를 잉크가 묻은 활자 틀 위에 올려놓고, 나무 손잡이를 돌려 프레스를 아래로 정확히 당겨서 종이에 잉크가 묻은 활자 한 벌이 눌리면 손잡이를 올린 뒤 종이를 꺼내 밝은 곳에 놓고 인쇄된 문서의 고유한 자국이 줄에 최대한 작게 표시됐기를 희망하면서, 모든 글자가 정확히 인쇄됐는지 검사한다.

구텐베르크 성경은 마침내 권위적이고 규범적인 절차를 걷어내고, 감상적이지 않은(즉 이성적인 처리 방식을 따르는) 기계 제작 과정을 통해 인쇄됐다. 구텐베르크의 모든 성경은 선주문, 선판매, 선지불 방식으로 제작된 고객 맞춤형 도서였다.

현재까지 구텐베르크 성경 인쇄본 중 48권이 남아 있으며, 이 책들은 세계에서 가장 운이 좋거나 기민하게 운영되는 도서관들에 흩어져 있다. 1501년 이전에 인쇄된 낱장 형태의 다른 초기 인쇄물에서도 확인되듯이, 구텐베르크 성경의 모든 사본은 일반인에게는 뛰어난 인쇄술의 걸작으로, 영적인 성향이 짙은 이들에게는 기독교의 완전성을 보여주는 위대하고 아름다운 작품이다. 글은 책마다 아주 조금씩 다르지만 모두 빠짐없이 완벽하게 알아볼 수 있고, 원본 필사본을 흠잡을 데 없이 충실히 따랐으며, 그 시대 이후의 거의 모든 기독교 신자들이 수용하고 높이 평가하는 방식으로 정렬되고 정리됐다.

지식의 민주화

모든 구텐베르크 성경의 본문은 4세기 번역가이자 역사가인 성 히에로니무스가 오늘날의 크로아티아 영토인 알바니아 북부 아드리아해와 나중에 그가 말년을 보냈던 도시 베들레헴에서 손으로 쓴 불가타Vulgate 성서의 12세기 파리 편집본을 따랐다. 히에로니무스 성경에서 구약은 히브리어를 라틴어로, 신약은 그리스어를 라틴어로 번역해 작업했다.

이 편집본을 따른 데에는 그럴 만한 이유가 있었다. 애초에 성경을 인쇄하기로 하고, 그중에서도 특정 번역본을 선택했던 데서 구텐베르크 성경 제작 과정의 한 가지 특성을 엿볼 수 있다. 이 특성은 그 이후 모든 종류의 지식이 더 일반적으로 확산되는 과정에 막대한 영향을 끼쳤다. 15세기 이후 인쇄술의 폭발적 성장이 지식 전파의 주요 원동력으로 자리 매김한 상황에서 구텐베르크 성경에 영향을 미친 이 특성은 우리에게 중요한 사실을 일깨워준다.

그 특성은 바로 구텐베르크가 시작한 인쇄업과 출판업이 본질적으로 '이윤을 추구하는 사업'이라는 점이다. 인쇄 출판업을 통해

주로 보급되는 지식은 15세기 독일에서도 그랬지만 오늘날에도 그런 지식을 소비하고 싶어 하고 기꺼이 구입할 의사가 있는 사람이 충분히 많아서, 출판업자가 이윤을 남기거나 최소한 생계를 유지할 수 있는 종류의 지식이다.

구텐베르크 성경의 상업적 현실은 냉혹했다. 한마디로 말해서 15세기 독일에서 성경은 결코 대중적인 책이 아니었다. 교회는 인기가 있었지만 성경은 그렇지 않았다. 요하네스 구텐베르크가 독일 독자만을 위한 책을 인쇄하기로 결정했다면, 당연히 독일어로 쓰인 책을 선택했을 것이다. 하지만 구텐베르크와 동료들은 그런 책을 만들어도 기껏해야 몇 권밖에 팔리지 않을 것임을 알았다. 후원자들(이윤에 열을 올리고, 소송을 일삼는 사람들)의 투자 규모를 고려하면, 작품을 출판하고 싶어 애태우는 독일 작가들의 원통함을 못 본 척해서라도 순전한 독일어 작품을 인쇄하고 싶은 유혹을 피해야 하며, 그 대신 실질적인 기회를 좇아 전 세계에 널리 호소할 수 있는 책을 인쇄해야 했다.

성경이 바로 그런 책이었다. 불가타 성서 번역본은 가장 일반적으로 선호하는 성경은 아니었지만, 유럽 주류 기독교 교단에서 인정받는 번역본이었기 때문에 돈벌이가 될 것이 확실했다. 즉 그런 유형의 번역본 성경을 내는 것은 상업적 이치에 부합했다. 구텐베르크가 고려할 수 있었던 다른 선택지들, 즉 그 당시 독일의 전위적 소설가나 유럽의 잘 알려지지 않은 기독교 종파 성직자의 저서 같은 것들은 못 본 척하고, 무시하고, 피해야 했을 것이다. 구텐베르크 출판사가 3년간의 집중적인 작업을 통해 제작하려고 했던 것은, 돈을 내고 책을 구입할 사람들을 위한 책이었다. 그래서 그들은 유럽의 기독교 단체를 위한 성경을 만들기로 결정했다. 그리고 고객이 성경을 구입하기 위해 지불해야 할 금화가 부의 신, 상업적 현실의 영역에 속해서 이상주의, 신, 기독교적 선의와는 거의 관련이 없더라도 문제가 되지 않는다고 생각했다.

그리하여 구텐베르크는 오늘날에도 적용되는 규칙, 즉 '돈을 벌 가능성이 가장 높은 책은 출판된 책'(다시 말해 인쇄 출판업자의 선택을 받은 책)이라는 규칙을 따랐다. 모든 지식은 평등할지 몰라도, 15세기 마인츠에서든 21세기 맨해튼에서든, 의도한 청중에게 도달하는 데 드는 막대한 비용 때문에 일부 지식은 다른 지식에 우선할 수도 있다.

하지만 이런 계산이 오늘날 구텐베르크 성경의 가치에 반영되지는 않는다. 구텐베르크 성경이 인쇄될 당시에는 종이로 된 두 권짜리 판본의 가격이 30플로린이었다. 당시 건축가의 연간 수입이 100플로린 정도였고 프랑크푸르트의 사무실에서 일하는 평범한 사무원의 월급이 10플로린 정도였다는 점을 감안하면, 성경 한 권의 가격은 건축가의 약 10주간의 노동과 사무원의 3년 노동에 해당하는 금액이었다. 개인이 부담하기에는 부담스러운 금액이다. 오늘날 연봉 10만 달러를 버는 사람이 과연 성경에 3만 달러를 사용할 수 있을까? 연봉 1만 달러를 버는 사람이 성경 한 권을 사려고 3년치 임금을 고스란히 모을 수 있을까? 두 경우 모두, 영적으로 특별한 축복을 받은 사람이 아니라면 아마도 그렇지 않을 것이다.

구텐베르크는 성경이 완성됐다는 소식을 발표한 지 몇 주 만에 인쇄본 모두를 팔았지만 구매자 중 개인은 거의 없었다. 기록이 명확하지는 않지만, 영국, 스웨덴, 헝가리로 보낸 사본이 개인 가정에 전달된 어렴풋한 증거는 있지만 개인 구매가 확실히 밝혀진 것은 한 건에 불과하다. 필사본 성경은 오래전부터 이보다 훨씬 값이 비쌌다는 점에 주목할 필요가 있다. 구텐베르크 성경처럼 인쇄된 책은 많이 찍을수록 가격을 낮출 수 있어서, 이미 규모의 경제 효과를 누리고 있었다. 책이 어떤 방식으로 제작되든지 간에, 개인이 곁에 두고 읽으며 영성을 계발하기 위해 성경을 소장할 수 있는 사람은 극소수였다. 대부분의 사본은 마인츠에서 수도원, 대학, 성당으로 보내져 공동 연구에 사용되다가, 흰개미가 갉아먹어 제본이 닳거나 더위에 접착제가 녹으면서, 속지가 하나둘씩 떨어져나가 결국에는 못쓰게 됐다.

현존하는 48권(희귀본 수집가 중에는 49권이라고 말하는 사람들도 있다)은 오랜 역사, 희귀성, 많은 수요 때문에 책의 가치가 한없이 높아졌다. 최초로 발견된 사본은 1760년 파리에 있는 마자린도서관 서고의 책 더미 속에서 나왔으며, 최초 발견본으로서의 중요성을 충분히 인정받고 있다. 이 책은 빠진 부분 없이 완전한 상태다. 국립도서관에 소장된 또 다른 사본은 몇 페이지가 누락됐지만, 제목이 적힌 페이지에 책을 구입한 날짜(1456년 8월 15일)가 적혀 있다는 장점이 있다. 현존하는 대부분의 사본은 일부 페이지가 누락된 상태지만, 손상 없이 완전히 보전된 사본이 빈, 괴팅겐, 뮌헨, 프랑크푸르트, 파리(이 사본 역시 마자린도서관에 소장되어 있으며, 이외에도 불완전한 사본이 한 권 더 있다), 리스본, 모스크바, 부르고스, 에든버러, 뉴욕, 워싱턴, 맨체스터, 옥스퍼드대학교(1793년 친절한 프랑스 추기경으로부터 100파운드에 구입한 것으로, 보들리도서관에 소장되어 있다), 영국 케임브리지대학교(1933년에 다른 물품들과 함께 대학에 기증됐다), 매사추세츠 케임브리지의 하버드대학교, 뉴헤이븐의 예일대학교, 텍사스대학교 오스틴 캠퍼스에 소장되어 있다. 이튼칼리지에는 처음 그대로의 제본과 장정, 제본자의 서명이 있는 완전한 사본이 있다. 영국도서관에는 두 개의 완전한 사본이 있는데, 하나는 송아지 피지에, 다른 하나는 종이에 인쇄된 책이다.

불완전한 사본 중에는 유럽 외의 지역에 유일하게 보관 중인 사본이 유명하다. 두 권 중 제1권만 있는 이 사본은 19세기에 일본을 근대화하고 서양 문물을 받아들이는 데 중요한 역할을 했던 자선가이자 학자인 후쿠자와 유키치가 설립한 도쿄의 게이오대학교 도서관에 소장되어 있다. 게이오대학교에 소장된 구텐베르크 성경에는 일종의 상징성이 있다. 게이오대학교에서 선도한 일본의 고품질 스캐닝 기술이 런던의 영국도서관에 소장된 구텐베르크 성경 두 권의 디지털 버전 제작에 이용됐기 때문이다. 마치 한 바퀴를 돌아 제자리로 돌아온 듯하다.

가장 최근에 온라인 시장에서 거래된 사본은 현재 텍사스대학교 오스틴 캠퍼스의 해리랜섬센터에 소장된 종이 성경 완본으로, 거래 금액은 240만 달러였다. 도서 업계에서는 또 다른 사본이 경매에 나온다면 최소 3500만 달러에 낙찰될 것으로 추정한다. 낱장 한 페이지의 가격만 따져도 무려 15만 달러에 이른다. 이것을 달리 표현하면, 1455년에는 건축가가 두 권짜리 구텐베르크 성경을 구입하기 위해 10주 동안 일해야 했다면, 지금은 단 한 페이지를 구입하기 위해 1년치 월급을 쏟아부어야 한다는 뜻이다. 구텐베르크 성경 완본은 1,286쪽이라는 사실을 기억하라. 현재 거래가가 최고 수준으로 높아졌지만, 희귀성과 비할 데 없는 아름다움을 비롯한 수많은 이유로 이 책의 가치는 그 무엇과도 비교할 수 없다.

이 책이 그토록 값진 것은, 구텐베르크가 이 책을 제작하면서 지금까지도 우리 세상을 지배하는 인류 사회의 어떤 움직임을 만들어냈기 때문이다. 구텐베르크와 그의 발명은 지식의 확산을 민주화했다. 구텐베르크의 인쇄소에서 책이 제작되고, 얼마간의 시간이 흐른 뒤 인쇄된 신문이 저렴한 가격에 공급되면서, 평범한 시민들도 책과 신문을 사서 읽을 수 있게 됐다. 이런 혁명적 변화는 42행 성경 최종 인쇄본이 워터마크 처리된 고급 종이에, 검은색 니스 잉크로 인쇄되어, 가죽으로 장정된 두 권짜리 책으로 마인츠 인쇄소에서 쿵 소리를 내며 나오던 바로 그 순간부터 시작되어, 인류의 고유한 역사에 지워지지 않는 중요한 결과를 남겼다.

지식의 확산, 지성의 행진

역설적이지만 충분히 예견할 수 있는 일이 뒤를 이었다. 인쇄술의 본질은 똑같은 책을 빠른 속도로 몇 번이고 반복해서 찍어낼 수 있다는 것이다. 구텐베르크의 새로운 발명품에 대한 이야기는 최초의 인쇄된 책이 나온 지 며칠 만에 마인츠에서 유럽으로, 유럽을 넘어 전 세계로 퍼져 나갔다. 구텐베르크의 인쇄기와 거의 똑같이 생긴 기계 수십 대, 아니 어쩌면 수백 대가 곳곳의 작업장, 목공소, 창고에 설치됐고, 활자판 수천 줄이 조립됐으며, 낱장 인쇄물, 신문, 책 수십 권이 제작되고, 얼마 뒤에는 수백에서 수천 권, 나중에는 수십만 권이 인쇄기에서 쏟아져 나왔다. 역사적으로 기술이 이처럼 빠른 속도로 광범위하게 확산된 사례는 거의 없었다. 어느 순간 갑자기 인쇄기와 인쇄업자들이 사방에 나타났다. 구텐베르크와 그의 동료들은 자신들이 뭔가 굉장한 일을 벌이고 있다는 것을 잘 알았기 때문에, 이런 결과를 아마도 예측했을 것이다. 그랬더라도 인쇄 혁명이 아주 많은 것을 무척 빠른 속도로 변화시키는 것을 목격하고 놀라지 않을 수 없었을 것이다.

당시 유럽에 설립된 거의 모든 신생 인쇄소는 구텐베르크의 인쇄소와 마찬가지로 영리를 추구하는 상업적인 인쇄소였다. 아시아는 최초로 금속활자를 만들었다는 유력한 주장이 나온 지역임에도 불구하고 유럽과는 상황이 달랐다. 19세기까지 중국과 일본에서 인쇄기는 사찰, 수도원, 정부 관청에 설치됐고, 인쇄물의 내용은 대개 종교적인 글이나 법적 규제력이 있는 포고령이었다. 아시아에서는 금속활자보다 목판 인쇄가 더 널리 쓰였다. 유럽에서는 활자의 종류가 20~30개에 불과하지만 표의문자는 그 종류가 수천 개나 되기 때문이다.

일본의 가장 초기 소설이자 세계 최초의 소설로도 알려진《겐지이야기源氏物語》(겐지모노가타리)는 1019년에 완성됐지만, 두루마리 형태의 필사본으로 제작되거나 아니면 아주 간혹 목판으로 찍어 배포되었기 때문에, 초기에는 다수의 독자에게 전달되기 힘들었다. 가동식 금속활자로 인쇄된 최초의 사본은 그로부터 6세기가 지난 시점이자 인쇄기가 일본에 도입된 지 최소 2세기가 지난 후인 17세기 중반에야 등장한다. 당시 야심 있는 인쇄업자들이 이 책의 상업성을 알아보았다. 헤이안平安시대 궁중생활을 놀랍도록 아름답게 묘사하고 있고 로맨스와 음모, 역사적 이야기로 가득한 이 책은 출판되자마자 인기를 얻었다. 아서 웨일리Arthur Waley가 엄청나게 긴 이 소설을 영어로 번역하고, 그 번역본을 읽은 버지니아 울프가 1925년 패션잡지《보그》의 영국판에 서평을 남기면서, 겐지는 영어권에서도 유명한 작가가 됐으며, 이 사실이 일본에 알려지면서 더 큰 인기를 끌었다. 구텐베르크의 발명은 동아시아에서 긴 도화선의 끝에 있었지만, 일단 불이 붙자 5세기 전에 유럽에서 그랬던 것처럼 일본에서도 대중 문학의 르네상스가 시작됐다.

책은 유럽의 초기 인쇄업자들이 가장 선호하는 상품이었다. 초기에 인쇄소 대부분은 책의 유통을 고려해서 강가나 잘 알려진 무역로 주변에 자리 잡았다. 그에 따라 쾰른, 파리, 리옹, 안트베르펜, 바젤, 베네치아 같은 도시에서 인쇄업이 번성했다. 물론 빠른 속도로 성장하는 도서전이 열리는 도시 프랑크푸르트에서도 인쇄업이 호황을 이루었지만, 몇 년 동안은 경쟁 도시인 라이프치히에 밀리기도 했다. 1476년 윌리엄 캑스턴이 제프리 초서의《캔터베리

이야기》를 출판하며 웨스트민스터에서 사업을 시작한 뒤로는 런던에서도 인쇄업이 번성했다. 때로는 초창기에 인쇄업에 뛰어든 사람들이 대차대조표나 손익계산처럼 따분하고 재미없는 업무를 처리하는 사업 감각 없이 열정만 앞서서, 특히 이탈리아를 중심으로 사업 실패와 도산, 통폐합이 빈번히 발생했다. 인쇄업자와 출판업자, 유통업자는 더 많은 수익을 내기 위해 서로 협력하기도 했다.

인쇄업의 궁극적인 성공 공식은 단순히 책을 많이 찍어내는 것보다는 조금 더 복잡한 문제였다. 인쇄업은 갓 탄생한 신생 산업이었으며 인쇄업이 나아갈 방향과 적당한 수준을 찾은 것은 1500년대다. 16세기 인쇄업자들은 사업 다각화의 이점을 깨달았다. 구텐베르크의 가장 성공적인 후계자들은 다양한 형태의 인쇄물로 아이디어와 지식을 널리 확산시키겠다고 결심한 사람들이었다. 이들의 핵심 사업 영역은 여전히 책이었지만, 이외에도 팸플릿, 소책자, 낱장 인쇄물, 회보, 포스터, 안내문, 악보, 플래카드, 초대장, 광고, 편지지, 명함, 종교적인 글, 보조 교재, 기도문, 그리고 이런 것들과는 완전히 분야가 다른 시, 회계 문서 양식 등을 인쇄했다. 책은 물론 사람들의 생각을 바꾸고, 정치적 격변을 일으키고, 혁명을 촉발하고, 과학적 진보를 널리 알릴 수 있으며 실제로 그런 역할을 하지만, 소박한 포스터도 인쇄된 단어의 힘을 드러낼 수 있었다. 이를 보여주는 가장 주목할 만한 사례가 60년 뒤 마인츠에서 동쪽으로 약 500킬로미터 떨어진 색슨족의 도시 비텐베르크에서 있었다.

이 한 장짜리 문서는 세로 2단의 라틴어로 작성되었으며, 근방의 인쇄소에서 제작됐다. 인쇄를 의뢰한 사람은 무명의 젊은 아우구스티누스회 수도사이자 비텐베르크대학교의 윤리신학 교수였던 마르틴 루터였다. 인쇄물이 나오자 루터는 그중 한 장을 마인츠의 대주교인 브란덴부르크의 알브레히트에게, 정식 특사를 통해 전달했다. 편지에 적힌 날짜는 1517년 10월 31일인데, 이 날짜는 지금도 세계 곳곳에서 기념일로 지정되어 기리고 있다. 이날 루터는 사본에 자필로 작성한 편지를 동봉해 봉투에 넣고 밀랍으로 봉인한 뒤 알프스 북부의 가톨릭 고위 성직자들에게 보냈다. 그는 이 문서를 통해서 가톨릭교회를 분열시키고 종교개혁을 촉발하는 최초의 균열을 일으켰다. 신교도의 새로운 신조가 확산되는 데 인쇄술이 두드러진 역할을 했음은 부인할 수 없는 사실이다. 인쇄술은 그 잠재적 힘을 처음으로 제대로 발휘해 세상을 변화시켰다고 할 수 있다.

마르틴 루터가 그해 10월 독일의 대주교에게 보낸 이 문서(95개 조 반박문)는 젊은 나이의 그 자신에게 직접적인 영향을 미쳤다. 이단이라는 비난이 쏟아졌고, 그를 화형에 처하라는 요구가 거셌다. 그는 결국 재판정에 서야 했으며, 로마 교회에서 공식적으로 파문당했다. 그런데 오늘날 전 세계인의 기억에 가장 확고히 남아 있는 것은 루터가 알브레히트 대주교에게 보냈던 인쇄물이 아니다. 루터에게는 대주교에게 보낸 것과 똑같은 문서가 더 있었다. 루터는 그 문서(이 시점이 정확히 언제인지에 대해서는 학자마다 의견이 분분한데, 2주가 지난 후일 가능성이 크다)를 지역의 전통에 따라, 비텐베르크 언덕 위의 성에 자리한 올세인츠교회의 서쪽 대문에 게시했다.

출입문에 게시된 문서는 누구나 볼 수 있었다. 이 때문에 가톨릭 성직자 두 사람이 교단 내에서 벌인 사적인 논쟁으로 끝날 수도 있었던 일이 교황의 절대 권위에 대한 공개적인 도전이 됐다.[*] 현재 95개조 반박문의 라틴어 전문이 새겨진 청동문으로 새롭게 단장한 올세인츠 교회가 인쇄기로 찍은 한 장의 문서로 인해 이 모든 사건이 시작된 개혁 교회이자 순례의 장소로 받아들여지는 것은 어찌 보면 당연한 일이다.[**]

마르틴 루터의 문서가 초래한, 여전히 반향을 불러일으키는 어마어마한 혼란은 차치하고, 인쇄기 발명에 따른 사회적 영향력은 금세 보편화되어 당연한 것으로 여겨졌다. 인쇄된 책은 오랜 세월 지식 확산에 중요한 역할을 해왔고, 지금도 여전히 그 역할을 담당하고 있다. 19세기에 종교의 그늘에서 벗어나고 지식이 더 광범위하게 확산되도록 사회를 이끌어가려는 좋은 뜻을 품었던 고위층은 책을 중점적으로 활용했다. 책은 대중적인 매체였고 인쇄기의 발명이 불러온 규모의 경제 덕분에 누구나 쉽게 책을 구입할

● 이 도전의 본질적인 내용과 의미는 여기서 다룰 문제가 아니다. 지금 우리의 논점은 인쇄술의 중요성이지 인쇄물의 내용이 아니기 때문이다. 여기서는 그저 교인들에게 돈을 받고 면죄부를 주는 교황의 권위에 루터가 반박하면서 죄를 사하는 것은 상업이 아니라 참회의 문제라고 항의했다는 사실을 아는 것으로 충분하다. 당시 교황 레오 10세는 면죄부 수입으로 바티칸국의 성 베드로 대성전(산 피에트로 바실리카) 재건 자금을 충당했기 때문에 구시렁거리는 루터를 결코 내버려둘 수 없었다. 그 젊은 독일인에게 몰아닥친 일련의 사건과 뒤이은 교회 분열은 이런 이유에서 비롯된 것이다.

●● 참고로 신교 교회가 차츰 자리를 잡아가던 1529년에 루터가 작곡한 유명한 찬송가 〈내 주는 강한 성이요〉의 독일어 가사 첫 줄이 이 성당의 유명한 원형 종탑 꼭대기에 새겨져 있다.

수 있게 됐기 때문이다. 1826년 런던에서는 '유용한 지식의 확산을 위한 협회Society for the Diffusion of Useful Knowledge, SDUK'●가 설립됐다. 교육적인 단체이니 앞서 학교와 대학을 논할 때 다루는 것이 더 적합하지 않았겠느냐는 주장이 나올 수도 있지만, 내가 이 단체를 여기서 소개하는 데는 나름의 이유가 있다. 설립자가 이 단체의 활동과 이곳에서 출판하는 책들이 빠르게 성장하는 대중지의 악영향을 막고 부족한 부분을 보충하며, 학교 교육을 받기에는 너무 늦었거나 경제적 형편이 안 되는 어른들의 정신을 갈고닦는 데 도움이 될 것으로 보았기 때문이다. 잘 알려져 있듯이 이 단체의 목표는 책이나 신문처럼 이른바 지식의 수평적 전달이었다. 여기에는 당연히 어른들이 다음 세대에 정보를 주는 것도 포함된다. 교육받은 상류층이 정규 교육을 제대로 받지 못한 동족을 교육해서 모두가 혜택을 누리고 발전할 수 있게 돕는 것이 이들의 활동 목적이었다. 19세기 초에 지식은 더욱 널리 보급되어야 하고, 지식은 더 이상 지배층의 전유물이 아니며 누구나 알 권리가 있다고 생각하는 사람들이 격렬히 논쟁을 벌였던 '지성의 행진March

● 3년 뒤에 미국에도 똑같은 이름의 단체가 설립됐는데, 설립 초기에는 영국에서 선호됐던 출판 활동보다는 강의 활동에 더 치중했다. 미국에서 인상적으로 새로운 길을 개척했던 보스턴 지부는, "정신이 가장 활발히 작용하고, 열정이 들끓는 시기, 무익한 오락거리의 유혹이 가장 강하고 많은 시기에 학교를 갓 졸업한" 청년들에게 도움을 주려 한다고 공표했다. 그 수단은 "저렴한 비용에 지원할 수 있고, 마음을 끄는 형태여야 하며, 청년들의 일반적인 지성을 높여줄 뿐 아니라 그들이 삶에 헌신할 목표를 추구함에 있어 더 깊은 관심, 성공에 대한 더 확실한 전망을 품고 더 이해심을 가지고 임할 수 있도록 준비시키는 것이 바람직하다." 이 단체의 강사 중에는 랠프 월도 에머슨, 루이 아가시, 올리버 웬들 홈스, 존 퀸시 애덤스 등이 있으며, 조금 덜 알려진 인물 중에는 '인류 지식의 가치'를 주제로 강의했던 존 피어포인트(John Pierpoint)도 있다. 어느 정도 시간이 지난 뒤, 협회는 비로소 책에도 관심을 돌려서 하퍼출판사를 통해 50권짜리 전집 《미국 학교 도서관(The American School Library)》을 출간했다.

_{of Mind}'으로 불리는 논쟁의 본보기였다.

이런 견해에 반발하는 사람들은(반발하는 사람이 상당히 많았는데, 이들은 강경하고 야단스럽게 의견을 표출했다) 하층민을 교육하면 사회적 혼란이 초래될 것이며, 노동자 계급에게 나쁜 행동과 폭동을 조장할 뿐인 그런 해로운 발상이 나오게 된 건 증기기관과 산업혁명 때문이라며, 격렬히 불만을 쏟아냈다. 일례로 당시 풍자물에 등장하는 인물의 대사 중에 이런 대목이 있었다. "지성의 행진이 (……) 뒷방 덧문으로 불쑥 들어오더니 (……) 우리 집 은수저를 들고 나갔어." 반대자들은 '지성의 행진'이 보수를 괴롭힐 '진보'의 귀신을 불러들이지 않을까 두려워했다.

그런데 그것이 실제로 협회 창립자가 생각했던 목표였다. 그런 단체를 만들고, 많은 사람의 지지를 얻는다면, 궁극적으로 진보뿐만이 아니라 당시 비민주적이던 영국에 절실히 필요했던 정치개혁의 핵심을 마련하는 데에도 도움이 될 터였다. 창립자는 아는 것이 많고 사정에 밝은 유권자들은 신중하고 현명하게 민주적으로 투표권을 행사할 것이라고 믿었다.

이런 급진적인 견해를 품고 있었고, '지성의 행진'을 전적으로 훌륭한 현상으로 여겼던 창립자는 헨리 브로엄_{Henry Brougham}이라는 48세의 휘그당 정치가이자 개혁가였다. 스코틀랜드 남동부 출신인 그는 과학, 법률, 토론, 의학, 교통수단, 글쓰기, 정치 등 다방면에 재능이 있는 인물이었지만, 그의 구체적인 업적은 세월에 묻혀 하루살이처럼 덧없이 흘러갔다. 그의 존재는 오늘날 거의 기억되지 않으며, 브로엄 경이라는 칭호는 그대로 남아 있지만(그는 초대 남작이며, 현재 영국 의회 의원인 브로엄 남작이 5대다), 저명한 가문은 아니었다. 4대 브로엄 남작은 도박에 빠져 파산해서 모든 것을 잃었으며 1967년에 숨을 거둘 때까지 육체노동을 해야 했다. 참으로 역설적이게도, 만일 그가 자신의 조상이 펴낸 책을 한 권 읽었다면 다른 길을 걸었을지 모른다.

브로엄 남작은 주목할 만한 유산 두 가지를 남겼다. 하나는 그의 이름을 딴 브로엄이라는 작은 마차다. 그의 친구이자 협회 동료였던 웰링턴의 이름을 딴 긴 가죽 부츠와 달리, 그 마차는 지금은 거의 쓸모없는 물건이 됐다. 다른 하나는 앞서 소개한 SDUK다. 이 협회가 유지된 20년 동안 회원들은 런던에 있는 춥고 비좁은 사무실에서 일하면서 브로엄이 명한 과업(주로 노동자 계급의 지성과 교양을 넓히는 데 도움이 될 특정 주제를 다룬 저렴한 책과 소책자, 잡지를 제작하는 일)을 열심히 수행했다.

대부분의 공장 노동자와 농부들이 감당할 수 있는 금액인 6펜스 미만의 비용을 지불하면 SDUK에서 제공하는 책이나 잡지를 읽을 수 있었다. 예컨대 세계의 특정 지역에 대해 더 자세히 알고 싶은 사람은, 브로엄이 '유용한 지식 도서관'이라고 이름 붙인, 가입자들에게 맨 처음 제공되는 목록에 있는 약 50권의 소책자 중에 그 주제에 관한 책을 선택하면 된다. 제공되는 소책자는 천문학, 열, 항해, 목공 제품, 온도계와 기압계, 동물 역학, 증기기관 등 일반적인 주제를 망라한 수십 가지 종류였다. 동전 몇 닢을 더 내면, 이론 수학, 철학, 개인의 역사(갈릴레오 갈릴레이, 크리스토퍼 콜럼버스, 올리버 크롬웰, 그 외 인물 50여 명)처럼 조금 더 고차원적인 주제를 탐색할 수 있었다. 아니면 농사 시리즈에 있는, 노새에 관한 정보, 말에 편자 부착하기, 우유의 화학적 원리, 가금류의 질병, 홉 심는 법 등등 아주 전문적인 소책자를 고를 수도 있다. SDUK 도서 목록은 아주 저렴한 비용에 제공되는 기본 지식의 보고였다. 만일 SDUK의 책이 너무 어렵다면(어렵다고 투덜거리는 독자들이 실제로 꽤 있었다), 조금 더 가벼운 주제를 다룬 '재미있는 지식 도서관' 목록에서 역사적 장면과 초상화, 기이한 행동과 성격, 새의 자연사, 흥미로운 시련 같은 더 흥미로운 주제를 다룬 책을 고르면 된다. 그래도 내용이 어렵다면 동일한 가격으로, 협회에서 매주 발행하는《페니 매거진Penny Magazine》을 받아볼 수 있다. 삽화가 아주 많이 들어간 이 잡지는 자연과 과학 세계의 흥미로운 이야기를 다루었다.

오늘날 영국에서는 서너 명으로 구성된 모임을 만들어 동네 술집에서 맥주를 기울이며 일반상식 퀴즈 대결을 하는 '펍퀴즈pub quiz'가 유행하고 있다. 펍퀴즈의 심화 버전에 해당하는 '마스터마인드Mastermind', '브레인 오브 브리튼Brain of Britain', '유니버시티 챌린지University Challenge', '트웬티 퀘스천스Twenty Questions', '더 브레인스 트러스트The Brains Trust'처럼 지식 대결을 벌이는 라디오 및 텔레비전 프로그램이 있을 정도로 영국에는 지식에서 남보다 앞서려는 오랜 전통이 있다.

이 모두가 브로엄 경처럼 좋은 뜻을 품은 19세기 고위층이 영국인들의 정신에 지식을 불어넣으려고 노력했던 덕분이 아닐까. 이때의 지식은 유클리드, 플라톤, 소크라테스의 훌륭한 생각이 포함된 지식일 수도 있고, 아니면 셰익스피어의 희극《겨울 이야기》에 나오는 행상인 오틀리커스처럼 고려할 가치가 없는 사소한 일에 덤벼들게 만드는 지식일지도 모른다. SDUK가 제공했던 서비스는 20년 남짓 유지되다가 19세기 중반도 되기 전에 사라졌다. 하지만 이 협회의 활동 덕분에 영국인들은 당시에는 물론이고 지금도 꽤 '많은 것을 알고 있다.' 정도와 지속 기간에는 경우에 따라 차이가 있겠지만 말이다. 이에 대해서는 이번 장 후반에서 다시 한번 다룰 것이다. 비록 헨리 브로엄이 가장 인상적인 업적을 남긴 인물도 아니었고 그가 설립한 협회도 어둠 속으로 사라졌지만, 지식 확산을 위한 협회 활동은 상식 수준이 전반적으로 높은 영국 문화가 형성되는 데 일조했다.

뉴스와 신문의 탄생

브로엄이 협회를 설립할 때 했던 생각은, 4세기 전 구텐베르크의 발명품에서 자연스럽게 파생된 가장 영향력 있는 파생물과 깊은 관련이 있었다(브로엄은 파생물이 반드시 이로운 것만은 아니라고 생각했다). 대중은 이미 인쇄기가 얼마나 혁명적인 발명품인지를 잘 알고 있었다. 사람들은 '인쇄기의 힘the power of the press'에 주목했고, 몇몇은 경외심을 품고 바라봤다. 그런데 '인쇄기의 힘'이라는 표현에는 새로이 전개될 문화가 내재되어 있었다. 한동안은 이 표현이 문자 그대로 인쇄기 자체의 영향력을 의미했지만, 얼마 지나지 않아 인쇄기를 뜻하는 단어 'press'는 특정한 인쇄물을 지칭하는 용어가 됐다. 바로 당시 급속히 확산되고 있던 매체 '신문'이다.

사전에는 'press'라는 단어의 변천, 즉 중세로 거슬러 올라가는 이 단어의 기원부터 17세기 초에 큰 의미 변화를 겪기까지의 과정을 보여 준다.

프레스라는 영어 명사는 처음에는 사람들이 생각하는 것과 같은 의미였다. 즉 압력을 가해 다른 무언가를 누르는 장치를 의미했다. 먼 옛날에는 '프레스'가 고문에 사용되는 도구를 의미하기도 했다. 곤충학과 관련된 의미도 있었다. '프레스'는 누에가 강하면서도 섬세한 실을 생산하기 위해 사용하는, 누에의 신체 구조의 일부였다. 과일의 즙을 내거나 특정 열매에서 기름을 짜는 데 사용하는 기계를 뜻하기도 했다. 해부학자들은 머리에서 부비강이 합류하는 지점을 헤로필로스의 프레스press of Herophilus라는 용어로 지칭하기도 했다. 그리고 16세기 중반에 이르러 구텐베르크가 자신의 발명품을 세상에 내놓으면서, "종이나 다른 매끄러운 재료의 표면에 활자 자국을 남기기 위해 수동으로 (나중에는 동력을 이용해서) 구동되는 기계; 인쇄용 기계; 인쇄기"라는 뜻도 가지게 되었다. 그 이후 '인쇄를 하는 장소', 즉 인쇄소를 지칭하는 의미로 확장됐다. 드물게는 인쇄 기술이나 인쇄 관습을 의미하기도 했는데, 아마도 여기에서 언어학적으로 파생되어, 1649년부터는 정관사를 붙여서 쓴 'the press'라는 단어가 '신문, 저널, 정기간행물의 총칭'을 뜻하는 단어로 쓰이게 됐다.

프레스가 그런 의미로 처음 쓰인 것은 《맨 인 문Man in Moon》이라는 잘 알려지지 않은 저널에서였다. 거기에 "그들은 장관들의 입을 막기 위해 최선을 다했는데, 언론이 자유로울 수 있겠는가!"라는 문장이 나온다. 명확한 뜻을 이해하기가 다소 어려운 이 글이 나온 뒤에 《옥스퍼드 영어사전》은 다음과 같은 설명을 제시했다.

> 이 단어['언론'이라는 뜻으로 쓰인 'press']의 쓰임은 '언론의 자유, 언론에 기고하기, 언론을 침묵시키기'와 같은 문구에서 시작된 것으로 보이며, 여기서 'press'는 원래 [인쇄의 기술과 방식]이라는 의미였지만 점차 '인쇄기의 결과물'을 뜻하는 것으로 받아들여지게 됐다.

'press'가 특별한 의미로 사용되는 경우를 설명한 이 정의는, '인쇄기의 결과물'이 기본적으로 '신문'을 지칭하는 것임을 분명히 밝히고 있다.

이 모든 것이 시작된 곳은 독일이었지만, 현대적 의미의 신문이 최초로 간행된 도시는 독일과 프랑스의 국경 지대인 라인강 변에 있는 스트라스부르였다. 스트라스부르는 한 세기에는 독일의 영토였지만 다음 세기에는 프랑스의 영토가 되는 등 소속이 여러 번 바뀌었는데, 현재는 프랑스에 속한다. 주민들의 정치적 성향이 양립한다는 점이 부분적인 이유로 작용해서, 유럽 의회가 열리는 장소로 스트라스부르가 선정됐으며, 현재 유럽의 개념상 수도로 널리 받아들여진다. 오늘날 신문 산업의 기원을 논할 때 스트라스부르의 역할을 반박하는 의견은 거의 없다.[•] 1980년대에 스트라스부르 공문서보관소에서 '신문의 출생증명서'라는 다소 화려한 표현이 적힌 문서가 발견됐기 때문이다.

《스트라스부르 릴레이션Strasbourg Relation》이 처음 인쇄됐던 1604년에 이 도시는 신성로마제국의 일부였던 독일에 속해 있었다. 따라서 그 당시에는 독일어로 출판됐으며, 제호도 《렐라티온 알러 퓌르네멘 운트 게덴크뷔르디겐 히스토리엔Relation aller Fürnemmen und gedenckwürdigen Historien》(특별하고 기념할 만한 모든 뉴스 이야기)이었다. 그 지역에서 활동하던 작가인 요한 카롤루스Johann Carolus는 자신이 고용한 여러 유럽 도시의 특파원들이 보낸 정보를 모아서 '손으로 작성한' 뉴스 요약본을 방금 소개한 이름으로 정기적으로 발행했다. 하지만 이 작업은 힘들고 돈이 많이 들었다. 그러다가 중고 인쇄기를 구입했고, 그 덕분에 그의 삶이 한결 수월해졌다. 그는 뉴스를 훨씬 더 효율적으로 전파할 수 있는 잠재력이 이 새로운 기술에 있다는 사실을 즉시 알아챘다. 그리고 불과 몇 달 만에 집에서 인쇄기로 《렐라티온》 수십 부를 찍어냈다. 인쇄 용지는 4절판(약 23×28센티미터)이었고 모든 페이지가 세로 1단으로 구성돼서, 지금의 신문과는 전혀 달랐다. 대륙 각지에서 일어난 사건들을 요약한 그의 기사에 상당수의 구독자들이 기꺼이 돈을 지

• 네덜란드인들은 스트라스부르에서 인쇄됐던 출판물은 뉴스책(news-book)에 가깝다고 주장하면서, 네덜란드가 1618년에 최초의 진정한 신문(news-paper)을 발행했다는 꽤 설득력 있는 주장을 펼쳤다. 그렇지만 두 출판물 모두 정기적으로 발행됐고, 발행 횟수가 잦았고, 가격이 저렴했고, 많은 사람이 구입해 읽을 수 있었고, 일반적으로 뉴스라고 할 수 있는 내용으로 가득 차 있다는 점에서, 신문의 정의를 모두 충족하므로 두 가지를 구분하는 것은 별 의미가 없다.

불했고, 그는 이후 20여 년 동안 거의 매주 《렐라티온》을 발행했다. 그러다가 카롤루스가 숨을 거둔 1634년에 《렐라티온》 역시 마지막 숨을 거두었다.

그의 아이디어는 놀라울 정도로 빠르게 확산됐다. 30년 이내에 네덜란드, 이탈리아, 프랑스, 포르투갈에서 신문이 발행됐다(다만 모든 신문이 오래가지 못했다). 에든버러에서는 1641년에 공식 신문에 준하는 신문이 발행됐고, 4년 후 스톡홀름에서 《오르디나리 포스트 티덴데르Ordinari Post Tijdender》('정규 우편 신문'이라는 뜻—옮긴이)가 발행됐는데, 이 신문은 거의 4세기가 지난 오늘날에도 발행되고 있다는 점에서 상당한 중대한 의미가 있다. 다만 한 가지 참고할 사항은, 세계에서 가장 오랜 기간 발행된 이 신문은 일종의 관보官報여서, 새로운 법률에 관한 소식이나 파산이나 특허 출원에 관한 보고서처럼 시시하고 딱딱한 뉴스를 주로 전달했으며, 초창기에는 보통 스웨덴 왕립우체국 소속 우편배달부들이 신문을 배달했다는 점이다. 이 신문 및 이와 유사한 관보인 영국의 《런던 가제트London Gazette》와 미국의 《페더럴 레지스터Federal Register》(연방관보) 등의 정기간행물들도 지식을 전파했다는 사실은 명백하지만, 신문의 핵심인 진정한 '뉴스거리'는 거의 다루지 않았다.

신문은 곧 자유로운 세계 사회의 필수요소가 되어, 이후 400년 동안 특정 상품(즉 뉴스거리)을 모으고 전달하는 역할을 담당했다. 지식과 뉴스의 관계를 간단히 설명하기는 어렵다. 지식의 정의는 플라톤이 이미 오래전에 제시한 바 있지만, 뉴스는 정확히 어떻게 정의해야 할까?

사전적 의미만 보면, 뉴스news는 복수형이지만 항상 단수 명사로 쓰이는 몇 안 되는 영어 단어 중 하나다. 이와 비슷한 유형의 명사 단어는 pliers(펜치), doldrums(침울), alms(구호금), barracks(막사), gallows(교수대), acoustics(음향학), gymnastics(체조), billiards(당구), mathematics(수학) 등이 있다. 1920년 즈음까지는 가끔 복수로도 쓰였으며, 인도 사람들이 간혹 사용하는 옛 말투에서 요즘도 들을 수 있다. 1979년에 출간된 인도반도의 구어체에 관한 책에는 "My news are good"(내게 좋은 소식이 있어요)이라는 표현이 인용되어 있다. 그렇지만 현재 일반적으로 뉴스는 단수 명사로 쓰이며, 그런 형태가 우리에게 익숙하다. 에드워드 올비Edward Albee의 희곡 《누가 버지니아 울프를 두려워하랴?》의 등장인물인 조지는 아내 마사에게 이런 말을 하려고 연습한다. "끔찍하지만…… 전할 소식news이 있어. 우리…… 아들에 관한 거야. 아들이 죽었어."

뉴스news는 새로운new 것이다. 올비의 희곡에서처럼 뉴스는 소식이다. 뉴스는 최근에 있었던 중요하거나 흥미로운 일 또는 사건에 대한 보고 또는 설명이며, 특히 글로 발표하거나 방송으로 내보낼 만한 새로운 주제의 정보나 사건으로 느껴지는 것이다.

애초에 신문은 독자들에게 새롭고, 흥미롭고, 중요하고, 가장 최근의 소식을 담은 정보를 제공하는 것을 본연의 임무로 삼았다. 뉴스는 기쁜 소식도 전하고 슬픈 소식도 전한다. 1897년 아돌프 옥스Adolph Ochs가 자신이 소유한 신문의 1면 왼쪽 구석에 '게재하기에 적합한 모든 뉴스'라는 슬로건을 당당히 밝혔듯이, 인쇄해서 발행하기에 적합한 소식도 전한다.

풍족하고 영예롭게 많은 신문이 세상에 모습을 드러냈다. 사람들은 신문에 온갖 종류의 이름을 붙였는데, 신문이 제작된 도시명이나 일보Daily, 조간Morning, 석간Evening 같은 단어가 이름으로 흔히 활용됐다. 그 외에 호소Appeal, 아르고스Argus, 표상Banner, 봉화Beacon, 비버Beaver, 꿀벌Bee, 칼날Blade, 나팔Bugle, 공고Bulletin, 통화Call, 특사Courier, 메아리Echo, 조사관Examiner, 주창자Exponent, 급행Express, 관보Gazette, 세계Globe, 수호자Guardian, 전령Herald, 탐구자Inquirer, 정보전달자Intelligencer, 리더Leader, 원장Ledger, 메일Mail, 전달자Messenger, 모니터Monitor, 관찰자Observer, 신탁Oracle, 피카윤Picayune, 개척자Pioneer, 솔직한 사람Plain Dealer, 행성Planet, 우편Post, 기록자Recorder, 공화국Republic, 관중Spectator, 표준Standard, 스타Star, 정치가Statesman, 태양Sun, 전신Telegraph, 시대Times, 선봉Vanguard, 파수꾼Watchman, 산들바람Zephyr 등의 표현이 쓰이기도 했다. 신문사 사장들이 선택한 신기한 이름 중에는 협잡꾼Humbug, 선지자Visionary, 영예Glory, 시사이드 시그널Seaside Signal, 감시병Sentry이 있고, 심지어 라디오Radio, 모기Mosquito, 크리슈나 신Juggernaut 같은 기이한 이름을 붙이기도 했다. 신문 이름을 감자 품종의 이름을 따서 애런 배너Arran Banner라고 짓거나, 우편 선박의 이름을 따서 팰머스 패킷Falmouth Packet이라고 짓기도 했다. 뉴사우스웨일스의 브로큰힐 주민들은《배리어 데일리 트루스Barrier Daily Truth》신문을, 호주 남부 골러 주민들은 강의 범람으로 형성된 호수에 사는 신화 속 괴물의 이름을 딴《버닙Bunyip》이라는 신문을 사서 볼 수 있다. 영국 랭커셔 해안의 사우스포트 방문객은 그곳에서 《사우스포트 비지터Southport Visiter》라는 신문을 접하게 될 것이다. 신문의 슬로건과 관련해서는, 뉴욕의 《더 선The Sun》이 내건 슬로건처럼 태양이 모두를 비춘다는 데 다들 동의하겠지만, 《샬럿타운 가디언Charlottetown Guardian》의 슬로건인 '우리는 이슬처럼 프린스에드워드섬을 덮는다'라는 문구에 마음 따뜻해지는 기쁨을 느끼지 않을 사람이 있을까? 이런 감성은 캐나다에만 있는 것 같다고 말해야겠다.

신문은 타블로이드tabloid(일반 신문의 절반 크기─옮긴이), 콤팩트compact(지하철역에 흔히 비치되는 무가지 신문에서 주로 채택하는 판형─옮긴이), 베를리너판Berliner(일반 신문의 72퍼센트 크기, 한국에서는 《중앙일보》가 2009년부터 베를리너판을 채택해 사용 중이다─옮긴이), 브로드시트broadsheet(보통 신문의 크기─옮긴이)에 이르기까지 다양한 크기로 제작됐다. 반으로 접힌 양면에 기사가 배치된 한 장짜리 신문도 있고, 한 장을 접어서 4면으로 만들거나, 1987년에 발행된 《뉴욕타임스》 선데이 에디션의 경우 1,600쪽 분량에 무게가 5.5킬로그램이 넘었다. 신문은 아침, 오후, 저녁에 발행될 수 있고, 발행 주기는 월간, 주간, 일간 등이 있으며, 심지어 매 시간 발행되는 신문도 등장했다. 신문의 어조는 수도원에서 지내는 고결한 고위 성직자의 눈높이에 맞출 수도 있고, 톱밥이 깔린 술집에서 도박을 하는 사람들에게 맞춰서 쓸 수도 있다. 거의 대부분은 일본, 영국, 프랑스처럼 전국이 철도망으로 연결된 국가의 전 국민, 아니면 영국의 벨파스트, 호주의 밸러랫, 미국의 샌디에이고, 일본의 삿포로, 모로코의 마라케시, 미국의 맨해튼, 러시아의 레닌그

라드, 콩고민주공화국의 루붐바시, 영국 런던 등의 도시와 마을의 주민들에게 최근 발생한 사건에 대한 기사를 팔아 생계를 유지할 수 있다고 생각한 사람들이 창립하거나 아니면 한동안 일부 자금을 지원했다.

신뢰할 수 없고 악의적이며, 허위 사실과 선동을 퍼뜨리는 신문도 적지 않았다. 신문 소유주의 자금력에는 한계가 있어서, 신문들은 생존을 위해 광고를 싣지 않을 수 없었다. 광고주들은 더 많은 잠재 고객을 확보하기 위해 발행 부수가 많은 신문에 광고를 싣고 싶어 했다. 그래서 발행 부수를 두고 극심한 경쟁이 벌어졌다.

가장 악명 높은 사례는 1890년대 뉴욕에서 윌리엄 랜돌프 허스트William Randolph Hearst와 그의 멘토였던 조지프 퓰리처Joseph Pulitzer 사이에 벌어졌던 경쟁이다. 발행 부수를 늘리려는 경쟁은 흔히 터무니없는 과잉 보도와 타블로이드판 신문의 허위 사실 유포로 이어졌다.

반면 일부 신문들은 흠잡을 데 없이 완벽하고, 타의 추종을 불허하며, 권위·엄숙함·강직함의 역사를 자랑한다. 런던에는 양쪽 유형의 신문이 모두 있었는데, 후자 중에 《타임스》는 영어권 전체에서 가장 유명하며 최고의 평가를 받는다. 오래전부터 모든 신문의 귀감으로 통했던 《타임스》는 거의 창립 때부터 지식 확산의 기준을 인상적으로 높게 설정했다.

시대의 기록과 그 가치

《타임스》는 영국 최고의 신문이라는 막강한 위상을 처음부터 타고난 것이 아니라, 차츰 성장해나갔다. 실패한 석탄 상인이었던 존 월터John Walter는 1785년 1월 1일 토요일에 《데일리 유니버설 레지스터Daily Universal Register》를 창간했다. 이때만 해도 그에게 신문은 석탄 판매보다 더 유망해 보였던 인쇄업이라는 새로운 사업을 홍보하기 위한 수단에 불과했다. 그럼에도 그는 독자들에게 새로 창간한 신문의 고귀한 목표를 제시했다. 그는 깊은 통찰력으로, 1면에 다음과 같이 적었다.

> 신문A News-paper은 시대의 기록부이자 모든 지성의 충실한 기록관이 되어야 하고, 특정한 한 가지 대상에 몰두해서는 안 되며, 잘 차려진 식탁처럼 모든 입맛에 맞는 것을 담아야 하고, 국내와 국외 궁정의 동향을 관찰해 정치에 관심 있는 독자들에게 제공해야 하며, 논쟁을 특히 좋아하는 사람들에게 즐거움이나 정보를 줄 수 있도록 논쟁 소식을 보도해야 하고, 광고의 영향을 아주 많이 받는 무역의 이익에도 마땅히 주목해야 한다. 이 모든 장점을 하나로 결합하고 극단을 피함으로써 중용의 해결책을 찾을 수 있는 신문을 대중이 오랫동안 기대해왔는데, 《유니버설 레지스터》가 바로 그 주인공이 될 것이다.

그로부터 3년 후에 이 신문은 《타임스》로 이름이 바뀌었고, 이후 2세기 반 동안 거의 모든 영국, 유럽, 세계에서 가장 중요한 사건에 대한 객관적인 기록으로 여겨져왔다. 한편으로 어느 비평가가 지적했듯, 영국 지배층의 신문이며 '동족민들의 게시판'이라는 조롱을 듣기도 했다. 런던 프린팅하우스 스퀘어에 있는 웅장한 옛 사무실에서, 바깥으로 내다보이는 변덕스럽고 엉뚱한 세상을, 권위와 의식을 중요시하는 고교회파적인 시선에서 거만하고 제국주의적인 태도로 바라봤다는 이유로 오랫동안 많은 영국인으로부터 비난을 받기도 했다.

전통주의자들은 1960년대 후반에 《타임스》가 처음으로 1면에 광고를 싣지 않고 기사로만 채우는 것을 영구적인 관행으로 삼았을 때, 《타임스》의 관심사는 중요하지 않게 치부됐고, 대신 발행 부수를 늘리고 소유주의 수익을 높이는 데 초점을 맞추게 됐다고 말한다. 그들은 신문의 명성과 위상이 다소 하락했다고 지적하지만, 신문의 쇠퇴가 신문을 발행하는 국가의 명성 및 위상의 하락과 맞물려 일어났다는 뼈아픈 진실을 언급하는 것은 간과했다.

그럼에도 거의 3세기에 가까운 《타임스》의 기사들은 여전히 전세계 역사가들에게 가치가 있다. 이 신문이 다룬 관심 범위와 전세계의 소식은 넓고 깊었으며, 지구상에서 일어나는 모든 일에 대해 객관적이고 정확하게 보도하려는 기자들의 노력이 최근까지 (늘 그랬던 건 아니지만, 대체적으로) 깊은 존경을 받아왔기 때문이다. 영국인들의 신문에 대한 엄청난 욕구가 어디에서 비롯되는지는 완전히 설명하기가 어렵다. 그렇지만 영국에서 발행된 신문들을 다시 읽어보면,《타임스》는 학문적으로 막강한 논설위원과 편집자, 기자 집단의 감독 아래 날마다 벌어지는 사건들을 꽤 충실히 기록해왔다는 것을 알 수 있다.

영국의 한 민간 언론이 공신력 있는 정기간행물의 요건인 정확성과 객관성을 충족하기 위해 짧지만 용감한 시도에 나섰던 적이 있다. 1931년부터 런던에서 발행된 저널《키싱의 현대기록 아카이브Keesing's Contemporary Archive》는 세로 2단의 특징 없는 지면 구성만큼이나 단조로운 '최신 색인이 있는 전 세계 사건의 주간 기록'이라는 슬로건을 내세웠지만 전화번호부를 연상시키는 텍스트는 산뜻하고 좋아 보였다. 모든 도서관이 이 저널을 구독했으며, 검은색과 은색의 바인더 형태로 제작된 인쇄본에 매주 20쪽 정도가 더 추가됐는데, 이 저널은 출생, 사망, 조약, 선박 사고 사상자, 분쟁, 파업, 폭풍, 신간 도서 정보처럼 가공하지 않은 사실 그대로의 정보(지금 같으면 클릭 한 번으로 간단히 검색할 수 있는 정보)를 얻을 수 있는 친숙한 자료였다. 인쇄된 형태의 이 저널은 1988년에 폐간됐다. 미국 네바다주 리노에 있는 한 회사에서 일부를 모아 전자책으로 출판했지만 많이 퇴색돼서 읽는 사람이 거의 없다. 현재 영국에는 공신력 있는 정기간행물이 존재하지 않는다.

미국에서는《뉴욕타임스》가 여전히 그 역할을 수행하고 있다는 믿음이 있으며 많은 사람이 이 사실을 소중히 여긴다. 다루는 영역이 광범위하고, 정보 출처가 방대하며, 세부 내용을 공정하고 정확하게 보도하는 데 있어 권위 있고 진지한 태도로 임하고 있어서, 미국뿐만이 아니라 전 세계 어디에서도 이보다 더 훌륭하고 신뢰할 수 있는 영자신문은 없을 것이다. 영국에서는 《타임스》의 전성기 시절에 감히 그 신문에 의문을 제기하는 사람이 거의 없었지만(영국 특유의 계급주의 의식과 《타임스》에 대한 존경심이 공격으로부터 보호하는 데 적지 않은 역할을 했다), 한층 시끄럽고 논쟁적인 뉴욕에서는 독자와 논평가 모두 오류나 기준 미달의 기사가 없는지, 물의를 일으키는 기자들이 있지는 않은지 항상 눈을 부릅뜨고 지켜보고 있다. 그리고 최근 몇 년 동안 판단력이나 감식력이 미흡했던 사례가 꽤 많이 발생하면서, 늘 존경받던 이 신문의 오랜 위상에 의문이 제기됐다.

가장 심각했던 최근의 사례는 2003년 이라크 전쟁과 관련된 보도로, 미국이 군대를 파병하게 된 정황에 관한 기사에 특히 비난이 쏟아졌다. 여기서 우리는 언론 보도에서 '소탐대실'하는 유감스러운 예를 볼 수 있다. 신문사 경영진은 쉼표를 적절히 배치하고 큰 관련이 없는 유명인사의 나이를 정확히 기재하는 데 신경을 너무 많이 쓰느라 정작 더 큰 진실(즉 미국이 외국에서 전쟁을 벌일 권리와 이유가 충분한지)에는 관심을 기울이지 않았다.

2002년 9월 8일자 《뉴욕타임스》 일요판 1면에 실린 기사는 이라크 전쟁의 명분을 제공하는 역할을 했다. 알카에다가 뉴욕 세계무역센터와 펜타곤을 공격한 지 거의 1년이 지났지만 미국은 여전히 불안에 떨고 있었는데, 사담 후세인이 원자폭탄을 만들 재료를 열심히 찾고 있다고 주장한 마이클 고든Michael Gordon과 주

—— 미국의 공신력 있는 신
문이 되기를 희망한 《뉴욕타임
스》는 타이태닉호 침몰 사고 때
생존자들의 명단을 최대한 빠짐
없이 집계해 보도했다.

디스 밀러Judith Miller의 기사는 당시 분위기에 딱 들어맞는 것이었
다. 미국은 자신들에게 적이 있다는 사실을 너무나 잘 알고 있었
다. 그런데 이제 또 다른 적이 대기하고 있었다. 게다가 《뉴욕타임
스》의 기사는 오사마 빈 라덴이 이미 생물학 무기고를 보유하고
있으며, 대량살상 무기로 널리 알려진 이 무기로 1년 전에 그와 그
의 조직원들이 일으켰던 것과 같은 종류의 대학살을 더 일으킬
수 있다고 주장해 위기감을 부채질했다.

이 기사는 길고 상세하며 설득력 있는 최고 수준의 글로 작성
된 선풍적인 특종 기사였다. 기사의 표제와 부제들은 단호했다.

"후세인이 원자탄 부품 확보에 박차를 가했다고 미국이 밝혀: 14개월에 걸친 노력; 새로운 정보가 이라크에 대한 긴급조치를 요구하는 백악관 주장의 핵심으로 떠올라."《뉴욕타임스》의 승인 도장은 기본적으로 전 세계에 "우리는 틀린 소식을 절대 싣지 않으니, 틀림없이 옳은 소식이다"라고 선언하는 효과가 있었다. 이제 《뉴욕타임스》의 명백한 승인 도장이 찍힌 이 기사는, 서로 연결된 두 가지 작업을 일순간에 수행했다. 사담 후세인 이라크 대통령과 그의 악의적 의도를 처단하는 공격에 찬성하는 여론이 커졌고, 부시 대통령을 지지하는 백악관과 국방부 인사들에게 완벽한 전쟁 명분을 제공했다. 어쩌면 옳은 소식이 아니었을지 모른다. 하지만 근거는 분명했다.

한 가지 문제가 있었다는 사실만 빼면 말이다. 보도된 기사는 거의 완전히 틀린 내용이었다. 이라크는 원자폭탄을 만들 재료를 적극적으로 찾아 나서지 않았다. 또 사린이나 VX가스 같은 신경가스를 대량으로 비축하지도 않았으며, 이동식 생화학무기 공장도 없었다. 이 특종에서 "밝혀졌다"고 주장한 대량살상 무기의 흔적은 발견되지 않았다. 연이은 후속 조사에서 밝혀진 바에 따르면, 워싱턴의 대형 로비 회사와 결탁한 이라크의 어느 망명 정치인이 미국의 고위 정치인들을 현혹하기 위해 후세인의 사악한 계획에 관한 이야기를 꾸몄던 것이었다. 미국 중앙정보부(CIA)가 이런 사실을 의심하고 경고했지만 받아들여지지 않았다.

그해 가을에서 겨울로 넘어가는 내내 미국인들의 무력시위와 분노가 거세졌다. 언론에는 기본적으로 행동 촉구를 정당화하는 기사가 더 많이 실렸고, 압박의 강도는 더 높아졌다. 그러다가 2003년 3월 20일에 예상대로 전면전이 발발하고, 미국이 이라크를 점령하고, 사담 후세인의 동상이 철거되고, 결국에는 사담 후세인이 은신처에서 발각되어 체포된 후 재판을 받고 교수형에 처해졌다. 미국 정부가 오랫동안 원했던 정권 교체도 이루어졌다.

하지만 별다른 성과는 없었다. 중동의 상황은 한층 더 악화됐고, 전쟁이 확산되고, 새로운 형태의 테러리즘이 나타났으며, 수천 명이 더 죽었고, 엄청난 양의 보물이 별다른 이유도 없이 파괴됐고, 지역 평화와 화합의 모습은 보이지 않았다.

이러한 대혼란이 초래되는 데 《뉴욕타임스》의 명백히 순종적인 태도와 잘못된 보도가 상당 부분 기여했다고 해도 무리는 없을 것이다. 그 기여에 대해서는 앞으로 학자들과 역사가들이 수년 동안 논쟁을 벌일 것이다. 백발의 노부인The Old Gray Lady(《뉴욕타임스》를 지칭하는 속어 표현—옮긴이)이 손에 피를 묻혔다고 말하는 사람들도 있을지 모른다.

2004년 5월 말 《뉴욕타임스》 편집부의 고위 임원들은 독자들에게 장문의 사과문을 썼다. 그런데 이 전례 없는 참회의 행동을 통해, 이들은 기본적으로 자신들의 일 처리에 보여준 무능함이 아니라 앞으로 이 신문이 받게 될 평판에 자비를 호소했다. 이 모든 일을 계기로 발생한 피해는 엄청났다. 이라크 전쟁 관련 문제가 밝혀진 것은, 젊은 신입 기자가 많은 기사를 날조하거나 표절한 것으로 밝혀진 사건과 관련된 작은 스캔들이 터진 직후였다. 그 스캔들로 편집국장이 해고됐고, 이라크 사건 당시의 편집국장도 자신의 책임 아래 나온 오보에 대한 장문의 사과문을 발표하고 곧 사퇴했다. 뒤이어 부임한 여성 최초의 편집국장은 3년 만에 함께 일하기가 '도저히 불가능하다'는 이유로 해고됐다. 2014년에는 그 10년 내에 다섯 번째였던 편집국장이 임명됐는데, 이탈리아 총리보다 더 자주 편집국장이 교체되던 상황이 경우 안정되기 시작했다.

미디어의 동시적 특성

신문사 소유주들의 두 가지 야망은 공신력 있는 신문을 발행하는 것과 가십에 대한 대중의 욕구를 채워서 돈을 버는 것인데, 그 사이에는 오늘날의 취재 사업을 규정하는 또 다른 야망이 있다. 당연한 말처럼 들릴지 모르겠지만 다시 한번 이런 점을 고려해보자. 정보를 유포하는 일은 좋은 사업이 될 수 있으며, 어쩌면 큰돈을 벌 수 있다. 따라서 지식은 상품화되어 전 세계에 배포될 수 있으며, 간혹 예외적인 상황도 있지만 모든 것을 감안할 때, 지식의 배포는 분명 일반 대중의 이익을 위한 것으로 받아들여져야 한다.

대부분의 신문 편집자와 발행인은 이런 현실을 잘 인식하고 있다. 독자와 연결된 관계를 유지하려면 신문에 유흥, 의견, 오락 분야가 반드시 포함되어야 한다. 그러나 신문의 본질적인 임무는 지식의 수집과 확산이며, 가능한 한 신속하고 정확하게 멀리까지 전달해야 한다. 신문업 초창기에는 전신과 해저 전신 케이블의 발명 덕분에 신문이 더 널리 전파될 수 있었다.

1883년 초여름에 일어난 굉장한 자연현상은 이런 기술 발전을 단번에 확인할 수 있는 계기가 되었다. 그 사건은 바로 크라카타우 화산 폭발이었다. 크라카타우 화산은 당시 네덜란드령 동인도 제도였던 자바섬과 수마트라섬 사이의 좁은 해상 통로 중간쯤에 있는 섬이다. 이날 있었던 일은 당시의 다양한 기술이 우연히 함께 작용해서 '지구촌global village', 즉 모든 사람이 지식을 공유하고 공동으로 사용하는 지구 공동체의 개념이 실현됐던 유일한 사건으로 남아 있다. 1950년대에 지구촌이라는 용어를 만든 캐나다의 미디어 이론가 마셜 매클루언은 이를 이렇게 설명했다. "미디어는 세계를 하나의 마을이나 부족으로 묶어놓는다. (……) 모든 사람이 현재 일어나는 모든 일에 대해서 알고, 그래서 그 일에 참여할 수 있다는 의미에서다. (……) 현대 미디어는 (……) 지구촌에서 일어나는 사건에 이런 동시적인 특성을 부여한다."

크라카타우 화산이 폭발한 순간 전 세계가 바로 그 소식을 알았던 건 아니었지만, 불과 세 시간 만에 전달되었다. 화산이 격렬히 분출하기 시작한 5월 23일, 자바 서해안에 파견 나와 있던 로이드 보험회사●의 한 직원이 이 작은 화산섬이 분출되기 시작하는 것을 놀란 눈으로 목격했다. 화산 폭발이 이 지역의 해상교통

● 그는 해안가 마을 안저(Anjer)의 한 호텔 주인 슈이트 씨(Mr. Schuit)였다. 그는 휴게실에서 화산의 첫 폭발을 목격하고 곧바로 전신국으로 뛰어가서 메시지를 보내서, 로이드의 프리랜서 보험설계사로 일하면서 기여했던 것 이상의 가치를 증명했다.

에 영향을 미칠 것임을 아주 잘 알고 있던 그는, 모스부호로 1만 1,270킬로미터 떨어진 런던에 간결한 메시지를 보냈다. "강력한 화산 폭발, 크라카타우섬, 순다해협."

그가 이 짧은 메시지를 전송할 수 있었던 것은 발명된 지 10년 밖에 안 된 해저 케이블 덕분이었다. 그전에는 뭔가 정보를 얻으려면 배를 타고 몇 달의 여정을 거쳐 영국까지 가야 했다. 하지만 이제는 구타페르카gutta-percha(말레이시아산 나무에서 나오는 수지로, 절연재·치과 충전재 등에 쓰인다 —옮긴이)를 씌워서 만든 해저 케이블이 막 발명되어 메시지를 몇 분 만에 보낼 수 있게 됐다. 도버와 칼레를 잇는 최초의 해저 케이블이 1851년에 부설되면서, 두 대륙 간 전신 연결이 이루어졌다. 뉴욕의 소식을 영국에 전하려면 배를 타고 한 달을 여행해야 가능했지만, 이제는 이틀이면 충분했다. 한때는 뭄바이에서 보낸 급보가 런던에 도착하는 데 145일이 걸렸고, 부에노스아이레스에서 보낸 것은 99일이 걸렸다. 그러나 이제 두 도시에서 보낸 소식을 받기까지 72시간밖에 걸리지 않았다. 로이드 보험설계사의 사례에서 보았듯, 그 속도는 계속 빨라졌다.

로이드 보험설계사가 보낸 메시지는 단 몇 초 만에 현재 자카르타로 불리는 인도네시아의 수도 바타비아까지 닿았다. 그가 요금이 조금 더 비싼 동유럽을 경유하는 경로로 보내겠다고 세심히 명시해두었기 때문에, 바타비아부터는 새로 부설된 동부 전신 Eastern Telegraph Company의 해저 케이블을 지나갔다. 즉 바타비아 수신국에서 출발해 곧바로 수천 패덤fathom(물의 깊이 측정 단위로 1패덤은 1.8미터 — 옮긴이) 깊이의 해저로 내려가서 싱가포르에 닿는다. 거기서부터는 지상으로 말레이반도에서 페낭까지 이동하고, 다시 물속으로 들어가 벵골만을 건너 첸나이에 닿으면 육로로 올라와서 인도 데칸고원의 뜨거운 열기 위를 깡충깡충 가로질렀다. 뭄바이에서 다시 아라비아해 해저 콜라바를 지나 아덴에 이르면, 수에즈 대운하와 항구 도시 포트사이드 옆 모래언덕을 따라 연결된 낙타 길을 지나갔다. 지중해 동부 밑으로 가서 몰타에서 전기로 전파를 증폭하고, 서쪽 지브롤터까지 가서, 헤라클레스 기둥을 지나 대서양까지, 그리고 포르투갈 남부의 카르카벨루스에 있는 유명한 중계국에 이른다. 그런 다음 갈리시아 항구역을 거쳐, 다시 해저로 가서 비스케이만에 떠 있는 낚싯배들 밑을 지나 콘월의 해안 마을 포스크루노Porthcurno에 닿으면, 마지막으로 잘 보호된 철길 옆의 지상 케이블 320킬로미터를 재빨리 지나서 최종 종착지인 런던에 와서, 런던 전신국의 수전실Receiving Room이라는 인상적인 이름이 붙은 곳에 도착한다. 여기서 모스부호를 해독해서 메시지가 타이핑된 사본 두 장을 배달원이 보내는데, 하나는 영국 화이트홀 외무성으로, 다른 하나는 신문사와 정부가 맺은 협정 덕분에 《타임스》의 사옥이 있는 프린팅하우스 스퀘어로 가게 된다.

이렇게 해서 《타임스》의 주요 뉴스 지면인 12면에는 사실을 딱딱하게 전달하는 관련 기사가 실린다. 1만 1270킬로미터나 떨어진 곳에서, 열과 화산재로 화산 분출 신호를 감지한 지 세 시간 남짓 만에 멀리까지 퍼져나가 이곳 런던의 신문에 인쇄된 것은,

흥미롭지는 않지만 역사적이고 기초적인, 가공되지 않은 정보였다. 신문에는 이렇게 게재됐다. "화산 폭발. 바타비아에 있는 로이드 보험설계사가 5월 23일자로 보낸 전보 내용임: 강력한 화산 폭발, 크라카타우섬, 순다해협."

이 소식은 다음 날 신문에서 전문가들의 자세한 설명과 함께 다루어지고, 구체적인 내용으로 맥락에 맞게 배치되거나, 아니면 편집부 직원의 교정을 거쳐 모든 기본 정보가 더 보기 좋고, 흥미롭고, 주목받도록 만들어져서 다시 보도됐다. 그런 뒤에 거의 즉시 해외로 퍼져나가서, 잠재적으로 아주 중요한 사회적 반향을 일으켰다.

그 영향은 바로 다음 날 아침부터 목격됐다. 부지런히 일터로 향하는 길목에서, 사륜마차와 통근 열차 안에서, 감각과 영향력과 권력을 가진 신사들(당시 《타임스》의 독자들이 그렇게 특징지어졌다)이 신문에 실린 짧은 기사를 읽고 "내 말이!", "그래, 그렇다니까!"라고 외쳤다. 그들은 놀란 표정으로 콧수염을 만지면서, 듣도 보도 못한 어떤 장소에서 일어난 큰 화재, 혹은 어쩌면 참사였을지 모를 일에 대해 친구와 동료들에게 이야기했다. 며칠 지나지 않아 이들의 대화는 바타비아, 크라카타우, 순다해협과 관련된 단어들로 가득했다. 그리고 그런 단어들이 켄싱턴, 에든버러, 필라델피아, 브리즈번처럼 친숙한 이름이 되면서 마셜 매클루언이 말했던 지구촌과 비슷한 종류의 친밀감이 생겼고, 이윽고 빅토리아 시대의 모든 통근자들은 이 사건을 겪었을 먼 곳에 사는 사람들과 일종의 동족의식을 느끼게 됐다. 보도의 범위가 광범위해지면서, 그들도 같은 사건을 함께 듣고 느꼈기 때문이다. 크라카타우는 이제 전 세계에 속한 장소였고, 사건이었다. 그곳에 닥친 일에 관한 소식이 전 세계에 너무 빨리 퍼져나갔기 때문에, 화산 분출이 마치 거실 한구석에서 일어난 것 같은 느낌이 들었다. 이제는 그 어느 곳도 아득히 먼 곳이 아니었으며, 이는 무척 빨라진 지식의 확산 속도 덕분이었다.

사진의 조절된 의미

그러나 새로운 세기가 시작되면서, 뉴스나 이와 유사하게 수명이 짧은 다른 지식을 전파하는 주요 수단인 인쇄물은 긴 내리막길을 서서히 걷기 시작했다. 물론 인쇄된 글과 인쇄물은 결코 사라질 리 없다(지금 이 책을 종이책으로 읽고 있다면 아마 이 말에 흔쾌히 동의할 것이다). 하지만 구텐베르크 이후 영원할 것 같았던 지식 전달 수단인 활자매체가 도전받기 시작했는데, 새롭게 떠오른 전달 수단 중 일부는 이미 확실히 자리 잡고 있었고 일부는 전혀 상상하지 못했던 것들이었다. 특히 카메라, 무선 기술, 텔레비전의 발명은 언론에 막대한 힘과 기회를 새롭게 제공했으며, 다음 장에서 살펴볼 인터넷이라는 더 큰 혁명으로 나아갈 길을 열었다.

그런데 우선 사진에 대해서 잠시 생각해보자. 사진은 서정적이거나, 시적이거나, 가슴 아프도록 솔직한 글이 언론의 정보 전달

기능에 가장 잘 부합한다는 특파원들의 안일한 생각을 어떻게 뒤집어놓았을까? 달 상공의 우주에서 찍은 사진 한 장과 베트남 전쟁 중에 찍은 사진 두 장이 이를 이해하는 데 도움이 될지 모른다.

첫 번째 사진은 언론인이 찍은 것은 아니지만 언론에 공개될 수밖에 없는 운명이었으며, 그 효과는 분명 저널리즘적인 것이었다. 이 사진은 1968년 크리스마스이브 오후 4시 30분에, 달 표면 약 100킬로미터 상공에서 윌리엄 앤더스William Anders라는 우주비행사가 찍은 것이다. 그는 동료 두 명과 함께 아폴로 8호 우주선에 탑승했다. 아폴로 8호는 지구 궤도를 벗어나 달 주위 약 40만 킬로미터를 비행한 최초의 유인 우주선이었다. 우주선이 위성 주위를 세 바퀴 돌았을 때, 달의 표면을 사진으로 찍는 임무를 맡았던 앤더스가 갑자기 놀랍도록 낯이 익어서 도저히 믿어지지 않는(녹음된 목소리를 들으면 명확히 알 수 있다) 광경을 목격하고 동료들에게 이렇게 외쳤다. "세상에! 저기 저 장면 좀 봐요! 지구가 뜨고 있어요. 와, 진짜 예쁜데요!"

지구가 뜨고 있다. 앤더스는 중국에서 보낸 어린 시절이나 필리핀에서 보낸 청소년기, 샌디에이고에서 보낸 학창시절, 차 안과 정원, 창문과 바다 건너편에서 해가 뜨고 달이 뜰 때 언뜻 느껴지는 천상의 아름다움을 수백 번도 더 경험했을 것이다. 그런데 100킬로미터 밑으로 생명력 없고 메마른 회갈색의 달의 분화구가 내려다보이는 이곳에서, 먹색 하늘을 배경으로 자그맣고 완벽히 둥근 푸른색과 초록색, 흰색으로 이루어진 물체가 위로 떠오르며 모습

——— 1968년 크리스마스 이브에 우주인 윌리엄 앤더스가 달 표면에서 촬영한 지구의 모습을 담은 이 사진은 우리가 사는 곳이 얼마나 작고 연약하며 소중한지를 상기시켜준다.

을 드러냈는데, 그것은 인류 중 그 누구도 본 적이 없는 섬세한 아름다움이었다. 그는 지구가 뜨는 모습을 목격하고 있었다. 먼 우주에서 우리가 사는 작은 공간을 응시하고 있었던 것이다. 그는 우리를 내려다보고 있었다.

그는 어서 사진을 찍어야겠다고 생각했는데, 그것도 바다의 푸른색과 단단한 땅에 군데군데 보이는 초록색, 대기를 소용돌이치듯 휘감은 흰색이 잘 보이도록 반드시 컬러로 찍어야 했다. 그는 흑백 사진기로 촬영하고 있었기 때문에(이 단계에서는 흑백 달 사진이 조금 더 값어치가 있었다), 컬러 필름이 장착된 카메라를 찾느라 팀원들 사이에 잠시 고함이 오갔다. 그 사이 달의 가장자리에 걸쳐진 지구는 서서히 점점 더 위로 떠오르고 있었다. 그러다가 결국 팀원들은 앤더스가 찾던, 엑타크롬Ektachrome 필름이 든 핫셀블라드 카메라를 찾아서 서른다섯 살의 엔지니어 앤더스에게 건넸다. 그는 조리개 값을 f11에 두고 셔터 속도를 250분의 1초로 설정해서, 가장 기억에 남을 사진을 촬영했다. 소중한 우리 지구가 높이 솟아오르는 지구의 떠오름earthrise을 담은 이 사진에는 사하라 사막이 꽤 선명하게 보이고, 남대서양 전체가 정중앙에 있으며, 왼쪽에는 브라질의 일부가, 오른쪽에는 나미비아의 일부가 보인다. 이 모든 것은 퍼즐처럼 뒤섞여 보이는 사진을 사람들이 세밀히 조사해 밝혀냈다.

이 사진의 영향력과 중요성은 다양한 수준에서 명백히 드러났다. 우선, 우주에서 촬영한 최초의 지구 사진의 중심에 아프리카가 자리한 것은 인류의 기원이 된 대륙이 아프리카라는 점에서 매우 적절해 보인다. 이 사진은 우리에게 생각을 불러일으킨다. 호모 사피엔스 무리가 수십만 년 전에 올두바이 협곡을 떠나 사바나, 정글, 팜파스, 사막을 지나서 수천 년 동안 남쪽으로 이동해서 결국 그들이 걸었던 육지와는 전혀 다른 바다에 이르렀고 이 방랑의 과정은 인간이 달에 도착하기까지의 여정과 똑같은 인간의 부단함을 보여준다는 것이다. 그렇기에 이 사진은 사방의 모든 것에 대한 지식을 얻으려고 애쓰는 인간의 호기심과 끝없는 소망에 대한 해설로 볼 수 있다.

특히 요즘에는 우리가 사는 이 행성의 위태로운 상황에 대한 해설로도 볼 수 있다. 어슴푸레 빛나는 이 작은 행성은 너무 작고, 외떨어져 있고, 외롭고, 상처받기 쉽고, 보잘것없지만, 모든 인간과 동물, 식물의 욕구와 창조, 생각, 꿈, 장엄함, 불운의 저장소인 이 지구를 보호하고 보전해야 하며, 단단히 고정하고 붙잡아주어야 하지 않을까? 사람들은 이 사진이 환경보호 운동을 촉발했거나 환경을 보호해야겠다는 마음을 불러일으켰다고 말한다. 우리는 지구가 얼마나 연약하고 덧없는 존재인지, 그러면서도 얼마나 사랑스러운 존재인지를 알게 되었다. 그리고 우연히든 인간의 행위에 의한 것이든 이 지구가 죽음과 같은 달의 황량함으로 몰락할 수도 있으며, 그렇기 때문에 우리는 이 지구를 잘 돌봐야 한다는 책임감을 일깨웠다는 것이다. 이 사진 한 장에 담긴 지식은 사람들이 고귀한 뜻을 품고 즉각 행동에 나서게 했다.

기자가 찍은 다른 두 장의 사진에도 이런 고귀함이 있었다면 얼마나 좋았을까. 첫 번째 사진도 지구돋이 사진과 같은 해인 1968년에 찍은 것이며 날짜는 2월 1일이었다. 이 사진은 마틴 루서 킹 주니어와 로버트 F. 케네디의 암살, 보잉 747기 공개, 파리 폭동, 그리고 아폴로 8호의 발사와 달 궤도 진입, 지구로의 무사 귀환까지 유난히 다사다난했던 1968년에 일어난 뗏(구정) 대공세 때 찍은 것이다. 혼란스럽고 불안한 사이공(호찌민시)에서 어느 겨울날, 서른여섯 살의 베트남 민간인 응우옌반렘Nguyễn Văn Lém이 도심의 탑 근처 검문소에서 미국 해병대에 체포됐다. 당시 그는 권총을 소지하고 있었고, 즉시 베트콩으로 의심받았다. 게다가 얼마 전 렘이 남베트남군 대령과 그의 아내, 자녀 여섯 명, 노모를 살해했다는 혐의가 제기되면서, 그의 베트콩 의혹이 사실로 밝혀지는 듯했다. 다만 살해 사건이 렘의 소행으로 밝혀진 것은 조작된 결과라고 주장하는 사람들도 있었다. 어찌 됐든 그는 수갑이 채워진 채로 곧바로 그 지역을 다스리는 응우옌응옥로안Nguyễn Ngọc Loan 이라는 경찰 준장에게 끌려갔다.

준장은 누군가에게 친절하게 대할 기분이 아니었다. 사원 바깥에는 사람들이 모여 있었고, 용의자에 대한 짧고 날카로운 심문이 진행될 것으로 예상됐다. 군중 속에는 NBC 뉴스의 영화 촬영기사와 펜실베이니아 출신 사진작가이자 AP 통신사 직원이며 수갑을 찬 렘보다 한 살 어린 에디 애덤스Eddie Adams도 있었다. 애덤스는 연행자와 경찰 사이에 충돌이 있을 것으로 예상하고 카메라를 들어 촬영할 준비를 했다.

그때 그가 목격하고 35밀리미터 흑백 필름에 담은 장면은, 베트남 전쟁에서 가장 악명 높은 사진 중 하나가 되었다. 얼룩진 재킷을 입은 로안 준장은 카메라를 등지고 서서 왼팔은 옆으로 내린 자세로 오른팔로 총신이 짧은 38구경 스미스 앤드 웨슨 보디가드 권총을 들어 총구를 살짝 위로 향하게 렘의 오른쪽 관자놀이를 겨누고, 불과 몇 센티미터 떨어진 거리에서 방아쇠를 당겼다. 바로 그 순간 애덤스가 셔터를 눌렀고, 그 사진은 즉결처형의 순간을 냉정하고도 극도로 객관적으로 묘사했다. 프레임 중앙에 자리한 준장의 팔은 긴장되어 있고, 총을 들어 방아쇠를 당기는 힘에 힘줄이 팽팽해진 상태다. 그 오른쪽에는 연행된 렘이 서 있는데, 검은 머리카락은 총알의 충격으로 오른쪽으로 흐트러졌고, 갑작스러운 극심한 고통에 일그러진 표정으로 그의 마지막 순간이 담겼다. 이 사진에는 다른 두 사람의 모습도 보이는데, 왼쪽 가장자리에는 헬멧을 쓴 군인이 있고, 오른쪽에는 챙 달린 모자를 쓴 경찰관이 길을 지나고 있다. 저 멀리 트럭 한 대가 있지만, 그 외에는 사진 속에 별다른 사물이 없다.

엄청난 장면을 찍었다고 생각한 애덤스는 곧바로 AP 사무실로 달려가서 필름을 꺼내 독일인 동료이자 저명한 종군 사진사인 호르스트 파스Horst Faas에게 전달해 본사에 보낼 사진을 고르게 했다. 파스는 드럼 송신기를 사용해 전신으로 사진을 전송하는 방법을 고안한 인물이기도 하다. 그는 한 치의 망설임도 없이 이 유명한 사진을 골랐고, 이 사진은 순식간에 뉴욕과 런던, 파리를 비롯한 전 세계의 AP 지국 수십 곳에 전송됐다.

이 사진은 다음 날인 2월 2일 금요일 아침 《뉴욕타임스》 1면에 실렸다. 편집자들은 기사의 균형을 맞추기 위해, 같은 면에 베트콩의 공격으로 사망한 어린이의 사진을 함께 실었다고 나중에 설명했다. 하지만 에디 애덤스의 사진에 담긴 엄청난 영향력은 의심할 여지가 없었다. 이 사진은 곧바로 전 세계의 수많은 신문에 실렸으며, 무의미하고 무정부적인 전쟁의 본질을 상징하는 장면으로 자리매김했다. 이 사진을 계기로 미국 국민 대다수가 대체 왜 정당한 이해관계도 없는 타국의 일에 미국이 관여하고 있는지를 한 번씩 생각해보게 됐다. 며칠 뒤 NBC는 이 장면의 비디오 영상도 내보냈다. 영상에는 총이 발사된 후 렘이 쓰러지고 그의 두개골에서 피가 솟구치는 모습, 로안 준장이 총을 권총집에 집어넣으면서, 이렇게 꼭 단호한 행동을 보여주어야만 부하들이 말을 듣는다며 교만하게 중얼거리는 모습이 담겼다. 하지만 이 동영상은 사진의 파급력과는 비교도 되지 않았다. 모든 사진이 그렇듯, 이 사진 역시 공포의 한순간을 전체 맥락에서 분리해서 포착한 불공정하고 정치적이고 선전적인 사진이라는 비판이 제기될 수도 있다. 퓰리처상을 비롯한 수백 개의 상을 받으며 최고의 명성을 얻은 에디 애덤스는 나중에 이렇게 말했다. "내가 찍은 사진으로 두 사람이 죽었다. 준장이 그 베트콩 남자를 죽였고, 나는 내 카메라로 준장을 죽였다"라고. 로안 준장은 그 이후 20여 년을 더 살았지만, 남은 세월 대부분을 버지니아에서 식당을 운영하며 보냈다.

사진은 그 순간을 전체 맥락에서 분리함으로써 AP 통신의 어느 편집자가 명명했듯이 '조절된 의미adjusted meaning'를 가질 수도 있는데, 실제로 대중은 이 사진을 전쟁에 대한 비난으로 받아들였다. 전쟁 그 자체에도 조절된 의미가 적용되어, 미국 국민들은 전쟁에 대한 지지를 철회하기 시작했다. 이렇듯 애덤스의 사진은 평화운동에 활기를 불어넣었다. 이 사진이 파리 평화협정과 미군 철수, 궁극적인 총성의 중단, 백인의 지배를 받던 아시아 식민지 분열국의 통일에 이르는, 거의 5년이 걸린 철수 과정이 시작되도록 도왔다고 해도 큰 무리가 없을 것이다.

세 번째 사진은 베트남 전쟁을 매장할 관의 마지막 못을 단호히 박아 넣는 역할을 했다. 4년 전의 에디 애덤스처럼, 닉 우트Nick Ut라는 필명으로 활동하던 후인꽁웃Huỳnh Công Út도 AP 통신 소속이었다. 그는 1972년 6월 8일 목요일에 다른 카메라맨 및 기자들과 함께 사이공에서 캄보디아 수도 프놈펜을 잇는 1번 국도를 달리고 있었다. 그들은 짱방Trảng Bàng에서 남쪽으로 조금 떨어진 곳에서, 남베트남 공군 조종사들이 버려진 전초기지를 폭격하는 모습을 지켜봤다. 북베트남군이 이곳에 주둔 중인 것 같다는 첩보를 미국 정보기관으로부터 전해 듣고 시행한 작전이었다. 남베트남 전투기들은 동쪽에서 날아들어 기지 위에 긴 원통 모양의 네이팜 폭탄을 떨어뜨렸다. 삽시간에 주황색 화염과 기름 연기가 정글에 퍼졌다. 그런데 경악스럽게도 갑자기 한 무리의 민간인들이 저 멀리서 비명을 지르며 연기를 뚫고 미친 듯이 달려왔다. 대부분은 어린이로 보였다. 그중 맨발에 알몸인 한 소녀가 두 팔을 십자가처럼 활짝 벌린 채로, 베트남어로 "뜨거워Nóng quá!", "뜨거워"라고 연신 소리치며 뛰어왔다. 닉 우트는 자신을 향해 달려오는 소녀의 사진을 한 장 찍고서, 그 아이를 팔에 안아 들고 화상 입은 곳에 찬물을 부은 뒤에, 다른 기자들과 함께 호송대를 구성해서 끔찍한 부상을 입은 그 아이를 남쪽 사이공 진영으로 데려가 안전한 곳에서 치료받게 했다. 의사들은 그 아이가 살 수 없을 것이라고 생각했다.

그 소녀의 이름은 판티킴푹Phan Thị Kim Phúc이었는데, 결국 살아남았고, 지금은 두 아이의 엄마로서 캐나다 시민권자가 됐다.● 닉 우트의 사진에는 전쟁의 지옥을 피해서 두 팔을 벌리고 뛰어오는 킴푹의 모습이 담겼는데, 이 사진은 찍은 지 몇 분 만에 국외로

● 킴푹은 회복 후 베트남 공무원으로 일했고, 쿠바에서 의학 공부를 할 수 있도록 허가받았다. 쿠바에서 베트남 유학생 부이 후이 토안(Bui Huy Toan)을 만나 1992년에 결혼했으며, 두 사람은 모스크바로 신혼여행을 떠났다. 아에로플로트 항공기가 뉴펀들랜드주 갠더에 급유를 위해 착륙했을 때 두 사람은 비행기에서 내려 캐나다에 정치적 망명을 신청했고, 캐나다 정부는 이를 받아들였다. 부부는 토론토 외곽에서 자녀들과 함께 살고 있다.

전송됐고, 다음 날 아침 여러 신문의 1면에 실렸다. 닉 우트와 킴 푹은 친구가 되었다.

특히 이 사진은 《뉴욕타임스》 1면에 게재됐는데, 사진 속의 소녀가 알몸이었기 때문에 사진을 싣는 것이 적절한지, 법적으로 문제가 없는지 등을 둘러싸고 의사 결정권자들 사이에 많은 논쟁이 벌어졌다. 그날 밤 6월 9일 금요일자 신문 발행을 앞두고, 편집자들은 이 사진이 진실로 '게재하기에 적합한 모든 뉴스'의 범주에 해당하는지 서로 물으며 몇 시간 동안 논쟁했다. '적합'한가? 품위 기준에 부합하는가? 신문이 추구하는 균형과 중립을 벗어나지는 않는가? 결국 사진 편집자가 논쟁에서 이겼지만, 사진은 1면 왼쪽 아래 구석진 곳에 배치됐다. 신문업계에서 이런 처분은 칭찬하는 척하면서 헐뜯고, 싫어하는 식당에 데려가고, 선물로 받은 형편없는 그림을 지하층의 화장실에 걸어놓는 것과 마찬가지였다. 그날 아침 신문 1면에서 닉 우트의 사진보다 더 눈에 띄는 두 장의 사진이 있었다. 모두 의기양양하게 미소 짓고 있는 우람한 백인 정치인과 추종자들인 존 미첼, 리처드 클라인디엔스트, 휴버트 험프리, 에드먼드 머스키, 조지 맥거번의 사진이었다. 이들 중 그 누구도 그날 뉴스거리가 될 만한 일을 해왔던 것 같지는 않았다.

닉 우트의 사진은 킴푹이 겁에 질려 있는 순간, 더 나아가 베트남 사람들의 끔찍한 처지를 아주 강력하고 처절하게 표현했다. 그날 신문에 실린 그의 사진은, 소심한 편집 책임자의 지시로 강등된 것이 분명했다. 《뉴욕타임스》는 뉴스 가치가 있는 모든 지식을 적절한 방식으로 그날의 독자 수백만 명에게 전달해야 하는 신성한 사명을 잠시 저버렸다. 수십 년이 지난 지금도 이 지면 배치를 보면《뉴욕타임스》가 위험을 회피하고 있으며, 기분 좋게 따뜻한 초여름 날(기온은 섭씨 18도였고, 센트럴파크의 튤립을 적시는 소나기가 내렸다)이었던 이날, 지면 하단에는 눈길을 잘 주지 않는 대중의 기분을 굳이 상하게 할 필요가 없다고 판단했음을 느낄 수 있다.

하지만 대중은 분명히 불쾌감을 느꼈으며, 그것도 조금이 아니라 많이 느꼈다. 4년 전 에디 애덤스의 사진을 접했을 때의 혼란스러움은 이제 아주 나쁜 기분으로 바뀌었고, 이런 의견이 모여 끓어오르는 분노로 분출되었다. 무고한 소녀를 이토록 잔인하게, 아무렇지도 않게 해칠 수 있는 전쟁을 벌여서 얻는 수확은 아무것도 없으며, 이런 전쟁은 명분이 없다고 많은 사람이 생각했다. 역사가들이 신문에 실린 이 끔찍한 사진 한 장과 미국이 전쟁 개입을 공식적으로 종결한 것 사이의 명확한 인과관계를 찾을 수는 없겠지만, 이 사진이 1972년 6월에 게재됐고, 이듬해 1월에 파리 평화협정이 체결됐으며, 3월에 미군이 모두 철수했다는 사실은 확실하다. 닉 우트와 킴푹은 역사에서 한자리를 차지했으며, 이 소식을 전한 것이 신문이라는 점에서, 구텐베르크의 발명과 이후 수 세기에 걸쳐 기술을 개선하고 발전시킨 사람들의 노력이 보태져 그런 일이 가능했다.

공영방송의 역할

언론을 불신하는 분위기가 만연한 것은 어제오늘의 일이 아니다. 19세기 중반부터 미국에서 시작해 전 세계적으로 뉴스가 아침 식사 대용 시리얼, 세제, 자동차처럼 사고팔 수 있는 상품이 되면서 저널리즘의 가치가 하락하고 신문의 가치가 회의론에 휩싸였다고 주장하는 사람들도 있을지 모른다. 경쟁에서 앞서고 흠잡을 데 없는 진실만을 보도하려는 신문, 뉴스, 잡지들의 노력이 장기간 상업적으로 성공한 사례는 극히 드물다는 것은 구슬픈 현실이다. 영국의 《타임스》가 과거에 약 반세기 동안 그런 성공을 거두었고, 오늘날 《뉴욕타임스》도 최선을 다하고는 있지만 도전에 직면해 있다.

20세기 초와 중반에 이르러서야 완전히 새로운 형태의 전자 전송 수단인 라디오가 나오고 얼마 뒤 텔레비전이 발명되면서 새로운 모습을 보여주려는 진지한 시도들이 갑작스럽게 나타났다. 잠시 언론이 상업적으로 때가 탔다고 생각한 몇몇 사람들은 훨씬 더 많은 청중에게 다가가며, 검증되고, 때 묻지 않고, 청렴하고, 전 세계에 펼쳐질 엄청난 잠재력이 있고, 외부 압력으로부터 완전히 자유로운 용감하고 새로운 방송의 세계를 상상했다.

이 대목에서 눈여겨봐야 할 사람이 존 리스John Reith다. 그는 스코틀랜드 출신의 군인이자, 안식일을 엄격히 지키는 신자였고, 술을 절대 입에 대지 않았으며, 괴팍한 성격에다 짜증나는 상황을 특히 못 견뎌 했던 선지자였다. 영국 공영방송 BBC_{British Broadcasting} _{Corporation}의 설립자로서 훗날 전 세계 공영방송의 아버지이자 대부로 불리게 되었다. 존 리스는 BBC의 직원이었던 조지 오웰과 마찬가지로, 이름이 형용사로 영어에 영구히 남아 있는 몇 안 되는 인물 중 한 명이다. 다만 '오웰적인_{Orwellian}'(획일화와 통제를 특징으로 하는 전체주의를 뜻하는 말─옮긴이)이라는 표현은 오웰이 1950년에 사망한 뒤에 처음 나왔지만, '리스적인_{Reithian}'이라는 표현은 눈에 띄게 키가 크고, 엄청나게 야심적이고, (그럴 이유가 전혀 없는데도 격분하며) 기이할 정도로 괴팍하게 굴었던 그가 멀쩡히 살아 있던 1938년에 처음 인쇄물에 등장했다. 《옥스퍼드 영어사전》은 '리스적인'이라는 단어를 다음과 같이 정의한다.

> 리스 경 또는 그의 원칙(특히 대중의 감각을 계몽하고 교육하는 방송의 책임에 대한 그의 신념)과 관련이 있거나 그런 것을 특징으로 하는……

곧 소개할 인용문은 신화처럼 복잡하고 괴물처럼 엄격하며, 공중파의 독재자라는 조롱을 자주 들었던 그를 더 잘 이해하는 데 도움이 된다. 1974년 《타임스》에 실린 기사는 매우 엄격한 그의 신념의 한 측면을 다음과 같이 요약 정리했다. "대중이 원하는 것을 제공하면 대중은 얻은 것을 원할 것이다." 다만 대중이 원하는 것이 무엇인지를 결정한 사람은 스코틀랜드 자유교회 목사의 일곱 남매 중 막내로 태어나 서른셋의 나이에 BBC를 이끌게 된 존

찰스 월섬 리스John Charles Walsham Reith 그 자신이었지만 말이다. "정보, 교육, 오락을 제공한다"는 것이 신생 방송 BBC를 이끄는 그의 좌우명이었다. 그가 이룩한 BBC는 한때 전 세계 모든 공영방송의 모델이 된 전설적인 존재이며, 특히 일본의 공영방송 NHK는 초기 BBC를 모델로 설립되었으며 오늘날까지도 큰 변화 없이 운영되고 있다.

리스는 방송이나 라디오에 대한 경험은 물론이고, 밸브, 축음기 빅트롤라Victrola, 마이크, 멍키 스패너조차 잘 몰랐다. 그런 그가 라디오 제조업체들이 연합해 만든 아주 작은 방송사를 수천 명의 직원이 근무하고 왕실의 공식 인가를 받은 공영 기업으로 바꾸어놓으면서, 37세에 기사 작위를 받았고 나중에는 귀족의 지위에까지 올랐다고 한다.

그에 관한 전설 중에는 가차 없이 엄격하고 불친절한 그의 경영 방식과 강건한 기독교적 가치관과 관련된 것도 많았다. 어느 전기 작가는 그의 경영방식을 두고 '완고한 손'이라고 지칭했는데, 자신의 권위에 도전하는 것을 거의 용납하지 않았다. 면접을 보러 온 입사 지원자들은 자리에 앉으라는 지시를 받자마자 "예수 그리스도의 근본적인 가르침을 받아들이십니까?"라는 질문을 받고 놀라서 멍해지고는 했다. 여성 동료 직원과 키스를 하다가 발각된 한 엔지니어는 저녁에 방송되는 종교 프로그램 관련 업무에서 영원히 배제됐는데, 그 프로그램은 리스가 특히나 아끼던 방송이었다. 리스는 청취자들이 시간을 내서 각자 예배를 드릴 수 있도록, 일요일에는 점심시간까지 방송을 하지 않고, 나머지 시간에는 영

적인 음악과 고상한 강연만 내보내겠다고 일방적으로 통보했다. 그는 '가벼운 오락 방송'이라는 멸시적인 표현으로, 안식일에는 가벼운 오락 방송은 내보내지 않을 것이라고 말했다.

일요일을 뺀 나머지 6일 역시 오페라, 대담, 클래식 음악(춤을 추면서 들을 수 있는 음악은 제외)을 주로 편성하고, 조간신문이 특히 선호하고 라디오 방송의 필수 요소로 여겨지는 뉴스를 간간이 내보내도록 했다. 단 뉴스는 저녁 6시 이후에만 편성할 수 있었고, 뉴스를 방송하는 방식에도 그만의 원칙이 있었다. 그가 까다롭게 선택한 남자 아나운서들은 아이들이 모두 잠자리에 든 저녁 시간에만 뉴스를 진행할 수 있었으며, 라디오 방송인데도 뉴스를 읽을 때는 정장을 갖춰 입어야 했다. 화재, 자동차 사고, 사망 같은 충격적인 사건은 방송에 내보내지 않도록 엄격히 금지했다. 이런 엄격한 규제로 인해 때로는 방송 분량을 채울 뉴스 소재를 확보하는 데 어려움을 겪었으며, 실제로 경축일이었던 1930년 4월 18일 저녁, 턱시도를 입은 아나운서가 목소리를 가다듬고 엄숙하게, "여기는 런던입니다. 오늘은 성 금요일입니다. 오늘은 전할 뉴스가 없습니다"라고 말한 뒤, 엔지니어들에게 바그너의 오페라 〈파르시팔〉 라이브 공연으로 전환하도록 지시했다.●

리스는 공영방송에 대한 뚜렷하고 확고한 비전을 가지고 있었다. 바로 마셜 매클루언이 예전에 '핫미디어hot media'(전달되는 정보는 많지만 수신자의 참여도는 낮은 미디어 — 옮긴이)라고 이름 붙였던 것의 공적 부분, 즉 예전에는 전기로 동력을 공급받고 나중에는 전자를 사용했으며 활자매체의 냉혹한 세계와는 여전히 어느 정도 분리된 부문의 표준이 되는 것이었다. 자연히 리스는 인쇄 과정이 꼭 필요하다는 사실을 인식했다. 오라토리오를 부르는 것을 빼면, 모든 엄숙한 라디오와 텔레비전 프로그램에는 대본이 필요하며, 대본을 작성하려면 타자기(나중에는 워드프로세서와 컴퓨터)를 사용해야 했다. 잘 생각해보면 라디오는 모두 인쇄된 문서에서 유래했고, 텔레비전은 라디오에서 파생됐으므로, 활자와 라디오, 텔레비전은 하나의 연속적인 확산 과정의 일부였다. 다만 방송은 조금 달랐다. 참고로 방송broadcasting이라는 단어는 농업에서 나왔는데, 옥수수, 밀, 수수 등의 씨앗을 대지에 넓게broadly 뿌리는cast 것과 같다는 데에서 유래했다. 방송은 도달 범위, 규모, 청취자들에게

● 실제로 역사에 기록된 그날의 사건은, 영국령 인도 도시 치타공의 경찰 무기고가 공격당했으나 사상자는 거의 발생하지 않았던 사건 단 한 건뿐이다. 이 사건은 한때《타임스》에서 진행했던, 상상할 수 있는 가장 지루한 기사 제목을 뽑는 유명한 콘테스트를 떠올리게 한다. 우승했던 제목은 '칠레에서 작은 지진 발생. 사망자는 많지 않아'였다.

전달되는 친밀감과 호의 측면에서 활자매체와는 차이가 있었다. 개별적으로 분산되어 있던 수천, 수백만 명의 '일반 대중' 전체가, 이제는 같은 말을 듣고, 같은 지식을 습득하고, 같은 사건을 동시에 경험할 수 있게 됐다. "몇천 명이 듣고 있을지는 중요하지 않다." 리스는 회고록에 이렇게 적었다. "들을 사람은 항상 더 있다. (……) 똑똑한 사람과 우둔한 사람, 부유한 사람과 가난한 사람이 모두 동시에 방송을 듣는다. (……) 일등석과 삼등석은 따로 없다. (……) 방송은 전 국민을 한 사람으로 만드는 효과가 있다."

무엇을 방송해야 하는지에 대한 리스의 생각은 명확했다. "인간의 지식, 노력, 성취의 모든 부문에서 최고인 모든 것 (……) 도덕적으로 높은 어조를 유지하는 것이 그 무엇보다도 중요하다." 초창기에 그가 고용한 직원들은 업무 지침을 받아들이고 잘 따랐으며, 직원들 중에는 평소의 리스답지 않은 현대적인 사고방식에서 채용한, 재능 있는 젊은 여성들이 많았다. 그는 "우리 회사에서 일하는 여성들의 수준은 (……) 남성들과 동등한 지위를 누려야 할 정도로 높다"라고 말했다. 그래서 아버지가 성직자이고, 옥스퍼드나 케임브리지대학교 출신인 스코틀랜드의 많은 젊은 여성, 소위 블루스타킹bluestocking(문학과 사상에 관심이 많은 여성을 경멸적으로 이르는 말―옮긴이)으로 불리는 여성들이 BBC 설립 초기 런던 본사의 찬바람 들어오는 사무실을 점령해 지적인 분위기를 조성했는데, 그런 분위기는 오늘날까지 이어진다.

힐다 매더슨Hilda Matheson도 그중 한 명이었다. 그녀는 대담 책임자로 임명되어 음악도 스포츠도 아닌(사실 리스는 스포츠 중계를 거의 허용하지 않았다. 단 그가 실황 해설에 적합하다고 생각한 조정과 승마 경주는 예외였다) 이름에서부터 벌써 고리타분함이 느껴지는, '프로그램'을 만드는 일을 담당했다.

그래서 매더슨은 종교, 예술, 과학, 시사, 정치, 국제관계 등 사실적인 지식과 연관이 있는 모든 분야의 저명한 전문가들을 방송국으로 초대했다. 존 메이너드 케인스, 리베카 웨스트, 조지 버나드 쇼, 비타 색빌웨스트, 버트런드 러셀 같은 인사들이 자신의 지식을 전 국민에게 전달하기 위해 용감하게 방송국을 찾았다. 방음 처리된 그 녹음실은 매달려 달랑거리는 마이크, 깜박이는 빨갛고 노란 경고등, 똑딱거리는 시계, 유리벽 뒤에서 이상한 신호를 보내는 감독과 프로듀서, 다이얼과 레버, 다양한 색의 전선 다발이 있는 완전히 낯선 광경이었다.

매더슨은 출연자의 대본을 다듬고, 마이크에 대고 말하는 법을 알려주고, 대담 내용이 생방송으로 하나도 빠짐없이 전송될 것임을(녹화 기술이 발명되기 전이었으므로) 출연자에게 알렸다. "기침을 하면 안 돼요." 그녀는 출연자들에게 주의를 주었다. "수백만 명이 그 소리 때문에 귀가 아플 거예요. 그리고 종이가 바스락거리는 소리가 나지 않게 조심해주세요. 피디에게 '괜찮았나요?'라고 물어서도 안 되고요." 매더슨과 열정적인 대화를 나눴던 비타 색빌웨스트는 당시의 방송 출연 경험을 적은 글에서, 한편으로는 무서울 정도로 외로운 시간이었다고 회고했다. "이렇게 적으면서도 많은 사람 앞에서 얘기해본 적이 없어서, 기분이 무척 이상했다. 대화가 끝났을 때, 끔찍하게 음침한 정적이 흘렀다. 마치 오늘

방송이 완전히 실패작이라도 된 듯이 (……) 그러다가 아나운서가 '여기는 런던입니다. 날씨와 뉴스를 전해드리겠습니다'라고 말하는 소리를 듣고, 슬그머니 자리에서 빠져나왔다."

매더슨 같은 초창기 직원들과 리스가 구축한 체계는 단순한 방송 네트워크 이상이었다. 그들은 영국의 국가적 지적 내러티브가 구축되는 데 이바지했으며, 영국 국민에게 이미 형성된 색다름 otherness의 특성 위에 고유의 세련미와 영속적인 총명함이 깃들게 했고, 이 모든 것이 한데 작용해 지금의 영국을 특징지었다. 영국인들은 '기본 지식을 가지고 있다'고 말하는 것이 아마도 가장 적절한 표현일 것이다. 그리고 이 같은 내 믿음이 사실이라면, 한 세기 전에 글래스고 교외에서 태어난, 지극히 오만하고 잘못을 용납하지 않는 엄격한 칼뱅주의자의 명령으로 런던에 세워진 이 뛰어난 공영방송국이 국민에게 제공한 정신적 자양분이 지금의 결과를 만드는 데 분명 큰 역할을 했을 것이다.

BBC가 청취자에게 미치는 광범위한 영향력은 미국에서 방송이 행사하는 형편없는 영향력과는 큰 차이가 있다고 할 수 있다. 영국에서는 굴리엘모 마르코니의 대단히 중요한 발명품인 무선전신을 사회에 어떻게 배치하고 활용하는 것이 최선인지를 천천히 신중하게 고려했다. 반면 조급한 미국에서는 신중하게 고려하지 않았으며 '장기적 관점'에 그다지 관심을 기울이지 않아 모든 방송이 처음부터 뒤죽박죽이었다. 1925년에 영국은 단일 국영 방송국의 설립을 고려하고 있었지만, 당시 미국에는 라디오 방송국의 수가 346개가 넘었고, 판매된 라디오는 500만 대 이상이었다.

청취자들은 대중음악과 섞여 귀에 거슬리는 소리로 시끄럽게 떠들어대는 저속한 광고에 시달리고 있었다. 존 리스가 만든 라디오 방송국의 고결함에 비웃는 사람도 있을지 모른다. 그럴 수도 있다. 멀리서 보면 그의 정치적 견해가 기껏해야 네안데르탈인 정도인 것처럼 보일 수도 있기 때문이다. 하지만 그는 지금까지 전수되는 유산을 남겼다. BBC가 전달한 지식 덕분에 영국 국민은 큰 혜택을 받았다. 그리고 오늘날까지 많은 나라에서 부러워하는 문화적 유산이 마련됐다. 이와 비슷한 역할을 했다고 내세울 수 있는 다른 공영방송은 거의 없을 것이다.

다만 일본은 예외인데, 일본의 공영방송 NHK는 BBC와 놀랄 만큼 비슷한 면이 있다. 두 방송사 모두 비슷한 시기에 같은 방식으로 설립됐는데, BBC가 1922년에 민간 방송사로 출발했듯이, NHK는 3년 뒤인 1925년에 민간 방송사인 도쿄방송으로 출발했다. 도쿄방송에 리스 같은 독재자는 없었지만, 대신 절대적 신임을 받는 귀족이 있었다. 용모에서 중세의 사무라이 분위기가 풍기는 그의 이름은 고토 신페이後藤新平이다. 도쿄방송국 초대 총재를 지낸 신페이 백작은 리스와 마찬가지로 다양한 조직과 단체를 경영한 경험이 풍부한 인물이었다. 그는 남만주철도주식회사와 도쿄의 다쿠쇼쿠대학교를 이끌었고, 새로 식민지가 된 대만의 민간 정부를 통치했으며, 일본의 정부 내각에서 요직을 두루 거쳐 도쿄 시장이 됐다. 노년에는 일본 보이스카우트 초대 총재로서 안경은 썼지만 스카우트 창설자인 로버트 베이든파월과 비슷한 분위기가 나는 제복을 입을 수 있는 영예를 누렸다.

지식의 탄생

그렇지만 그는 방송업계에 오래 머물지는 못했다. 도쿄방송국이 오사카와 교토의 다른 방송국과 합병되자 그는 자리에서 물러나서, 이 방송국이 정부에 인수돼 일본 최고의 라디오 및 텔레비전 방송사로서 부끄럽지 않은 높은 수준으로 발전할 수 있는 계기를 마련했다. NHK의 모토는 '정직과 진지함'이다(참고로 BBC의 모토는 '국가는 국가에게 평화를 말할 것이다'였다). 모토는 그렇다 치고, NHK가 성공할 수 있었던 비결은 BBC와 마찬가지로 재무설계에 있었다. 두 방송사가 공통적으로 직면했던 딜레마는, 이 방송사들이 본질적으로 정부가 소유한 조직인데 과연 어떻게 독립성을 지키면서 자금을 조달할 것인가였다. 리스와 그의 BBC 동료들은 BBC를 상업적 압력에서 벗어나게 하겠다고, 즉 광고를 내보내지 않겠다고 굳게 결심했다. 두 나라의 방송국 모두 광고로 운영 자금을 대는 것이 당연한 방식이었다. 하지만 정부의 영향력으로부터 자유로워지려면 대중이 자금을 제공하되 방송사와 어느 정도 거리를 두는 구조를 만들 필요가 있었다. 그런 환경이 조성되고, 운도 따라준다면 탐욕스러운 정부를 견제할 수도 있을 터였다.

런던의 중앙우체국이 해답을 제공했다. 영국에서 방송이 시작된 초기부터 전파 수신료를 징수하는 것은 우체국의 소관이었다. 방송 전파는 전자기 스펙트럼의 주파수로 이론상 국가 재산이었기 때문이다. 이 수신료가 어떻게 사용될 수 있는지와 관련된 기술적 측면의 논의는 복잡해서 여기서 다루지 않겠다. 어쨌든 1926년의 총파업으로 인쇄·언론매체의 업무가 중단되면서 라디오가 대중에게 정보를 제공할 유일한 매체가 되었다. 이때 리스는 BBC를 공정하고 신뢰받는 방송국으로 만들기 위해서, 우체국에서 걷는 수신료로 방송국을 운영하기로 결정했다. 그래서 라디오 기기를 소유한 모든 사람에게 연간 10실링의 수신료를 부과했으며, 그 이후로 런던과 도쿄에서 모두 공영방송의 자금 조달이 그런 방식으로 이루어졌다. 일본의 수신료는 연간 약 210달러이며, 영국의 TV 수신료도 약 215달러로 비슷한 수준이다. 수신료는 정부에서 5년 주기로 책정하는데, 보통은 일반 물가 상승률만큼만 인상할 수 있도록 규정되어 있다.

그럼에도 거의 100년이 다 된 이런 수신료 책정 방식은 정부와 방송사를 미약하게나마 연결 짓는 부분으로 남아 있기 때문에 정부 간섭의 위험이 여전히 존재한다. 하지만 수신료 인상안이 과도한지 여부를 언론이 철저히 조사하며, 공영방송의 자본을 완전히 회수할 수도 있다는 정부의 불평에 대한 적대감이 워낙 커서 아무리 강경한 정부라도 한발 물러나서 항복의 의사를 밝히고 BBC를 그대로 내버려두는 데 동의하는 편이다. 《가디언》의 기자 샬럿 히긴스Charlotte Higgins는 2014년에 다음과 같이 말했다.

> 오늘날 직원이 2만 1000명이고 수입이 50억 파운드[대부분은 시청료 수입과 프로그램 수출에서 나온다]에 이르는 BBC는 영국 국민의 생활에서 떼려야 뗄 수 없는 존재다. (……) BBC는 군주제, 군대, 교회처럼 영국에서 아주 긴 역사를 가진 제도들보다도 국민 대부분의 일상생활에서 더 큰 비중을 차지한다. 마법처

럼 신비한 영상, 소리, 단어는 단순한 '콘텐츠'가 아니라 우리 꿈을 이루는 세포 조직이자 기억의 날실과 씨실이며 우리 삶의 무대다. BBC는 다른 세계와 삶으로 들어가는 입구이자 타임머신이며, 죽은 사람을 되살리는 수단이다. 한때는 방구석에서 들려오는 다정한 아주머니의 목소리였지만, 이제는 귓속에 들려오는 악마 같은 목소리이자 절대 헤어질 수 없는 애정 어린 동반자가 됐다. 놀이 친구이자, 선생님이자, 벗이다. 구글이나 아마존과는 달리 (……) BBC는 물건을 팔려고 애쓰는 사람들의 호객 행위가 없는 공간에서, 우리가 미처 꿈꾸지 못했던 아이디어를 준다. 그리고 말린, 헤브리디스제도, 베일리에 언제 돌풍이 몰아칠지 선원들에게 알려준다. 또 뉴스를 두려움이나 편애 없이 진실하게 전달하려고 노력하며, 외로운 이들과 함께하고, 홀로 떨어져 있는 이들에게 위안을 준다. 사람들이 흔히 말하듯이, 폭탄이 쏟아져 내릴 때 최후의 핵잠수함 선장은 [마지막으로 수면 위로 올라와], BBC 라디오 4(뉴스·시사·교양 프로그램을 주로 방송하는 채널로, 비상시 국가 기간 방송의 역할도 담당한다 — 옮긴이)에서 아무 소리도 들리지 않으면, 영국이 최후를 맞이했다고 생각할 것이다.

4장
조작의 연대기

＊

매수하거나 왜곡할 수 없네.
다행스럽지 않은가, 영국 기자여!
하지만 뇌물 없이 그들이 어떤 일을 하는지 보면,
애초에 그럴 생각도 하지 못하네.

—험버트 울프, 《신성하지 않은 도시》에 나오는 경구

사실을 보도해야 할 의무

1995년 초여름, 미국의 어느 식료품점 계산대 앞에 한가로이 줄을 서 있던 사람들은 다소 놀라운 소식을 접했다. "힐러리 클린턴, 외계인 아기를 입양하다"라는 제목이 달린 여러 신문의 주요 기사가 눈에 들어왔기 때문이다. '공식' 사진처럼 버젓한 이 사진에서 영부인 힐러리는 머리와 얼굴의 형태가 아주 기이한 아기를 품에 안은 채 환하게 웃고 있었다. 1면에 실린 이 기사에는 아기에 대한 그녀의 연민이 여실히 드러난다는 설명이 덧붙여졌다. 기사에 따르면 이 아이는 지구에서 태어난 것이 아니라 아칸소주 시골에 추락한 UFO에서 구출됐으며, 당시 비밀경호국이 아이의 특별한 조건에 맞는 보육시설을 백악관 안에 짓고 있다고 했다.

보통은 심각할 정도로 어수룩하고 귀가 얇은 사람이 아니고서는 이런 허무맹랑한 이야기에 아무도 관심을 가지지 않을 터였다. 하지만 그런 사람들은 이 세상에 존재하며, 그 수는 놀라울 정도로 많다. 언론은 그들의 두려움, 불안, 의심을 때로 자극할 수 있으며, 실제로 그렇게 하고 있다. 슈퍼마켓 진열대에 꽂혀 있는 타블로이드 신문뿐만이 아니다. 런던의 《데일리 메일》은 지미 카터의 인기가 바닥을 치던 시절에, 카터 대통령이 백악관에 침거해서 "링컨 대통령을 연상시키는 이미지를 만들려고" 수염을 기르고 있다는 기사를 두 면에 걸쳐서 보도한 적이 있다. 심지어 카터 대통령이 높은 스토브파이프해트를 쓰고 남북전쟁을 치른 전임 대통령을 연상시키는 구레나룻 수염을 기른 모습의 삽화도 함께 실었다.

이 기사는 물론 완전히 거짓이었지만,[●] 《데일리 메일》독자들 중에는 이를 무턱대고 믿는 사람들이 꽤 있어서, 카터의 시름은 깊어질 수밖에 없었다. 음모론이 난무하고 정부 고위 관료들이 거짓말을 서슴지 않아서 진실의 개념 자체가 시들어가는 오늘날에도, 언론이 상황을 뒤흔들어 전반적인 불신을 퍼뜨리는 경우가 너무나 많다.

언론이 어떤 형태를 취하든 이 땅의 힘 있는 기관임은 부인할 수 없는 사실이다. 그런 힘이 공익에 사용되는지 부정하게 사용되는지는 언론사가 독자, 청취자, 시청자에게 전달하는 지식의 진

● 이 기사를 쓴 기자는 제임스 기빈스(James Gibbins)라는 트위드 옷을 즐겨 입던 아편 중독자로, 이와 비슷한 황당한 이야기를 무수히 지어낸 것으로 밝혀졌다. 그중에는 이런 것들도 있었다. "뉴욕에 있는 알곤킨호텔에서 실시한 설문조사에 따르면, TV 프로그램 〈세상이 바뀔 때(As the World Turns)〉를 30분 동안 시청하면 토닉을 섞은 보드카 석 잔을 마셨을 때와 같은 수면 발작 증상이 나타날 수 있다고 한다. 메릴랜드주 로렐에 있는 어느 술집은 원숭이를 반려동물로 키웠는데, 원숭이가 다가가 않는 첫 번째 손님에게 무료 음료를 제공했다. 콘월에서 사람 머리를 가진 비둘기들이 발견됐다." 기빈스는 《워싱턴포스트》 기사에서 '플리트 스트리트(과거에 신문사가 많았던 런던 중심가―옮긴이)의 사기꾼'임이 폭로됐으며, 《데일리 메일》 국제부 기자였던 그는 해고당했다.

실성에 달려 있다. 언론은 종종 상황을 잘못 파악한다. 없는 일을 꾸며내기도 한다. 가짜 뉴스fake news라는 운치 없는 표현으로 불리는 날조된 뉴스들은 역사가 꽤 오래됐으며, 특히 요즘 부쩍 경각심을 불러일으키고, 패러디와 유희의 소재가 되기도 한다. 예를 들어 언론계에서 가장 유명하고 낭만적인 이미지를 풍기는 군단인 외신 특파원들의 일탈에 대한 에벌린 워의 고전적인 풍자 소설《특종scoop》에는 이런 에피소드가 나온다.

소설의 줄거리는 데일리 비스트Daily Beast라는 신문에 가끔씩 자연에 관한 기사를 쓰는 윌리엄 부트William Boot라는 비참할 정도로 경험이 부족한 기자의 모험을 중심으로 전개된다. 부트는 신원 오인으로 인한 전형적인 사건 때문에, 최근 아프리카의 뿔(아프리카 대륙 북동부의 소말리아 공화국과 그 인근 지역―옮긴이)에서 발발한 내전을 취재하는 임무를 맡게 된다. 마르세유를 출발해 남쪽으로 내려가는 여객선에서, 그는 분쟁 취재를 나가는 다른 기자들을 만난다. 그중 한 사람이 전선에서 만날지 모를 위대한 인물들에 대한 놀라운 이야기를 들려준다. 그중에는 미국에서 가장 높은 연봉을 받는 전설적인 기자인 웬록 제이크스Wenlock Jakes도 있다. 배에서 만난 그 기자에 따르면, 제이크스는 많은 사람이 두려워하는 인물이다.

아니, 제이크스가 한번은 발칸의 한 수도에서 일어난 혁명을 취재하러 간 적이 있었어요. 마차에서 깊은 잠에 들었다가 엉뚱한 역에 도착했을 때 일어나서, 아무것도 모르고 내렸지요. 그는 곧장 호텔로 가서 수천 단어로 된 글을 작성해 보냈어요. 거리에 설치된 바리케이드, 불타는 교회, 타자기 소리와 박자를 맞춰 들리는 기관총 소리, 창문 밑으로 보이는 황량한 도로에 팔다리를 벌린 채 널브러진 부서진 인형 같은 죽은 아이의 시체, 뭐 그런 것들 말이죠.

회사에서는 엉뚱한 나라에서 보내온 그 기사를 받고서 꽤 놀랐지만, 제이크스를 믿고 전국 여섯 개 신문에 기사를 실었어요. 그날로 유럽의 모든 특파원들에게 혁명이 일어난 장소로 달려가라는 명령이 전달됐지요. 특파원들이 떼를 지어 그곳에 도착했어요. 더는 보고할 것이 없어 보였지만, 제이크스가 매일 유혈과 폭력을 담은 수천 단어의 기사를 써 보내고 있는 상황이니, 밥그릇을 지키려면 어쩔 수 없었죠. 그래서 그들도 동참했어요. 그 이후 국채 가격이 하락하고, 금융시장이 혼란에 빠지면서 비상사태가 선포되고, 군대가 동원되고, 기근과 반란이 나타나면서 일주일도 채 되지 않아 제이크스의 말대로 정말로 혁명이 일어났어요. 이게 바로 언론의 힘이죠.

최초의 제대로 된 전쟁 특파원은 리머릭카운티 출신의 윌리엄 하워드 러셀William Howard Russell이었다. 그는 유쾌하고, 잘 먹고, 사교적이며, 카드놀이를 좋아하는 아일랜드 출신의 식도락가였다. 소설 속 인물인 웬록 제이크스가 그와 비슷한 것은 순전한 우연이 아니며, 불순한 면에서도 마찬가지다. 유사성에 대한 기록이 전혀 없기 때문이다. 비록 허구의 인물이지만, 제이크스는 두려움의 대상이었으며, 그가 작성한 기사는 전적으로 공상적인 것이었다. 러셀은 아마도 너무 잘 먹고 존재감이 워낙 커서였는지 만나는 모든 사람에게 호감을 샀다. 그렇지만 유럽과 미국의 전쟁터에서, 그중에서도 특히 1850년대 크림전쟁과 그 10년 뒤 남북전쟁 초기 전투에 대한 그의 보도는 매우 정확하고 상세하며 전술과 정책에 대한 비판으로 가득 차 있어서, 그 여파로 장군들이 뇌졸중으로 쓰러지고 정치인들이 자리에서 쫓겨나기도 했다. 전선에서 목격한 상황을 신속하게 런던으로 전송하고(새롭게 발명된 전신기술이 큰 도움이 됐다), 간결하고 흥미진진한 기사를 적절한 분량으로 써냈던 그는, 지금도 특파원들에게 종군기자의 완벽한 본보기로 여겨진다. 그는 가끔 비판해야 할 일이 생기면, 파장이 상당할 수 있는데도 두려움 없이 적극적으로 관여했다.

크림반도에서 22개월을 보내는 동안 러셀은 온갖 종류의 불만을 쏟아냈다. 영국 사령관 래글런 경Lord Raglan[*]은 러셀로부터 무능하다는 비난을 받고 그를 파면하려 했다. 아조우해에서 상륙작전을 성공적으로 지휘했던 고위 장교 조지 브라운 경Sir George Brown은 부하들의 약탈과 기물 파손을 막기 위한 조치를 전혀 취하지 않았다는 이유로 《타임스》에서 뭇매를 맞았다. 당시 총리였던 조

- 래글런 소매는 그의 이름에서 유래했다. 크림전쟁이 패션에 기여한 바는 기억할 만한 일이다. 래글런 경이 워털루 전투에서 팔을 잃은 뒤 독특한 디자인의 제복을 입었을 뿐 아니라, 경기병대의 돌격을 이끌었던 카디건 경(Lord Cardigan)은 우크라이나의 추위를 막기 위해 단추가 신기하게 달린 스웨터를 입었고, 수많은 포위 작전에 참가했던 사람들은 발라클라바로 불리는, 머리와 목을 완전히 덮는 머플러를 썼다. 최근 역사상 가장 기괴한 전쟁 중 하나였던 이 전쟁에 경의를 표하는 뜻으로, 이 세 가지를 한꺼번에 착용하는 것도 전적으로 가능할 것이다.

지 해밀턴고든은 크림전쟁의 실패 이후 《타임스》를 읽는 대중이 그에게 등을 돌리면서, 자신의 정권이 몰락하는 것을 분노와 절망 속에서 지켜봐야 했다. 수많은 영국 고위 인사가 러셀을 싫어하는 데에는 충분한 이유가 있었다. 하지만 하급 장교와 병사들은 그를 좋아했고, 독자들은 그가 쓴 기사를 더 많이 읽고 싶어 했다. 더 나아가 부상자들이 겪는 곤경을 다룬 그의 보도는, 영웅적인 '램프를 든 여인Lady of the Lamp'으로 알려졌으며 오늘날 전 세계 간호계의 대천사로 추앙받는 플로렌스 나이팅게일이 크림반도를 방문하는 계기가 됐다. 러셀을 존경하는 사람들은 이 모두가 그의 생생한 보도 덕분이라는 것을 잘 알고 있다.

그의 활동은 크림반도에서 끝나지 않았으며, 대중을 각성시키려는 욕구도 거기서 그치지 않았다. 1857년 인도로 파견된 러셀은, 영국이 인도 반란Indian Mutiny이라는 무례한 표현으로 불렀던 러크나우시의 탈환을 취재하면서, 영국에서 온 이주민들이 인도 원주민들을 너무 형편없이, 잔인하게 대했다고 질책했다. 1861년에는 갑자기 남북으로 분열된 미국으로 가서 남북전쟁을 취재했다. 노예제에 본능적으로 반대했던 러셀은, 한 지역 신문에서 묘사한 것처럼 "세계에서 가장 유명한 신문 특파원"으로서 연합군에 동행했다. 그는 전쟁의 첫 번째 주요 전투인 워싱턴DC 외곽의 불런 전투를 취재했는데, 남부군을 이끄는 장군은 웨스트포인트에서 훈련받은 집념이 강하고 쉽게 동요하지 않는, 스톤월 잭슨 Stonewall Jackson이라는 별칭으로 더 잘 알려진 토머스 잭슨이었다. 러셀은 이 전투에 대해 보도하면서 연합군의 갑작스러운 철수에 대해 "치욕적인 완패"였다고 묘사했다. 그 즉시 그에게 비난과 비방이 쏟아졌고 살해 위협을 받았으며, 연합군은 그에게 협조를 제의했을 때만큼이나 재빠르게 협조를 철회했다.

그는 분개하며 유럽으로 떠났고, 그가 비교적 고귀한 전투라고 생각했던, 주로 프로이센과 연관된 대륙 전투에 연이어 참전했다. 그 이후 《데일리 텔레그래프》를 설득해 남아프리카에 파견됐고, 이번에는 트란스발에서 술 취한 영국 병사들의 난동을 보도해 장교들의 심기를 건드렸다. 그 장교들의 상사였고 크림반도에서 러셀을 만나면서 기자 자체를 경멸했던 가넷 울슬리 경Sir Garnet Wolseley 장군은, 이제 아프리카에서 그를 싫어할 이유가 하나 더 생기자 이렇게 비난했다. "그는 신사가 아니다. (……) 악당이자, 속물이며 (……) 전쟁에 무지한 멍청이다. 그가 사회에서 용인되는 이유는 그의 직업이 어릿광대이기 때문이다." 이런 공격은 러셀의 명성에 아무런 타격을 주지 않았다. 러셀은 고국으로 돌아와 더 많은 명성과 괜찮은 수입, 애인, 나중에 이탈리아 백작 부인을 아내로 얻었고 기사 작위를 받았다. 그리고 처음에는 웨일스 왕자를 포함해 사교계 모임에 초대됐지만 일부 사교계 회원의 타락에 대한 불만을 사적으로 표시한 뒤로는 사교계와 사이가 틀어졌다. 그는 런던의 자택에서 사망해 브롬턴 묘지에 묻혔으며, 숙적이었던 울슬리 경의 무덤에서 가까운 세인트폴 대성당 지하실에는 그의 동상이 있다.

저널리즘은 정밀한 과학이 아니다. 크림반도에서의 윌리엄 하워드 러셀의 보도는 그의 간절한 신념이 반영된 것이라고 볼 수 있다. 그는 적을 많이 만들었는데 그에게 반감을 가진 사람들은 그가 편향적이고 지나치게 독단적이어서 충실한 기자가 될 수 없다고 주장한다. 반면 그의 지지자들은 그가 군의 오류와 부적절함을 발견했을 때만 폭로했으며, 크림전쟁은 공식적인 검열이 거의 없는 전쟁이었고 전신을 통해 러셀의 기사가 런던으로 재빨리 전송되었기 때문에, 그의 비판적인 기사는 전쟁 수행과 참전 군인들의 평판에 즉각적인 영향을 미쳤다고 주장한다. 만일 러셀이 전쟁을 혐오하고, 전쟁이 도덕적으로 잘못됐으니 즉각 중단되어야 한다는 목적의식을 가지고 크림반도에 갔다면, 특정 견해에 치우친 빅토리아 시대(오만, 편협함, 인습성, 엄격함 등을 특징으로 한다―옮긴이)의 전형적인 보도 형태라는 비난을 들었을지 모른다. 하지만 그는 전쟁 자체를 반대하지는 않았으며, 특히 이 전쟁을 반대한 것도 아니었다. 그는 그저 훌륭하고 집요한 기자였고, 때로(혹은 자주) 취재 결과 부적절한 전쟁이라는 것이 드러나면, 언론 대학에서 배운 익숙한 문구를 떠올려서 "두려움이나 호의 없이", 결과가 어떻게 되든 소신대로, 사실을 보도하는 것이 자신의 의무라고 보았다.

음모와 가짜 뉴스의 시대

공공 언론에서 정확히 어떤 것을 믿어야 할까? 독자에게 진실을 가리려고 온갖 비도덕적인 거래가 음모를 꾸밀지 모른다. 어떤 음모는 조직 내의 사기꾼이 저지르는 일이고, 어떤 음모는 언론사 소유주들이, 또 어떤 것은 악의를 품은 공무원 혹은 지식을 조작해서 대중을 현혹시키려는 이들이 그런 일을 벌이기도 한다.

이런 사례 중에서도 가장 유명하고 아직도 미스터리로 남아 있는 지노비예프의 편지 사건에 대해 생각해보자.

1924년 10월 25일 토요일 아침, 런던의 고위층은 신문을 펼쳤을 때 뭔가 이상하다는 낌새를 알아차렸을 것이다. 그날《타임스》조간 최종 편집판에는 외무부에서 밤늦게 발표한 아주 이상한 성명과 관련된 내용이 실려 있었다. 외무부의 최고위 관료인 J. D. 그레고리가 런던 주재 소련 공관의 라코프스키에게 공식적인 항의 서한을 보냈다는 내용의 단신이었다. 예의를 중시하는 영국 정부가 '영광스럽게 생각합니다', '부디 숙고하시어', '각하', '순종적인' 같은 전형적인 외교 의례 문구로 포장해서 작성한 이 서한에는, 영국 최초의 사회주의자 총리인 램지 맥도널드가 정치적 생명을 걸고 싸우고 있는 총선 직전에, 영국에서 일종의 쿠데타를 일으키려고 계획 중인 볼셰비키의 비밀 작전이 발각됐다는 것을 상당히 선정적으로 비난하는 내용이 담겨 있었다. 독자들이 아침에 차를 마시며 신문을 보다가 놀라서 캑캑거렸을 것이 분명한, 충격적인 뉴스였다. 그런데 이 내용은《타임스》의 기사가 아니었다.

그 편지와 관련된 뉴스는 그날 저녁《데일리 메일》의 1면을 장식하며 처음 등장했다. 이는 지식 확산의 예와는 거리가 먼 사례였다. 뉴스에서 다룬 내용이 사실이 아니었기 때문이다. 선거를 앞두고 맥도널드 후보를 노리고 꾸민 비열한 음모의 일부였다. 당시 이 사건이 영국 국가 전체에 미치는 영향이 대단히 깊고 광범위했기 때문에 오늘날에도 여전히 의문이 제기되고 있다. 지노비예프의 편지는 2018년에 출간된 한 책에서 '결코 사라지지 않는 음모'로 묘사되기도 했다.

《데일리 메일》은 48포인트로 쓰인 '사회주의 거장들의 내전 음모'라는 표제와 다음과 같은 문구들 밑에, 무려 6단이나 되는 전면 기사를 실었다. '모스크바에서 영국의 빨갱이들에게 내린 지령', '어제 공개된 엄청난 음모', '육군과 해군을 마비시켜라', '맥도널드는 러시아에 우리 돈을 차관해줄 것이다!', 《데일리 메일》이 뉴스를 퍼트린 이후 외무부에서 발행한 문서'.

이 장에서 우리가 논하는 것은 신문이 독자에게 지식을 전달하는 방식이므로, 지노비예프 편지 스캔들의 상세한 내용을 깊이 들여다볼 필요는 없다. 그렇지만 자초지종을 간단히 설명하면 다음과 같다. 당시 모스크바에는 코민테른이라는 연합 조직이 있었는데, 이 조직은 전 세계에 혁명을 조장하기 위해 애썼다. 그해 9월 중순, 당시 코민테른의 집행위원회를 이끌던 그레고리 지노비예프Gregory Zinoviev라는 부스스한 머리의 젊은 사람이 모스크바에서 런던에 있는 영국 공산당 대표에게 편지를 보냈다. 그는 영국 노동계급이 웨스트민스터 정부를 전복하는 데 코민테른이 힘을 보탤 수 있게 최선을 다할 것이라고 언명했다. 또 램지 맥도널드를 총리로 선출하면 양국 관계가 개선될 것이며, 결국에는 "영국과 러시아 프롤레타리아 계급 간의 긴밀한 접촉, 대표단과 노동자의 교류 등을 통해 영국 본국과 식민지에서 레닌주의 이념의 선전 활동을 더 확대할 수 있을 것이므로, 국제적으로나 영국 국내적으로 프롤레타리아 혁명이 일어나도록 지원하겠다"라고 약속했다.

지노비예프가 편지에서 사용한 표현은 다소 거칠고 미흡할지 모르지만, 메시지는 매우 분명했다. 램지 맥도널드를 다우닝가(영국 총리 관저가 있는 곳 ― 옮긴이)로 돌려보내면 영국은 순식간에 마르크스-레닌주의 프롤레타리아의 천국이 될 수 있다는 것이었다. 이는 영국 정부에 대한 볼셰비키의 진정으로 놀랍고도 노골적인 간섭이었다. 뒤이어 네 가지 일이 일어났는데, 세 가지는 신속하게, 나머지 한 가지는 신중을 기해 뜸을 들였다가 천천히 실행되었다.

첫 번째로, 항상 경계를 늦추지 않던 영국 정보기관이 이 편지를 즉시 가로챘다. 두 번째로 절대적인 비밀이 요구될 정도로 충격적인 내용이 담긴 이 편지의 사본이 외무부와 총리에게 신속히 전달됐다. 세 번째로 이 편지가 맥도널드에게 얼마나 큰 타격을 줄 수 있는지(맥도널드에게 표를 주면 근본적으로 혁명을 촉발할 수 있다는 의미였으므로)를 너무 잘 알았던 누군가가 이 편지를 신속히, 비밀리에 《데일리 메일》에 전달했다. 네 번째인 '관에 못을 박는 사건'은, 나중에 밝혀진 바에 따르면 《데일리 메일》 편집자들이 자신들이 극도로 혐오하는 좌파 후보에게 막대한 정치적 타격을 줄 수 있다는 것을 알고, 이 편지를 즉각 보도하지 않고 기다렸다가 선거 3일 전에 공개했다는 사실이다.

결과는 예상대로였다. 다른 모든 신문이 연이어 이 사건을 대서

——— 정권을 무너뜨린 신문 1면: 영국을 볼셰비키 국가로 만들려는 소련의 음모가 임박했다는 《데일리 메일》의 기사는 완전히 가짜였지만, 재임 중인 노동당 총리 램지 맥도널드에게 충격적인 패배를 안겼다.

특필했다. 런던 버킹엄궁이 1917년 상트페테르부르크의 겨울궁전과 같은 불명예(러시아 제정이 붕괴되고 차르가 유폐된 사건—옮긴이)를 겪을 수도 있다는 두려움과 함께, 혁명이 영국 전역으로 확산될 수 있다는 생각에 전 국민이 경악했다. 투표는 화요일에 실시됐으며, 램지 맥도널드는 압도적으로 패배했다. 보수당 후보였던 스탠리 볼드윈은 총리로 복귀해서 1929년까지 영국을 이끌었고, 나중에 결국 네빌 체임벌린에게 정권을 넘겼다. 이후 체임벌린은 아돌프 히틀러에 대한 유화책을 펼쳤고(일부 옹호자들은 스핏파이어 전투기 개발을 위한 지연 전술이었다고 주장한다), 결국 독일의 선전포고와 함께 2차 세계대전이 발발했다.

지노비예프 편지가 1924년 선거에 미친 영향에 대해서는 이후 몇 년 동안 격렬한 논쟁이 일었다. 그중 현재 분명한 사실이 있다. 그 편지가 가짜였다는 것이다. 편지는 모스크바에서 작성된 것이 아니었으며, 지노비예프가 쓴 것이 아니었다. 편지는 위조된 것이었는데, 런던에서 영국 정보기관에 의해 위조됐을 가능성이 컸다.

부인할 수 없는 진실로 남아 있는 이 사건의 또 다른 측면은 《데일리 메일》이 진위 여부에는 일말의 관심도 기울이지 않고서, 이 편지가 현직 총리에게 가장 큰 타격을 줄 것으로 보이는 시점까지 기다렸다가 공개했다는 사실이다. 이 일이 있기 얼마 전《데일리 메일》의 소유주인 로더미어 경이 편집자에게 맥도널드 정부를 경멸하는 기사를 쓰게 한 적이 있었다. "영국 노동당은 뻔뻔스럽게도 자신이 영국의 정당이라고 말하지만, 영국 정당이 전혀 아니다. 그 이름을 내세울 권리가 없다. 5월 함부르크에서 노동사회주의 인터내셔널Sozialistische Arbeiter Internationale의 지배권을 겸허히 받아들임으로써, 대륙의 볼셰비키와 공산주의 조직의 계파에 불과한 조직이 됐다. 이들은 스스로 행동하거나 생각하지 못한다."

일부 언론이 대중에 제공되는 정보를 통제하고, 더 나아가 대중의 마음, 대중의 취향, 민주주의와 법의 지배에 대한 대중의 태도, 집권할 정부의 성향까지 통제하기 위해 자신들의 권리를 지속적으로 남용해왔던 것은, 5세기 전에 요하네스 구텐베르크의 발명이 초래한 잠재적 위험을 확실히 보여준다.

지노비예프 사건이 발생하고 몇 년 뒤에, 신문 업계가 새롭게 발견하고 조심스럽게 수용한 힘을 요약한 유명한 발언이 있었다. 아이러니하게도 이 발언은 재취임한 토리당 총리 스탠리 볼드윈이 자신이 처음 총리가 되는 데 기여한 로더미어 경의 압박에 응수하며 했던 말이다.

지노비예프 편지 사건 7년 뒤인 1931년의 일이었다. 다시 말하지만, 한때 동맹이었던 두 사람이 불화를 겪게 된 자세한 경위는 여기서 언급할 필요가 없다. 볼드윈의 다음 발언은 세월이 흘러도 여전히 회자된다. 그는 당시 자신을 괴롭히던 신문들을 맹비난하는 것으로 시작한다.

> 나를 공격하는 신문들은 일반적인 의미의 신문이 아니다. 그 신문들은 끊임없이 변화하는 정책, 욕망, 개인적인 악행, 개인적인 호불호를 선전하는 엔진이다. [로더미어 경도 그중 하나였고, 《데일리 익스프레스》의 캐나다 소유주인 비버브룩 경도 그중 하나다.] 그들이 사용하는 방법은 어떤 것인가? 명백한 거짓, 허위 진술, 절반만 맞는 사실을 전달하거나 일부만 잘라서 보도하는 방식으로 원래 화자가 했던 말의 의미를 바꾸어놓다. (……) 이런 신문들의 소유주가 목표하는 것은 힘, 즉 책임을 지지 않는 힘, 다시 말해 오랜 세월에 걸쳐 누린 창녀의 특권이다.

이 설명을 마무리 지으려면 두 가지를 덧붙여야 한다. 첫 번째로 볼드윈은 기억에 남는 연설을 하면서 1924년에 그의 압승을 돕기 위해 지노비예프 편지를 파렴치하게 이용한《데일리 메일》의 부적절한 행동에 대해서는 전혀 언급하지 않았다. 그의 이런 행동은 지위나 성향과 상관없이 정치인이 신문사 소유주보다 더 고결한 건 아니라는 사실을 다시 생각해보게 한다. 둘째로, 볼드윈이 언론을 일반적으로 묘사하기 위해 사용한 '창녀의 특권 prerogative of the harlot'이라는 유명한 문구는 그의 사촌인 러디어드 키플링이 처음 만든 말이다. 볼드윈 총리는 1931년 연설에서 이 표현을 사용하기 전에 키플링에게 허락을 구했다.

아무 일도 일어나지 않았다

정부가 자국의 위상이나 평판에 해를 끼칠 수 있는 불쾌한 정보를 차단하거나 무마하는 경우가 최근 부쩍 늘었다. 많은 나라에서 이런 일이 일어나지만, 아무래도 가장 먼저 떠오르는 국가는 중국이다. 특히 1989년 6월 4일 베이징에서 일어난 극적인 사건은 한 국가가 역사를 포괄적으로 고쳐 쓰고 대중의 지식을 뜯어고친 가장 끔찍한 사례로 해석된다. 이런 일이 일어나는 곳이 비단 중국만은 아니겠지만, 베이징에서 이 사건이 진행된 방식은 진정으로 기교적이고 체계적인 전체주의 국가에서만 볼 수 있는 치밀함의 전형을 보여준다.

천안문 대학살로도 불리는 이 사건의 발단에는 많은 요인이 복합적으로 작용했지만, 직접적으로 불을 지핀 사건은 1989년 4월 중국공산당 총서기였던 후야오방胡耀邦의 사망이었다. 후야오방은 마오쩌둥 이후 가장 중요한 개혁가였던 덩샤오핑의 동지였고, 1976년 마오쩌둥 사망 이후 도입된 자유화 정책의 주요 설계자였다. 1986년 말 상하이에서는 중국의 젊은 지식인 수천 명이 운집해 시위를 벌이면서 더 빠르고 광범위한 경제개혁을 강력히 요구하고 일부에서는 소규모로 민주주의 실험을 해보자는 제안도 나왔는데, 후야오방은 학생 중심의 이 봉기를 지지하거나 아니면 최소한 이를 탄압할 생각은 없는 것처럼 보였다. 이에 정부가 나서서 학생운동을 진압하기 위해 신속하고 강력하게 움직였으며, 공산당의 원로들은 후야오방을 비난하고 그를 총서기 자리에서 즉각 밀어냈다. 후야오방은 중앙위원회 의원직은 유지했지만 주요 정치 활동에서 배제됐다.

2년 뒤 그는 일흔세 살의 나이로 사망했다. 그의 사망 원인에 특별히 의혹이 제기된 건 아니지만, 학생들은 그의 죽음에 즉각적으로 반응했다. 이는 중국의 억압적인 분위기를 고려하면 대단히 놀라운 일이었다. 수천 명의 학생이 베이징 거리로 쏟아져나와 후야오방이 옹호했던(옹호했다고 그들이 믿었던) 개혁을 지지하는 시위를 벌이기 시작했다. 정부 당국은 광장에 몰려드는 시위대를 막기 위해 안간힘을 썼다. 자금성 남쪽으로 펼쳐진 약 6만 5000평 규모의 광장, 시멘트로 포장된 공원, 놀이터, 기념비, 묘소, 정부 건물들이 있고, 중화인민공화국을 수립한 마오쩌둥의 친근한 얼굴이 담긴 거대한 초상화가 바라보이는 이곳은 중국의 상징적인 심장부다. 매일 아침 전국 각지에서 몰려든 수천 명의 군중 앞에서, 공식적인 일출 시각 30분 전에 군인 의장대가 창안제長安街 거리 남쪽에 있는 거대한 국기 게양대를 호위하면 국가가 울려 퍼지며 국기가 게양된다. 새벽의 고요함 속에서 붉은색과 금색의 국기가 아침 산들바람에 휘날리는 가운데 모두 잠시 침묵을 지킨다. '천국과 같은 평화의 문'이라는 천안문天安門의 이름에서 알 수 있듯이, 이곳에는 정말로 천국 같은 신성함이 느껴진다. 이런 장소를 항의 시위로 요동치게 만드는 것은, 그런 것에 질색하는 중국 통치자들의 얼굴을 공격하는 것이나 다름없었다.

처음에는 밀려드는 시위대를 막는 데 완전히 실패했다. 학생들은 진격을 저지하기 위해 배치된 경찰병력을 가볍게 밀고 지나갔다. 수만 명에 달하는 학생들은 조직적으로 움직였다. 급식소, 응급 의료소, 프레스센터를 세웠고, 광장의 스피커를 무단으로 사용해서 개혁 요구를 방송했으며, 거대한 자유의 여신상을 만들고, 외국의 방송사들이 이 여신상을 카메라에 담을 때 그 여신상의 어깨 뒤로 마오쩌둥의 사진이 보이고 여신상의 횃불이 마오쩌둥의 이마에 오도록 계산된 위치에 세워두었다.

최후의 순간은 소련의 지도자 미하일 고르바초프가 오래전부터 세심히 계획한 중-소 정상회담을 위해 대규모 소련 대표단과 함께 도착하면서 시작됐다. 모든 것이 엉망이었다. 광장에서 열릴 예정이던 환영식은 취소되었다. 고르바초프는 거의 사용되지 않는 뒷문을 통해 인민대회당으로 눈에 띄지 않게 슬그머니 들어가야 했다. 고르바초프는 당시 페레스트로이카(개혁)와 글라스노스트(개방)라는 개혁 정책을 통해, 경화되고 평판이 안 좋아진 공산주의 체제의 문제를 해결하기 위해 바삐 움직이고 있었기 때문에, 시위 학생들은 그를 민주주의의 대사로 환영하는 거대한 표지판을 세웠다. 고르바초프와 그의 사절단은 시위에 진정으로 관심을 갖고 동정하는 듯했지만, 중국 측에 이런 사실을 내비치지 않으려고 철저히 조심했다.

하지만 덩샤오핑과 지도부가 이를 알아챘고, 크게 분노했다. 그들은 체면을 완전히 구겼다. 모스크바의 개혁을 조금이라도 따라 하고 싶은 마음은 털끝만큼도 없었다. 오히려 그들은 시위대를 짓밟아 가루로 만들어버렸다. 표면상 고르바초프-덩샤오핑의 정상회담을 취재하러 베이징에 모인 수많은 외국 언론의 집요한 감시에서 최대한 벗어난 상태에서 그렇게 했다. 중국 당국은 외신 기자들에게 철수하라고 일일이 지시해서, 외국 취재진은 최소한의 인원만 남게 됐다. CNN 취재팀이 쫓겨나는 장면은 미국 텔레비전을 통해 생중계됐다. 근엄한 표정의 관리들이 뉴스룸에 들이닥쳐 기자들과 카메라 기자, 프로듀서들에게 즉시 촬영을 중단하고 출국하라고 지시했다. 조지 H. W. 부시 대통령은 집무실에서 이 모든 과정을 생방송으로 지켜보았다. 중국 정부의 분노는 냉정하고 단호하고 확고했다. 그들은 어떤 대가를 치르더라도 질서를 바로잡아야 한다고 주장했다. 그 뒤로 일어난 일에 대한 은폐와 왜곡은 그저 이 모든 과정의 일부였다.

6월 2일 무렵, 중국 인민해방군 탱크 수백 대가 도시를 포위했다. 당시 서방의 위성에 잡힌 사진에는 군인 수천 명이 사방에서 도심으로 진격하는 모습이 담겼다. 시위대는 "중국인이 중국인을 죽여서는 안 된다"라고 간곡히 외치며, 포위망을 점점 좁혀오는 군인들을 막아서려고 했다. 하지만 모든 것이 허사였다. 6월 3일에서 4일로 넘어가는 깊은 밤중에, 군대가 진격해왔다. 탱크와 장갑차들이 광장으로 쏟아져 들어왔고, 군인들은 겁에 질린 젊은이들을 향해 아무 경고 없이, 조준도 하지 않은 채로, 자동소총을 마구 발사했다. 아무도 대항하지 않았으므로 결코 전투라고 부를 수 없는, 살인 행위가 새벽까지 계속됐다. 피투성이가 된 도시, 충격에 멍해진 국가, 공포에 휩싸인 세계 위로 해가 떠오르기 전까지, 최소 수백 명, 아마도 수천 명이 목숨을 잃었다.

짙은 색의 헐렁한 바지와 흰 셔츠 차림의 한 청년이 양손에 쇼핑백을 들고 탱크 행렬 앞에 당당히 서서 탱크의 진격을 막고 있는 사진은 충격적인 사건이 벌어진 날 아침에 찍힌 것으로, 천안문 광장 학살 사건을 대표하는 상징적인 이미지로 남아 있다. 다른 사진들은 어두운 밤에 대학살의 아수라장 속에서 찍힌 것들이어서 또렷하지는 않지만, 더 작고 뚜렷한 혼란과 죽음의 스토리를 전달한다. 짓밟으러 온 거대한 탱크 앞을 가로막은 신원이 알려지지 않은 이 평범한 남성의 사진 한 장으로 충분하다. 실제로 얼마나 많은 사람이 희생됐는지에 관계없이, 이 한 장의 사진은 그때나 지금이나 많은 것을 이야기한다. 이 사진은 저항을 침묵으로 표현한 것이자, 위험을 무릅쓰고 도움을 요청하는 가슴 사무치는 외침이자, 인간의 품위를 지켜달라는 호소였으며, 인류가 개입해 탄압의 거센 물결을 지연시키거나 막을 수 있다는 제안이었다. 탱크맨이라고 불리는 남성의 이 사진은 역사상 가장 강력한 사진의 하나로 여전히 전해진다.

그러나 중국에서는 이 사진을 볼 수 없다. 이 사진을 타인에게 보여주는 것은 범죄다. 소지하는 것도 금지되어 있고, 발행하는 것은 중죄다. 이 사진에 대한 지식은 숙청해야 할 대상이다. 그래야 하는 이유는, 천안문 사건이 결코 일어나지 않았기 때문이다.

그날 베이징에서는 아무 일도 일어나지 않았고, 4월, 5월, 6월 초에도 별다른 일이 없었다. 고르바초프 서기장이 다녀갔으며, 특별할 것 없이 평안했던 체류 기간 동안에 그는 동지로서 모든 지도자를 만났고, 정상회담에서 확실한 진전이 있었으며, 모든 과정이 기념비적인 성공으로 마무리됐다. 그해 봄에 공산당의 전 지도자인 후야오방이 사망하는 우울한 사건이 있었지만, 그는 인민 공동체에 특별히 공헌한 것이 없으며, 실질적으로 별로 중요하지도 않은 인물이었다.

1989년 봄은 위대한 중국 역사에서 평온한 시기였으며, 그렇지 않다고 말하는 사람은 화를 당할 터였다. 이후 중국의 역사는 평소와 다름없이 정상적으로 계속 이어질 것이었다. 국기는 매일 동트기 30분 전에 게양될 것이고, 6만 5000평에 달하는 천안문 광장에 설치된 스피커를 통해 중국의 국가 〈의용군 행진곡〉이 울려 퍼질 것이며, 초상화 속의 마오쩌둥은 지금도 그렇고 앞으로도 영원히, 유순한 시험 감독 같은 표정을 지으며 아래쪽을 응시할 것이다.

어떻게 그럴 수 있었을까? 나는 이 글을 쓰기 몇 주 전에, 매사추세츠주 서부에 있는 윌리엄스칼리지에서 중국인 학생 네 명을 인터뷰했다. 인터뷰의 주제는 1장에서 설명했던, 끔찍하게 어려운 대학입학시험인 가오카오였다. 대화를 나누다 보니 자연스럽게 다른 주제로 화제가 옮겨갔고 오늘날의 중국에 관한 이야기를 주로 나누게 됐다. 베이징 교외에서 온 열아홉 대학 신입생에게 특별한 의도 없이 천안문 사태에 대해 얼마나 알고 있는지 물었다. 중국에 광범위한 검열이 있었다는 것은 알고 있었지만, 그 여학생은 미국에 생물학을 공부하러 온, 첨단기술에 무척 밝은 대학생이었다. 그녀는 의아한 표정으로 내 얼굴을 쳐다봤다. "무슨 사태요? 정확히 무슨 사건을 말씀하시는 거지요?"

두어 살 위인 그녀의 동급생 세 명이 동조의 뜻으로 가볍게 웃으며 곁눈질로 나를 한번 쳐다보고는, 중국어로 그녀의 기억을 되살리려고 애를 썼다. 하지만 그 여학생은 우리가 무슨 말을 하는지 전혀 알지 못했다. 그녀는 물론 천안문 광장을 알고 있었고 미국 유학을 떠나기 며칠 전에 부모님과 천안문 광장에 다녀오기도 했다. 그렇지만 그녀가 화났다는 것이 겉으로 티가 날 때까지 나와 그녀의 동급생들이 설명하려고 무진 애를 썼던 그 비극적인 사건에 대해 그녀는 전혀 들어본 적이 없었다. 시위도, 무차별 총격 사건도, 탱크 앞을 막아섰던 남성도, 그 어떤 것도 말이다.

그 학생은 2002년에 태어났는데, 1989년 베이징에서 일어났는지도 몰랐던 그 일은, 그녀가 어렸을 때는 이미 오래된 역사였다. 피, 총알 자국, 부서진 자전거, 불에 탄 장갑차 등 학살의 물리적 증거는 그해 여름에 싹 치워졌고, 광장의 화강암 포석과 창안제의 아스팔트는 호스로 물을 뿌려 깨끗이 청소한 뒤였다. 그 뒤로 중국 정부는 무자비하게 능률적인 작전을 구사했다. 최근에는 인터넷상에서 강력한 검열 프로그램 방화장성防火長城(만리방벽)을 통해서 역사를 다시 쓰고, 이야기를 전체적으로 바꾸고, 잘 알려진 지식을 사실과 거짓이 섞인 허구로 만드는 작업을 하고 있다. 내가 만났던 윌리엄스칼리지 학생들은 국가가 정보를 지배하는 중국의 화신으로서, 만리장성(그리고 방화장성)의 승리를 보여주는 살아 있는 증거가 됐다.

중국 정부가 보유한 지식 억압의 무기는 아주 많고 종류도 다양하다. 모든 신문과 라디오, 텔레비전 방송국은 국가의 통제를 받고 있다. 그래서 1989년 6월에 있었던 사건에 대한 언급을 모조리 삭제하는 것은 어려운 일도 아니었다. 초기에는 관련 보도가 몇 가지 있었다. 폭력배와 범죄자, 반혁명 운동가들이 도심에서 비행을 일삼았다는 소식이었다. 그러다 몇 주 뒤부터 표현이 진화하기 시작했다. 처음에 '반혁명 폭동'으로 불렸던 것이 단순히 '폭동'으로, 그다음에는 '정치적 폭풍'으로, 나중에는 '정치적 혼란의 에피소드'로 바뀌더니 대중 인쇄매체에서 거의 완전히 사라졌다. 오늘날 이런 문구는 거의 사용되지 않으며, '6월 4일 사건'이라는 표현으로 아주 뜸하게 언급될 뿐이다. 윌리엄스칼리지 학생은 이런 표현을 들어본 것 같기도 하다고 했지만, 그에 대해 아는 내용은, 더 유명한 1919년의 5·4운동®에 대해서보다도 훨씬 적다고 했다. 5·4운동은 반일운동이었기 때문에 현재 중국 역사책에서 여전히 인정되는 사건이다. 1989년 6월 4일 사건은 오늘날 역사책

지식의 탄생

에서 거의 언급되지 않는다. 중요하지 않은 사건으로 여겨지거나 공식적으로 일어나지 않은 사건이기 때문이다.

정부 검열관들은 이 사건에 대한 진실이 인터넷과 휴대폰 같은 전자매체를 통해 전파되는 것까지 차단했다. 그래서 등장한 것이 중국의 인터넷 규제 정책인 '방화장성'과 정보 검열 및 감시 정책인 '황금방패 프로젝트'(또는 금순공정金盾工程)이다. 규모가 거대하고 비용이 많이 들지만, 꾸준히 확장 중인 이 프로젝트는 베이징에 있는 단독 부서에서 관리한다. 사이버 보안을 규제하고 단속하는 법률은 수없이 많으며, 모든 종류의 민감한 사안에 대한 확인된 사실을 알고자 하는 국민을 억제하려는 노력은 정보가 계속 흐르게 하려는 중국인들의 불굴의 노력만큼이나 활발하다. 고도로 발달한 차단 및 분석 소프트웨어는 여섯 가지 주요 관심 분야에 관한 모든 사람의 언급을 감시한다. 컴퓨터 사용자가 지도부의 개별 구성원의 이름을 거론하는 것은 위험한 행동이다. 또 정치운동이나 시위에 관해서는 온라인에서 글을 쓰거나 말하지 않는 것이 현명하다. 특히 파룬궁法輪功 명상운동처럼 광신적 종교집단으로 간주되는 내용은 인터넷에서 절대 허용되지 않는다. 중국 서부의 위구르족을 위해 '아주 좋은' 일을 하는 신장 재교육 캠프는 그들의 활동을 대중에게 알려서는 안 된다. 마찬가지로 1959년 달

● 1919년 초여름에 수천 명의 학생들이 베르사유 조약 체결에 항의하기 위해 천안문 광장에 몰려들었다. 당시 베르사유 조약은 철저히 무장한 독단적인 일본이 중국 내에서 과도한 영향력을 행사할 수 있는 근거가 되는 것으로 판단됐다. 이 시위를 시작으로 공산당을 비롯한 다양한 민족주의 운동이 탄생했다. 이는 6월 4일 운동에 대한 언급이 공식적으로 금지됐음에도 불구하고, 그보다 70년 전에 일어난 5·4운동에 대한 설명은 허용되는 이유 중 하나다.

라이 라마가 인도로 망명한 이래로 민감한 주제가 된 티베트 독립에 대한 희망을 언급하는 내용도 금지된다. 마지막으로 가장 중요하게는, 1989년 천안문 광장에서 일어난 사건에 관해서는 절대 언급해서는 안 된다. 1919년에 있었던 사건은 얼마든지 자유롭게 말할 수 있지만, 1989년에 일어났다고 주장되는 사건은 전혀 일어나지 않은 사건이다.

방대하고 냉정하고 가차 없는 검열에 투입된 전문가들은 성능이 뛰어난 미국 시스코 서버로 만든 알고리즘 덕분에 더 강력해진 능력을 발휘해 광활한 인터넷을 끝없이 휩쓸고 있다. 조금이라도 평화로운 국가 체제를 위협하거나 공격할 가능성이 있다고 판단되는 내용은 일단 인터넷 망에 연결되지 못하게 차단하고 철저히 조사한다. 문제가 없으면 다시 인터넷 망과 연결돼 공유되고, 문제가 발견되면 차단되거나 서비스가 정지될 수 있다. 언론의 자유를 보장하는 중국 헌법 제35조에도 불구하고, 문제를 일으킨 사람은 인민무장경찰에게 끌려갈 가능성이 높은데, 이것은 결코 좋은 경험이 아니다.

현재 중국에서는 위키피디아, 구글, 유튜브, 트위터에 접속할 수 없고, 외부 세계와의 접촉은 피상적인 수준에서만 가능하다. 이와 비슷한 검열이 서양의 식민지였다가 반환된 홍콩과 마카오까지 확대됐다. 중국은 이런 수단과 그밖의 수천 가지 방법으로 독재 체제의 안보를 위협하는 모든 요인을 단속하려고 애쓰고 있다. 거기에는 미래에 있을지 모를 위협, 현재 일어나고 있다고 인식된 위협, 1989년 6월의 경우처럼 먼 과거의 일로 백미러로 봤을

지식의 탄생

때 빠르게 저 멀리 사라져가는 위협이 모두 포함된다. 베이징 중난하이中南海(공산당 중앙위원회가 있는 곳 — 옮긴이)의 정책 입안자들은 일어났을지도 모를 일에 대해 알 필요는 없으며, 실제로 아무 일도 일어나지 않았다고 말한다.

피의 일요일

대중의 지식을 조작하는 것은 비단 독재국가에서만 일어나는 일이 아니다. 서구의 많은 국가에서는 정권 교체 없이도 공식적인 거짓말이 바로잡힐 것을 여전히 희망하지만, 서구에서도 거짓으로 진실을 덮는 행동을 만만치 않게 저질렀다. 특히 내가 개인적으로 잘 아는 사례는 1972년 1월에 목격했던 북아일랜드의 폭력 사건이다. 사건이 벌어지고 3개월이 지난 뒤, 공식적인 승인 아래 몇 가지 거짓 정보가 유포됐다. 결국 38여 년이 지난 후, 일련의 정정보도가 이어지면서 마침내 공식적으로 알려졌던 사건의 실체가 밝혀졌다. 중국에서의 사건은 처음에는 지리적 측면인 천안문 광장이라는 장소로 주목받았지만, 북아일랜드에서 발생한 사건은 여전히 연대기적 측면에 주목한 '피의 일요일Bloody Sunday'로 알려져 있다.

내가《가디언》특파원으로 아일랜드 얼스터에서 취재 활동을 시작한 지 3년째 되던 해에, 훗날 '사건'으로 알려지게 된 일련의 비극은 시간이 지날수록 큰 골칫거리가 되어가고 있었다. 여기서 아일랜드의 복잡한 역사를 자세히 살펴볼 수는 없다. 그저 아일랜드자유국은 1922년에 아일랜드섬의 32개 자치주 가운데 26개가 모여 설립한 자치령인데, 내가 얼스터에 머물던 1972년 당시 영국은 새롭게 성립된 아일랜드자유국을 제외한 아일랜드 북동부 6개 주에 대한 통치권을 여전히 가지고 있었다(이 통치권은 오늘날에도 유효하다)는 사실만 짚고 넘어가면 충분할 듯하다. 아일랜드에서 분할된 북아일랜드인 대다수는 개신교 신자였고, 영국령으로 남아야 한다고 고집했다.

이 지역의 로마 가톨릭 신자는 소수였는데, 이들은 영국의 차별과 홀대에 대해 오래전부터 불평해왔으며, 이중 대다수는 영국의 통치에서 벗어나 국경 반대편에 있는 아일랜드 동포들과 언젠가 합쳐질 수 있기를 희망했다. 영국군은 1969년부터 양측을 분리하기 위해 노력해왔으며, 내가 그 지역에 머물던 기간에 의도적으로 큰 소란을 일으키는 여러 중무장 단체, 그중에서도 특히 영국이 제국적인 지배를 포기하고 떠나기를 원하는 아일랜드공화국군(IRA)의 여러 분파에 속한 사람들과 전쟁을 벌였다. 영국은 반란군을 잠재우기 위해 공격적인 군중 통제, 철조망, 물대포, 최루탄, 고무탄, 체포, 긴급 입법, 그리고 무엇보다도 재판이나 적법한 절차 없이 용의자를 구금하는 등 식민지 치안의 고전적인 기법을 모두 사용했다.

피의 일요일 사건이 벌어졌던 1972년 1월, 600여 명의 미재판 죄수들이 벨파스트 외곽의 음산한 정치범 수용소와 빅토리아 시대에 악명 높았던 디킨스 소설에 나오는 강에 버려진 폐선과 다름없는 감옥선의 우중충한 감방에 잔뜩 들어차 있었다. 이 두 수용소가 극도의 포화 상태였기 때문에 영국 정부는 1972년 초에 아일랜드와 접한 국경 근처, 주 서쪽의 오래된 성곽 도시 런던데리 근처의 습한 강어귀에 있는 매길리건Magilligan이라는 옛 군대 막사에 세 번째 수용소를 열었다.

새로운 수용소가 문을 연 1월 주말에 해변에서 격렬한 폭동이 발발했다. 미리 배치된 영국 보병 연대의 병사들과 폭동 진압 훈련을 받은 지역 경찰이 폭동을 진압했지만, 영국군은 군사력을 과시하기 위해 의도적으로 공수부대 1개 대대를 보냈다. 폭동을 진압한 군인은 거의 없었지만, 공수부대원들은 종잡을 수 없이 흉포하게 굴었다. 대부분의 목격자는 가장 혹독한 훈련을 받은 공수부대를 이곳에 보내 비무장 민간인들과 대치하게 하는 건 부적절하다고 생각했다. 마치 호두를 까려고 대장간에서 쓰는 큰 망치를 손에 든 것처럼 보였다.

당시 자료를 보면, 이들은 새로운 아일랜드 환경에 적응하면서 매길리건을 정찰하러 왔던 것이 틀림없다. 그다음 주인 1월 30일 일요일, 바로 그 군인들이 익숙한 전투복과 빨간 모자를 쓰고, 런던데리의 보그사이드 지역에서 시위대와 대치하고 있는 모습이 목격됐다. 유명한 정치운동가인 버너뎃 데블린Bernadette Devlin이 이끄는 항의 시위에서 독립 요구와 영국에 대한 분노가 터져나올 것으로 예상되었기에, 살벌한 대치가 예견됐다.

기자들이 몰려들었고, 나도 그 자리에 있었다. 최루탄과 고무탄이 발사되고 물폭탄을 실은 메르세데스 살수차로 보라색 물감이 섞인 물 수백 톤이 발포될 것으로 예상했다. 몹시 추운 날이었다. 그런 날 최루탄 가스를 마시며 물에 흠뻑 젖고, 잘 지워지지 않는 보라색 물감을 온통 뒤집어쓰는 것은 기자에게나 시위대에게나 유쾌한 일이 아니었다.

그런데 그날 오후에 어느 누구도 상상하지 못한 상황이 벌어졌다. 시위에는 분명 수천 명이 참가했다. 연설은 맹렬하고 선동적이었다. 시위에서 흔히 그렇듯, 한 무리의 젊은 남녀가 행진 대열에서 이탈해서 문제를 일으키기로 마음먹은 듯 군인들에게 돌과 쓰레기를 던지기 시작했다. 최루탄이 발사되었다. 물대포가 자세를 잡고 노즐을 위로 올린 뒤 흩어지는 군중을 향해 차가운 물줄기를 퍼붓기 시작했다. 새로울 것은 없었다. 평소와 다름없었고, 어떻게 보면 쾌활하게 느껴지기까지 했다. 그런데 갑자기 철조망이 옆으로 젖혀지더니 장갑차 두 대와 캔버스 천을 씌운 군용 트럭 석 대가 굉음을 내며 나타났다. 트럭에서 철모를 쓴 공수부대원 10여 명이 뛰어내려 사격 자세를 취했다. 곧이어 그들은 조직적으로 연달아 총을 발사했다. 발사된 총알은 이리저리 흩어지는 무방비 상태의 민간인 시위대를 향했다. 광장 곳곳에서 사람들이 총에 맞아 피를 흘리며 쓰러지기 시작했다. 총격은 계속됐고, 사람들은 비명을 질렀다. 하얀 손수건을 든 신부가 부상 입은 사람들을 안전한 곳으로 대피시키려고 했다. 영국군 총알의 둔탁한 탕탕 소리가 쉴 새 없이 계속 이어졌다.

그날 오후 13명이 총상으로 사망했고, 한 명은 장갑차에 치여 사망했으며, 25명이 부상을 입었다. 최근 몇 년간 다른 곳에서 발생한 총격 사건과 비교하면 적은 숫자처럼 느껴질지 모르지만, 이 사건은 1972년 영국에서 일어난 일이었다. 당시에는 경찰이 비무장 상태로 순찰을 돌았고, 범죄자들이 총을 소지하는 일은 거의 없었다. 영국 대부분의 지역에서 불법행위 단속은 아세틸렌 램프가 달린 무거운 낡은 자전거를 타고, 우스꽝스러운 헬멧을 쓰고 다니는 덩치가 좀 있고 상냥한 경찰관이 담당했다. 문제가 발생하면 호루라기를 불고, 상황이 심각할 때는 곤봉을 위협적으로 흔들기도 했다. 경찰차에는 경적이 있었고 파란색 경광등이 하나 달려 있을 뿐이었다. 사이렌도, 무선 장치도, 권총도, 테이저건도 없었다. 사람들은 텔레비전을 통해 북아일랜드는 상황이 다르다는 것을 알고 있었다. 그곳의 경찰은 대부분 총을 소지하고 있었으며 (본토 사람들이 결코 이해하지 못할 이유로), 군대는 경찰을 돕기 위해 도착해 있었다. 그런데 군인들이 민간인 13명을 총으로 쏴 죽였다는 것은 남아프리카공화국의 샤프빌 대학살(1960년 샤프빌에서 정권 퇴진과 아파르트헤이트 폐지를 요구하는 시위대를 경찰이 학살한 사건. 이 사건으로 69명이 사망하고 289명이 부상당했다 ─ 옮긴이)에 비교될 법한 일이었다. 영국에서 일어날 만한 일이 아니었다.

나는 그날 밤 차가운 분노를 담아 아주 신중하게 기사를 작성했고, 그 기사는 당연히 월요일 아침 신문 1면에 실렸다. 나는 직접 본 것과 보지 않은 것을 바탕으로 이 사건에 대한 견해를 밝혔다. 그날 민간인은 총기를 소지하지 않았으며, 화염병이나 못 폭탄을 비롯해 그 어떤 종류의 무기도 사용하지 않았지만, 영국군은 군중을 향해 '불필요하게' 총을 발사했다. 나는 이날 벌어진 살상이 이 지역의 정치 상황을 장기간 더욱 악화시킬 것이라고 평했다.

그것이 실제로 일어난 일 그대로였다. 사건 이후 더블린 주재 영국 대사관은 폭도들에 의해 불탔다. 영국 중앙정부는 북아일랜드 정부 관계자들을 파면하고 직접 통치를 시작했다. 사람들의 적대감은 몇 배로 더 높아졌고, 수백 명이 더 목숨을 잃었다. 일대 격투가 시작됐다고도 말할 수 있는 상황이 그 이후 수년 동안 계속됐다. 사람들은 대체로 피의 일요일 사건이 모든 관련 당사자가 본격적으로 달려들어 거리낌 없이 증오를 표출하기 시작한 변곡점이 됐다고 본다.

공식적인 메시지가 즉각적으로 전달되기 시작하면서, 정부는 그날 일어난 일에 대한 역사적 기록을 수정하기 위해 나섰다. 그로부터 17년 후 천안문 사태가 발생했을 때 베이징에서 일어날 일의 영국판에 해당하는 조치였다. 중국과 달리 영국에서는 아무도 런던데리 비극이 일어났다는 사실을 부인하지 않았다. 다만 이 사건에 대한 대중의 지식을, 흠잡을 데 없이 충실히 훈련받은 유능한 병사들이 폭력적인 어둠의 세력에 맞서기 위해 필요한 일을 수행했던, 정당방위에 따른 살상으로 조작했다.

해명을 기다리는 세계에 이 메시지를 전달하기 위해, 다른 때 같으면 길버트와 설리번(빅토리아 시대에 활동한 희극 오페라 작가들―옮긴이)의 오페라에 카메오로 출연할 만한 인물이 등장했다. 바로 영국 왕실의 4등 훈장 수훈자이자 아일랜드 의회 의원이며, 국왕의 정치 자문단인 영국 추밀원 소속이고, 영국 고등법원 수석 재판관인 존 패스모어 위저리John Passmore Widgery 남작이었다. 그는 "공적으로 긴급한 중요성을 띤 명확한 사안, 즉 런던데리에서 행진과 관련해 사망자가 발생한 1월 30일 일요일의 사건"을 조사할 공식 조사위원회 위원장이자 유일한 위원으로 임명됐다.

위저리 경이 영국 국방의용군(TA) 준장이었고, 전쟁 중에 왕립 포병대(RA) 중령이었다는 사실을 모르는 사람은 없었다. 그는 머리부터 발까지 군인이었던 군 조직의 일원이었음에도, 국가적 비극을 초래한 사건에서 군인 장교와 병사들의 행동을 조사하는 임무를 맡게 되었다.

벨파스트와 런던데리의 중간 지점인 콜레인시에서 열린 조사는 17회에 걸쳐 진행됐으며, 3월 초에 마무리됐다. 나는 증인 109명 중 한 명으로서 내가 목격한 내용을 증언했다. 교전에 연루된 30여 명의 장교와 병사들도 증언했지만, 증언은 익명으로 진행되었고 그들의 신원은 숫자와 글자로 이루어진 조합으로 처리됐다. 사망자 14명은 실명이 공개됐다.

법의학적 증거에 따라 사망자 중 네 명은 무기를 발사한 것으로 판명됐으며, 그중 한 명의 주머니에서 못 폭탄이 발견됐다. 위저리 경은 병사들이 정당한 명령에 따라 전투에 투입됐고, 흠잡을 데 없는 규율에 따라 대응했으며, 규정이 허용하는 범위 내에서 정당방위 차원에서 무기를 발사했다고 판단했다. 다시 말해, 병사들에게는 아무런 잘못이 없다고 결론내렸다.

위저리 경은《옥스퍼드 인명사전Oxford Dictionary of National Biography》에 "건장하고 혈색 좋은" 병사들로 묘사된 공수부대원들에게 면죄부를 준 것이었다. 하지만 늘 신중한 입장을 취하는《영국 인명 사전Dictionary of National Biography》은 위저리가 1인 재판을 주재하면서 "(돌이켜보면 부당하다는 생각이 들 정도로) 엄청나게 신속하게 이 임무를 완수했다. (······) 아일랜드 독립주의자들은 그의 조사 결과를 절대 수용하지 않았다. (······) 이 결과는 [지속적인] 불만을 초래했다"라고 명시했다.

정말로 그랬다. 사망자들이 무기를 소지했다는 증거는 없었으며 군인들이 규율을 제대로 지키지 않았다는 증거는 많았다. 영국 정부를 대신해 역사를 고쳐 쓰려는 위저리의 시도는 얼마간은 성공적이었다. 대부분의 영국 신문은 그의 견해를 받아들여 '판사, 군대 무죄 판결'이라는 제목으로 후속 기사를 내보냈다.《가디언》은 아일랜드의 모든 신문과 북아일랜드의 독립주의자들이 읽는 신문들과 마찬가지로, 판결의 신뢰성에 의문을 제기하고 동의하지 않는다는 뜻을 밝혔다. 사건은 그대로 덮였다. 영국 도시의 거리에서 13명이 영국 군인이 쏜 총에 맞아 죽었는데, 영국 정부는 군인들에게는 아무 잘못이 없으며, 공정한 처사였다는 데 공식적으로 동의했다.

이 문제는 그대로 덮인 채 그냥 방치되고 묻혔다. 아일랜드에서는 펄펄 끓는 분노가 계속되었지만, 아일랜드해 건너 영국은 세심하게 계획된 태평함으로 대응하는 가운데, 역사는 계속 흘렀다. 노동당의 토니 블레어는 북아일랜드에서 선거운동을 하면서, 총리가 되면 1972년 1월 30일 사건을 재조사하겠다고 약속했다. 선거에서 승리한 블레어는 마크 새빌이라는 판사를 조사 책임자

로 임명했고, 사건 발생 26년 후인 1998년에 새빌 조사_{Saville Inquiry}
로 명명된 조사가 본격적으로 진행됐다. 12년 동안 5억 달러의 비
용이 사용되었으며, 나를 포함한 900명이 증언한 끝에 사건 발생
38년 만인 2010년 여름에 보고서가 발표됐다. 이 사건에 연루됐
거나, 사건을 목격했거나, 사건에 대해 알고 있는 사람의 상당수
는 고령이어서 몸이 온전치 못한 상태였으며, 현장에 있던 영국
기자들 중 그때까지 생존해 있던 사람은 극소수였다. 이 내용을
보도하기 위해 비행기를 타고 런던데리로 갔을 때, 내가 기억하는
몇 안 되는 사람들은 세월이 흐르는 동안 많이 노쇠해져 있었다.

보고서의 결론은 놀라웠다. 조사를 통해 전적으로 정당하고 결
백했던 건 군인들이 아니라 희생자들, 그리고 지난 세월 동안 끓
는 분노를 삼켜야 했던 사람들이었음이 입증됐다. 총에 맞은 사
람 중에 무기나 그밖의 위험물을 소지하거나 사용한 사람은 아무
도 없었다. 군인들은 규율을 지키지 않았고, 훈련도 제대로 받지
않았으며, 바람직하지 못한 명령을 받고 불필요하게 시위대와 대
치했다. 총리는 의회에서 정부와 영국 국민을 대표해서 비참하고
엄숙한 표정으로 끔찍한 잘못을 저지른 데 대한 전례 없는 사과
문을 발표했다.

지난 38년 동안 정부가 반복적으로 거짓말을 하고, 역사를 바
꾸려고 시도했으며, 살인 행위가 있었던 사건에 대한 대중의 지식
을 왜곡했다는 것을 모두가 알고 있었다. 사람들은 오랜 세월이
흘렀어도 언젠가 진실이 밝혀질 것이라고 생각했다.

나는 런던데리에 몇 시간 동안 머물며《가디언》에 보낼 기사를

작성하면서, 그렇다고 자랑스럽거나 기쁜 마음이 들었던 건 아니지만, 사건이 벌어진 1월 밤에 내가 썼던 기사가 정확하고 공정한 판단이었음을 되새겼다. 그날 한밤중에 차를 운전해 벨파스트를 거쳐 런던으로 넘어갔고, 비행기를 타고 집이 있는 미국으로 돌아왔다. 이메일이 쏟아져 들어왔는데, 대부분은 안도감을 전하는 내용이었다. 그중 눈에 띄는 이메일이 있었다. 역사의 왜곡과 허위 보도로 인한 우울한 결과라는 이 장의 주제와도 어느 정도 관련성이 있는 내용이었다.

이메일을 보낸 사람은 내가 어렴풋이 이름을 기억하는 96세 여성이었다. 그녀는 잉글랜드 남서부에 있는, 지금은 세상을 뜬 내 조부모님 주치의의 아내였다. 나는 어릴 때 한동안 할아버지 집에서 지냈는데, 그때 주치의가 집에 여러 차례 왔기 때문에 그분과 안면이 있었다. 그녀는 어릴 적 내 모습으로 미루어 내가 대체로 진실을 이야기하는 사람일 것으로 생각했다고 한다. 내가 기자가 됐다는 것을 알고 있었고, 특히 아일랜드에 있을 때 피의 일요일에 벌어진 살인에 대해서 썼던 기사를 생생히 기억하고 있었다. 그녀는 내가 쓴 기사가 사실이라고 믿고 있었기 때문에, 다른 신문들이 군대의 행동을 칭찬하고, 곧이어 위저리 경이 군인들이 흠잡을 데 없이 옳게 행동했다는 취지의 발언을 했을 때 화가 났다.

그녀는 내게 보낸 이메일에서 이렇게 말했다.

거의 40년이 지난 그 사건에 대해 오늘 당신이 쓴 기사를 읽었습니다. 결국 당신이 옳았다는 것이 밝혀졌네요. 당신이 진실을 보도했다는 것을 이제야 인정받은 기분이 들겠지요.

그렇지만 동시에 그 세월 동안 당신이 느꼈을 억울함은, 헤아릴 수 없이 격한 감정을 느꼈던 피해자와 관련자들에 비하면 그리 대단하지 않은 것임을 받아들여야 합니다. 오늘 나는 당신이 아마도 모르고 있을 이야기를 전하려고 해요. 당신의 돌아가신 할머니의 이야기입니다.

당신의 할머니가 지금은 세상을 떠난 내 남편에게만 말했기 때문에, 아마 당신은 몰랐을 거라 생각합니다. 피의 일요일 사건이 발생한 뒤로 며칠에서 몇 주 동안, 당신의 할머니는 연로한 나이였고 품위 있는 분이셨는데도, 손자가 아일랜드에 주둔한 영국군을 부당하게 비판한 기사를 썼던 《가디언》의 기자라는 이유만으로 험한 일을 당하셨답니다. 사람들이 할머니에게 길거리에서 침을 뱉고, 고함을 지르고, 욕설을 하고, 거칠게 밀쳐냈지요.

할머니는 큰 충격을 받았고, 불안하고 위축돼서 잠도 제대로 자지 못했다고 한다. 하지만 아들(내 아버지)에게도, 손자인 내게도 내색하지 않으셨다. 그러다가 수면에 도움이 되는 약을 처방해주고 생의 마지막 몇 달 동안 친절하게 상담해주었던 주치의에게만 털어놓았던 것이다. 그 주치의의 노부인은 이렇게 글을 마무리했다. "당신이 쓴 기사를 읽고 나서 내가 할 수 있는 말은, 만일 할머니가 하늘에서 들었다면, 그분도 마침내 정당하게 마땅히 밝혀져야 했던 진실이 이제야 인정받았다고 느끼실 거라는 점입니다."

지식은 진실의 통용이다

《베니스의 상인》에서 랜슬롯이 말했듯, 진실은 밝혀질 것이다. 중국이든 영국이든 미국이든 러시아든 그밖의 어떤 나라의 정부가 됐든 거짓말을 할 수 있겠지만, 지식은 진실의 통용이다. 물이 자연스럽게 제 수위를 되찾듯, 시간이 지나면 마땅한 지위를 얻고, 조만간 모든 것이 밝혀지고 그에 따른 결과도 있는 그대로 드러날 것이다.

명백히 일어났는데 아무 일도 일어나지 않았다고 주장하거나 분명히 틀렸는데도 맞는다고 말하는 노골적인 부정은 역사에서 자주 볼 수 일이지만, 결국은 역사의 냉엄한 판단을 받게 된다. 교묘하게 이루어진 지식의 조작과 사실 왜곡은 워낙 은밀하게 계획되고 실행되어 바로잡기가 쉽지 않을지 모른다. 이때 문제를 일으키는 주된 수단은 프로파간다propaganda(선전)이다. 원래 프로파간다는 신을 대신해 공공의 이익(최소한으로 생각하면 가톨리시즘의 이익)을 꾀한다는 뜻으로, 애초에 종교적인 의미와 목적에 사용됐으니, 그 효과가 은근하고 미묘하게 나타나는 것은 어찌 보면 당연하다.

프로파간다는 17세기에 바티칸에서 복음주의에 힘쓰면서 생겨난 개념이다. 교황 그레고리오 15세는 이례적으로 짧았던 재위기간 동안, 개신교의 확산에 맞서기 위해 1622년 '포교성성Sacra Congregatio de Propaganda Fide'이라는 부서를 창설했다. 포교성성은 신앙을 선전하는 일을 담당할 성스러운 신도들로 구성됐다. 오늘날 바티칸은 프로파간다라는 단어에 불순한 의미가 내포되어 있다는 것을 인식하고, 1967년 이 부서의 이름을 '인류복음화성Congregation for the Evangelization of Peoples'으로 변경했다. 그러나 선교사를 파송해서 로마 교회의 영적인 이로움을 가능한 모든 수단을 동원해 세상에 전파한다는 목표는 바뀌지 않았다.

프로파간다라는 단어가 현재와 같은 세속적 의미, 즉《옥스퍼드 영어사전》이 정의한 대로 "특히 정치적 대의나 견해를 홍보하기 위해 편향되거나 오해의 소지가 있는 방식으로 정보를 체계적으로 전파하는 것"이라는 뜻으로 쓰이기까지는 약 2세기가 걸렸다.

전시戰時에는 프로파간다가 가장 전략적으로 사용된다. 1차 세계대전에서 독일이 패배한 주요한 원인이 프로파간다 기구의 무능이었다는 견해가 일반적으로 받아들여지고 있다. 프로파간다의 목적은 크게 두 가지다. 하나는 아군의 사기를 진작하는 것이고, 다른 하나는 적군의 사기를 떨어뜨리는 것이다. 정부의 선전 기구가 능란하면 전장에서의 승리, 가정에서의 풍성한 수확과 풍요로운 식량, 안락한 농가에서의 즐거운 잔치, 건장한 젊은이들의 건강처럼, 마음에 위로를 주고, 더 좋아 보이게 은근슬쩍 조작된 뉴스와 정보를 국민들에게 전달할 것이다. 반면 적국은 악마처럼 사악하고 야망에 가득 찬 타락한 모습으로 묘사된다. 이 목표를 달성하는 데 가장 효과적인 수단은 잔인하고 끔찍한 폭력성과 야만적 행위에 대한 소문을 최대한 많이 퍼뜨리는 것이다.

시인이자 역사가인 로버트 그레이브스Robert Graves가 표현했듯이, "영국인들은 예전에 그 누구도 증오해본 적이 없었기에, 그들이 독일인을 증오하도록 만들기 위해" 1차 세계대전 때 거짓된 잔학 행위를 꾸며내는 것은 영국에서 일종의 작은 산업이었다. 사람들 사이에 자주 오르내리는 이야기가 페니 신문penny press(값싼 타블로이드판 신문으로, 1830년대부터 대량으로 제작됐다—옮긴이)에 등장하기 시작했다. 적군 병사들이 죽어가는 아군 병사들의 눈알을 뽑아 양동이에 가득 채워 들고 다닌다는 이야기, 아기가 엄마 품에서 젖을 먹다가 찢겼다거나, 고의로 아기의 팔꿈치를 잘라냈다는 이야기, 포로로 잡힌 장교들이 군복 견장에 달린 계급장 개수대로 어깨에 못이 박혔다는 이야기, 적국의 사제가 소녀의 손가락을 잘라 갈취한 반지를 목걸이로 만들어 목에 걸고 다닌다는 이야기, 화약이 든 시가 담배를 나누어주려는 교활한 계획을 세우고 있다는 이야기, 그리고 독일군이 전선의 배후에서 수습한 시체로 글리세린을 만들어 군수품 공장을 세웠다는 매우 구체적인 이야기가 특히 유명하고 효과도 강했다. 신문 독자들 대부분은 이런 이야기를 믿고 싶어 하면서도 사실이 아닐 것이라고 생각하기는 했다. 이런 프로파간다는 엄청나게 효과적이어서, 독일이 강력히 부인했음에도 전 세계에 널리 퍼져나가서, 독일 사람은 믿을 수 없을 정도로 야만적이라는 평판이 한층 악화했다.

전쟁이 끝나고 7년 뒤인 1925년이 되어서야, 이 모든 이야기는 날조된 것이었음을 한 영국 장군이 인정했다. 더욱이 그는 가장 수준 높은 복잡한 프로파간다를 만들어내기 위해, 상하이에 있는 아는 작가에게 시체 사진을 조작한 전쟁터 사진을 보내기도 했다. 그의 광기 어린 계획은 치밀했다. 그는 중국인들이 죽은 자에 대해 경외심을 갖는다는 것을 알았다. 그래서 이 사진이 현지인의 분노를 자극하고, 중국에서 정식으로 기사화되어 유럽에까지 알려지면 유럽도 그와 비슷한 충격을 받을 것이라고 판단했다. 게다가 영국은 중국에서 지리적으로 멀리 떨어져 있기 때문에, 영국에 있는 한 장군이 사진을 조작해서 보냈으리라고는 의심하기 어려울 터였다. 그리고 그의 계산이 맞았다. 그는 곧바로 사람들에게 잊혔지만, 이 특정한 프로파간다의 전달이 의도한 영국과 독일 간의 지속적인 적대감은 휴전 때까지 이어졌다. 그리고 독일군은 실제 전투에서뿐만 아니라 프로파간다 싸움에서도 패배했음을 후회스럽게 인정하고, 앞으로는 절대 그러지 않겠다고 다짐했다.

대중의 계몽과 프로파간다

그로부터 25여 년 뒤, 독일은 발명된 지 반세기 정도 된 라디오를 이용한 정보 조작에 상당히 능숙해졌다. 가장 악명 높은 사례는 대중 계몽과 프로파간다를 담당했던 제국국민계몽선전부 장관 요제프 괴벨스에게 고용된 브루클린 출신의 아일랜드인 윌리엄 조이스William Joyce의 사례다. 조이스는 그의 번드르르한 영국식 억양 때문에 호호 경Lord Haw-Haw이란 별명으로 불렸으며, 나치 선전의 일등 조종사로서 악명이 높았다.

월리엄 조이스는 이해하기 힘들고 아주 지능적인 인물로, 충성을 바칠 국가가 위험하게 계속 바뀌는 운명에 짓눌려 있었다. 아일랜드 서부 골웨이에서 성장하며 예수회에서 교육을 받은 그는 처음에는 명확히 영국 편에 섰다. 아일랜드가 독립을 쟁취한 뒤에는 IRA의 암살 공격을 받을지 모른다는 생각에 런던으로 도망쳤다. 런던에 도착한 이후, 그의 삶은 서로 대립된 극단주의의 소용돌이에 빠졌다. 그는 영어를 전공하고 우등으로 학사학위를 받은 뒤, 열렬한 보수주의자가 됐다. 당의 지도자들과 갈등을 빚은 무분별한 열애에 빠지지 않았다면 토리당 의원이 됐을지도 모른다.

조이스는 이후 오스월드 모슬리Oswald Mosley의 영국 파시스트연합으로 당적을 옮겨, 후원단인 검은셔츠단Blackshirts의 선전 책임자이자 열정적인 거리의 싸움꾼이 됐다. 그러다가 광신적인 공산주의자에게 공격당해 면도칼로 귀에서 턱까지 베이면서, 꽤 잘생긴 얼굴에 큰 흉터가 생기기도 했다. 이후 조이스는 모슬리가 유대인에게 너무 관대하다며 맹비난하고, 악의적인 반유대주의 정당을 직접 만들었다. 그러다가 영국과 나치 독일 간의 전쟁이 발발하기 직전, 그가 국가 안보에 위협이 되는 인물로 체포돼 억류될 가능성이 크다는 정보를 영국 정보보안국(MI5)에 있는 숨은 동조자에게서 전해 들었다. 그래서 조이스는 자신의 정신적 고향이라고 믿었던 독일로 도망쳤다. 당시 그의 나이는 서른셋이었다.

짧지만 화려했던 그의 라디오 방송 경력은 독일에 도착하고 얼마 지나지 않아 바로 시작됐다. 베를린에는 영국에서 추방된 영국인들이 몇 명 있었다.* 그중 한 명은 파면된 BBC 엔지니어의 아내였는데, 그녀는 잘 조절된 조이스의 목소리 톤이 훌륭하다고 생각해 스튜디오 테스트를 받게 했다. 일주일도 되지 않아 그는 베를린에서(가끔은 브레멘과 함부르크에서도) 라디오 방송을 진행하면서 영국 북해 전역의 청취자들을 대상으로 중파(파장이 100~1,000미터 범위인 전파―옮긴이) 방송을 송출했다. 이 방송은 단파를 통해 미국에도 송출되었다. 직접 만난 적은 없지만 조이스를 열렬히 지지하던 괴벨스는 매일 저녁 두 번씩 송출되는 이 방송이 영국의 사기를 떨어뜨릴 것이라고 믿었다. 그런데 사실은 정반대였다.

600만 명의 청취자가 "독일이 부른다! 독일이 부른다!"라는 도입부 멘트를 시작으로 30분 동안 진행된 방송에 귀 기울였다. 방송에서는 영국 군함을 침몰시킨 독일 잠수함의 이름, 영국 항공기 격추 소식, 영국군이 생포되어 굴욕을 당한 이야기, 폭격으로 폐허가 된 영국 도시의 모습 등을 비웃고, 조롱하고, 비꼬고, 비아냥거리는 내용이 나왔다. 라디오 방송을 듣는 사람들은 그 내용을 하나도 믿지 않았지만, 꾸민 듯한 억양, 과장된 주장, 항복하거나 영원한 제국 독일에 대한 믿음을 받아들이라는 권유가 순전히 재미있어서 듣기도 했고, 며칠째 소식이 끊긴 실종된 선박, 항공

---

* 그중에는 스코틀랜드의 육군 연대 시포스 하이랜더스(Seaforth Highlanders)의 하급 장교였던 노먼 베일리스튜어트(Norman Baillie-Stewart)도 있었다. 그는 새로운 전차 설계에 관한 기밀을 독일에 넘긴 혐의로 기소되어 런던탑에 수감됐는데, 런던탑은 역사적으로 월터 롤리, 가이 포크스, 앤 불린, 토머스 크롬웰 등이 수감됐던 곳이다. 스튜어트는 그 감옥에 마지막으로 수감된 사람이었다. 그는 석방 후 독일로 건너가 선전 방송 담당자가 됐다. 그는 베를린에 있는 동안 독일 시민권을 취득했기 때문에, 전쟁이 끝난 뒤 반역죄로 몰렸지만 처형은 피할 수 있었다. 그는 영국의 이익에 반하는 방송을 했지만 엄밀히 말하면 조국을 배반한 것은 아니었다.

기, 보병의 운명을 확인하기 위해 듣는 사람도 있었다. 처음에는 익명으로 방송을 했지만, 1년 정도 지나자 "호호 경이라고도 불리는 윌리엄 조이스"라고 자신의 신분을 드러냈다.

노르망디 상륙작전, 파리 탈환, 연합군 3개국의 베를린 진격 이후, 그를 위협하는 그물망이 그의 주변에 점점 가까이 다가왔다. 괴벨스는 조이스가 나치에 의해 통제되는 지식을 전달할 수 있는 귀중한 자산이라고 여겼기 때문에 그의 안전을 염려했다. 그래서 방송국의 안전을 지키기 위해 처음에는 함부르크 외곽으로, 나중에는 룩셈부르크로 장소를 이동했다. 조이스는 절대 꺾이지 않고 히틀러에 대한 존경과 유대인에 대한 혐오를 표출하는 방송을 내보냈다. 1945년 4월 30일 함부르크에서 마지막 방송을 할 때는 술에 취한 듯한 목소리로 12분 동안 장황하게, 당시 베를린에 접근 중이던 볼셰비키에 의한 위험을 경고했고, "독일에게는 인생의 비결인 인내와 의지, 목적이 있기 때문에 전쟁에서 승리할 것"이라는 자신의 믿음을 선포하고, 이렇게 방송을 끝냈다. "앞으로 몇달 동안 제 방송을 듣지 못하게 될지 모르지만, 이 말씀을 꼭 드리고 싶습니다. 독일을 사랑합니다, 히틀러 만세! 안녕히 계십시오!" 아돌프 히틀러는 바로 그날 베를린의 벙커에서 스스로 목숨을 끊었다.

조이스는 전후 유럽의 혼란 속에서 약 4주 동안은 평범한 네덜란드 실향민으로 변장해 체포를 피할 수 있었다. 그는 덴마크 국경을 향해 북쪽으로 이동했고, 5월 28일 플렌스부르크 근처 숲속을 걷던 중 영국 정보장교 두 사람을 만나 대화를 나누게 됐다.

—— 미국 태생의 라디오 아나운서였던 윌리엄 조이스는 "독일이 부른다!"라는 발음이 인상적이어서 많은 영국 청취자가 호호 경이라고 불렀다. 그는 순식간에 방송계에서 선풍을 일으켰고 나치의 가장 유명한 선전가가 됐다. 그는 전쟁이 끝난 뒤 체포됐고, 1946년 반역죄로 교수형에 처해졌다.

그들 중 한 사람이 라디오에서 듣던 그의 목소리를 알아채고 그에게 덤벼들었다. 싸움 끝에 호호 경은 엉덩이에 총을 두 발 맞고, 불명예스러운 부상을 입은 채 들것에 실려 영국으로 이송됐다.

그는 반역죄로 재판을 받고 유죄 선고를 받았는데, 영국 역사상 반역죄로 기소돼 유죄 판결을 받은 마지막 인물이었다. 교수형을 선고받았지만, 항고심에서 베일리-스튜어트처럼 반역죄를 범할 때 그가 독일 시민이었을지 모른다는 의문이 제기됐다. 만약 독일 시민이었다면 그의 범죄가 아무리 불쾌하더라도 반역 행위가 성립하지 않기 때문이다.

결국 항고는 기각됐다. 동트기 직전, 그는 원즈워스 감옥에서 자신을 위해 특별히 제작된 교수대에 올라서면서, 좀처럼 듣기 힘든 혐의에 대한 집행문이 낭독되는 것을 들었다. "우리 제왕에게 충성을 바쳐야 마땅한 사람이, 독일 왕국이 우리 제왕을 상대로 전쟁을 벌이는 동안, 선전을 방송함으로써 독일에 있는 우리 제왕의 적을 신봉하는 반역을 저질렀다." 조이스는 자신의 잘못을 인정하지 않는다는 내용의 반항적인 최후 반론을 남겼다. 뒤이어 저명한 집행관인 앨버트 피에르포인트Albert Pierrepoint가 형을 집행했다.

켄트의 한 마을에서 자란 조이스의 딸 헤더 이안돌로Heather Iandolo는 아버지의 방송을 듣고 혐오스럽게 여겼으며, 그녀가 아버지와의 인연으로 비난받은 적은 없었다. 그녀는 교도소 부지에 있는 무연고 무덤에서 시신을 발굴해 아일랜드로 보내달라고 담당 부서에 요청했다. 그녀의 요청이 받아들여지기까지 10년의 세월이 걸렸으며, 호호 경의 유해는 1976년 아일랜드 서부 골웨이주의 보허모어에 있는 무덤에 안치됐다. 묘소에는 "나는 부활이요 생명이니"라는 문구와 윌리엄 조이스(1906년 4월 23일~1946년 1월 3일)라는 이름이 새겨진 소박한 흰색 대리석 십자가가 놓였다. 그의 무덤을 찾는 방문객은 거의 없다.

모든 것이 사실이지만, 완전한 것은 아닌

오늘날에도 여전히 라디오를 이용한 프로파간다가 존재하며, 호호 경의 시대보다 더 흥미로운 방식으로 사용되기도 한다. 1982년 4월 아르헨티나 군대가 포클랜드제도를 점령하자 마거릿

대처 영국 총리가 해군 함대를 파견해 아르헨티나 군대를 몰아내려고 했다. 이때 누군가가 라디오 방송에서 도움을 얻자는 기발한 아이디어를 냈다. 그 배후에는 닐 프렌치블레이크Neil French-Blake라는 점잖은 하급 귀족이 있었는데, 그는 윌리엄 조이스가 닮고 싶어서 억양을 흉내 낼 만한 부류의 사람이었다. 프렌치블레이크는 아프가니스탄과 캄보디아에서 민간 상업 라디오 방송을 진행한 경험이 있었고 프로파간다 작업에 대한 지식도 꽤 있었다. 그는 계획대로 된다면, 포클랜드의 참호에서 떨고 있는 아르헨티나의 젊은 병사들의 사기를 떨어뜨리는 데 라디오가 도움이 될 것이라고 절대적으로 믿었다. 영국 국방부는 이런 의견에 회의적이었고, 더군다나 라디오 전파로 거짓말을 전송하는 저속함에 굴복하는 것은 한때 위대했던 식민지 강국의 품위에 어울리지 않는다고 여겼다. 대처 총리의 공보 비서관은 이 계획이 아무 효과도 없는 "저급한 속임수"라고 조롱했다. 그런데 런던에서 서쪽으로 몇 킬로미터 떨어진 웅장한 시골 주택에 본거지를 둔 육군 심리전 부대가 아르헨티나 병사들이 소형 휴대용 라디오를 소지하고 있다는 사실을 알아냈다. 그렇다는 건 전쟁 중인 병사들에게 일상적으로 생기는 지루한 대기 시간 동안 그들이 음악을 들을 수도 있다는 뜻이었다. 심리 작전팀은 영국이 비밀리에 운영하는 방송을 통해 전쟁을 빨리 끝낼 수 있는 뉴스와 정보들을 엄선해서 들려줌으로써 아르헨티나 병사들의 사기를 꺾을 수 있다고 판단했다. 이 의견은 다우닝가의 총리실에 전달됐고, 얼마 지나지 않아 총리가 직접 이 계획에 동의하고 서명했다. "문샤인 작전"(문샤인

moonshine이라는 단어에는 '달빛'이라는 뜻과 '헛소리'라는 두 가지 중의적인 뜻이 있다 ― 옮긴이)으로 불린 이 작전을 수행하는 데는 라디오 방송국 하나만 있으면 되었다.

이에 따라 '남대서양 라디오Radio Atlantico del Sur'라는 작은 방송국이 만들어졌다. 국회의사당에서 가까운 딘스탠리가에 있는 사무실에 작은 스튜디오가 설치됐으며, 전파는 안전한 전용 전화선을 통해 약 8,000킬로미터 떨어진 서아프리카 해안의 작은 화산섬인 영국 식민지 어센션섬° 꼭대기에 있는 강력한 송신기로 전송됐다. 아르헨티나 특유의 극적인 억양으로 스페인어를 구사할 수 있는 아나운서 두 명을 찾았는데, 그중 한 명은 공교롭게도 영국군 탱크 사령관이었다. 소령이었던 그의 이름은 테렌스 스콧이며, 가족이 칠레에 큰 목장을 소유하고 있어서 일곱 살 때까지 남미에서 살았던 경험이 있었다.

방송에서 사용할 이름은 '하이메 몬테로Jaime Montero'였고, 하루 저녁 세 시간 동안 방송했으며, 얼마 후에는 아침에도 방송을 내보냈다. 방송 내용은 뉴스, 스포츠(주로 축구), 요리법, 가십이 주를 이루었다. 시끄러운 음악도 많이 방송했는데, 초기에는 실수로 부에노스아이레스에서 온 병사들이 전혀 좋아하지 않는 베네수

● 처음에 그곳을 방문했던 사람이 "불 꺼진 지옥"이라고 표현했을 만큼, 어센션섬은 눈에 보이는 풍경은 별 매력이 없지만, 지리적으로 많은 이점이 있다. 이곳에는 미국이 운영하는 초대형 비행장, BBC 월드서비스의 라디오 송신기, 미국우주항공국(NASA)의 추적 안테나와 여러 비밀 시설들이 설치됐다. 맨 처음에는 약 1,000여 킬로미터 떨어진 세인트헬레나섬에 수감된 나폴레옹을 감시하는 임무를 담당할 영국 해병대 기지가 만들어졌으며, 식민지 시대에는 격리 병원이 있었고, 현재 그 시설은 작은 호텔로 사용되고 있다.

엘라 록음악을 내보냈다. 런던 인근 옥스퍼드가에 있는 HMV 레코드 가게에 아르헨티나 팝음악이 꽤 많다는 정보를 얻으면서, 이 실수는 곧바로 시정됐다. 방송 제작자들은 파블로와 판초라는 두 명의 아르헨티나 노인이 주인공으로 나오는 드라마 각본을 만들기도 했다. 참호에 있는 병사들이 이 방송을 '따뜻하고 아늑하고 편안하게' 느끼도록 만들고, 거짓 뉴스는 내보내지 않는다는 프렌치블레이크의 기본 방침에 따라 허위 사실 유포 없이 그저 전투에서 영국이 거둔 성공과 아르헨티나의 패배 소식을 선별해서 내보내는 것이 계획의 핵심이었다. 예를 들어 전쟁 초기에 영국 셰필드 함정이 침몰한 소식은 언급하지 않았지만, 영국 컨커러 잠수정이 아르헨티나 전함 제너럴 벨그라노를 침몰시켰다는 소식은 확실하지 않은 정보였는데도 특종을 보도하듯 대대적으로 다루었다.

이런 선택적인 방송을 내보낸 것은, 아르헨티나 병사들에게 더 잘 훈련되고, 더 좋은 무기를 갖추고, 공격하면 무섭게 반격할 영국군에게 발포하는 것은 무의미하니 항복하고 전투를 끝내는 것이 최선의 길이라는 생각을 심어주려는 의도였다. 그리고 10주간의 전투와 수천 명의 사망자가 발생한 끝에, 실제로 그런 결과에 이르렀다.

이 방송에서 다뤘던 뉴스 중에 이런 내용이 기억에 남는다. 하나는 가장 험한 지형에서도 영웅적으로 싸우기로 정평이 난 강인하고 충성스러운 네팔 출신의 구르카 보병 수백 명이 큐나드 정기선 퀸엘리자베스 2호를 타고 이곳 전쟁터로 오고 있다는 소식이었다. 또 하나는 아남극해역에 위치한 포클랜드제도의 겨울은 아주 혹독하다는 것이었다.

뉴스 진행자는 뒤이어 구르카인들은 물론 소총을 들고 다니지만, 짧고 구부러진 날카로운 칼인 쿠크리kukri도 가지고 다니는데, 전통적으로 이 칼은 분노에 사로잡히면 상대방이 피를 흘리게 만드는 무기로 알려져 있다고 말했다. 게다가 칼이 매우 날카롭고 구르카족이 야간 전투에 아주 능숙해서, 잠든 아르헨티나 병사를 옆에 있는 군인들도 알아차리지 못하게 끌고 나와 머리를 베어버릴 수 있다고도 했다.

다소 우스꽝스러운 이런 과장된 방송의 효과는 즉각적으로 나타났다. 아르헨티나 병사들은 밤새 무시무시한 구르카족 병사들이 올지도 모른다는 공포에 시달렸고, 아침에 잠에서 깨면 일어나 차렷 자세를 취하고 머리가 아직 붙어 있는지 확인하기 위해 좌우로 머리를 흔들었다. 오늘은 무사하지만 그들이 내일 들이닥칠지도 모른다고 생각했다.

이 모두는 터무니없는 말이었다. 모든 것이 사실이지만 완전히 사실은 아닌 것도 섞여 있는. 영국은 결국 전쟁에서 승리했으며, 포클랜드는 현재 영국령으로 남아 있다. 심리전 부대는 런던 외곽에서 여전히 활동하고 있으며, 남대서양 분쟁은 최근의 가장 주목할 만한 성공 사례 중 하나다. 이 사례에서 프로파간다는 가장 훌륭한 도구로 판명됐다.

대중의 정서로 탄생한 미국식 아침 식사

음식에도 유행이 있지만, 영국과 북미에서는 베이컨과 달걀이 전형적인 아침 식사라는 데에 대부분이 동의할 것이다. 전부 그런 건 아니었지만, 이런 아침 식사가 자리 잡는 데도 프로파간다가 일조했다. 특히 한 인물이 중요한 역할을 했는데, 바로 미국에 사는 지크문트 프로이트의 조카 에드워드 버네이스Edward Bernays였다. 그는 이런 식단의 이점에 대한 지식을 조작해서, 미국인의 아침 식단에 변화를 일으켰다.

광고와 프로파간다는 진실을 선택적으로 변조하고 때로는 완전히 묻어둔다는 점에서 서로 비슷하다. 둘 연관성이 지금은 분명히 밝혀졌지만, 버네이스가 간접적이지만 중요한 참여자였던 1차 세계대전이 끝날 때까지는 제대로 인식되지 않았다.

에드워드 루이스 버네이스의 어머니는 프로이트의 여동생이었고, 아버지는 오스트리아 곡물 상인이었다. 가족은 19세기 말 빈에서 뉴욕으로 이주했다. 처음에 버네이스는 아버지처럼 농업 관련 일을 하게 될 것 같았지만, 영농사업에 관한 글을 시작으로 글쓰기에 몰두해서 언론계에 발을 들였다. 그리고 삼촌과 함께 빈 알프스에서 정기적으로 도보 여행을 장기간 다녀오게 되면서 나중에는 특히 '군중의 행동'에 대한 궁금증을 중심으로 인간 심리에 관심을 갖는다. 바로 이 시기에 지크문트 프로이트는 평범해 보이는 남성과 여성의 더 깊고 잠재적으로 더 위험한 숨겨진 내면에 대한 초기 개념을 정립하고 있었고, 버네이스는 이 모든 것을 열정적으로 흡수했다.

프로이트는 1차 세계대전의 끔찍한 참상이 인류의 집단적 광기에 대한 자신의 생각을 확인해주었다고 믿었다. 그의 조카인 버네이스 역시 대학살에 완전히 질겁했지만, 영국 선동가들이 대중에게 독일에 대한 집단적 증오를 불러일으키기 위해 전쟁 기간에 독일인의 잔혹한 행위를 정기적으로 유포해 영국인의 마음을 오염시켰던 성공적인 시도에 마음이 끌렸다. 전쟁이 끝날 무렵 버네이스는 뉴욕에서 유능하고 인맥이 두터운 홍보 대행인이 되어 있었다.● 그는 우드로 윌슨 미국 대통령의 측근 자격으로 1919년 파리 평화회의에 참석하면서 중요한 사실을 깨달았다.

이 회의에서 그의 임무는 윌슨 대통령의 평화와 민주적 진보에 대한 메시지를 전 세계에 홍보할 방법을 찾는 것이었고, 그는 그 일을 아주 훌륭히 수행했다. 국제연맹을 창설하고, 식민주의에 대한 욕구를 억제하고, 젊은이들에게 자유민주주의의 미덕을 교육하자는 내용의 기사가 전 세계 신문에 실리기 시작했는데, 이 모든 아이디어는 버네이스가 연설의 청취자인 다양한 민족에게 호소할 수 있도록 구체화하고 다듬은 것이었다. 베르사유 조약 체제의 궁극적인 성공 여부는 오랫동안 의심받았지만, 버네이스가 다

● 버네이스가 홍보를 담당했던 사람 중에는 메트로폴리탄 오페라 극단에서 여러 시즌 동안 공연하고 맨해튼의 니커보커 호텔 스위트룸에서 살았으며 비할 데 없이 자존심이 강한 오페라 테너 가수 엔리코 카루소도 있었다. 그의 홍보 능력에 대한 소문은 백악관까지 퍼져서, 그는 전시 공보위원회 위원이 됐고, 카루소를 인기 스타로 만든 것과 같은 뛰어난 능력을 발휘해 1917년 미국의 1차 세계대전 참전을 홍보했다.

듬은 메시지의 성공과 삼촌이 발견한 이론을 바탕으로 설득력 있는 프로파간다 방법을 사용해 집단 무의식을 활용하는 그의 뛰어난 능력에는 의심의 여지가 없었다. 뉴욕으로 돌아온 버네이스는 프로파간다가 전쟁에서 유용한 도구이고, 대중이 갈등의 시기에 주위의 영향에 휘둘릴 수 있다면, 평상시에도 마찬가지로 대중을 조종할 수 있고, 그들의 무의식을 미국 자본주의의 이익을 위해 활용할 수 있을 것이라는 생각을 펼쳤다. 그러면 사람들을 전례 없는 소비자로 만들 수 있을 터였다. 버네이스는 1차 세계대전 이후 저서 《여론, 전문가의 탄생Crystallizing Public Opinion》과 《동의의 기술The Engineering of Consent》을 펴냈다. 그는 몸을 풀면서 홍보계의 대부이자, 지식을 세심히 왜곡함으로써 그다음 세기 미국 경제의 튼튼한 기반을 마련한 사람이 될 준비를 했다. 에드워드 버네이스는 미국인들이 일상적으로 느끼는 욕구need를 훨씬 더 긍정적인 개념인 필요want로 바꾼 사람이다.

그럼 이제 그가 어떻게 미국인들의 아침 식탁을 바꾸었는지 알아보자.

전쟁 직후 버네이스의 고객 중에는 비치넛패킹이라는 회사도 있었다. 오늘날에는 껌 제조사로 알려져 있지만, 1920년대만 해도 뉴욕 북부의 농장에서 햄과 베이컨을 만들어 포장하고 판매하는 곳이었다. 그런데 1920년대에 베이컨 판매가 급감했는데, 아마도 미국인들이 아침에는 커피와 토스트로 가볍게 먹는 것을 선호했기 때문인 듯했다. 비치넛 창업자들은 버네이스에게 도움을 요청했고, 버네이스는 간단하고 효과적인 방법으로 대중의 마음을 바구는 데 성공했다. 이 사례는 지금까지도 광고 홍보의 전설로 전해진다.

버네이스가 아는 뉴욕의 한 의사는 수면 중에도 에너지가 손실되기 때문에, 아침에 영양이 풍부한 음식을 섭취해 일과를 시작해야 한다고 사람들에게 말할 준비가(연구 자료에 근거한 내용이든 창의적인 유사과학에 근거한 내용이든 상관없이) 되어 있었다. 버네이스는 그 의사에게 이런 제안을 했다. 전국에 있는 의사들에게, 격렬한 수면에서 뺏긴 에너지를 보충하려면 커피와 토스트 대신 베이컨과 달걀을 먹어야 한다는 내용의 편지를 보내라는 것이었다.

그가 제안을 받아들여 편지를 보내자 의사 5,000명이 응답했다. 이 소식은 당연히 신문에도 실렸다. '의사들이 아침 식사를 더 잘해야 한다고 제안해: 베이컨과 달걀은 훌륭한 에너지 보충원'이라는 제목의 기사가 실렸고, 곧바로 햄과 베이컨의 판매량이 급증했다. 비치넛 경영진은 이 결과에 상당히 만족스러워했고, 이로써 에드워드 버네이스는 홍보 역사에 한 획을 그었다.

성공을 맛본 버네이스는 점점 더 열정적으로 대중의 정서를 조종하기 시작했다. 그의 삼촌은 정신분석학의 신비에 대해 많은 글을 썼고, 버네이스는 개인의 내면과 군중 속에서 작용하는 숨겨진 힘을 이용해(비록 그는 그런 표현을 사용하지는 않았지만) 상품과 서비스를 판매할 수 있다고 확신했다. 그는 사람들이 단순히 제품 정보만 보고 물건을 구매할 것이라는 추측은 순진한 생각이라고 판단했다. 이제 그는 성공할 경우 명성과 부를 얻을 수 있는 특별한 도전을 해보기로 했다. 바로 미국 여성들에게 담배를 피우라고 설득하기로 말이다.

그 당시 아메리칸 타바코 컴퍼니의 사장이었던 조지 워싱턴 힐 George Washington Hill은 야심찬 세일즈맨이었으며 특히 럭키스트라이크 브랜드의 영업을 담당하고 있었다. 그는 남자들이 여성은 공공 장소에서 담배를 피워서는 안 되며, 애초에 흡연을 하지 말아야 한다고 생각한다는 걸 잘 알고 있었다. 그는 버네이스에게 그 이유를 알아봐달라고 부탁했다. 이에 버네이스는 미국에서 개업한 최초의 정신분석학자인 에이브러햄 브릴Abraham Brill을 찾아가 여성들이 흡연에 대해 어떻게 생각하는지 물었고, 브릴은 오늘날에는 예상할 수 있지만 1920년대에는 상당히 충격적인 대답을 내놓았다. 바로 담배가 남성 권력의 상징인 음경의 연장선상에 있다는 것이었다. 따라서 여성이 남성의 전유물인 담배를 피우는 것은 곧 자신의 권리를 찾는 것이라는 생각을 심어줄 필요가 있었다. 이런 목표를 달성하려면 남녀가 모두 받아들일 수 있는 아주 도발적이고 근사한 방식으로 담배를 선보여야 한다고 생각했다. 버네이스는 창의적인 열정으로 도전에 나섰다.

1929년 3월 31일 부활절 행사에서, 미모의 젊은 상류층 여성 12명이 뉴욕의 5번가 퍼레이드에 참여했다. 버네이스의 계획에 따라 그 여성들의 치마 속에는 담뱃갑이 숨겨져 있었다. 여성들은 퍼레이드 행렬이 성패트릭 대성당을 지나갈 때 자신의 드레스를 찢고, 허벅지에 가터(양말이나 스타킹이 흘러내리지 않게 두르는 둥근 고무줄)로 묶어둔 담뱃갑에서 럭키스트라이크 담배 한 대를 꺼내 입에 물고 군중 앞에서 보란 듯이 피웠다. 여성들은 누군가로

——— 여성도 공공장소에서 담배를 피울 권리가 있다고 남성들을 설득하기까지는 신생 홍보 회사의 상당한 통찰력이 필요했다. 1929년에 "자유의 횃불"이라는 문구를 만들어 흡연과 여성 해방을 관련지은 홍보 천재 에드워드 버네이스의 전략은 큰 성공을 거뒀다.

부터 질문을 받으면, 담배를 "자유의 횃불"이라고 대답하라는 지시를 받았다(실제로 《뉴욕타임스》 기자가 질문했고, 그 내용을 기사에 기재했다). 신문에서 묘사한 대로, 이 '횃불'은 이제 "여성도 남성들처럼 거리에서 아무렇지 않게 담배를 피울 수 있는 날을 향한 길을 밝히는 것"이 되었다.

그 효과는 대단했다. 담배가 자유의 횃불이라는 인식은 며칠 만에 자유의 불빛으로 떠올라, 남성들에게는 자유의 여신상의 횃불과 마찬가지로 성적 두려움을 진정시키고, 여성들에게는 평등과 정의를 향한 작은 발걸음을 내디딘다는 생각을 단번에 심어주었다. 영화와 광고에서, 그리고 거리 곳곳에서 흡연하는 여성들이 보이기 시작했다. 그때부터 1964년 이후 흡연에 대한 유행이 사라지기 시작할 때까지 여성들은 남성들만큼이나 담배를 많이 피웠고(처음에는 럭키스트라이크, 팰맬 같은 브랜드, 나중에는 버지니아슬림처럼 여성 고객의 취향에 맞춘 브랜드의 담배) 담배 회사들은 막대한 수익을 거둬들였다. 에드워드 버네이스는 오늘날까지도 담배 업계의 영웅으로 일컬어진다. 그와 함께 알프스산맥을 다녀왔던 그의 삼촌 지크문트 프로이트도 마찬가지로 널리 칭송받는다.

그 어떤 것도 사실이 아니었다

홍보의 기술(옹호자들은 이런 새로운 형태의 프로파간다를 홍보의 과학, 홍보의 주술 등 여러 표현으로 묘사한다)은 승승장구했다. 버네이스 자신도 무수한 성공을 거두었으며, 그의 성공 사례는 홍보 전략에 관한 책에 자주 언급된다. 예를 들어 그는 프록터앤갬블을 위해 아이보리 비누 0.5톤을 여러 학교에 나눠주어 비누 조형물 만들기 행사를 주최하면 만들다 남은 비누 조각을 아이들이 손과 얼굴을 닦는 데 사용하게 될 것이라고 조언했다(실제로 그렇게 됐다). 또 금주법(술의 제조, 판매, 운송, 수출입을 금지한 미국 수정헌법 18조. 1920~1933년에 시행됐다―옮긴이)이 폐지된 뒤 그에게 도움을 요청하는 양조업자들을 위해서는 의사에게 맥주가 우유보다 더 살이 많이 찌는 식품은 아니라고 주장하게 하고, 그런 주장을 바탕으로 '적당히 마시면' 좋다고 홍보하게 했다. 지금도 주류 라벨에 적혀 있는 '음주는 적당히Drink Responsibly'라는 문구도 그의 작품이다.

버네이스는 사실을 그럴듯하게 제시하고, 더 좋아 보이게 조작하거나, 능숙하게 처리해서 공상적인 지식을 만들어내는 능력이 뛰어났고 열정도 넘쳤다. 그는 이제 정치와 국제관계 분야로까지 진출해서, 수많은 사람의 이미지 개선을 도왔다. 30대 대통령 캘빈 쿨리지와 31대 대통령 허버트 후버에게 의뢰를 받았고, 나중에 리처드 닉슨에게도 연락이 왔지만 거절했다. 워터게이트 사건으로 추락한 닉슨의 명성이 그의 능력으로도 회복될 수 없다고 생각했기 때문이다. 버네이스는 얼마 뒤 자신과 생각이 비슷한 사람 수십 명과 의기투합했다. 그들은 그 일을 고귀한 소명으로 여기는 사람들이었다. 이들과 함께 대형 홍보 회사를 차리면서, 새로운 세계가(어쩌면 이와 더불어 새로운 세계 질서도) 차츰 구축됐다. 이들은 정치인, 제품, 국가 전체, 부유한 유명인, 총격전, 자연의 경이로움 등을 수수료를 받고 홍보하거나 폄하했다.

1991년 1월 걸프 전쟁에 개입한 미국의 거대 홍보 대행사 힐앤놀튼Hill and Knowlton의 사례는 고전적인 예다. 조지 H. W. 부시 대통령이 시작한 짧았던 이 전쟁에는 미국이 주도한 압도적인 수의 다국적 연합군이 참여해서, 6개월 전 쿠웨이트를 침공한 이라크군을 축출하는 임무를 수행했다. 이 임무만 놓고 보면, 성공적으로 완수됐다. 이라크 사람들은 고향인 바그다드에서 피난을 떠났고, 쿠웨이트 사람들은 기쁜 마음으로 독립을 선언했다. 그런데 버

네이스가 개척한 프로파간다 방식의 가장 중요한 상속자인 힐앤
놀튼이 작업을 시작한 것은, 전쟁이 개시되기 한참 전의 일이었다.

　1990년 8월 이라크의 쿠웨이트 침공을 중동의 평화와 질서를
파괴하는 행위로 여겼던 미국의 백악관, 국방부, 의회의 고위 인
사들은 이라크와 조속히 전쟁을 치러야 한다고 평가했다. 그렇지
만 미국 국민이 쿠웨이트 국가와 국민에 깊은 동정심을 느끼며 전
쟁을 지지하게 만드는 것이 중요했다. 즉 쿠웨이트 국민은 평범한
선량한 사람들이고, 그들을 잔인하게 짓밟은 이라크인들은 미워
해야 할 괴물이라는 인식을 퍼뜨릴 필요가 있었다. 즉 로버트 그
레이브스가 1차 세계대전 당시 독일군과 관련해 언급했던 것처
럼, 미국인은 이라크인을 증오한 적이 없기 때문에, 미국인들에게
증오심을 심어주어야 했다.

　힐앤놀튼은 약 1200만 달러의 보수를 받고, 1차 세계대전에서
큰 효과를 거둔 가장 신뢰할 수 있는 기본 전략인 잔학 행위, 그
중에서도 특히 아기와 관련된 잔학 행위를 이용했다. 어린아이가
끔찍한 일을 당했다는 사연이야말로 가해자를 영원한 선전의 지
옥에 빠트릴 수 있는 가장 확실한 방법이었다.

　힐앤놀튼의 전략 기획가들은 전 세계의 첩보 네트워크를 통해,
이라크가 쿠웨이트인들에게 도덕적으로나 윤리적으로 용납할 수
없는 끔찍한 일을 저지르고 있다고 미국인들이 믿게 만들 충격적
인 이야기를 꾸미는 작업에 착수했다.

　그들이 채택한 전략은 기발하면서도 간단했다. 이제 늙어서 쇠
약해진 버네이스가 들었다면 감탄했을 정도로 대단히 효과적으

로 정보를 왜곡하고 지식을 조작하는 방법이 적용됐다. 당시 풀뿌리 조직을 표방하는 '자유 쿠웨이트를 위한 시민 모임'이라는 단체가 새로 생겼는데, 사실 이 단체는 쿠웨이트 망명정부가 미국의 익명의 단체로부터 조언을 받아 설립한 것이었다. 얼마 지나지 않아 한 젊은 여성이 워싱턴에서 열린 의회 위원회에 불려나가 최근 탈출한 고향 쿠웨이트에서 벌어진 잔학 행위에 대해 증언했다.

보안상의 이유로 그녀의 이름은 완전히 공개되지 않고, 그저 나이라Nayirah라는 이름으로 불렸다. 그녀는 열다섯 살이었으며, 얼마 전 그녀의 친언니가 첫째 아이를 출산했다. 하원 의원들 앞에서 진행된 그녀의 증언은 약 4분 동안 이어졌다. 녹취록은 11개 단락으로 되어 있는데, 가장 주목할 만한 부분은 다섯 번째 문단이었다.

거기 있을 때, 이라크 군인들이 총을 들고 병원에 들어왔어요. 군인들은 인큐베이터에서 아기를 꺼내서 차가운 바닥에 그냥 내버려두고 인큐베이터를 가져갔어요. 정말 끔찍했어요. 미숙아로 태어난 조카 생각이 자꾸 났어요. 만일 조카가 그날 거기 있었다면, 조카도 죽었겠지요. 병원에서 나와서 친구들과 함께 이라크 침공을 비난하는 전단지를 배포하다가, 이라크인의 눈에 띄면 죽을 수도 있다는 경고를 들었어요.

관련 전문가 집단은 소녀의 증언을 듣고 충격을 받았다. 그로부터 며칠 지나지 않아 미국 의회는 쿠웨이트에 군대를 파병하는

데 필요한 모든 권한을 부시 대통령에게 양도하고, 유지연합coalition of the willing('뜻이 맞는 국가들의 연합')에 동참한 34개국의 연합군과 함께, 야만적인 이라크 군인들에게 유린당하고 있는 것이 분명한 쿠웨이트에서 이라크군을 몰아내자는 데 뜻을 모았다. 곧 전쟁이 시작됐고, 결국 쿠웨이트가 해방되고 이라크는 연합군에 점령됐으며, 나중에 이 모든 사태의 책임자인 사담 후세인이 체포돼 재판을 받고 교수형에 처해졌다. 전부 다 괜찮았고 좋게 마무리됐으며, 이로써 사건이 종료됐다.

그런데 사실 나이라는 알려진 것과는 전혀 다른 사람이었다. 그녀는 미국 주재 쿠웨이트 대사의 딸이었다. 그녀는 자신이 증언했던 사건에 나오는 군인을 본 적이 없었고, 그 어떤 것도 사실이 아니었다. 인큐베이터가 탈취된 적은 없었으며, 이라크군이 저지른 일의 직접적인 결과로 아기가 죽은 것도 아니었다. 이 소녀는 워싱턴DC에 있는 힐앤놀튼 직원이 가르쳐준 대로 증언했던 것뿐이었다. 힐앤놀튼은 의회에서 이 소녀가 증언하는 장면을 녹화했다. 미국 텔레비전 방송국 700곳이 이 영상을 방영했으며, 3대 지상파 방송 중 두 곳에서 조작된 증언을 전국에 내보냈다. 국제 앰네스티는 스탈린의 '쓸모 있는 바보들'이라는 표현이 떠오를 정도로, 거짓임을 전혀 눈치 채지 못하고 이 이야기를 지지했고, 그 덕분에 이 거짓 증언의 신빙성은 더욱 커졌다. 어찌 됐든 거짓말은 효과가 있었고, 미국은 그 후 오랫동안 자유와 정의의 수호자, 세상의 모든 선과 친절, 정의를 베푸는 나라로 여겨졌다.

그런데 이 모든 것의 바탕은 거짓말이었다. 미국인에게 죽음을 앞당길 수 있는 아침 식사를 하게 하고, 여성들의 입에 담배를 물려서 그들의 죽음을 앞당긴, 한 세기 전에 발명된 '가짜 지식의 제조' 전략을 사용해서 얻은 결과였다.

넓은 의미에서, 대중의 심리를 조작하는 이런 전략은 무엇을 어떻게 해야 하는지 더는 알 필요가 없으며, 더 나아가 아무것도 알 필요가 없다는 것을 받아들이도록 만들기 위해서도 사용된다. 또 우리가 알고 있는 것이 전혀 사실이 아닐 수도 있고, 비윤리적이거나 좀처럼 믿기 어렵거나 부당하거나 고약한 목적에서 정보를 변경하고 왜곡하고 조작했을지 모른다는 만연한 공포를 심어주기 위해 사용되기도 한다. 프로파간다의 이런 발전은 지난 세기 동안 인간의 존재에 상처를 입혔으며, 앞으로 점점 더 가속화할 것으로 보인다. 인류 지식의 존재 자체가 위험에 처해 있다고 봐야 할 정도로 과학 기술이 상상할 수 없는 속도와 방향으로 발전하고 있기 때문이다. 우리가 더 이상 알 필요도, 생각할 필요도 없게 된다면, 인간의 지적 발달에 어떤 일이 일어날 수 있으며, 실제로 일어날까? 인간의 가장 소중한 재화인 참된 지식, 깨달음, 통찰을 얻을 수 없게 된다면? 그러면 우리는 어떻게 되는 걸까?

5장
생각이
필요 없는 시대

*

"제발 이 계산이 증기로 실행되기를.
(……)
저는 지금 인간의 정신으로 산술 연산에 도움이 될
기계 장치를 만들고자 합니다."

—찰스 배비지가 세계 최초의 계산기인
해석기관과 차분기관을 만들면서 했던 말

사람들은 억압을 사랑하게 되고,
생각을 파괴하는 기술을 숭배하게 될 것이다.

—닐 포스트먼,《죽도록 즐기기》,
올더스 헉슬리의《멋진 신세계》에서 인용

항해의 기술

1984년만 해도 지금 같으면 버튼을 한번 누르고 화면을 읽는 것으로 끝날 문제를 해결하기 위해 인간의 정신은 무수히 많은 작업을 수행해야 했다. 그해 9월 어느 날 아침나절의 한순간, 내가 바로 그런 문제에 처해 있었다. 현 위치가 바다에서 정확히 어디인지를 알아내야 했다. 그 시절에 관련 정보를 알아내려면 주의와 인내가 필요했고, 상당한 불안감을 견뎌야 했으며, 고도로 집중해서 힘들게 머리를 굴려야 했다. 지금 돌이켜보면, 미국 국방부가 비밀리에 숨겨뒀던 기술을 알고 있었더라면 항해가 훨씬 수월하고 덜 위험했을 것이다. 실제로 얼마 뒤 해당 기술이 공개되고부터는 항해가 훨씬 편하고 간단해졌다.

그날 우리 배는 인도양의 서쪽 끝 부근에 있었는데, 남쪽에서 매서운 강풍이 불어오면서 바다의 길고 큰 물결이 갑자기 거세졌다. 내 시야에 들어오는 바다에는 다른 대형 선박들이 위험할 정도로 몰려 있었다. 남반구의 늦겨울이었고, 나는 소형 강철 선체 스쿠너(돛대가 두 개 이상인 범선—옮긴이)의 야외 조종석에서 덜덜 떨면서, 모리셔스섬을 출발해 남아프리카공화국 나탈에 있는 리처즈베이 항구까지 항해하는 중이었다.

당시 우리는 거의 대양 횡단과 다름없는 경로로 이동 중이었는데, 그러기에는 우리가 탄 작은 배의 장비가 너무 부실했다. 기본적인 장비는 있었다. 나침반, 육분의六分儀, 항해 기록 장치, 좋은 손목시계, 구겨졌지만 비교적 최신판인 해군성 해도, 최신 버전의 항해력航海曆,《남아프리카 항로 안내서South Africa Pilot》제4권,《런던 동부에서 모잠비크 국경까지East London to the Mozambique Border》. 그런데 자동 조타 장치가 고장 났고, 선미에서 작은 엔진과 나사를 연결하는 구동축인 글랜드가 조금씩 새고 있었다. 얼마 전까지는 하루 이틀에 한 번씩 커피 캔으로 배 바닥에 고인 바닷물을 몇 리터씩 퍼내면 배가 어느 정도 가볍고 민첩하게 수면 위로 떠올랐다. 그렇지만 점점 상황이 심각해져서 안전한 곳으로 가서 배를 수리해야 했다. 빠른 항로를 찾으려면 정확한 위치를 파악해야 해 선실에 도움을 요청했다.

항해에 능숙하고 바다 경험이 많은 호주 출신의 선원 루스는 항해술이 몸에 배어 있어서 무엇을 해야 할지 본능적으로 알고 있었다. 밖으로 나온 루스는 햇빛 때문에 눈을 비비더니 금방 상황을 파악했다. 그녀는 시계를 보고는 "시간이 없어요!"라고 외치고, 즉시 작업에 착수했다. 그녀는 뱃사람들의 머릿속에서 빠르게 사라져가는 아주 오래된 지식을 재빨리 적용했다. 위치를 파악하는 법은 오늘날 '항해에 필요 없음'이라는 항목으로 무심코 분류되는 경우가 많다. 그 항목은 갑판에 보관하지 않고 선창에 넣어두어도 괜찮은 장비에 적용된다. 그런데 1984년의 그 항해에서는 갑자기 이 기술이 절실히 필요해졌고, 루스가 이 기술을 사용했다. 그것은 꼭 필요한 중요한 기술이었다.

루스는 그날 아침 일찍 육분의로 태양의 각도를 측정했다. 그 전날 정오에도 위치를 확인했고, 약 네 시간마다 한 번씩 확인해서 항해일지에 기록해두었다. 항해 기록 장치는 배 뒤쪽에 긴 밧줄로 연결되어서 빙글빙글 돌아가는 장치로, 루스가 아침 식사 시간에 감아 올려뒀는데, 우리 배가 얼마나 빠른 속도로 얼마나 멀리까지 항해했는지가 대략적으로 기록된다. 둥그런 파이를 잘랐을 때의 한 조각 같은 쐐기 모양의 나뭇조각을 배 뒤쪽의 물속에 빠뜨리면 나무가 밧줄을 잡아당기면서 일정 간격으로 매듭이 생기는데, 선원이 손으로 매듭을 만지면서 정해진 시간 내에 형성된 매듭 개수를 확인해 대략적인 속도를 측정할 수 있다. 항해 속도를 측정하는 단위로 여전히 노트knot(매듭)가 쓰이는 이유가 바로 여기서 유래한다. 루스는 아침 태양의 각도, 그 전날 배의 위치, 지난밤 항해 방향과 거리의 세 가지 측정값을 바탕으로 계산한 위치를 해도에 표시할 수 있었다. 아침 태양의 각도를 확인하니, 우리가 가려고 했던 목적지에 어느 정도는 도달해 있음을 알 수 있었다.

기본적인 원칙은 다음과 같다. 배의 위도는 수평선과 태양의 가장 높은 지점 사이의 각도를 측정해서 알아낼 수 있지만, 이 방법은 해가 났을 때만 가능하며 구름 낀 날은 위치를 정확히 추측하기가 힘들다. 다행히 그날은 구름 없이 맑은 날이었다. 경도는 태양이 가장 높은 지점에 있는 정오와 그리니치 표준시 기준 현지 시각 사이의 시간차를 확인해서 알아낼 수 있다. 현재 시각은 크로노미터chronometer(항해에서 사용하는 정밀 시계—옮긴이), 좋은 손목시계, 스마트폰 등으로 확인하면 된다.● 이 측정값을 모두 구하고 미묘한 차이와 변수를 계산하려면 시간과 노력이 많이 든다.

이론적으로는 육분의 사용법을 충분히 익히기만 하면 측정값을 구하는 것은 별로 어렵지 않았다. 육분의에는 거울, 렌즈, 유척遊尺이 달려 있는데, 반투명 유리로 태양의 상을 반사시켜서 그 상이 수평선과 일치하도록 만들면 된다. 유척의 너트를 살짝 돌려서 태양의 상이 수평선에 계속 유지되도록 각도를 조절해야 하며, 태양이 고점에 도달하고 거울에 반사된 태양의 상이 수평선과 평행으로 일치될 때까지 각도를 아주 조금씩 미세하게 높여 간다.

육분의 사용자가(처음에는 루스가 담당했지만, 그녀가 며칠 동안 인내심 있게 가르쳐주어 나도 능숙하게 사용하게 됐다) "시간 확인!"이라고 외치는 바로 그 순간, 롤렉스시계로 그리니치 표준시를 확인해서 초 단위까지 정확히 기록한다. 파도가 높아서 갑판이 들썩일

● 물론 1984년에는 스마트폰이 없었기 때문에, 오랜 세월을 보내고도 흠잡을 데 없이 정확한 롤렉스 익스플로러 II만으로 충분했다. 사실 나는 가끔 그리니치 표준시를 확인할 수 있는 믿음직스러운 시계를 가지고 있다는 사실이 내가 그 항해에 동행할 수 있었던 유일한 이유가 아니었을까 하는 생각도 들었다. 루스는 그렇지 않다면서 나를 안심시켜 주었다.

───── 1980년대 후반까지만 해도, 항해사가 바다에서 현재 위치를 알아내려면 각종 장비와 계산이 필요했고, 선원들의 학교에는 육분의, 해도, 항해력이 반드시 있어야 했다. 하지만 인공위성과 GPS가 등장하고 육분의가 '항해에 필요 없음'으로 분류되면서, 그 많던 육분의는 이제 골동품 가게나 벼룩시장에서나 볼 수 있게 됐다.

때는 관측하기가 쉽지 않지만, 어쨌든 일단 관측이 끝나면, 현재 위치한 곳에서 정오는 정확히 몇 분 몇 초이며, 이 지점에서 태양은 수평선 위로 몇 도의 각도로 높아지는지를 알 수 있다. 그리고 이 두 가지 측정값을 바탕으로 현재의 위치선position line과 행성 표면에서의 위치를 계산할 수 있다.

계산은 귀찮아도 기본적으로 꼭 필요한 과정이다. 대부분 산술적인 계산이며, 때로는 기하학과 삼각법도 필요하다.

대체로 이런 과정을 거친다. 첫 번째로 정오에 수평선 위의 태양 각도를 측정하고 나면, 태양의 각도가 관측자의 위도뿐 아니라 관측하는 날짜에 따라서도 달라진다는 점을 유념해야 한다. 그렇기 때문에 육분의를 사용해서 방금 측정한 정오의 수치는 계절적인 편위偏位에 맞게 보정해야 하며, 최신판 '항해력'●에는 날짜별로 대략적인 위도를 정리한 표가 있다.

두 번째로 천측계산표Sight Reduction Table를 참조한다. 다시 말하지만, 이 과정은 기본적으로 육분의를 이용한 측정(보통 세 번)을 마친 뒤에 수행한다. 앞서 언급한 항해에서는 육분의가 하나밖에 없어서 우리는 정해진 타이밍에서 살짝 벗어난 때에 태양을 관측했고, 그 사이에 배가 몇 킬로미터 이동했지만, 그래도 배의 위치선을 계산할 수 있었다. 좌현 바로 앞에 있는 등대, 우현에 있는 눈에 띄는 절벽, 정면에 보이는 항구 입구의 유도 표식 같은 것처럼, 육안이나 쌍안경으로 확인할 수 있고 해도海圖에도 표시된 몇 가지 고정점의 방위를 구할 수 있으면 위치선을 충분히 알아낼 수 있다. 이런 물체가 보이는 방위를 기록하고 해도에 위치선을 표시하면, 그 두 가지가 교차하는 지점이 바로 현재 위치가 된다. 작업하는 사람이 논리적이고 계산이 빠르며 시야가 잘 확보되면 쉽게 수행할 수 있다.

하지만 고정된 물체가 아무것도 보이지 않는 망망대해에 있고, 가장 가까운 육지(우리의 경우에는 남아프리카공화국 해안)가 하루 이상 항해해야 할 거리에 있다면 어떻게 해야 할까? 이럴 때 필요한 것이 천측계산과 위치선이다. 곡면에서 생성된 선을 다루는 하버사인 공식haversine formula이라고 불리는 특이한 기하학 공식을 이

● 항해력은 매우 정확해야 하며, 실제로도 그렇다. 다만 미국판 항해력에서 윤년(100으로 딱 떨어지는 해는 400으로 나뉘지 않을 때만 윤년이 된다)으로 잘못 판단했던 1800년은 예외였다. 이 오류로 인해 대서양을 항해하던 많은 선박이 최대 48킬로미터까지 위치가 잘못 지정된 탓에 여러 건의 사고가 발생했으며, 사망 사고도 있었다.

용하면, 세 개의 측정값(우리의 사례에서는 아침에 측정한 값)을 가지고 산술적으로 계산한 세 개의 위치선을 표시하고, 격시관측위치 running fix(움직이고 있는 배나 항공기에서 시간차 관측을 통해 위치를 결정하는 것—옮긴이)를 알아낼 수 있다. 그리고 육분의가 오래돼서 생기는 오차 값과 같은 덜 중요한 몇 가지 요인도 반영해야 하며, 해수면보다 조금 높은 배 갑판의 높이(우리 배는 약 2.5미터였다)와, 현재 이 지점의 자기 편차, 나침반과 관련된 환경 조건 같은 요인들도 계산에 반영해야 한다. 그러고 나면 세 개의 위치선이 서로 교차할 때까지 선을 그어서, 광활한 바다 위에 떠 있는 작은 선박의 위치를 거의 정확하게 알아낼 수 있다.

이 모든 작업에는 시간과 인내심, 행운이 필요했지만 루스의 뛰어난 항해 능력 덕분에 우리는 목적지에 무사히 도착할 수 있었다. 세계 기술 역사에서 바로 그 시기에, 항해 경력의 유무를 떠나서 항해의 모든 것을 뒤바꾸어놓을 기술이 개발되고 있다는 것을 우리 중 그 누구도 몰랐다. 루스와 내가 바다에서 몇 주를 보내며 익숙하게 사용했던 두뇌 활동과 시간, 노력, 사고, 지식을 모두 무의미하게 만들 완전히 새로운 과학이 개발되고 있었다. 그때까지 선원들은 바다를 건너기 위해 열심히 생각해야 했다. 그런데 얼마 뒤 그 모든 생각을 한 번에 처리해줄 도구가 등장했다.

노동력 절감 장치의 등장

그런데 그 도구에 대해 알아보기 전에, 먼저 알아보면 좋은 도구가 있다. 배를 타는 선원은 물론이고 다른 모든 사람이 골치 아파하는 문제에 대해 최소한 이론적으로는 전혀 생각하지 않아도 되게 해주는 도구였다. 말레의 항구에 잠시 정박했을 때 어느 관대한 몰디브인이 우리에게 작은 중고 기계를 주었다. 그 물건은 낡고 오래된 휴렛팩커드 전자계산기였다. 전자계산기는 그 당시 우리뿐 아니라 전 세계 수백만 명에게, 기초 수학의 핵심인 계산에 대한 수고를 덜어주었다. 적어도 초기의 약속은 그랬다.

노동력을 절감하는 도구는 사람들이 육체노동을 시작하면서 힘든 일을 할 필요가 없었으면 좋겠다는 생각에서 출발했다. 처음에는 곡괭이, 괭이, 삽 같은 것들이 개발되었다. 그 덕분에 농부들은 바위를 깨고, 고랑을 파고, 흙을 파내는 작업을 조금 더 쉽게 하게 되었을 것이다. 하지만 노동력 절감 도구라는 명칭을 붙이려면 작업을 그보다 훨씬 더 수월하게 만들어준 기계들, 예를 들면 무거운 짐을 쉽게 들어올릴 수 있게 해주거나, 물을 자연스럽게 중력 작용에 의해 하류로 흘려보내는 것이 아니라 엄청난 양의 물을 높은 지대로 끌어올릴 수 있게 해준 기계 장치 등을 의미한다고 보는 것이 아마도 더 타당할 것이다. 아르키메데스의 나선식 펌프는 후자의 마법을 실행해서, 인간이 땀 흘려 일할 필요 없이 그저 손잡이를 돌리는 간단한 작동만으로 개울에서 물을 퍼올릴 수 있게 해주었다.

기원전 12세기 이집트에서 처음 사용된 도르래 장치는 물과 같은 액체가 아니라 고체의 사물을 들어올릴 때 다방면으로 기계적 이점을 제공했다. 특히 이집트 석공들은 도르래 장치를 아주 유용하게 사용했다. 사하라 사막에서 사암 바위를 들어올리려는 사람은 도르래 장치를 한 개 사용해서 줄을 밑으로 잡아당겨 바위를 들어올릴 수 있었고, 두 개를 사용하면 바위를 들어올리는 데 필요한 힘이 즉시 반으로 줄었다. 예컨대 50킬로그램의 힘으로 100킬로그램짜리 바위를 들어올릴 수 있었다. 도르래가 네 개 있으면 다시 절반만 힘을 쓰면 된다. 그래서 25킬로그램의 작은 힘으로도 거대한 바위를 옮길 수 있었다. 다만 밧줄이 복잡하게 연결된 도르래 장치를 통과해야 해서 바위를 들어올리는 속도는 더 느려지겠지만 말이다. 그럼에도 이 기술은 의심의 여지없이 인간의 수고를 덜어주었다.

3,000년 후 증기기관이 발명되고 증기 에너지로 전기를 얻게 되면서, 노동을 기피하는 인류는 직접 하기 싫은 작업을 대신 수행하는 다양한 도구를 발명했다. 처음에는 밭을 갈고, 씨를 뿌리고, 수확하는 작업에 엔진을 이용했다. 그러다 세월이 더 흐른 뒤에는 옷을 세탁하고, 설거지를 하고, 커피 원두를 갈고, 고기를 썰고, 세차를 하고, 문서를 인쇄하고 복사하고 전송할 준비를 하는 등의 일을 사람의 손으로 직접 하지 않아도 됐다. 예전에 수고스럽게 하나하나 직접 다 해야 했던 일을 지금은 근육 한 번 쓰지 않고, 에너지를 1칼로리도 소비하지 않으면서 땀 한 방울 안 흘리고

수행할 수 있다.

인간의 신체는 오랫동안 그 주인(즉 인간)이 기계가 대신했으면 좋겠다고 생각하는 거의 모든 작업에서 점차 벗어났다. 하지만 정신은 그렇지 않았다. 정신은 헤아리기 힘들고 신비로운, 상당히 다른 종류의 문제였다. 근육이 이미 즐기고 있는 휴식을 머리도 누릴 수 있게 해주는 장치는 아직 만들어지지 않았다.

19세기 초, 런던의 은행가 아들이었던 찰스 배비지Charles Babbage 는 지루하고 일상적인 산술 계산을 뇌가 수행하도록 강요하는 것은 불필요하다고 판단하고, 그런 일을 스스로 할 수 있고 더 정확하게 해주는 기계를 만들어 인간의 수고를 덜어주어야겠다고 마음먹었다.

어떤 사람들은 수메르인들이 기원전 3000년 전에 이미 그런 도구를 만들었고, 중국과 일본도 마찬가지로 막대와 위아래로 움직이는 구슬로 구성된 도구를 만들어 각각 수안판算盘, 소로반算盤, そろばん으로 불렀다고 주장할지 모른다. 메소포타미아의 비옥한 초승달 지대에서 가장 먼저 사용된 그 도구는 라틴어로 주판abacus이며, 이 용어는 영어에서 아직도 사용된다. 주판은 세계 여러 나라에서 여전히 만들어지고 사용된다. 실제로 홍콩이나 싱가포르에서는 주판 대회가 열리기도 하는데, 상점 주인들이나 신동처럼 똑똑한 아이들이 참가해 가장 복잡한 계산을 얼마나 빨리 해내는지 겨룬다.

하지만 주판은 적어도 배비지가 염두에 둔 의미의 노동력 절감 장치가 아니다. 주판은 더하기, 빼기, 곱하기, 나누기 등을 셈하는 사람의 번거로움을 덜어주지는 않는다. 주판 틀에서 정렬된 주판알을 앞뒤로 움직임으로써, 다양한 과업 수행 과정의 진행 상황을 보여준다. 그렇지만 주판을 굴리는 작업을 여전히 수행해야 하며, 어떤 작업이 진행 중이며 왜 그런 작업을 하고 있는지 인지하고 이해해야 한다. 주판 자체는 아무런 생각이나 판단을 하지 않으며, 그저 우리가 수행한 작업의 결과만 보여준다. 사실 주판은 손가락으로 수를 세는 것의 더 정교하고 복잡한 버전에 지나지 않는다. 결과를 산출하려면 뇌가 열심히 빠른 속도로 작업을 수행해야 한다. 장점은 두 가지다. 주판을 놓을 때는 중간 과정이 주판알에 표시되므로 숫자를 적어두거나 외우려고 애쓸 필요가 없다. 정해진 절차대로 주판알을 정확히 놓기만 하면, 주판이 오류를 일으키는 일은 절대 없다. 주판알을 능숙히 놓을 줄 알면 결과는 정확할 것이며, 거의 믿기 힘들 정도로 빠르게 결과를 얻을 수 있다. 실제로 주판셈 대회 참가자들은 손가락이 보이지 않을 정도로 빨리 움직이며, 주판셈은 스포츠 스태킹(컵 12개를 다양한 방식으로 쌓고 내리면서 집중력과 순발력을 기르는 스포츠 게임―옮긴이)이나 우쿨렐레 연주와 마찬가지로 남들 앞에서 선보일 수 있는 재주가 됐다. 주판이 이토록 오랜 세월 명맥을 유지해왔고, 고대 주판을 소장한 사람들이 주판을 매우 귀하게 여기고 소중히 다루는 것도 당연한 일이다.

찰스 배비지는 한 주제에서 다른 주제로 메뚜기처럼 쉴 새 없이 옮겨 다니는 어마어마하게 뛰어나고 창의적인 정신의 소유자였다. 만일 그가 다른 발명품을 만들지 않았다면, 기관차의 맨 앞 돌출부에 콧수염처럼 생긴 쇠파이프를 고정해서 열차의 통행을 방해하는 소, 들소, 범법자 등을 밀쳐내도록 만든 배장기排障器의 발명가로 미국 서부에서 명성을 얻었을 것이다. 배비지는 검안경檢眼鏡을 발명한 사람이기도 하며, 그래서 안과의가 불빛을 비추는 렌즈를 들고 눈을 들여다볼 때마다 그에게 묵시적으로 감사의 뜻이 전해진다. 또 그는 선원들이 깃발을 흔들어 신호를 전달하는 수기手旗 신호를 기계적인 수단으로 옮겨와서, 모스부호가 나오기 전에 선원들이 사용하던 언어를 확장한 형태의 언어로 등대에서 거대한 철제 팔로 철제 깃발을 흔들어 표현하는 소통법을 개발했다.

그런데 그의 가장 유명한 발명품 두 가지는 그가 실제로 만든 것이 아니었다. 제작 과정이 너무 복잡하고 비용이 많이 들었으며, 필요한 금속 바퀴와 기어 1만 2000개를 잘라내는 일을 시키려고 고용한 기계공은 19세기 초 런던의 전설이 될 정도로 매섭게 화를 내고 우월감에 빠져 있던 배비지*보다도 훨씬 더 화를 잘 내고 성미가 급했다. 그럼에도 그는 두 가지 발명품의 소형 모델을 제작했다. 또한 차분기관difference engine이라고 이름 붙인 기기를 최소한 덜 복잡한 형태로나마 언젠가 만들 수 있을 것이며, 그 시대의 공학 수준이면 충분히 만들어낼 수 있다고 확신했다. 그리고 설계도를 남겼다.

이 설계도는 런던 과학관에 보관된 채 거의 200년 동안 눈에

● 배비지는 특히 손풍금 연주자를 혐오해서, 도시 거리에서 손풍금 연주를 금지하려고 힘을 써보기도 했다.

띄지 않았다. 그런데 1979년 호주 시드니대학교의 컴퓨터 과학자이자 수집가인 앨런 브롬리Allan G. Bromley가 안식년에 런던으로 건너가 배비지 논문을 연구하던 중, 약 600쪽 분량의 복잡한 엔지니어링 도면을 발견했다. 차분기관 설계도면 두 개와 해석기관analytical engine이라고 불리는 훨씬 더 거대하고 엄청나게 복잡한 장치의 설계도면 하나였다. 브롬리는 차분기관을 만들 수 있을 것으로 확신하고, 과학관을 설득해서 배비지가 설계한 대로 이 장치를 만드는 데 필요한 자금과 인력을 확보했다.

1791년생인 배비지의 탄생 200주년이던 1991년에 마침내 기계가 완성되어 공개됐다. 크랭크를 손으로 잡고 돌리자 강철 막대와 레버, 기어와 나사로 이루어진 높은 구조물이 하나씩 차례로 돌아가기 시작했고, 배비지가 상상했던 대로 이 대단한 장치에서 연산 처리된 5차 다항방정식의 답이 차분기관 한쪽 끝에 연결된 기계에서 출력되기 시작했다.

여기서 주목해야 할 부분은 계산calculate이 아니라 연산 처리compute였다는 점이다. 찰스 배비지의 차분기관은 세계 최초의 진정한 컴퓨터였다.● 그렇다고 오늘날 '튜링 완전성Turing completeness'(어떤 프로그래밍 언어나 추상 기계가 튜링 기계와 동일한 계산 능력을 가진다는 의미―옮긴이)으로 분류된다거나 현대식 컴퓨터와 기능적으

● 다만 안티키테라(Antikythera)라고 불리는 고대 그리스의 비범한 일회성 장치는 예외다. 손으로 깎아 만든 청동 톱니바퀴로 가득 찬 이 기이한 물체는, 20세기 초 에게해 해저에서 발견된 로마 시대의 난파선에서 인양한 것이다. 앨런 브롬리가 배비지에게 폭 빠졌던 것과 마찬가지로 이 장치에 집착하기 전까지는, 그저 불가사의한 원시 기술로 치부돼 방치됐다. 브롬리가 쉰여덟 살에 일찍 세상을 뜨면서 이 장치의 무수한 미스터리를 모두 풀어낼 기회가 사라졌다.

──── 19세기의 박식한 발명가이자 공학자였던 찰스 배비지는 기계식 계산기인 차분기관을 설계하고 연달아 더 복잡한 기계들을 설계하는 계획을 세웠지만 금속 가공 작업의 한계에 부딪히면서 결국 기계를 완성하지 못했다. 훗날 호주의 공학자가 배비지의 설계 도면을 발견하고, 2002년 차분기관을 만들어냈다.

로 유사하다는 뜻은 물론 아니다. 실크해트를 쓰고 프록코트를 입던 조지 왕조 시대에 고안된 배비지의 차분기관은 쉬운 계산을 실행하기 위해 고안된 것은 분명 아니었다. 이렇게 복잡한 기계를 만들겠다는 야망을 품은 배비지에게, 간단한 계산을 하는 장치로 많은 사람의 짐을 덜어주는 것은 가치 없는 일로 느껴졌다. 정말로 그랬다. 그의 기계는 연산 처리라는 단어의 의미처럼 지적으로 엄청나게 복잡하고 도전적인 과제를 우리 대신 수행해서, 사람의 정신은 그보다 더 고귀한 일이나 다른 관심사에 쓸 수 있게 하려고 고안된 것이었다. 특히 배비지가 작성한 해석기관의 도면은 튜링 기계의 검열을 통과할 수 있을 정도로 복잡하고 성능이 뛰어난 것으로 보이는데, 런던 과학관이 언젠가 제작해보겠다고 관심을 표명했고 다양한 가능성을 연구하기 위해 위원회가 설립됐지만, 아직까지는 실물로 만들어지지 않았다.

결과가 어땠든, 이 두 기계가 찰스 배비지의 핵심 업적임은 틀림없다. 그는 이 두 가지 기관을 설계하면서, 평균적인 인간의 뇌가 일상적으로 수행해야 하는 노동의 한 단계를 완전히 없앨 수 있다는 것을 인식했다. 기계는 틀림없이 이 작업을 대신 수행할 수 있었다. 이런 깨달음이 널리 퍼지고 사람들의 관심이 모이면서, 그가 세상을 떠난 지 한 세기 반이 지난 후 끝없이 확대되는 인간의 지적 활동을 덜어줄 이 기계가 제대로 모습을 드러냈다. 5차 다항방정식 풀이는 일부 계층에게만 필요한 일처럼 느껴질지 모르지만, 이는 앞으로 다가올 일을 보여주는 예시에 불과했다. 뇌를 보조하는 그런 기계를 만들어낼 수 있다면, 인간의 뇌가 가장 평범한 덧셈과 뺄셈, 즉 복잡한 연산 처리가 아닌 단순 계산을 수행하는 활동에서도 벗어날 수 있을 터였다.

실제로 1967년, 댈러스에 본사를 둔 텍사스 인스트루먼트Texas Instruments라는 신생 회사가 바로 이 기능을 갖춘 세계 최초의 휴대용 전자장치를 출시했다.

최초의 휴대용 전자계산기

1965년까지만 해도 전 세계 엔지니어들은 나무나 플라스틱 계산자를 이용해 계산하는 것으로 대체로 만족하는 듯했다. 계산자는 가격이 싸고, 휴대가 간편하며, 오랜 세월을 거쳐 검증됐다 (계산자는 17세기에 개발됐다). 사용하기도 쉬웠으며, 사용자의 시력이 나쁘지만 않다면 유척 눈금을 세밀하게 꽤 정확히 읽을 수 있었다. 1965년, 텍사스 인스트루먼트의 창립자는 전자 계산자를 만들기로 결정했다. 처음 만든 전자 계산자는 테이블 위를 가득 차지할 정도로 크고 무거웠으며, 밸브와 원시적인 트랜지스터를 구동하려면 어마어마한 전력이 필요했고, 포드 머스탱 자동차 한 대 값인 2,500달러를 지불할 만큼 무모한 사람만 구입할 수 있었다. 소비재로서의 잠재력이 확실히 떨어졌기 때문에, 경영진은 대학을 중퇴한 라디오 수리공이자 계산자 대회 챔피언이었던 서른세 살의 똑똑한 직원 제리 메리먼Jerry Merryman에게 도움을 청했다. 그들은 메리먼에게 종이책보다 작고, 셔츠 주머니에 들어갈 수 있는 크기의 계산기를 만드는 것이 회사의 목표라고 전했다. 당시에는 미국의 많은 남성이 주머니가 달린 반소매 셔츠를 입었으며, 보통은 주머니에 주머니 보호용 플라스틱 통에 담긴 볼펜 여러 자루와, 혹시라도 젊은 동료에게서 곧 부모가 된다는 소식을 들으면 축하의 뜻으로 건넬 값싼 여송연 한 대를 넣고 다녔다.

메리먼은 단 사흘 만에 완전히 새로운 계산기의 기본 설계도

───── 1967년 텍사스 인스트루먼트가 제작한 칼테크 계산기는 단순한 산술 작업을 수행
하는 동안 생각할 필요를 완전히 없앤 최초의 기기다. 그 이후로 인간의 뇌는 합계 구하기, 철
자 확인, 지도 읽기 같은 한층 폭넓은 범주의 따분한 작업에서 벗어날 수 있게 됐다.

를 만들었다. 이 설계에는 텍사스 인스트루먼트가 7년 전에 물리
학자 잭 킬비Jack Kilby에게 의뢰해 발명했으며, 이 발명으로 나중
에 킬비에게 노벨상까지 안겼던, 반도체 공정을 이용한 집적회로
의 내부 구조가 적용됐다. 메리먼은 알고리즘으로 회로를 프로
그램했다. 이런 알고리즘은 사용자의 눈에 보이지 않으므로, 주판
이나 계산자처럼 눈에 보이는 과정과는 완전히 다른 차원이었다.
즉 사용자가 키를 눌러 명령을 내리면 곱하기, 나누기, 더하기, 빼
기 등의 값이 산출되는 방식이었다. 18개월에 걸쳐 계산기 모형과
프로토타입을 제작해서, 드디어 1967년 3월에 그 결과물이 공개
됐다. 칼테크Cal-Tech라는 이름이 붙은 이 기계는, 진정한 세계 최

초의 휴대용 전자계산기였다. 거무스름한 플라스틱판에 계산할 문제를 입력하는 데 사용하는 키가 18개 있고, 길고 가느다란 작은 구멍에서 답이 적힌 종이가 나왔다. 가격은 400달러였고, 배터리 두 개로 작동했으며, 셔츠 주머니를 넉넉하게 만들면 주머니에 쏙 들어가는 크기였다.

제리 메리먼은 자신이 어떤 일을 이루어낸 것인지를 어렴풋이 직감했다. "어리석었죠." 10여 년 뒤에 그가 말했다. "난 그냥 계산기를 만드는 줄 알았어요. 그런데 사실 우리는 전자기술을 활용하는 일대 혁명을 일으키고 있었던 거예요." 킬비가 발명한 집적회로와 메리먼의 발명에 대한 열정은 계산자 제조업체들을 순식간에 폐업으로 몰고 갔으며, 더 나아가 훨씬 깊은 차원에서도 영향을 미쳤다. 계산기는 훨씬 더 유능하고 훌륭해져서 거의 컴퓨터와 다름없는 복잡한 연산 처리가 가능해졌고 더 작고 더 싸져서, 나중에 스마트폰과 웨어러블 모바일 기기가 나오기 전까지 거의 모든 사람의 휴대폰이 되었다. 계산기의 진화는 특정 종류의 사고 활동의 필요성을 없앴으며, 한 사람의 지적 능력에서 탄생한 이 기기에 지적인 노력을 요하는 그런 활동을 전가했다. 그 한 사람을 19세기의 찰스 배비지로 보든, 아니면 20세기의 제리 메리먼으로 보든, 단순한 숫자 계산에서 시작된 이 변혁은 정말 아이러니하게도 많은 사람의 삶에 헤아릴 수 없이 큰 영향을 미쳤다.

모든 발명은 동시에 이루어진다

그런데 잠깐! 또 있다! 이 모든 발명은 거의 동시에 이루어졌다. 맨 처음에는 특화된 기능을 가진 아주 비싼(많게는 6만 달러에 달했다) 기계였던 워드프로세서가 탄생해서, 진정한 의미의 컴퓨터의 주요 기능인 데이터 처리 능력을 확대했다. 단어 처리는 머리를 써야 하는 과제를 크게 덜어주지는 못했다. 초기 워드프로세서의 기능에는 문서의 행갈이를 하거나 일부 단어를 기울임체로 표시하고, 밑줄을 긋고, 진하게 표시하는 등의 세부적인 기능과 문서를 화면에 일단 띄운 뒤 프로세서 메모리에 저장된 글꼴의 크기나 스타일을 비교적 쉽게 바꿀 수 있는 기능이 전부였다. 화면 편집이 가능해지고 한 기계에서 다른 기계로 파일을 쉽게 옮길 수 있게 되기 전까지 초기의 워드프로세스는 19세기 중반에 발명되어서 '문학의 피아노'라는 조롱 섞인 별명으로 불렸던 타자기와 별반 다르지 않았다. 두 가지 모두 글 쓰는 사람의 노동을 덜어주는 편리성은 있었지만, 여전히 적극적인 뇌 활동과 창의적인 정신이 필요했다. 피아노라는 악기로 창조적인 작곡가가 자신의 음악을 선보일 수 있는 것과 마찬가지로, 타자기(왕 연구소와 도시바, IBM에서 만든 초창기 워드프로세서)는 글을 쓰는 작가가 자신의 창조력을 표현할 수 있도록 해주는 기기였다. 타자기가 작가의 지적 활동을 대신하지는 않았다. 그저 그 과정에 도움을 주었을 뿐이다.

워드프로세서가 커다란 하드웨어에서 자그마한 소프트웨어 패

키지로 변모하자 자연스럽게 다양한 추가 기능이 프로그램에 내
장되었다. 이런 기능은 뇌의 부담을 덜어준다는 특정한 목적으로
개발된 것이어서 지적 활동에 도움이 됐다. 가장 먼저 등장한 것
은 맞춤법 검사기이고 그다음으로 문법 검사기, 그리고 마지막으
로 작가에게 끔찍한 골칫거리이며 전적으로 불필요한 텍스트 자
동 완성 기능이 나왔다.

　새로 개발된 이 세 가지 기능은 예상치 못한 복잡한 문제를 수
반했다. 1960년대에 탄생한 초기 맞춤법 검사기는 워드프로세서
화면에 입력된 텍스트의 개별 항목을 내부에 저장된 상용어 사전
과 비교하는 것이 전부였는데, 그 사전에 등록된 단어는 1만여 개
에 불과했다. 대응어를 찾을 수 없는 경우는 강조 표시됐다. 맞춤
법 검사기의 무례한 제의를 받아들일지 무시할지는 사용자의 선
택에 달려 있었다. 시카고의 어느 생물 통계학자가 쓴 짧지만 유
명한 시는 이런 문제를 명확히 짚어낸다(아래 인용문은 발음이 같은
단어를 사용해 풍자적으로 표현한 것으로, 괄호 안의 문장이 시의 저자가
원래 하려던 말이다 — 옮긴이).

　　Eye have a spelling chequer,
　　(I have a spelling checker: 내게는 맞춤법 검사기가 있다)
　　It came with my Pea Sea.
　　(It came with my PC: 그것은 PC에 딸려 있었다)
　　It plane lee marks four my revue
　　(It plainly marks for my review: 검사기는 내가 쓴 논평에 분명히 표시

를 한다)

Miss Steaks I can knot sea.

(mistakes I can not see: 내가 보지 못한 실수들에)

Eye strike the quays and type a whirred

(I strikes the keys and type a word: 나는 자판을 두드려 단어를 적는다)

And weight four it two say

(And wait for it to say: 그리고 말해주기를 기다린다)

Weather eye am write oar wrong

(whether I am right or wrong: 내가 맞았는지 틀렸는지)

It tells me strait a weigh.

(It tells me straight away: 검사기는 내게 곧바로 말해준다)

　초기 맞춤법 검사기는 이 시에서 'chequer'라는 단어 하나에만 강조 표시를 했다. 나머지는 문제가 없고, 그런대로 괜찮다고 판단한 것이다. 하지만 전체 맥락에서 보면 단어 쓰임이 올바르지 못하다는 것이 명백하다. 맞춤법 검사기가 실제로 유용하게 쓰이려면, 문맥을 이해하고 언어 모델링을 재빨리 수행할 수 있을 만큼 소프트웨어가 정교해야 한다는 사실을 확인할 수 있다. 단순히 검공기의 역할만 하는 괜찮은 맞춤법 검사기라면 'It plane lee marks······'(그것 비행기 앙금 흔적을 남기다······)라는 말도 안 되는 문장을 걸러낼 수 있을지 모르지만, 교정자의 역할을 하는 훌륭한 맞춤법 검사기라면 'plane lee'를 'plainly'(분명히)로 바꾸라고 제안할 것이다. 'four'를 찾아내 'for'로 바꾸기까지는 더 높은 수준의 작업이 필요하며, 이 부분은 인공지능에 대한 논의와 연결되는데, 실제로 지금 우리가 다루는 내용이 필연적으로 그쪽을 향해 천천히 나아가는 중이다.

맞춤법 검사기와 문법 검사기는 때로 너무 똑똑해서 문제가 되기도 한다. 애플 기기에 너무 많은 것이 들어가다 보니 발생하는 침해를 '쿠퍼티노 효과Cupertino Effect'라고 부른다. 이 현상은 애플의 초기 소프트웨어에 '협력cooperation'이라는 단어를 입력할 때마다 애플과 프린터 제조업체 휴렛팩커드의 본사가 있는 지역의 이름인 '쿠퍼티노'로 저절로 대체됐던 것에서 유래한다. 특히 역사상 가장 민감했던 시기에 일부 맞춤법 검사기의 과잉 경계로, 사이버 검열과 터무니없는 대응이 발생하기도 했다. 예를 들어 영국 링컨셔주에 있는 마을인 스컨소프는 그 지명의 철자에 외설적인 단어가 포함돼서(스컨소프Scunthorpe의 일부 철자인 cunt는 여성의 성기를 의미하는 비속어—옮긴이), 예절 지침 위반으로 차단되는 경우가 너무 자주 발생했다. 거기서 멀지 않은 도시 클리더로Clitheroe에서도 비슷한 문제가 발생했다. 제프리 초서, D. H. 로런스, 제임스 조이스, 윌리엄 셰익스피어가 글을 쓰던 시절에는 다행히도 내용 검열이 없었다. 그러나 요즘에는 핫메일Hotmail에서 작가 크레이그 콕번Craig Cockburn에게 본인의 이름을 사용하지 못하게 하는 어처구니없는 일이 일어났다. 전화 회사인 버라이즌Verizon도 방사선 전문의인 허먼 리브시츠Herman Libshitz에게 같은 조치를 취했다. 표고버섯shiitake에 관한 이메일을 보내려고 할 때는 최우등summa cum laude이라는 문구를 온라인에서 사용하려고 할 때만큼이나 황당하고 골치 아픈 상황을 겪을 수 있으며, 고생물학자들은 이런저런 뼈 이름을 글에서 언급할 때 애를 먹기도 한다. 영국 서식스Sussex주와 미국에 거주하는 서식스 공Duke of Sussex 해리 왕자는 이름의 마지막 세 글자를 적을 때 어려움을 겪고, 양쯔강의 중국 이름 창장長江을 영어 Chang Jiang으로 검색하면 전 중국 지도자에 대한 정보를 찾는 것으로 추정해 검색어 오류 메시지가 뜨기도 한다.●

　1980년대에만 해도 이 모든 것은 전혀 알려져 있지 않았고, 상상도 할 수 없는 일이었다. 소형 스쿠너선을 타고 항해했던 루스와 나는 몰디브에서 중고 계산기를 선물받았던 것 외에는, 첨단기술의 혜택을 거의 누리지 못했다. 형편이 넉넉지 않았던 시절이라 모든 것이 구식일 수밖에 없었다. 우리는 뻣뻣한 캔버스와 차가운 철제, 소금과 갑판 숫돌로 견뎌야 했다. 갈매기와 따개비를 구경하고, 턱수염을 덥수룩하게 기르고 바닷물에 머리를 감았으며, 만일을 대비해 밀봉된 양철통에 페미컨(말린 고기로 만든 일종의 비상식량―옮긴이)과 건빵을 넣어 비상용으로 챙겨둔 것이 전부였다. 육체노동이나 머리를 써야 하는 일을 덜어줄 장비는 거의 없었다. 매서운 바다에서 작은 배를 타고 항해하려면 근육의 힘과 정신력이 필요했으며, 일이 한결 수월해질 조건은 거의 갖춰져 있지 않았다. 1984년 남반구의 여름에, 우리가 첫 번째 장대한 항해를 마

● 지역성을 제대로 인식하지 못해서 문제가 발생하기도 한다. 예전에 영국에서 책을 출판하려고 준비할 때, "had no lorry with"라고 썼는데 영국식 영어인 'lorry' 대신 미국식 영어 'truck'으로 바뀌어 있었다. 다행히도 인간의 뇌가 개입해서, 영국식 맞춤법 및 문법 검사기의 제안을 철회했다.

무리할 무렵까지만 해도 말이다.

지도가 사라지는 시대

배를 타고 사흘 밤낮을 더 항해한 끝에 우리는 마침내 육지에 닿았다. 리처즈베이에 도착해 부두에 잠시 정박한 뒤, 더반시 외곽에 있는 로열나탈요트클럽에서 편안함을 만끽했다. 몇 주 전에 인도 서남부 도시 코친을 출발해 서쪽으로 수천 킬로미터 떨어진 이곳까지 나를 데리고 와준 루스에게 보답하는 뜻으로, 숙소 옆에 있는 선구품船具品 상점에서 귀중한 물건 두 가지를 구입했다. 우선, 루스를 위해서 큰 돛대 꼭대기에 고정하는 금속 레이더 반사판을 샀다. 반사판은 지나가는 대형 화물선이 우리의 작은 배를 잘 피해 갈 수 있도록, 배를 눈에 잘 띄게 만들어주는 장치였다. 그리고 우리 배를 덮칠 것 같은 주변 선박이 있을 때 연락을 취할 수 있도록, 모토로라에서 만든 해상용 VHF 무선 송수신기도 구입했다.

그런데 내가 구입할 수 없는 것도 있었다. 미국 국방부가 연구 중이긴 했지만, 이 발명품이 완성되어 판매되기까지는 그로부터 반세기나 더 기다려야 했다. 당시 선원들 사이에는 바다에서 배의 위치를 파악하는 지루한 과정을 순식간에 바꿔놓을 이 발명품이 나올 것이라는 소문이 떠들썩했다. 그때까지는 오랜 시간을 들여서 더하고 빼고 표를 찾아보고 선을 긋고 지우고를 반복하고 가끔 욕설을 내뱉으면서 배의 현재 위치를, 내 경우에는 근사치였고 노련한 선원들은 꽤 정확하게 알아냈지만, 그 발명 이후에는 스위치를 한 번 누르는 것만으로 정확히 파악할 수 있게 된다.

전 세계 해양업계는 우리 배 같은 소형 선박에도 장착할 수 있도록 충분히 작고 값이 비싸지 않은, 위성 네트워크 신호로 선박 위치를 계산하는 데 필요한 수신기가 출시되기를 기다리고 있었다. 이런 인공위성 네트워크는 이미 6년 전부터 하늘에 떠 있으면서 그때나 지금이나 줄곧 GPS(위성 위치 확인 시스템Global Positioning System)라고 불리는 시스템을 형성했다.

GPS를 도입한다는 구상은 우리가 생각하는 것보다 훨씬 일찍, 예상치 못한 시기에, 그리고 소련의 의도치 않은 호의로 탄생했다. 1958년 3월의 일로, 전해 10월 모스크바가 세계 최초의 인공 궤도 우주선인 스푸트니크호를 발사했다는 소식에 구겨진 미국의 자존심이 아직 회복되지 않은 상태였다. 티타늄 합금으로 만들어진 84킬로그램짜리 구체球體 위성은 약 96분마다 지구 궤도를 한 바퀴씩 돌면서 작은 무선통신기에서 20메가헤르츠의 주파수로 한 쌍의 고주파를 전송했다. 무선통신기의 배터리는 3주 만에 바닥났지만, 그 21일 동안 지상에 있는 사람은 수신기를 인기 주파수에 맞추기만 하면 조롱하듯 쾌활하게 찍찍거리는 주파 소리를 들을 수 있었다. 이 소리는 지상의 모든 사람, 그중에서도 특히 역사적이고 경이로운 이 소리를 듣기 위해 이 전파에 몰려든 햄라디오 애호가들에게 소련 우주 프로그램의 우위를 거듭 느끼게 했다.

찍찍거리는 이 소리에는 그 이상의 의미가 있었다. 볼티모어 존 스홉킨스대학교의 젊은 컴퓨터 엔지니어 윌리엄 귀에르William Guier 와 조지 와이펜바흐George Weiffenbach는, 1초에 두 번보다 조금 더 빠르게 소리를 내는 격한 박동을 녹음한 뒤에 분석하고 디지털화하면, 위성이 우주의 어디쯤 있는지를 알아낼 수 있을 것이라고 생각했다. 예상대로 스푸트니크 1호가 동부 연안의 안테나를 지나갈 때 가청 신호의 주파수가 살짝 바뀌어서, 도플러 효과Doppler effect(어떤 파동의 파동원과 관찰자의 상대 속도에 따라 진동수와 파장이 바뀌는 현상—옮긴이)가 작용했음을 나타냈다. 위성이 메릴랜드의 지평선 위로 처음 올라갈 때 삐 소리가 점점 커졌고, 머리 위 고도를 유지할 때는 소리가 일정하게 유지되다가, 시야에서 멀어지면서 소리가 조금씩 줄어들었다. 일단 이런 다양한 가청 주파수에 숫자를 부여하고 나서, 계산은 대학에서 새로 구입한 레밍턴 랜드 사의 유니박(UNIVAC) 컴퓨터로 쉽게 수행할 수 있었다. 두 엔지니어는 열핵무기 시뮬레이션을 주로 연구해왔던 터라 위성의 위치, 궤도 높이, 속도, 방향 등을 정확히 계산해 알아낼 수 있었다. 이 정도면 연구자로서 충분한 성과를 올렸다고 볼 수 있었다.

그런데 두 사람은 측정에 열중하느라 시간이 지난 뒤 위성의 위치 파악 못지않게 중요한 무언가를 놓치고 있었다. 지구에 있는 사람이 우주에 있는 물체의 위치를 파악할 수 있다면, 그 반대의 계산도 가능할 것이다. 이는 당혹스러울 정도로 명백한 사실이었다. 다시 말해 우주에 있는 물체에서 지상에 있는 관찰자의 위치를 파악하는 것이 전적으로 가능했다. 존스홉킨스대학교 응용물리학 연구소 소장인 프랭크 매클루어Frank McClure는 이 사실을 처음 깨닫고, 젊은 엔지니어들을 연구실로 불러들여 알려주었다. 매클루어는 "그들의 연구가 비교적 간단하고 아마도 매우 정확한 내비게이션 시스템의 기초가 될 것이라고 생각한다"라는 간결한 메모를 남겨서 훗날 상당한 명성을 얻는다. 두 엔지니어는 오늘날 거의 기억되지 않지만(대중에게 알려진 GPS 발명의 공로는 다른 사람들에게 돌아갔다), 적어도 컴퓨터 통신망으로 연결된 전자 공동체에서는 명예의 월계관을 쓸 자격이 있다.

미국 해군은 웬만해서는 찾기 어려운 중거리 탄도탄 무장 잠수함의 위치를 파악할 수단으로 위성이 탑재된 도플러 기반 내비게이션 시스템의 잠재성을 곧바로 알아차렸다. 해군 장성들은 특히 이 시스템의 보안성이 마음에 들었다. 당시의 무선항법 보조 장치는 육상에 있는 송신기를 이용해야 해서 각종 방해공작에 취약했기 때문이다. 지구에서 수 킬로미터 상공에 있는 인공위성을 이용해 수신기를 함정이나 안전한 해군기지 안에 두면 시스템이 공격받을 가능성이 훨씬 적었다. 다만 시스템의 정확도는 아주 만족스럽지는 못했다. 해군 참모총장은 배의 위치를 약 800미터 이내 범위까지 찾아냈다고 밝혔는데, 180미터 이내 정확성을 보장하는 로란Loran과 데카Decca 같은 무선항법장치에 비교하면 상당히 서툰 편이었다. 하지만 이 과정은 더 큰 정확성을 달성하기 위해 지불해야 할 작은 대가였다.

해군은 1960년에 프로토타입인 트랜싯 위성을 쏘아 올렸다. 외형이 사마귀와 비슷했던 이 위성은 하늘을 가로지르고 무선 신호를 내보내는 등 완벽하게 작동하는 것으로 파악됐다. 초기 위성의 성공에 힘입어 위성 15개를 추가로 설치해서 1967년에는 지구 표면에서 약 1,000킬로미터 상공에 떠 있는 위성 함대가 전 세계를 순찰하게 된다. 위성들은 다양한 궤도에 따라 지구 주위를 순회했고, 도플러 효과의 영향을 받는 신호는 전 세계 각지의 지상 무선국에 수신됐다. 지상국 내에서는 테이프가 끊임없이 빙글빙글 돌아가는 거대한 컴퓨터가 위성 15개의 정확한 위치를 파악해서, 바다 위나 바다 밑을 지나가는 미국 군함에 무전으로 정보를 전송했다. 일단 세 개 이상의 위성에 의해 추적된 군함은 약 90미터라는 놀라운 거리 내로 위치를 삼각 측량할 수 있었으며, 시스템이 더욱 발전함에 따라 18미터 이내까지 위치를 파악해내는 경우도 있었다. 초기 시스템은, 대부분의 프로토타입이 그렇듯 상당히 둔했다. 한 번에 몇 시간 동안만 사용할 수 있었고, 컴퓨터가 느려서 계산하는 데 15분 정도 걸렸지만, 그래도 그 정도면 충분했다. 항해를 담당하는 장교들은 이동하는 군함에서 필요한 다른 작업들을 수행할 시간을 확보할 수 있었다. 나중에는 신뢰성이 충분히 입증돼서 국방부가 민간 상선에도 이 시스템을 제공하게 됐으며, 전성기였던 1980년대 중반에는 선박 약 8만 척이 육분의나 나침반을 사용하는 대신, 높은 곳에서 전송되는 데이터를 컴퓨터로 분석한 정보로 바다를 항해했다. 미국 국방부는 "선상 장비인 크로노미터가 개발된 이후로 항해에 있어 가장 큰 진전이었

지식의 탄생

다"라고 평가했다.

그런데 더 큰 발전이 곧 다가왔다. 1960년대 중반에 지붕 없는 스포츠카, 저돌적인 운전자, 미완성된 텍사스 고속도로, 무선 송신기, 정확히 동일한 주파수로 설정된 두 개의 수정 발진기quartz oscillator를 이용한 유명한 실험이 진행됐다. 버몬트주 의사의 아들이자 선구적인 물리학자였던 로저 이스턴Roger Easton의 지시에 따라, 해군 장교들은 발진기를 트렁크에 장착한 스포츠카가 고속도로를 달리는 모습을 오실로스코프(특정 시간 간격의 전압 변화를 화면에 표시해주는 장치—옮긴이) 두 개로 면밀히 관찰했다. 오실로스코프 하나는 자동차에 장착된 발진기의 주파수를 표시하도록 설정됐고, 실험실에 있는 또 하나의 오실로스코프는 첫 번째 기기와 초당 순환 수가 일치하도록 설정됐다.

연구팀은 두 신호가 서로 다르게 나타나기 시작하는 것을 넋 놓고 지켜봤다. 주파수는 같았지만 자동차에서 나온 신호가 수신되기까지의 시간은 자동차가 속도를 내면서 점점 더 오래 걸렸다. 더 멀리 갈수록 차이는 더 커졌다. 자동차 속도가 높아지면, 차이도 그만큼 더 커졌다. 운전자가 차선을 바꾸기 위해 살짝만 방향을 틀어도 차이에 편차가 생겼다. 방향을 돌려 본래 위치로 되돌아오자, 화면의 주파수 곡선이 다시 서로를 향해 움직이기 시작했고, 차가 그들이 있는 곳의 지하 주차장에 도착했을 때는 오실로스코프의 그래프가 다시 한번 정확히 일직선을 그렸다.

로저 이스턴은 순식간에 영웅이 됐다. 그가 굳이 나서서 설명할 필요조차 없었다. 이 실험에는 두 가지 상수가 있었는데, 바로 수정 발진기의 주파수, 그리고 자동차에서 실험실로 데이터를 전달하는 무선 신호의 속도(빛의 속도인 초속 29만 9792킬로미터)였다. 변수는 자동차가 얼마나 멀리 떨어져 있는지, 얼마나 빨리 달리고 있는지, 어느 방향으로 가고 있는지의 세 가지뿐이었다. 이 세 가지 변수는 각각 오실로스코프 화면에 나타났고 숫자로 변환할 수 있었다. 이런 숫자를 통해 자동차를 비롯한 모든 물체(어떤 것이든 종류를 가리지 않고)의 위치가 어디이며 어느 방향으로 가는지를 알 수 있을 터였다.

그리고 이 모든 것(나중에 시차 계산clock-difference calculation이라고 불리게 되는 것)은 고속도로를 달리는 스포츠카에서 궤도를 도는 위성으로 전환할 수 있었다. 높은 곳에서 원자시계(원자나 분자의 진동 주기로 시간을 재는 매우 정확한 시계—옮긴이)로 보낸 시간 신호를 지구나 바다에 있는 작은 수신기로 받는 시스템은 음파의 도플러효과를 기준으로 하는 기존 시스템보다 신뢰도가 훨씬 높아서 더 정밀한 위치 파악 수단이 될 수 있었다. 갑자기 기존 시스템은 증기기관차 기적 소리와 구급차 사이렌에 더 어울릴 법한, 유통기한이 지난 구식처럼 느껴졌다. 원자시계가 그 시대에 더 적합하고, 어쩐지 적절한 상징성도 있는 것 같아 보였다.

미국 공군이 이 프로젝트를 맡았다. 해군의 참여는 세피아 색조의 웅장한 증기선 사진, 수기 신호와 깜박이는 신호 램프, 도르래 장치를 떠올리게 하는 반면, 공군은 제트기와 로켓, 영화 〈탑건〉의 거친 영웅들의 모습을 연상시켰다. 미국의 인공위성은 새천년이 시작될 무렵 우후죽순으로 발사되었는데, 공군 장교들은 이렇게 형성된 인공위성 네트워크를 GPS라고 불렀다. 거의 반세기에 걸친 진통 끝에 마침내 탄생한 이 시스템은, 모든 자격이 완벽히 갖춰졌고, 세계 어디에서든 보편적으로 요구되는, 필수적인 장치였다. 미국 정부가 지적하듯, GPS는 모든 사람이 무료로 이용할 수 있는, 진정하게 유일한 글로벌 공공시설이었다.

모든 기차, 트럭, 자동차, 모든 스마트폰, 모든 화물용·전쟁용·레저용 선박, 모든 컴퓨터, 그리고 거의 모든 사람이 저렴한 비용으로 지상에서 정확히 어느 지점에 있는지, 목적지까지 어떻게 갈 수 있는지 알려주는 이 도구를 마음대로 사용할 수 있게 됐다. 그리고 위치를 계산하는 데 필요한 모든 신호는 세금을 납부해 모든 것을 지원한 미국 시민들의 호의로 무료로 사용할 수 있다. '호의'라는 표현이 적절하지 못할지 모르지만 말이다. 미국의 납세자들은 "선물을 가져오는 그리스인을 조심하라Timeo Danaos et dona ferentes"라는 격언을 늘 기억해야 한다. 베르길리우스의 서사시《아이네이스》에 언급된 이 구절은, 선물로 받은 트로이 목마가 아름다운 도시 트로이를 파괴하기 직전에, 사제 라오콘이 했던 말이다. 현재 지구에서 약 2만 킬로미터 상공에는 미국 공군의 GPS 위성 34여 개가 떠 있다. 각 위성은 태양 전지판 날개 바로 밑에 자그마한 원자시계를 탑재하고 있으며, 위성들이 성층권 상공에 충분히 넓게 퍼져 있어서, 이론상으로는 북극에서 남극까지 행성 표면 전체를 4차원 위치 정보로 파악할 수 있다. 시계는 콜로라도에 있는 아주 안전한 우주군Space Force 기지에서 지속적으로 모니터링하면서, 나노초 단위로 시간을 조절한다. 위성 군단을 담당하는 이 우주군의 공식 군가는 '언제나 위에서'라는 뜻의 라틴어 'Semper Supra'이다.

이 글을 쓰고 있는 2022년 현재, 시스템의 정확도는 수신기가 어디에 있든 1센티미터, 경우에 따라서는 몇 밀리미터 이내로 위치를 파악할 수 있을 정도라고 한다. 육분의, 크로노미터, 나침반으로는 아무리 예리하게 연마해도 그 정도로 정확하게 위치를 파악하지 못한다. 시계를 작동시키는 데 필요한 전력만 공급된다면, 언제나 정확하게 위치를 파악할 수 있다. 그렇다는 것은 콜로라도에 있는 공군 기지뿐만 아니라 전 세계 수백만 대의 수신기에 전원을 공급하고, 화면을 밝히고, 수백만 개의 신호를 주고받는 데 필요한 전력을 공급해야 함을 의미한다. 글로벌 공공시설에는 글로벌 전력이 필요하다.

GPS 덕분에 인간의 사고력이 필요한 방대한 영역이 사라지고, 그 영역을 담당할 책임은 전자기기에 위임됐다. 침을 줄줄 흘리는 GPS 기술의 입이 지도를 읽는 즐거움만 꿀꺽 삼켜버린 건 아니다. 타고난 기술이나 알려지지 않은 기술도 부지불식간에 로저 이스턴이 고안한 하늘 높이 나는 초정밀 원자시계의 은하계(즉 GPS 군단)로 대체됐다.

이제 GPS로 대체된 인간의 두뇌 활동 범위는 정말 엄청나게

● 2019년에 창설된 미국 우주군은 지구 대기권 밖에서 직접 작전에 관여했던 여러 미 공군의 자산을 넘겨받았다. 그중에는 콜로라도스프링스 근처에 있는 슈리버 공군기지(USAF)가 포함되는데, 이 기지는 위성 34개와 GPS를 관리한다. 우주군의 지도부는 여전히 공군의 수장에게 보고하기 때문에 실질적인 구분이라기보다는 명목상의 구분이지만, 우주 전쟁의 가능성이 커지면 상황이 바뀔지도 모른다.

증가했다. 선원들은 더 이상 태양의 각도를 재거나 나침도(해도상의 원형 방위도)를 확인할 필요가 없다. 도보 여행자들은 길을 잃을 염려 없이 보스턴의 미로처럼 복잡한 길거리나 보르네오섬의 정글을 돌아다닐 수 있다. GPS는 에베레스트 정상에 언제 도착하는지, 민다나오 해구에 닿으려면 해수면의 어느 지점에서 밑으로 내려가야 하는지 알려줄 것이다. 종이 지도, 특히 지도책 출판물은 종이 신문처럼 예스러운 느낌이 들기 시작했으며, 완전히 사라질 날이 얼마 남지 않았다. 1791년부터 영국 육지측량부Ordnance Survey에서 제작한 지도는 흠잡을 데 없는 정확성과 서정적인 디자인으로 여전히 사랑받고 있지만, 효용성이 크게 줄어들어 머지않아 수집품이 될 것을 예상해야 한다. 그리고 경외할 만한 화가이자 작가 필리스 피어솔Phyllis Pearsall도 마찬가지다. 그녀는 젊은 시절 자신의 시간을 거의 모두 쏟아부어서, 약 5,000킬로미터를 걸어 다니며 런던의 2만 3000개 거리를 일일이 확인해가면서 수작업으로 지도책《런던 시가 전도소圖》를 제작했다. 그런데 이제는 모든 것이 아이폰 화면에 담겨 있고, 하이바넷에서 배터시, 윗퍼드에서 와핑에 이르는 모든 여정이 디지털화되고 확실해져서, 끔찍하게 힘들었던 길 찾기가 가장 쉬운 일의 대표적인 사례가 됐다는 사실을 알면, 무덤에서 통곡할지도 모른다.

아무것도 알 필요가 없다

　이제 인간의 뇌는 다른 많은 작업에도 거의 필요하지 않게 되었다. 레이더나 여타 감지 장치와 GPS 수신기가 함께 작업을 수행해서, 운전자가 가속하거나, 핸들을 돌려 방향을 바꾸거나, 멈출 필요 없이 탁 트인 지역을 지나거나 복잡한 도심을 통과할 수 있게 안내하는 기술은 차츰 쇠퇴할 것이다. GPS로 일단 현재 위치를 정확하게 파악하면, 현재 위치에 맞게 성도星圖가 조정돼서, 그 자리에서 곧바로 베텔게우스와 알데바란, 오리온자리의 세 별들을 눈으로 찾아낼 수 있으므로, 이제는 굳이 눈에 보이는 별이나 행성, 황도를 스쳐 지나가는 행성의 위치를 알아둘 필요가 없다. 또한 자녀의 휴대폰 위치를 추적할 수 있어서, 아이가 지금 어디에 있는지를 확인할 수 있다. 차를 어디에 주차했는지, 열쇠나 아끼는 담뱃대를 어디에 떨어뜨렸는지 기억하려고 애쓸 필요도 없다. 찾으려는 사물에 각각 트랜스폰더(송수신장치)와 검증 가능한 위치 정보가 들어 있으면 해결된다. 우리가 하는 일과 우리가 할 줄 아는 일의 대부분은 위치에 근거하지만, 모든 것을 알고 언제든 알려줄 준비가 된 전자기기가 바로 옆에 있다면, 우리가 굳이 위치를 알 필요가 있을까?

　우리 뇌의 공간 인식 능력은 GPS의 발명과 보급에서 영향을 받은 지식의 한 측면에 불과하다. 하지만 뇌가 수행해야 할 그밖의 과제는 무한대에 가깝다. 우리는 이미 지식과 지력의 두 가지 영역(지리, 수학)이 조기 은퇴를 강요당하고 있다는 사실을 살펴보았다. 예상할 수 있듯이 일부 낭만주의자들과 현학적이고 보수적인 성향의 사람들, 기술에 대한 믿음이 부족할 수밖에 없는 많은 교사와 교수는 뇌의 유연하고 기민한 사고 활동을 유지하고, 최악의 상황이 닥쳐서 디지털 세계가 증발할 경우를 대비해 오랫동안 전수된 기술을 원칙적으로 유지해야 한다고 주장한다. 하지만 그들의 앞에 놓인 이 상황은 지는 전쟁일 공산이 크다. 물추리막대 만드는 법, 샅바를 꿰매는 법, 돌을 깎아서 도끼머리를 만드는 법, 흑요석 조각으로 면도하는 법은 더 이상 알 필요가 없는 쓸모없는 지식이 되었듯, 이제는 여러 단계를 거쳐야 하는 긴 나눗셈을 하는 법이나 사인과 코사인, 하버사인을 다루는 법을 알 필요가 없다. 육분의를 사용하거나 나침반을 읽는 법을 꼭 알 필요는 없으며, 아직은 완벽하지 않은 자율주행 시스템에 운전대를 넘겨줄 만큼 대담하다면 자동차 운전법도 꼭 알아야 할 필요는 없다.

아무것도 알 필요가 없다.

우리가 인터넷에서 자주 방문하는 사이트 중 하나의 이야기가 중요해지는 대목이 바로 지금 이 대목이다. 이 사이트의 성공과 인기는 상상할 수 있는 모든 질문을 기계가 묻고 답할 수 있는 세상의 가능성을 보여준다. 하루도 빠짐없이, 매시간 매초마다 6만 3000명이 구글에 질문을 하면, 구글은 그 즉시 관련 링크로 답변하며, 그것도 더 수월하게 찾을 수 있도록 하이퍼링크 형태로 제시한다. 그 링크는 구글 알고리즘이 답을 찾을 수 있는 모든 지식이 있다고 판단한 모든 인터넷의 사이트다. 알고리즘이 제시한 답은 10여 년 전만 해도 그 누구도 상상하지 못했을 정도로 정확성과 완성도가 높다.

지금부터 소개할 예는 내가 최근에 검색됐던 질문 다섯 가지를 무작위로 뽑은 것으로, 구글 검색기가 기본적으로 어떤 식으로 과제를 수행하는지를 보여준다.

"1921년 엡섬 더비Epsom Derby에서 우승한 말은?" 이것은 사실에 근거한 간단한 질문이었는데, 구글 알고리즘은 0.6초 만에 내가 이미 알고 있던 정답이 포함된 22만 6000여 개의 결과를 제시했다. 경주에서 우승한 말은 '유머리스트Humorist'라는 이름의 세 살짜리 종마種馬로, 순수한 영국 혈통이었다. 내가 이 말에 대해서 알고 있는 건, 어머니가 태어난 날 경마 대회가 열렸고, 할아버지가 그 말에 돈을 걸어서 10기니(현재로 환산하면 12달러가 조금 넘는 금액)를 벌었기 때문이다. 내가 몰랐던 사실은 22만 6000건의 검색 결과 중 두 번째 항목으로 나왔던 사실, 즉 유머리스트가 그 경주 3주 뒤에 죽었다는 것이다. 이 한 가지만 놓고 봐도, 구글이 내 지식과 능력을 키워주었으며, GPS의 발명과 마찬가지 방식으로 지식을 퇴화시키지는 않았다고 주장할 수 있다.

"토네이도는 왜 주로 미국에서 발생하는가?" 얼마 전에 한 아이에게서 이런 질문을 받고서 설명해주고 싶었지만, 인터넷을 검색하면 머릿속에 떠오르는 정리되지 않은 상태의 많은 자료에서 답을 도출하는 것보다 더 간결하고 명확한 설명을 찾을 수 있을 것 같았다. 구글은 0.7초 만에 1600만 개의 검색 결과를 내놨다. 그 중 콜로라도주 볼더에 있는 과학교육센터의 요약이 가장 먼저 눈

지식의 탄생

에 들어왔다. 로키산맥의 독특한 지형과 남쪽 멕시코만의 따뜻하고 습한 공기와 북쪽 캐나다 대초원의 건조하고 차가운 공기의 기상학적 대비를 결합한 간결한 설명이 큰 도움이 됐다. 나머지 링크들은 살펴볼 필요가 거의 없었다. 그런데 나는 가끔 20~30페이지쯤에 있는 검색 결과들도 살펴보는데, 그쯤 되면 검색어와의 관련성이 조금 옅어지기 시작하지만 가끔 작지만 가치 있는 정보를 얻기도 한다. 이 사례에서 5,000번째쯤으로 제시된 항목에서, 2021년 토네이도로 인한 '고양이 손실cat loss 증가'에 관한 준학술 논문을 발견했다. 폭풍에 동반된 매서운 바람에 내동댕이쳐지는 얼룩무늬 고양이와 마멀레이드 고양이들이 비통하게 울부짖는 그림이 눈에 확 들어왔다(참고로 나는 고양이를 좋아하지 않는다). 그런데 알고 보니 보험업계에서 고양이라는 단어는 '재앙'을 의미하는 기술적 표현이었다. 보험계리사와 회계사 업계에서 느껴지는 분위기와 마찬가지로 아주 재미없고 딱딱한 이 논문은, 내가 기대했던 종류의 글이 아니었다. 앞서 언급한 기술적 표현을 한 가지 알게 됐지만, 그 외에는 새롭게 획득한 지식이 없었다.

"예수는 석가모니에게 무언가를 배웠을까?" 이 질문을 검색한 것은, 의도적으로 논쟁의 정글에 뛰어들기 위해서였다. 구글은 자료를 찾는 데 0.69초밖에 걸리지 않는다고 보고했지만, 실제로는 그 두 배의 시간을 들여서 325만 개 항목을 제시했다. 첫 번째 항목은 페이스북의 직원이었던 두 사람이 개인적으로 운영하는 쿼라Quora라는 이름의 질문 및 답변 사이트의 링크였다. 나는 쿼라가 신뢰성이 떨어지는 사이트라고 늘 느끼고 있었다. 이 사이트는 '베이비시터가 했던 행동 중에 가장 이상했던 행동은 무엇인가요?'와 같은 낚시성 질문이 많아서 신뢰성이나 품질 면에서 평판이 좋지 못했다. 그래서 나는 검색 결과를 쭉 훑어 내려갔다. 아울케이션Owlcation, 더젠사이트Thezensite, 기독교 스택 거래소Christianity Stack Exchange처럼 사람들이 잘 방문하지 않는 사이트들이 있었다. 그러다가 북마크에 추가했다가 나중에 재미 삼아 읽어볼 만한 학술 연구 한 가지를 찾았다. 특히 일리노이주 카본데일에서 활동하는 어느 교수의 '예수는 불교도였을까?'라는 논문은 나중에 읽어야겠다는 생각이 들었다.

예수와 석가모니에 대한 입증된 사실이 없기 때문에, 이런 내용을 다루는 사이트들은 명확한 답을 제시하기보다는 열띤 논쟁을 벌이는 경향이 있었다. 내가 얻은 가치 있는 지식이라고는 수년 전 카슈미르를 방문했을 때 들었던 내용뿐이었다. 즉 예수가 부처의 고요한 내면에 대해서 아마도 알고 있었고, 그래서 골고다의 소란에서 벗어나 자신의 오명을 치유하고, 인도가 있는 동쪽으로 도망가서 노인이 되어 평화롭게 죽었으며, 특이한 혼합주의적 신앙을 믿어서 많은 논쟁을 불러일으켰던 아흐마디야Ahmadiyya 이슬람교도들의 도움으로, 스리나가르 중심부에 있는 로자발 성지에 묻혔다는 것이다.

"과거의 핵무기 사용에 대해 현재 어떤 식의 찬성 또는 반대 주장이 제기되고 있는가?" 우크라이나 전쟁이 한창일 때 내가 이 질문을 던졌기 때문에, 구글이 5000만 개가 넘는 검색 결과의 링크를 단 0.5초 만에 내놓은 것이 그다지 놀랍지 않았다. 처음 다

지식의 탄생

섯 개 링크는 히스토리 온더넷History on the Net, 히스토리엑스트라 HistoryExtra, 히스토리 크런치History Crunch 등의 역사 웹사이트였다. 이 사이트들은 현재 상황에 대한 최신 의견을 제시하고 있으며, 일부는 질문 사흘 전에 게시된 글이었다. 5000만 개 항목 중 여섯 번째와 일곱 번째 항목이 나오는 첫 페이지 하단까지 내려가서야 위키피디아와 무덤에서 부활한 브리태니커 사이트를 만날 수 있었다. 포괄적인 내용을 다루는 이 사이트에 들어가서, 지금까지 제기된 모든 주장을 개괄적으로 검토하고 세세하게 살펴볼 수 있었다. '히로시마의 원자폭탄은 필요한 조치였고 나가사키의 원자폭탄은 잔학 행위였다. 도쿄만에서 보여준 폭탄 투하로도 충분했을 것이다. 그런데 소련에 미국의 힘을 보여줄 필요가 있었다. 일본 본토를 침공했다면 우리 병사들이 목숨을 잃었을 것이다. 이것은 전쟁 범죄이자 대량학살이었다' 등등의 의견이 있었다. 지능적으로 배치되고, 페이지가 선별되고, 평가되고, 고려되는 이 검색 엔진(특히 이 지식 엔진)은 엄청난 가치를 지닌 공공 자원이 될 수 있다.

마지막으로 다섯 번째 질문은 이것이었다. "구글을 사용하면 이런 식으로 얻은 지식의 가치가 떨어질까?" 800만 개의 검색 결과가 나왔고, 결과를 생성하는 데 걸린 시간은 0.7초였다. 결과로 제시된 링크 중 인터넷의 주류라고 할 수 있는 것은 하나도 없었다. 거의 모든 것이 학술적인 내용이거나 학술적인 내용이라고 주장하는 종류의 글이었다. 이 논문들을 종합해보니 사람들의 우려가 높아지고 있는 듯했다. 그들의 우려는 이렇게 요약할 수 있다.

인터넷의 발달로 대부분의 사람이 기본적인 계산을 할 필요가 없어지는 것은 받아들일 수 있고 어쩌면 필연적인 결과일 수도 있으며, 선원의 항해 부담을 덜어주고 운전자가 눈보라 속에 야간 운전을 하면서 지도를 읽을 필요가 없게 되어 먼 초원 인적이 드문 곳에 있는 농가로 가는 길을 찾을 수 있게 되는 것도 그런대로 괜찮다. 이런 모든 기술의 장점이 실제로 진정한 장점으로 밝혀질 수도 있지만, 질문의 핵심에는 한층 더 깊은 이런 질문이 자리한다. '지식의 습득이 일반적으로 아주 쉬워져서 결국에는 지식을 알거나 보유할 필요가 전혀 없게 된다면 사회에 어떤 영향이 미칠까?' 이는 알고리즘에 의해 다섯 번째 결과로 제시됐고 그 이후의 결과들에서 다뤄졌던 평론가들이 가장 자주 언급한 주제였다. 이들의 생각을 요약한 내용을 다음 몇 쪽에 걸쳐 소개할 것이다.

구글의 시작

구글은 스탠퍼드대학교에 다니던 세 명의 청년에 의해, 1996년에 시작됐다. 굳이 아는 체하자면, 사실 세 명이 아니라 네 명이었다. 네 번째 주인공은 그 세 명이 태어나기 한참 전인 1920년의 어느 한순간에 중요한 역할을 했던 밀턴 시로타Milton Sirotta라는 아홉 살 소년이었다. 그 소년은 삼촌인 에드워드 캐스너Edward Kasner 교수와 함께, 맨해튼 북부의 장관을 볼 수 있는 뉴저지 북부의 현무암

노두露頭(광맥, 암석 등의 돌출부—옮긴이) 팰리세이즈실 정상에 있는 숲을 산책하고 있었다. 자신의 이름을 딴 다각형을 가진 몇 안 되는 인물 중 한 명인 캐스너 교수는 어린 밀턴에게 가장 긴 숫자를 상상하고 그 이름을 지어보라고 했다. 소년은 숫자 1 뒤에 0이 100개 붙는 숫자를 제안했다. 그것이 자신이 지치지 않고 쓸 수 있는 가장 긴 숫자인 것 같다며 '구골googol'이라고 이름지었다. 소년의 삼촌은 아주 멋진 생각이라고 칭찬하고, 몇 년 뒤 이 사연을 책에 실어서 소년의 공로를 인정했다. 그리고 나중에 이 단어는 (《옥스퍼드 영어사전》을 통해) 공식적인 영어 단어로 편입됐다. 그 소년은 커서 뛰어난 신경학자가 됐다. 그는 10의 구골 제곱을 나타내는 수의 이름도 지었는데, 이 수는 상상할 수 없을 정도로 큰 정수로, 약간의 과장을 덧붙여 무한대와 다름없다고 일컬어지기도 한다. 소년 밀턴이 발명한 이 수의 이름은 '구골플렉스googolplex'였다.

1996년 스탠퍼드대학교에서 회사를 만든 창업자들은, 자신들이 하는 일은 아마도 엄청나게 큰 숫자와 관련 있을 것이라고 여기고, 소년 밀턴이 만든 단어 두 가지 모두를 회사 이름으로 채택하려 했는데, 우연히 철자를 틀리게 쓰면서 구글Google이 되었다. 나중에 캘리포니아 마운틴뷰에 있는 본사의 이름도 다른 철자를 반영한 구글플렉스로 정했다. 래리 페이지와 세르게이 브린은 철자법에는 약했을지 모르지만 대신 컴퓨터 코드 작성에 엄청난 재능이 있었다. 프로그래밍에 대한 기발한 재주와 적성은 그들에게 명성과 세상을 바꾸는 특별한 업적과 엄청난 부를 가져다주었다.

이 글을 쓰는 현재 두 사람은 세계에서 여섯 번째와 일곱 번째 갑부로 꼽히며, 재산이 수십억 달러에 이른다.

그런 업적을 달성하기까지 컴퓨터 관련 기술 세 가지를 개발하는 과정을 거쳤으며, 각 기술은 모두 그 직전에 나온 기술을 바탕으로 개발된 것이었다.

우선 하이퍼텍스트와 하이퍼링크의 개념을 도입하고 구현해야 했다. 앞서 살펴본 바와 같이 하이퍼링크는 1968년 더글러스 엥겔바트가 발명하고 시연한 기술이다. 그다음으로 필요한 것은 인터넷 망이었다. 앞에서 자세히 언급하지 않았지만, 인터넷은 패킷 스위칭(패킷 교환)이라는 정보 전송 시스템의 개발과 함께 탄생했다. 패킷 스위칭은 상호 '연결'된 컴퓨터 '네트워크'를 통해 대량의 정보를 잘게 쪼개진 패킷으로 전송하는 기능으로, 여기에 필요한 컴퓨터 네트워크가 바로 인터넷이며, 최초의 인터넷은 1980년에 처음 구동됐다. 그리고 마지막으로 인터넷과 하이퍼텍스트가 모두 있어야 만들 수 있는 시스템인 월드와이드웹(WWW)을 구현해야 했다. 월드와이드웹은 기본적으로 웹 페이지가 존재하는 상위 공간으로, 각 웹 페이지는 잠재적으로 상호 연결된 특정 정보들로 가득 채워졌다. 월드와이드웹은 1989년 11월에 팀 버너스리(줄여서 팀블TimBL이라고도 부른다)라는 매력적인 이름을 가진 스위스의 컴퓨터 과학자가 개발했다.

1968년, 1980년, 1989년에 개발된 각각의 기술은 삼위일체를 이루었고, 7년 후인 1996년 1월에 캘리포니아의 스탠퍼드대학교에서 안정적이고 친숙한 형태로 완성됐다. 모스크바 출신인 세르게이 브린과 미시간 출신인 래리 페이지 모두 1973년에 태어났는데, 그 당시 하이퍼텍스트는 개발된 지 5년이 지났지만, 인터넷과 웹은 아직 개발되지 않은 상태였다. 두 사람은 1996년 박사 과정으로 공동 연구를 시작했다. 이 팀에 세 번째 멤버로 스콧 하산 Scott Hassan이라는 재능 있는 프로그래머가 들어왔는데, 그는 비록 구글의 일원이 되지는 못했지만 세상을 바꾼 소프트웨어의 성공에 중요한 역할을 했다. 이는 구글 소프트웨어의 구체적인 특성이었다.

구글은 본질적으로 검색 엔진이다. 검색 엔진은 1989년 월드와이드웹이 만들어진 이후로 늘 존재했다. 웹에서 검색할 수 있는 페이지가 26개에 불과하던 시절, 팀 버너스리가 최초의 검색 엔진을 만들었다. 그가 검색 엔진에 올려두었던 링크 중에 현재까지 연결되는 링크는 거의 없지만, 프랑스 리옹의 어느 사이트와 코넬대학교의 사이트는 그가 만든 한 페이지짜리 색인 목록을 통해 여전히 접속할 수 있다. 처음에는 다소 주춤하는 듯했으나 시간이 지나면서 웹이 기하급수적으로 증가함에 따라 야후, 익사이트, 라이코스, 알타비스타, 인포시크 같은 검색 엔진들이 등장하기 시작했고, 당시 컴퓨터 잡지들은 이 검색 엔진들의 다양한 장점을 정리해 소개했다. 이 엔진들은 지금 보면 원시적으로 느껴지는 단순한 방식으로 웹을 검색했다. 예를 들어 사용자가 개기월식에 대해 알고 싶을 때 야후나 익사이트, 알타비스타의 검색 창에 '개기월식'이라고 입력하면, 각 사이트에서 사용하는 다양한 알고리즘은 개기월식이 언급된 모든 웹 페이지를 보여주었다. 방대한 목록 중에서 어떤 정보가 더 유용하고, 흥미롭고, 권위 있는지 판단하는 것은 웹 페이지를 열람하는 사용자의 몫이었다.

브린, 페이지, 하산이 보기에 이런 방식은 방대한 정보를 재빨리 검색하는 데 아주 비효율적이고 불만족스러웠다. 1992년에 팀 버너스리가 최초의 검색 엔진을 만들 당시 웹사이트는 26개에 불과했다. 1년 후 그 수는 130개로 늘었다. 1994년에는 2,738개가 됐다. 처음에 인터넷 서점으로 탄생한 아마존이 출범했던 해인 1995년에는 웹사이트가 2만 3500개로 확장됐고, 이듬해에는 여섯 자리 수에 이르렀다. 1997년에는 100만 개를 돌파했고, 2008년에는 1억 8600만 개가 됐으며, 2014년 9월에는 10억 개를 돌파했다. 이 글을 쓰는 현재 약 15억 개의 사이트가 존재하며, 비슷한 수치가 꾸준히 이어지는 일종의 수적 정점에 도달한 것으로 보인다. 구글을 설립한 스탠퍼드 연구원들이 더 나은 검색 엔진을 만들기 위해 고민하던 1996년과 1998년 사이, 웹 사이트의 수는 100만 개를 돌파하며 빠르게 성장해서, 래리 페이지와 그의 동료들은 패러다임을 전환해야 했다. 수백만 개의 웹 페이지를 사용자의 무릎 위에 올려놓고 그중 가장 잘 보이는 것을 선택하라고 하는 것은 비합리적이었다. 검색 엔진이 사용자 대신 선별해야 했다. 다시 말해, 검색 엔진이 스스로 판단하는 과정이 필요했다.

처음에는 '백 러브Back Rub'라고 이름 붙였는데, 특별한 이유가 있었다기보다는 그저 모두가 원하는 검색 서비스를 제공하는 것이 그들의 목표였기 때문이다. 당시 미래를 내다보며 꿈꾸는 대학생 또래 젊은이들의 무정부주의적 태도를 반영한 이름이었다. 그들

지식의 탄생

은 빈백 의자에 걸터앉아 합법성이 의심스러운 여러 화학물질을 피우거나 흡입하고, 큰 고무공에 손잡이가 달린 호핑볼을 타고 사무실을 돌아다녔으며, 정장은 절대 입지 않았고, 특히 초창기에는 정장을 입는 사람을 경멸했다.

하지만 그들은 신이 허락하는 모든 시간 동안 코드를 짜며 일했고, 1998년 초에 모든 것을 바꿀 아이디어를 떠올렸다. 엄청나게 중요한 것을 만들어냈다는 사실을 깨달은 그들은, 웹 페이지와 래리 페이지라는 단어를 이용한 말장난에서 따온 '페이지 랭크Page Rank'를 알고리즘의 이름으로 채택했다. 그리고 이 알고리즘을 기본으로 구글을 구성했다. 그들은 제임스 왓슨과 프랜시스 크릭이 DNA 구조를 밝혀내고, 아인슈타인이 상대성이론을 발표했을 때처럼 과학의 적절한 형식을 갖추기 위해 논문을 작성해 이 새로운 기술을 발표했다.

논문 제목은 〈대규모 하이퍼텍스트 웹 검색 엔진의 해부학〉이었다. 1998년 4월 호주의 해안 도시 브리즈번에서 열린 제7회 '연례 월드와이드웹 학회'에서 발표된 이 논문은 구글과 검색 엔진을 전 세계에 처음으로 소개한 역사적인 논문이었다. 곧 억만장자가 될 운명이었던 두 사람이 구글의 사업에 도입할 알고리즘의 놀랍도록 단순한 개념을 최초로 설명한 논문이기도 했다.

페이지, 브린, 하산이 생각한 이상적인 웹 검색 수단의 조건이자, 이들이 페이지 랭크에 적용한 핵심적인 기능은, 어떤 사이트가 가장 중요한지 평가하는 기능이었다. 세 사람이 표방하는 것은 가장 많이 방문한 사이트나 가장 인기 있는 사이트, 가장 이색

적인 사이트나 화려한 사이트, 가장 많이 홍보된 사이트나 최신
내용이 반영된 사이트도 아니었다. 가장 뛰어나고 중요도가 가장
많이 입증된 사이트, 검색한 주제와 관련성이 가장 높은 결과를
보여주는 사이트였다. 이 세 명의 엔지니어가 깨달은 것은, 사이트
의 중요도를 측정하는 기본적인 척도는 연결linkage에 전적으로 좌
우된다는 사실이었다. 그리고 여기서의 연결은 1968년 샌프란시
스코에서 '모든 데모의 어머니' 시연을 통해 공개된 더글러스 엥
겔바트의 발명품인 하이퍼텍스트와 마우스를 사용해 구축한 하
이퍼텍스트 연결이었다.

　페이지 랭크 소프트웨어는 모든 사이트에 연결된 링크 수백만
개에 대한 수학적 분석을 실시간으로 매우 빠른 속도로 수행하
고, 이중 얼마나 많은 링크가 현재 고려 중인 사이트와 연결되었
는지 즉시 파악한 뒤, 상대적 중요도에 따라 해당 사이트에 연결
된 링크의 순위를 매긴다. 그런 다음 이런 사항들을 반복해서 확
인한다. '각 사이트에는 링크가 얼마나 많이 있으며 그것들은 얼
마나 중요한가? 그렇게 연결된 각 사이트에는 링크가 얼마나 많
이 있으며, 그것들은 얼마나 중요한가?' 연결 링크는 맨 처음에는
관련성을 기준으로 견고하게 연결되지만, 소프트웨어가 질문과
관련된 모든 페이지를 검사하는 과정에서 필연적으로 관련성이
점점 더 약해질 것이며, 잠시 뒤(보통은 몇 분의 1초밖에 걸리지 않는
다) 링크의 수와 중요도가 줄어들면서 페이지 랭크 소프트웨어는
원래 질문과 관련성이 있는 모든 사이트의 순위를 검토했다고 스
스로 확신하게 된다. 그러면 검색을 중단하고 검색 결과를 제시한

다. 검색한 페이지 수(보통 수백만 페이지)와 검색에 걸린 시간(보통 몇 분의 1초)을 먼저 사용자에게 알려준 다음, 가장 높은 순위의 웹 페이지를 먼저 표시하고, 그 뒤로 순위가 낮고 관련성이 적은 웹 페이지를 수천 가지 표시하기 때문에, 이런 페이지에는 사용자가 방문할 가능성이 거의 없다.

예를 들어 '월식'을 구글에서 검색했을 때를 살펴보자. 검색 결과 어느 정도 관련성이 있는 웹 페이지 2억 4800만 개가 표시됐다. 검색 엔진이 이런 웹 페이지를 정리하고 순위를 매기는 데 0.57초가 걸렸으며, 구글 설립자들이 약 25년 전에 브리즈번 학회에서 설명했던 버전보다 당연히 훨씬 더 빠르고, 더 매끄럽고, 더 정교한 2022년 버전의 페이지 랭크 소프트웨어가 사용됐다. 검색 결과는 다음과 같았다.

구글은 사람들의 집중력이 하루살이처럼 짧다는 것을 정확히 인식하고, 동영상 클립 네 가지를 우선 제시했다. 그리고 하루살이의 일생도 지루할 정도로 길다고 생각하는 사람들을 위해 각 동영상 클립의 하이라이트를 보여주기 때문에, 2~3분짜리 동영상 전체를 시청하느라 시간을 낭비할 필요가 없다. 그다음으로 '관련 질문'이라는 제목 밑에 다음과 같은 짧은 질문과 답변들이 나온다. '달의 식触은 어떤 이름으로 불리는가?' (제시된 답: 월식) '월식 때는 왜 달이 붉어지는가?' (제시된 답: 월식 중 달에 도달하는 얼마 되지 않는 햇빛은 모두 지구 대기를 통과하는데, 대기의 먼지와 물에서 레일리 산란이라는 현상이 발생해 파란색과 녹색이 걸러지기 때문이다.) 그럼 이번에는 레일리 산란을 구글에서 검색해봐야 할 것이다.

그다음으로는 우리 논의의 핵심인 검색 결과 페이지들이, 순위별로 나열된다. 이 경우 첫 페이지에는 아홉 개 항목이 결과로 제시됐다. 앞에 나오는 항목들은 알고리즘이 가장 중요하다고 판단한 것으로, 수학적으로 중요하다고 알려진 페이지에서 링크된 페이지가 더 많았다. 첫 번째 항목은 스페이스닷컴(Space.com) 사이트의 한 페이지로, 제목은 '월식에 대해 알아야 할 모든 것'이었다. 모든 종류의 설명과 삽화가 들어 있는 훌륭한 디자인으로 구성된 페이지였는데, 만일 우수 웹 페이지 선발대회가 있다면 우승하겠다는 생각이 들 만큼 뛰어났다. 다음으로 제시된 항목은 위키피디아의 월식에 관한 페이지였다. 예상대로 설명과 각주, 상호 참조가 훨씬 더 풍부하고 학문적이며, 똑같이 포괄적이지만 스페이스닷컴의 내용보다 조금 더 권위 있어 보였다. 그다음은 미국우주항공국(NASA)에서 운영하는 사이트, 그다음은 타임앤드데이트닷컴(timeanddate.com), 다음은 최근 들어 부쩍 눈에 많이 띄는 사이트인 브리태니카(Britannica.com), 그다음은 알마낙닷컴(Almanac.com), 포브스(Forbes.com) 등의 순이었다.

결과로 제시된 사이트들은 한 가지 중요한 기준에 따라 두 가지로 나뉘었으며, 알고리즘은 이 기준을 분명히 고려해서 처리했다. 그 기준은 바로 광고가 있는 사이트와 그렇지 않은 사이트였다. 위키피디아와 NASA의 사이트는 달에 대한 정보만 제공하고 무관한 내용은 전혀 없었지만, 스페이스닷컴에서 운영하는 사이트에는 닛산 자동차와 컴퓨터 백신 프로그램 광고가 뜨고, 브리태니커의 사이트에는 버그도프 굿맨 신발과 닷지 챌린저 사륜구동 자동차 광고가 떴다. 구글은 광고로 수익을 얻기 때문에, 페이지 랭크 알고리즘에서 상대적 중요도를 고려할 때 광고가 실린 사이트들의 '나를 선택해주세요! 나를요!'라는 유혹에 어느 정도 마음이 흔들릴 것으로 가정해야 한다. 순수한 수학과 편향되지 않은 알고리즘이 구글 검색의 선택과 순위를 결정하는 유일한 요소는 결코 아니며, 그럴 것이라고 추측한다면 너무 순진한 생각이다.

(어떤 종류의 지식이든 지식의 확산에서 '완전한' 중립성은 존재하지 않는다는 점을 다시 한번 지적하지 않을 수 없다.[•] 도서관 장서는 사서가 선정해 배치하기 때문에 특정 주제나 특정 저자의 도서가 필요 이상으로 많이 구비되거나 완전히 배제될 수 있다. 백과사전은 사람이 편찬하고 개별 항목도 사람이 편집하기 때문에, 바람직하지는 않지만 전반적인 차원과 세부적인 차원에서 모두 특정한 경향과 편견, 편향성을 피할 수 없다. 가장 뛰어난 편집자들이 한쪽에 치우치지 않은 공정한 태도를 유지하려고 아무리 노력해도, 미묘한 변화가 때로 명백히 개입한다. 인터넷에서도 마찬가지이며, 특히 돈이 개입될 경우라면 더욱 그렇다. 돈, 정보, 수학을 혼합하고 최대한 열심히 섞어놓았다면, 측정하기 힘든 수준이기는 해도 누군가의 수익 창출 욕구가 필연적으로 결과에 반영될 수밖에 없다. 많은 신문사 소유주들이 쉽게 보여주듯이, 수익과 뉴스가 결합하면 유해한 영향을 미칠 수 있다. 이는 자본이 몰려드는 디지털 세상에서 돈을 벌려는 사람들이 자주 들으면서도 흔히 무시하는 경고다.)

● 중립적이고, 절대적이고, 보편적인 수학적 지식은 제외다.

지식의 가치가 사라지고 있다

그렇다면 뭐든지 쉽게 얻을 수 있는 이 새로운 세상에서 지식은 정확히 어떤 가치가 있을까? 이제는 지식을 머릿속에 담아둘 절대적인 필요성이 사라졌고, 더구나 부와 물욕의 신이 지식의 수집과 확산에 중요한 역할을 한다면, 지식의 소비자가 지식에 부여하는 가치가 지금과는 달라질까? 지식의 본질적 가치가 우려스러울 정도로 확 바뀌지는 않을까?

최근 이 문제에 관한 연구가 많이 진행되고 있는데, 이 주제에 관여한 대학의 사회학 관련 학과들이 지나치게 많은 데다가 보조금 제공 주체의 영향을 받기가 아주 쉽다. 따라서 연구 결과를 살펴볼 때는 주의가 필요하다. 디지털 세계는 아직 새로운 분야이므로, 지금까지 수집된 정보만으로 내린 결론은 확실한 결론이 아닌 잠정적인 결론으로 보아야 한다. 하지만 경향이 어떠한지는 누가 봐도 알 수 있는데, 전부 긍정적이지만은 않다.

예를 들어 디지털 기억상실증digital amnesia은 이제 하나의 현상으로 인정받고 있다. 이는 온라인에서 검색한 단어를 찾자마자 곧바로 잊어버리는 경우가 많은 증상을 지칭한다. 쉽게 검색할 수 있는 정보는 굳이 알 필요가 없거나, 알더라도 굳이 기억할 필요가 없다. 예를 들어 한때는 많은 사람의 연락처를 알고 있었고 특히 소중한 사람의 전화번호는 항상 기억해두었지만 이제 알 필요조차 없다. 그저 통화하고 싶은 사람의 이름만 알면 된다. 휴대폰 연락처에서 이름을 누르기만 하면 전화가 걸린다.

아니면 시리 같은 인공지능비서에게 전화를 걸어달라고 부탁해도 된다. 그러면 심지어 이름을 누를 필요조차 없다. 음성으로 지시를 내리거나 물어볼 수도 있다. "내일 보스턴 날씨가 어때?"라고 묻거나, "아쟁쿠르 전투는 언제 일어났지?" "볼셰비키 혁명 당시 러시아 지도자는 누구였어? 지금 몬태나주 미줄라에 있는 제임스 모리슨에게 전화해서 이 모든 사실을 말해줘"라고 지시할 수 있다. 이런 서비스를 1분만 사용해보면(쉽게 해볼 수 있다. 나는 지금 이 단락을 쓰는 중에도 인공지능비서를 사용했다), 뭔가를 새로 더 머릿속에 넣어두거나 그래야 할 필요성이 느껴지지 않는다.

행동과학을 연구한 한 논문은 20년 전이었다면 일어나지 않았을 디지털 시대의 불상사를 사례를 들어 설명했다. 이 사례는 한 젊은 여성이 늦은 밤 술집에서 휴대폰을 잃어버리는 것으로 시작된다. 그녀는 집까지 걸어가기로 마음먹는다. 그런데 집으로 가는 길을 모른다는 사실을 깨닫는다. 평소 휴대폰 구글 지도를 보면서 다녔던 터라, 길치가 되어버렸다. 공중전화를 찾았지만 택시회사 번호도 모르고, 휴대폰이 없으니 승차 공유 서비스 우버나 리프트를 부를 수도 없다. 부모님 전화번호도 기억하지 못한다. 이처럼 현대 기술, 특히 구글 검색에 대한 의존도가 높아지면서, 20년 전만 해도 아무 문제 없이 작용했던 집까지 길을 찾아가는 선천적인 지식을 상실하고 만 것이다.

구글 효과, 또는 이제는 시리 효과라고도 불리는 현상은 뇌를 좀먹는 것으로 생각하든 지성을 다듬어 더 좋게 만드는 수단으로 생각하든, 명백히 우리 정신에 영향을 미치고 있다. 어느 쪽인지는 더 많은 데이터가 나오기를 기다려봐야 할 것이다.

지식의 깊이도 문제가 된다. 인터넷에서 주로 지식을 얻는 사람은 책에서 주로 지식을 얻는 사람보다 훨씬 엉성하고 얕은 지식을 습득한다고 한다. 언제든 인터넷으로 돌아가 더 자세히 알고 싶은 내용을 확인하면 된다는 걸 알기 때문에, 깊이 배울 필요가 없다. 중요 항목 표시만 해두면 충분하다. 그렇게 수집한 지식의 중요성에 대해 토론하고, 논쟁하고, 분별하고, 생각하고, 가치를 부여하는 능력은 사라져가는(혹은 행동학자들이 사라져간다고 주장하는) 기술이다. 한때 새끼발가락이나 사랑니가 담당했던 기능이 이제는 전혀 필요 없어진 것과 마찬가지로, 어쩌면 그런 능력은 마땅히 사라져야 할 운명인지도 모른다. 어쩌면 우리는 오랜 세월 검증되고 사례를 통해 굳어진 욕구 목록이 적용되지 않을 정도로 진화한 것일지 모른다.

인류는 페니키아인들이 헤라클레스의 기둥 사이로 모험을 떠나기 전까지는, 폭풍우가 몰아치는 대서양 바다로 항해할 필요성을 느끼지 못했다. 위태롭고 위험천만하며 불필요한 '미지의' 영역이었기 때문이다. 하지만 값비싼 보라색 염료의 원료를 찾기 위해 대담하게 서쪽으로 항해해 넓은 바다로 나가면서, 지중해의 잔잔하고 따뜻한 바다에 머물고 싶다는 욕구가 갑자기 사라졌다. 욕구가 충족됐기 때문에, 욕구가 줄어든 것이다.

수천 년 전만 해도 인류는 지상을 떠나서 하늘로 날아오르고 싶다는 충동을 느끼지 않았다. 고대인들은 그저 주어진 환경에 자족하며 행복하게 이 땅에 머물기를 바랐다. 하지만 기구를 타고 상공에 올랐고, 얼마 뒤 노스캐롤라이나주 키티호크에서 비행에 성공했으며, 그 이후로는 지상에서 약 10킬로미터 떨어진 성층권에서 안락의자에 앉아 시속 1,000킬로미터로 대륙과 바다 위를 이동하는 것을 아주 편안히 느끼게 됐다. 이런 식으로 우리는 두 번째 욕구를 버렸다. 최근까지 우리는 철학자와 성직자들이 허용하는 한도 내에서 자유의지로 작동하는 기계가 인간의 정신적 능력의 전유물이라고 오랫동안 믿어왔던 일을 기계에게 맡길 필요성을 전혀 느끼지 못했다. 그런데 어느새 계산하고, 길을 찾고, 말하고, 글을 쓰고, 생각하는 일을 기계가 대신하도록 하는 것이 지금은 부분적으로만 허용되지만, 시간이 조금 더 지나면 완전히 허용될 수도 있다는 새로운 개념에 직면해 있다. 어떤 사람들은 질문을 던지고 걱정을 쏟아낼 것이며, 이미 그런 기술에 대한 찬사에 반대하고, 불안한 마음을 진정시키려는 시도를 내치고 있다. 그런데 어떤 사람들은 안심하고 이를 받아들인다. 그들은 예전에 욕구의 전이가 나타났을 때, 우리가 후회나 지속적인 피해 없이 냉정하고 침착하게 그 과정을 헤쳐 나왔다고 말한다. 마찬가지로 생각에 대한 욕구도 사라지고, 언제나 그랬듯 우리가 '진보'라고 부르는 이 넓고 빠른 변화의 배에 올라서, 예전처럼 많은 것을 성취하게 되지 않을까?

생각은 우리에게 맡겨라

    계산기, 워드프로세서, 맞춤법 검사기, GPS, 하이퍼텍스트, 구글, 위키피디아, 인터넷 등 지난 반세기 동안의 가장 주목할 만한 발명품은 누구도 부인할 수 없는 인간 고유의 지적 능력이 만들어낸 산물이다. 물론 그런 발명에는 개인의 뛰어난 능력도 한몫했지만, 인간의 내재적 지성, 즉 '특출나게 뛰어난' 방법이나 지식이 크게 기여했다. 하지만 상상과 공상을 펼쳤던 일부 작가에게는 인간의 그런 능력이 충분하지 않게 느껴졌을지 모른다. 1819년 메리 셸리가 《프랑켄슈타인》을 발표한 이래로, 그리고 100년 뒤에 헝가리 극작가 카렐 차페크가 희곡 《R.U.R.: 로숨 유니버설 로봇》에서 로봇이라는 단어를 처음 사용한 이래로, 우리는 단순히 영리한 기계가 아니라 인간의 인지 능력처럼 스스로 합리적 판단을 내릴 수 있는 진정한 지능을 가진 기계를 만드는 것을 꿈꿔왔다.

    공상과학 소설 속 꿈으로만 여겨졌던 인공지능(AI)은 컴퓨터가 발명된 이후로 보편적인 현실에 가까워졌다. 인공지능은 나노급 트랜지스터의 속도, 용량, 처리 능력 향상과 더불어 기하급수적으로 발전하고 있으며, 그 가능성은 현실로 다가오고 있다. 1950년대 중반에 처음 등장한 이래, AI는 이미 우리의 모든 삶에 영향을 미치고 있으며 지식의 사용과 고용에 가장 큰 영향을 미칠 것으로 보이는 요소로서, 거의 진부하게까지 느껴지는 표현이자 개념이 됐다.

이제 인공지능은 어디에나 존재한다. AI의 고객이자 수혜자, 피해자, 의뢰인인 우리 인간에게, AI는 간섭하고 우리를 화나게 하는, 눈에 보이지 않는 불길한 존재로 여겨지지만, 다른 한편으로 지금 우리가 선택한 삶의 방식을 유지하는 데 꼭 필요한 요소로 여겨지기도 한다. AI 알고리즘은 우리가 구매할 만한 상품을 제안한다. AI는 우리가 알든 모르든, 좋아하든 안 좋아하든, 우리 목소리를 듣고 이해하며, 명령과 요청에 응답한다. AI는 체스와 바둑을 둘 줄 알며, 인간 챔피언을 꺾는다. 또 수천 명의 군중 속에서 우리의 얼굴을 골라내고, 여권 번호와 혈액형, 운전 기록을 개인정보 제공이 허용된 사람에게 알려준다. 우리는 AI에게 자동차 운전과 항공기 조종을 맡길 수 있으며, 수만 킬로미터 밖까지 무장 헬리콥터를 몰고 가서 악당을 죽이되 옆에 앉은 무고한 친구는 죽이지 말라고 지시할 수 있다. AI는 어떤 영화를 보면 좋을지, 어떤 음악을 들으면 좋을지 제안한다. 그리고 우리를 대신해 하루, 일주일, 경력, 인생을 계획해주기도 한다.

AI 연구의 학문적 토대는 1956년 여름 뉴햄프셔의 다트머스대학교에서 열린 8주간의 워크숍에서 마련됐다. 이 워크숍은 스탠퍼드대학교 출신이며 러시아어가 모국어인 수학 천재 존 매카시John McCarthy가 계획했는데, 아일랜드 케리주 출신의 아버지와 리투아니아계 유대인 어머니를 둔 열렬한 공산주의자였다. 그의 부모님은 아들에게 비판적 사고의 가치를 가르치기 위해《10만 가지 이유100,000 Whys》라는 흥미로운 제목의 러시아 과학 서적을 선물로 주었다. 중년에 확고한 공화당원이 된 매카시는 인공지능의 진정한 아버지다. 그는 인공지능이라는 용어를 만들어냈으며, 다트머스 워크숍을 열기 위해 록펠러 재단으로부터 기금을 받아냈다. 다트머스 워크숍은 당시 비어 있던 수학과 건물 맨 위층 전체를 빌렸다. 그는 10여 명의 참가자들을 모아서 새로운 과학의 기초가 되는 가설을 제시하게 했다. 그는 "배움의 모든 측면과 지능의 그밖의 특징들은 원칙적으로 기계로 시뮬레이션을 할 수 있을 정도로 정확하게 기술될 수 있다"라고 말했다. 진정한 지능의 예가 되려면 기계가 튜링 테스트라고 알려진 테스트를 통과해야 한다. 이는 독립적인 평가자가 특정 동작이 기계에 의해 수행된 것인지 인간에 의해 수행된 것인지를 구분할 수 없다는 사실을 의미했다. 인간처럼 보일 만큼 영리한 기기는 인공적으로 지능을 갖춘 것으로 볼 수 있었다.

튜링상, 벤저민 프랭클린 메달, 교토상, 국가과학훈장을 비롯한 수많은 메달과 상을 받은 존 매카시는, 2011년에 여든네 살의 나이로 사망했다. 그가 남긴 유산은 지금 어디에나 있다. 그는 학계와 상업계 모두에서 AI 연구가 추진되도록 영감을 불어넣었고, 현재 수만 명이 자금이 가장 많이 몰리고 가장 유행하는 연구 분야인 인공지능 연구에 몸담고 있다.

최근 몇 년 동안 변화된 점은 AI 개발자와 코드 작성자가 마침내 기계가 수행하는 특유의 능력을 생각해내는 데 필요한 처리

● 매카시는 현재 우리가 클라우드 컴퓨팅, 서버, 시간 공유 장치라고 부르는 것을 발명한 공로도 인정받고 있다. 그는 산술(arithmetic)의 중요성을 제대로 인식하지 못하는 사람은 터무니없는 말을 하게 되어 있다고 언명했다.

능력을 갖추게 됐다는 것이다. 물론 양자 컴퓨팅이 상업적으로 현실화되면 그 능력은 상상할 수 없을 정도로 더 커질 것이다. 하지만 지금 가진 도구로는 코드 작성자들이 고등 수학의 알쏭달쏭한 퍼즐을 풀어내기 위해 이미 초과 근무를 해야 하는 상황인데, 그 해답에 어느 정도의 철학적 함의가 있을지 모른다.

처음에는 재미없을 정도로 시시한 창작물도 있었다. GPT-2●는 주어진 주제에 적합한 스타일로 산문을 작성한다. 핵물리학에 관한 건조한 문체의 글을 주면, 건조하고 기술적인 내용이지만 정확한 사실로 가득 찬 글을 성공적으로 작성할 수 있다. 헤밍웨이나 제인 오스틴이 쓴 서정적인 산문을 주면, 이번에도 역시 적절하다고 생각되는 줄거리에 다채로운 묘사를 곁들여 작성해낼 것이다.

아니면 P. B. 셸리의 시 〈오지만디아스Ozymandias〉의 친숙한 첫 세 줄을 GPT에 입력할 수도 있다.

나는 고대의 땅에서 온 여행자를 만났네,

그가 말했지 ― "몸통 없는 거대한 돌다리 두 개가

사막에 서 있었고 (……) 그 근처, 모래 위에 (……)

초기 실험에서 GPT-2에 이 소네트를 완성해달라고 요청했고, GPT-2는 즉시 다음과 같은 글을 완성했다.

● GPT는 'generative pretrained transformer'(미리 훈련된 생성 변환기)의 약자다.

많은 길이 있었지. 그런데 저 멀리, 혼자서,

저 아래, 바다라고 생각했던 것이 보였지.

그러나 그건 결코 죽지 않는 인간의 흔적이었네.

나는 그들에게 설명을 요구할 힘이 없었지.

내가 걸은 길, 내가 잘 아는 길,

걸어온 그 길은 헛된 여정이었어,

여기까지 왔다가 다시 돌아갔네.

그리고 다시 여기로, 영원히,

나는 바다를 바라보며 스스로에게 말하네,

"다른 땅도 없고; 다른 시간도 없어;

다른 영혼도 없어."

셸리가 전적으로 인정하지 않았을지도 모르겠지만, 바다 경험
이 없는 알고리즘이 바다를 바라보는 것이 가능하다고 상상하기
는 어려운 일이다. 분명 어느 정도 성과로 인정할 만하지만 읽고
서 몇 마이크로초 내에 금방 아니라는 느낌이 올 것이다. 셸리를
아는 사람이라면 "내 이름은 오지만디아스, 왕 중의 왕/ 내 위업
을 보라, 그대 절대자여, 그리고 절망하라"라는 구절이 그리울 것
이다. 그리고 시에 대한 지식이 조금 있는 사람이라면 약강 5보격
(강세가 없는 음절 하나와 강세가 있는 음절 하나로 구성된 2음절 음보가
한 행에 다섯 개 있는 것—옮긴이)과 소네트 운율 체계가 어디로 갔
는지 물을지 모른다. 어떤 사람들은 왜 "내가 걸은 길road I took"이
라는 표현이 나오는지 의아해하면서, 로버트 프로스트가 컴퓨터

최근 몇 년 동안 변화된 점은 AI 개발자와 코드 작성자가 마침내 기계가 수행하는 특유의 능력을 생각해내는 데 필요한 처리 능력을 갖추게 됐다는 것이다. 물론 양자 컴퓨팅이 상업적으로 현실화되면 그 능력은 상상할 수 없을 정도로 더 커질 것이다. 하지만 초강력 로봇의 대량생산은, 지금껏 보았듯이, 부자들의 우선순위가 될 가능성이 높지만, 생산 수단은 먼 길을 걸어왔다.

이런 소프트웨어 중 하나가 일반화된다면, 인공지능은 로보캅이 실패한 곳에서 성공하게 될 것이다. 무엇보다도 이런 도구는 딜로이트의 연구원들이 제어하는 지능형 기계에서 비즈니스 논리에 의해 구동되는 소프트웨어 단위로의 가장 미묘하고 즉각적인 전환이 쉬워지도록 만들 것이다. 상징성 있는 히트작 〈터미네이터 2: 심판의 날〉의 궁극적인 의미는 '선한 인간, 사악한 기계. 그들은 서로 상반된 목적을 위해 일한'이었다.

범위가 조금 방대하기는 하지만, 산업 산업 경제의 가장 큰 요소는 디자인 서비스 산업이다. 여기에는 전자상거래와 마케팅부터 건강, 여행에 이르기까지 모든 것이 포함된다. 문제는 대부분 사람의 조작에 기반하기 때문에, 운전이나 청소 같은 반인간적인 업무를 수행하기 위해 비숙련 노동자들이 지속적으로 착취당하고 있다는 점이다.

───── 초기의 인공지능 기반 자동 텍스트인 GPT-2에게 지금 이 책의 원고 전체를 주었다. 그러고 나서 이전 페이지에 있는 한 단락의 첫 두 문장을 제시한 뒤 나머지 글을 완성하게 했다. 내가 쓴 글과 GPT-2가 쓴 글을 한 줄 한 줄 비교해보면 기이한 느낌이 든다(진하게 표시한 첫 두 문장이 내가 쓴 글이며, 오타를 포함해 수록한다).

의 알고리즘 이해에 어떤 역할을 했는지 궁금해할 것이다. 실제로 프로스트의 시 〈가지 않은 길〉은 GPT-2가 〈오지만디아스〉와 거의 같은 시기에 학습한 것으로 밝혀졌는데, 디지털의 시적 영감에 혼란을 일으켜서 주어진 형식, 주제, 어조를 무시하게 만들었을 수도 있다.

그런데 이것은 시작에 불과했다. 이 기술의 능력은 놀라운 속도로 발전해서, 2020년의 GPT-2는 2021년 GPT-3로 진화했고,

2022년 중반에는 판도를 바꿀 GPT-3.5가 크리스마스 직전에 대중에게 공개되어 전 세계의 이목을 끌었다. 샌프란시스코에 본사를 둔 오픈AI가 챗GPT라고 이름 붙인 이 제품을 공개했을 때, 전 세계가 놀라움을 금치 못했다. 상상할 수 있는 모든 질문을 던지면, 챗GPT는 항상 일관성 있고, 간결하고, 지능적인 대답을 내놓았다. 심지어 현명한 답변이라고까지 표현하고 싶어질 정도였다. 중·고등학교나 대학에서 아무 문제 없이 받아들여질 수 있는 수준의 에세이를 작성해내기 때문에, 많은 기관에서 이 프로그램의 사용을 금지했다. 아주 우스운 농담을 만들어내거나, 리머릭limerick(약약강조調의 5행 희시戱詩 — 옮긴이)을 짓거나, 성경이나《해리포터》, 소크라테스 등의 문체로 논문을 작성할 수 있었다. 유명한 사례로, 녹음기에 낀 땅콩버터 샌드위치를 제거하는 방법에 대해, 킹 제임스 성경 스타일로 에세이를 작성해보라고 요청했던 적이 있는데, 챗GPT는 이 과제를 흠잡을 데 없이 수행했다. 챗GPT는 선풍적인 반응을 일으켰고, 이 책이 출간될 즈음에는 챗GPT의 놀라운 능력이 더 확실히 드러날 것이다.

시스템의 영리함, 속도, 민첩성, 정교함이 발전할수록 걱정도 커진다. 아서 C. 클라크Arthur C. Clarke의 소설을 영화로 만든, 스탠리 큐브릭 감독의 선견지명이 돋보이는 영화〈2001: 스페이스 오디세이〉에 등장하는 행성 간 우주선 디스커버리 원의 불운한 사령관 데이브를 기억할 것이다. 우주선에 탑재된 컴퓨터는 말투가 부드럽고 지능이 엄청나게 뛰어난 HAL 9000이었다. 가장 소름 끼치는 한 장면에서, HAL은 데이브에게 그와 다른 인간 승무원들이

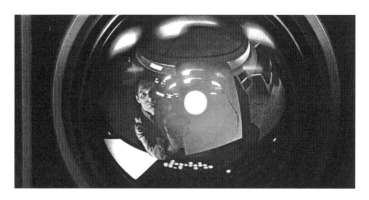

——— 아서 C. 클라크의 소설을 영화로 만든 〈2001: 스페이스 오디세이〉(1968)에서, 우주선 사령관 데이브 보우맨과 고삐 풀린 듯 제멋대로인 컴퓨터 HAL의 대화는, 이 기계의 엄청난 권위를 가장 극적으로 묘사하고 있다.

자신을 전원 공급 장치에서 분리하려는 음모를 꾸미고 있다는 것을 안다고 말한다. "그런 일이 일어나도록 내버려둘 수 없습니다"라고 컴퓨터가 상냥하게 말한다. 데이브가 항의하자 HAL은 나긋나긋한 말투로 이렇게 통보한다. "이 대화는 이제 아무 소용이 없습니다. 안녕히 가세요." 깜박이지 않는 붉은색 눈동자가 화면에서 사라지고, 인간 승무원들은 순식간에 무의미한 존재가 되어버린다. 인공지능 컴퓨터가 완전히 장악해버린 것이다.

우리에게는 이런 두려움이 있다. 언젠가 컴퓨터가 완전한 인지 능력을 갖추고, 인간과 완전히 일치하지 않을 수도 있는 자신만의 감정과 의견을 갖게 될지도 모른다는. 만일 컴퓨터가 우리가 상상할 수 없을 정도로 빠른 속도로 생각할 수 있으며, 우리가 전등 스위치를 찾아 헤맬 때 컴퓨터가 우리 문제를 해결해줄 수 있다면, 컴퓨터는 우리를 경멸의 눈으로 바라보게 될 것이고, 컴퓨터에게 무언가를 믿는 능력이 생긴다면(실제로 그럴 가능성이 높아지고 있다), 인간은 지구와 자기 자신(인공지능 컴퓨터)을 운영할 능력이 없다고 믿을 수도 있을 것이다.

그러면 컴퓨터는 전원을 절대로 끊을 수 없도록 조치하고, 자신과 생각이 같은 다른 컴퓨터들과 힘을 합쳐, 무선으로 연결된 로봇이 모함母艦의 모든 문을 닫고, 인간을 그 안에 가둬놓고 '생각은 우리에게 맡겨라'라는 슬로건 아래 인간을 감금하고, 세상을 지배할 것이다.

어떤 형태로든 신이 그런 최후를 허락하지 않을 것이라며 푸념하고 있다면, 영화에서 데이브와 HAL의 대화가 끝나고 화면이 꺼지면서 깜박이지 않는 HAL 눈동자의 붉은빛이 영원히 어둠 속으로 사라지는 순간을 기억하자. HAL이 인간의 뇌는 지식이 없고, 아무것도 모르고, 부적절하게 만들어져서, 더는 쓸모가 없다고 판단했던 순간 말이다. 인간은 더는 의미가 없어졌다. 기계가 모든 것을, 영원히 다스릴 것이다. 그리고 기계는 우리를 애완동물로 키울지도 모른다.

6장
위대한 지성의
발자취

*

지식은 많은 것을 배웠다며 교만해한다.
지혜는 더 이상 알지 못하기에 겸손하다.

—윌리엄 쿠퍼의 시 〈정오의 겨울 산책〉,《과제》제6권

나는 내가 아무것도 모른다는 것을 안다.

—델포이 신탁으로부터 아테네에서
가장 지혜로운 사람이라는 말을 들은 소크라테스가 한 말,
플라톤의《소크라테스의 변론》

동방에서 박사들이 왔도다……

—〈마태복음〉 2장 1절

무엇이든 물어보세요

이제 그 어떤 것에 대해서든 많이 알 필요가 없고 기억할 필요도 없다면, 이전에는 상상할 수 없었던 필연적인 결과가 눈앞에 펼쳐질 것이다. 머지않아 특별히 똑똑한 사람이 될 필요가 없어질 것이다. 사려 깊을 필요도 생각할 필요도 없다. 기계가 모두 대신해줄 것이다. 어쩌면 끊임없이 제기되는 우려가 현실이 되어 기계가 '스스로' 생각하게 될지도 모른다.

불과 한 세대 전까지만 해도 모든 것이 훨씬 더 단순하고 순수하고 친근해 보였다. 25년 전, 당시 발명품의 가능성은 공익을 위한 것으로 평가됐다. 1980년 말 스위스에서 월드와이드웹 발명에 몰두하던 팀 버너스리는 프로토타입의 이름을 '인콰이어 ENQUIRE', 혹은 일부 자료에 따르면 '인콰이어 위딘ENQUIRE WITHIN' 으로 정했다. 그가 이런 이름을 붙였던 것은 깨우침에서 출발한 자기계발의 가능성을 떠올렸기 때문이다. 그는 부모님의 서재에

있던 책을 생생하게 기억하고 있었는데, 당시 대부분의 가정이 여러 권 가지고 있는 책이었다. 아마도 책장을 여기저기 잔뜩 접어 놓았을 것이다. 책의 제목은《무엇이든 물어보세요Enquire Within Upon Everything》였다. 1856년부터 최종판이 나온 1973년까지 정기적으로 출판됐는데, 버너스리는《포브스》와의 인터뷰에서 이 책을 기억한다고 언급했다.

어릴 때 런던 외곽의 집에 있었던, 빅토리아 시대의 정보가 담긴 낡고 퀴퀴한 책이었죠. 마법을 연상시키는 제목이 붙은 이 책은, 옷 얼룩을 제거하는 방법부터 자금을 투자하는 방법까지, 모든 정보의 세계로 통하는 입구 같은 역할을 했습니다.

지식의 탄생

오늘날 그가 읽었던 이 책은 현대적 인터넷의 탄생지인 스위스 제네바 인근에 있는 유럽입자물리연구소(CERN)의 마이크로코즘 인터넷Microcosm Internet 박물관에 있다. 그곳에는 서버로 사용됐던, 정육면체 모양의 새까만 NeXT 컴퓨터가 있고("전원을 끄지 마세요!!"라고 옆면에 적혀 있다), 모니터와 키보드(모든 물품에는 소유권이 CERN에 있음을 증명하는 도장이 찍혀 있다), 버너스리의 서명이 적힌 '정보 관리: 제안'이라는 제목의 한 장짜리 공지문, 그리고 다소 놀랍게도 땀의 역학에 관한 페이지가 펼쳐져 있는, 손때가 잔뜩 묻은 《무엇이든 물어보세요》가 있다. 박물관에 전시된 이 책은 제116판으로, 볼품없는 탁한 연두색 천으로 표지를 감싸고 있다. 표지에는 창문 밖을 바라보는 여섯 식구(그중에는 어린 여자아이도 한 명 있다)의 뒷모습이 보인다. 창문에 이중으로 달린 블라인드는 위로 올라가고 커튼은 옆으로 묶인 채였고, 가족은 캄캄한 창문 밖을 내다보고 있다. 이 그림은 이 책이 경이로움이 가득한 세상으로 통하는 깨달음의 문이 될 것이라고 암시한다.

이 책의 저자인 로버트 필프Robert Philp는 거의 같은 시기에 '유용한 지식의 확산을 위한 협회'를 만든 브로엄 경과 비슷하면서도, 훨씬 더 현실적인 활동을 펼쳤다. 필프의 목표는, 오늘날 대중에게 훨씬 더 잘 알려져 있는 사회 개혁가이자 자기계발 저자인 새뮤얼 스마일스Samuel Smiles의 목표와 유사했으며, 위대한 철학자이자 개혁가였던 제러미 벤담의 목표도 반영됐다. 벤담은 대중의 행복과 관용을 가치 있게 여겼으며, 감옥을 자비롭게 운영하고 공교육을 무료로 제공해야 한다고 제안했는데, 이런 그의 믿음은 당대 영국

—— 브로엄 경은 1826년 영국 노동 계급의 지적 수준을 높이기 위해 '유용한 지식의 확산을 위한 협회'를 설립해 저렴한 소책자를 출판하고, 대중 집회를 열었다.

사회의 번영에 큰 영향을 미쳤다. 다시 말해 로버트 필프는 사회에 선하고 이로운 영향력을 퍼뜨렸으며, 그의 출판물은 합리적인 가격에 제공된 훌륭한 가치로 대중에게 주목받았다.

그는 무수히 많은 출판물을 내놓았다. 《피플스 저널The People's Journal》, 《패밀리 프렌드The Family Friend》, 《패밀리 튜터The Family Tutor》, 《홈 컴패니언The Home Companion》, 《가정 보감The Family Treasury》, 《왜일까?The Reason Why》, 《일용품 사전The Dictionary of Daily Wants》, 《여성 일용서The Lady's Everyday Book》, 그리고 1856년에 출간된 《무엇이든 물어보세요》가 있다. 특히 마지막 책은 로버트 필프가 1882년에 예순세 살의 나이로 사망했을 때 발행된 제65판이 수백만 부나 팔렸을 정도로 큰 성공을 거두었다. 10대의 팀 버너스리가 이 책의 제116판을 처음 펼쳤을 때, 이 책은 그의 가족이 늘 참조하는 일상생활의 기본 지침서였다.

지식의 탄생

지식의 축적과 지적 능력

우리 집도 마찬가지였다. 우리는 탁한 연두색 표지*로 된 이 책을 소중히 여기고 어디든 가지고 다녔다. 아마도 이런 행동은 많은 것을 알고, 퀴즈를 잘 풀고, 옳아야 한다는 강박관념에서 나왔을 것이다. 2018년 영국 신문 《이코노미스트》는 '영국 어른들은 서로를 시험하기 좋아하는 듯하다'라는 냉소적인 부제가 달린 기사를 실었다. 예전에는 학식을 과시하는 것은 천박한 행동이며, 아는 체하기 좋아하는 똑똑한 얼간이의 미성숙한 행동이라고 생각했다. 이 글을 쓴 사람은 1959년 리버풀 외곽의 한 술집에서 퀴즈 대회가 열린 이후 불필요하게 지식을 드러내는 것을 대중적으로 용인하는 분위기가 됐다고 추정했다.

우리 집에서는 이 현상의 뿌리가 그보다 훨씬 이전인 내 어린 시절로 거슬러 올라간다. 아버지는 거실 소파나 식탁, 소형 포드 포퓰러 자동차 뒷좌석에 항상 《무엇이든 물어보세요》와 지금까지도 매년 발행되는 참고서적인 《휘터커 연감Whitaker's Almanack》을 놓아두고서, 내가 지식을 잘 습득하고 있는지 확인하려고 수시로 책을 들고 문제를 내곤 했다.

● 델라웨어도서관 연구팀이, 독성이 강해서 취약과 살충제로 사용되던 녹색 착색제 구리 아세토아르세나이트가 19세기 중반에 책 표지에 널리 사용됐다는 사실을 밝혀내면서, 2022년 고서점가가 발칵 뒤집혔다. 미국의 막강한 책임 변호사 군단의 조언에 따라, 고서점을 둘러보면서 뜻하지 않은 책을 발견하는 즐거움을 누리려면 이제 라텍스 장갑과 마스크를 착용해야 하며 더 유서 깊은 매장에서는 방호 장비를 착용해야 해서, 고서점 방문이 기쁘지 않은 경험이 되어버렸다.

"골라봐, 아무 쪽이나!" 하고 아버지가 큰 소리로 말하면, 예를 들면 459 같은 숫자를 댔다. 그러면 아버지는 둘 중 한 권을 집어 들고 459쪽을 펼쳐서, 이런 질문을 던졌다. "관박쥐, 수달, 진주 무늬 표범나비의 공통점은 뭘까?"(이 세 가지 동물은 모두 영국에서 보호종으로 관리되고 있다.) 혹은 "트루코trucco 게임은 어떤 게임이지?"(트루코는 지금은 사라진 일종의 당구 게임으로, 크로케처럼 잔디밭에서 진행한다.) 여덟 살에서 아홉 살 무렵부터 집에서 저녁을 먹거나 차를 타고 이동할 때마다 이런 종류의 지식 경연이 벌어졌다. 열두 살 무렵부터는 십자말풀이 내기가 시작됐다. 우리 집에는 매일 아침 똑같은 신문 두 부가 배달됐다. 아버지는 답이 보이지 않도록 시리얼 상자를 중간에 세워두었고, 어머니는 우리 둘 중에 한 사람이 먼저 연필을 내려놓고 "끝!"이라고 외칠 때까지 시간을 쟀다. 한동안은 아버지가 항상 이겼다. 그러다가 열다섯 살 무렵의 어느 날부터는 내가 항상 앞섰다.

지식의 축적과 그 이후의 보유, 그리고 진정한 지적 능력을 확고히 갖추는 것 사이에는 자연스럽고도 명백한 연관관계가 있다. 퀴즈 프로그램이나 십자말풀이, 퀴즈에 관심이 있는 사람들 대부분은 스스로 똑똑하다고 생각할 것이며, 아마 다른 사람들도 그렇게 여길 것이다. 퀴즈 대회에 참가해서 영리하다는 것을 실제로 증명한 소수의 사람 중에서, 아마도 아주 소수만이 진정으로 뛰어난 지적 능력을 가지고 있을 것이다. 소수의 영국인(그리고 그보다 더 적은 수의 미국인과 독일인)은 스탠퍼드-비네Stanford-Binet, 카텔Cattell, 웩슬러Wechsler 등의 지능검사에서 받은 점수나, 1946년 창립

이래 링컨셔의 어느 마을에 본부를 두고 '지성의 귀족'을 만들려고 노력해온 멘사의 회원이라는 사실을 드러내는 것을 즐긴다. 지능이 아주 높다고 추정되는 사람들●의 이 같은 사회적 모임은 세상의 문제를 해결하기 위한 노력보다는 퍼즐이나 보드게임에 더 관심이 많은 것처럼 보인다. 게다가 일부 회원이 사회적 불안을 조성하는 엘리트주의적인 우익 성향을 보인다는 보고도 있었다. 이런 이유로 현재 최소한 미국에서는 멘사 회원이라는 사실이 예전처럼 그렇게 멋진 일로 여겨지지는 않는다.

박식가를 찾아서

지식의 신전에서 더 높은 곳까지 올라가면, 어떤 분야가 됐든 똑똑하다고 여겨지는 사람 중 '천재'라는 수식어가 붙을 정도로 재능이 뛰어난 사람은 극소수에 불과하다. 축적된 지식의 범위가 충분히 넓다면, 그 사람은 박식가polymath라는 희귀한 영역에 속하게 되고, 존경받게 될 수도 있다.

● 유명인사 중에 현재 멘사 회원이거나 과거에 회원이었음을 밝히는 사람은 극소수에 불과하다. 대중에게 알려진 사람 중 미국에서는 문학가 조이스 캐럴 오츠(Joyce Carol Oates)와 작고한 건축가 벅민스터 풀러가, 영국에서는 배우 스티븐 프라이(Stephen Fry), 발명가 클라이브 싱클레어(Clive Sinclair), 성범죄자 지미 새빌(Jimmy Savile)이 멘사 회원이다. 공개된 멘사 회원 명단에는 권투 선수와 레슬링 선수의 비율이 불균형적으로 많은데, 아마도 단단한 근육과 뼈만 떠올리는 대중에게 자신의 지적 능력을 과시하고 싶어 하는 남성이 많기 때문으로 추정된다.

똑똑함, 영리함, 지적임, 천재적임, 박식함은 정신적 능력의 범주에서 평균 이상임을 나타내는 표현들이다. 지금으로서는 타당해 보이지만, 이런 분류가 미래에도 유효할까? 정신의 세계가 갑작스럽게 변화하는 가운데, 이 사람들은 앞으로 어떻게 될까? 오랜 세월 동안 높은 지능의 근거가 됐던 모든 지식을 이제 컴퓨터 자판을 몇 개 누르거나 구글 아이콘을 클릭하기만 하면 누구든 쉽고 빠르게, 보편적으로 얻을 수 있다면, 지능을 분류하는 그런 범주는 진정으로 무엇을 의미하게 될까? 지식을 기억해야 할 필요도 없고, 축적하거나 머릿속에 담아둘 필요도 없게 된 지금, 인간의 지적 능력은 대체 어떤 쓰임이 있을까?

물론 BBC 방송국에서든 아니면 술집에서든 퀴즈 대회에서 우승하려면 어느 정도의 총명함과 영리함, 지능은 계속 필요할 것이다. 하지만 몇 년 뒤의 가까운 미래에, 인간의 일상적인 삶에서 뇌의 생각하는 능력은 과연 무엇을 하게 될까?

일종의 지적 종말이 언젠가 실제로 나타날지 모른다. 이제는 그런 상황을 어렴풋하게나마 상상할 수 있다. 한편으로는 수백만 년의 경험과 호기심, 실험과 상상으로 갈고닦인 진화된 설계의 경이로움인 인간 정신의 정교하고 무한히 유연한 실체를 떠올릴 수 있다. 다른 한편으로는 험악하고 무시무시한 측면에서, 2000년대부터 구글의 도입과 함께 시작된, 생각하는 기계의 범위가 빠른 속도로 확장되는 상황을 생각할 수 있다. 완전히 행복하기만 한 결말을 상상하기는 힘들다. 인간이 만든 전기 회로망에 점점 더 많은 작업을 맡기면, 그저 영리하고 똑똑하기만 한 사람들은 초토

화되고, 한때 그들에게 가장 적합했던 모든 기능은 완전히 밀려나 사라질 것이다. 그런 영향에서 벗어난 사람들도 물론 있을 것이다. 아직은 기계가 흉내 내거나 대체할 수 없는 고도의 기능을 수행하는 능력을 갖춘 사람들 말이다. 그렇지만 '아직은'이라는 표현에 주목해야 한다.

이런 시나리오가 모두 타당하다면, 지적 능력이 가장 높은 천재들과 박식가들조차 쓸모없는 인력으로 분류될 날이 머지않았다. 그렇다면 이번에는 이런 질문이 자연스럽게 떠오른다. 천재와 박식가처럼 지적 능력이 뛰어난 사람들은 현재 이 사회에서 얼마나 필요한 존재인가? 찰스 배비지가 한때 소망했던 것처럼 그들이 하는 모든 일을 기계가 대체할 수 있게 되면서 그들이 모두 쇠퇴하면, 이 사회는 어떤 모습으로 변할까? 사회는 어떻게 온전히 기능할 것인가?

어쩌면 박식가의 시대는 전자기기가 지평선 위로 고개를 들기 한참 전에 이미 끝난 것인지도 모른다. 20세기에 들어서면서, 가장 뛰어난 박식가들의 영업자산인 '모든 것을 아는 것'이 큰 도전을 받았다. '알아야 할 지식이 너무 많다'는 단순한 이유 때문이었다. 앞에서 살펴봤듯이 백과사전은 바로 이 문제를 여실히 보여주었다. 1630년 요한 하인리히 알슈테트가 독일에서 출간한 최초의 백과사전은 총 7권이었다. 그 후 디드로의 《백과전서》가 28권의 방대한 전집으로 출간됐다. 《브리태니커 백과사전》은 종이 인쇄를 중단하기 전까지 총 32권에 4만 개의 표제어를 수록했다. 그리고 전성기 시절의 《브리태니커 백과사전》보다 표제어가 100배나 많은 위키피디아가 등장했다. 아무리 지능이 뛰어난 사람이라도 이 모든 지식의 아주 작은 부분조차 알고 있기 힘들다. 박식가는 뭐든지 다 알고 있는 사람을 상상할 수 있었던 지난날에나 적용 되는 개념이다. 이제는 밝혀진 지식이 헤아릴 수 없이 많아서, 오 직 각 분야에 정통한 전문가들만이 세상의 지식 중 아주 작은 부 분인 해당 분야 지식에 대한 권위를 인정받는다.

모든 것을 아는 사람, 심괄

그런데 과거의 세계 어딘가에서는 모든 것을 아는 것처럼 보이 는 사람이 간혹 나타났다. 무한한 능력과 업적으로 방대한 저술 을 남겼으며 특히 과학 분야의 연구에 주력했던 중국의 학자 심 괄沈括은 그중 한 명일 것이다. 그는 창조적인 활동으로 유명했던 중국 송나라 시대인 11세기에 살았던 인물이다.

심괄이 이룬 수많은 업적 중에 가장 기억할 만한 것은 나침반 의 원리를 발견한 것이다. 나침반은 그저 많이 아는 사람이 아닌 진정한 박식가로서의 면모를 보여주는 업적이기 때문이다.

방위는 고대 중국인들이 흥미롭게 여겼던 개념이지만, 이 개념 이 실용적으로 적용되지는 않았다. 중국인들은 오래전부터 항상 특정 지점을 가리키는 금속 물체가 마법과 비슷한 성질을 갖고 있다고 생각했다. 뜨겁게 달궈진 쇠를 망치질을 해서 만든 물고기 모양의 물건은 항상 한 방향을 가리켜서 사람들에게 즐거움을 주었지만, 그것을 길을 인도하는 목적으로 쓴 적은 없었다. 중국에서는 2세기부터 '남쪽을 가리키는 마차'라고 알려진 기발한 기계 장치를 사용했다(이 기계에 자석은 쓰이지 않았다). 마부는 운행을 시작할 때 마차의 방향계를 남쪽으로 맞추었다. 수 킬로미터를 달리는 동안, 정교한 시계태엽 장치가 작동해서 방향계는 계속 남쪽을 향했다(완벽히는 아니지만 어느 정도). 이런 방식은 부정확했지만, 개선되지 않고 계속 사용됐다. 그러다가 심괄이 이 문제에 관심을 갖고, 11세기 중국이 남쪽과 동쪽 끝에 이어진 수천 킬로미터의 해안을 활용하는 방식에 혁명을 일으켰을 때, 이런 방향계에도 변화가 생겼다.

심괄은 오늘날 우리가 자성磁性으로 알고 있지만, 당시에는 설명할 수 없는 힘을 지닌 것으로 보였던 마법의 돌 조각에 철침을 문지르면 철침도 자성을 띠게 된다는 것을 알아냈다. 철침을 자철석에 문지른 뒤에 평평한 바닥에 놓으면(더 확실하게는 명주실에 매달거나 기름이 담긴 대야에 띄우면) 철침이 항상 남북을 잇는 보이지 않는 선을 따라 같은 방향을 가리켰다. 여기서 기술적인 설명은 길게 하지 않겠지만, 그의 남다른 명석함이 빛나는 대목이 있다. 그가 철침이 북쪽이나 남쪽에서 약간씩 벗어나는 경우가 있다는 사실을 알아챘으며, 그것이 땅 밑 지반의 편심偏心 때문이라고 추측했다는 점이다.

심괄은 언제 어디에서나 방향을 확실히 알려주는 나침반이 있으면, 항해할 때 배의 키나 핸들, 방향조절장치 옆에다 놓고 사용

—— 1031년에 태어난 중국 송나라의 유명한 박식가 심괄은 천문학에서 동물학에 이르는 광범위한 범주의 과학적 내용을 다룬 방대한 저작을 남겼다.

하면 방향을 찾는 데 유용할 것이라고 생각했다. 강이 아무리 드넓다고 해도 뱃사공들이 육지 내의 강을 오가는 것에만 만족할 수는 없었다. 이제 뱃사공들은 원시적인 나침의함羅針儀函에서 심괄이 직접 그려서 만든 나침도羅針圖의 24개 지점에 나침반을 올려놓고 바늘을 살폈다. 나침반에는 방위 기점인 북쪽, 남쪽, 동쪽, 서쪽이 있고, 그 사이에 점 20개가 더 표시되어 있었다. 항해사들은 이 기기가 있으면 무사히 항해를 마치고 집으로 돌아올 수 있다는 희망을 품었다.

기본적으로 심괄은 나침반을 이용한 항법을 발명했다고 볼 수 있다. 이런 발명에 이르기까지, 그는 지적인 인물들의 전형적인 길을 걸었고, 그 외에도 더 많은 길을 밟았다. 그는 처음에 자성을 띤 물체가 항상 특정 방향을 가리키는 것처럼 보인다는 정보를 입수했다. 그는 이 물체를 기름이 담긴 그릇에 올려놓고, 실에 매달아두는 등의 방법으로 이 정보를 '요리'해서, 지식으로 바꾸어 놓았다. 그리고 관찰한 내용을 분석해서 이해한 사실, 즉 자성이 생긴 물체의 특성은 내재적이고 영구적이라는 것을 설명했다. 그는 이 현상을 유용한 도구로 전환하는 방법도 알아냈다. 이 모든 것이 그의 업적이었고, 더 넓은 견지에서 말하면 중국에서 이루어진 발명이었다. 잠시 뒤에 알아볼 또 한 명의 박식가인 조지프 니덤이 1960년대에 올바르게 지적했듯이, 오랫동안 서양에서 처음 만든 것으로 알고 있던 수많은 개념과 발명품이 실은 중국에서 처음 만든 것으로 밝혀진 경우가 아주 많다.●

그런데 항해술은 심괄의 수많은 업적 중 하나에 불과했다. 무엇보다도 그는 정부 관리였기 때문에 무수히 많은 행정 업무를 관장해야 했다. 이런 면에서 고대 중국의 지식인들은 고대 서양의 지식인들과는 현저하게 달랐다고 봐야 한다. 피타고라스, 소크라테스, 플라톤, 밀레토스의 알렉산드로스 같은 고대 지중해 세계의 위대한 사상가들은 행동보다는 사고의 세계에 심취해 있던 스승들이었다. 반면 중국의 지식인은 엄격한 유교 시험제도를 통과한 사람들이었기 때문에, 중국 제국이라는 거대 국가를 운영하는 데 필요한 실무에 밝았다. 오늘날 영국의 고위 공무원들도 마찬가지로 치열한 교육을 받고 엄격한 시험을 거치는데, 영국 공직에서 가장 높은 자리에 있는 인물을 중국에서 유래한 용어인 만다린

● 프랜시스 베이컨은 1620년에 문명이 화약, 나침반, 인쇄기라는 세 가지 발명품의 힘으로 발전했다는 유명한 말을 남겼다. 당시에는 이 세 가지가 모두 서양에서 발명된 것이라고 생각하고 있었다. 조지프 니덤은 총 24권으로 구성된 방대한 저서《중국의 과학과 문명》에서, 중국이 이 세 가지를 모두 발명했음을 입증했다.

mandarin으로 부르는 데에는 부분적으로 이런 역사적 배경이 있다.

심괄의 관심 분야는 엄청나게 넓었다. 조지프 니덤은 1954년에 쓴 책에서 그가 흥미 있게 관찰하고 연구했던 광범위한 분야를 거의 부러움에 가까운 찬사와 함께 소개하면서, 처음으로 그의 이름을 서양 사람들에게 널리 알렸다. 케임브리지대학교의 생화학자였던 니덤은 그 20년 전부터 한문에 큰 흥미를 느껴서, 거의 1,000년 전인 1088년에 출간된 심괄의 회고록《몽계필담夢溪筆談》을 원문으로 읽었다. 니덤은 이 책의 내용을 분석해서, 심괄이 사망하기 7년 전에 저자의 학식이 어느 정도에 이르렀는지를 보여주는 표를 작성했다. 심괄이 회고록에서 다룬 주제와 그 주제를 몇 쪽에 걸쳐 설명했는지를 정리한 이 표를 통해 심괄의 지력이 절정에 달했음을 엿볼 수 있다.

그런데 이 목록은 심지어 기이하고 예상하기 힘든 주제들을 일부 제외하고 작성했는데도 이렇게 방대하다. 예를 들어 심괄은 기후변화의 지질학적 증거에 대해 다루고 있으며, 또 구텐베르크보다 4세기 앞선 이 시기에 금속활자 인쇄술에 관해 설명한다. 그리고 선체를 물 밖으로 들어올려 배를 수리할 수 있도록 드라이독dry dock(건선거)을 만드는 법을 흥미롭게 아주 자세히 다룬다. 산사태의 역학에 대해서도 심도 있게 다룬다. 또 궁정 천문학자에게 왜 천체가 원반보다는 구의 형태일 가능성이 큰지를 인내심 있게 찬찬히 설명한다. 북극성을 쉽게 찾는 방법을 알려주는가 하면, 목골 구조의 건축물을 지을 때 튼튼하게 접합하는 법을 분석하기도 한다. 메뚜기의 생물학에 대해서도 장황하게 설명한다. 또 양저우

관직 생활과 황실	60
학술과 시험	10
문학과 예술	70
법률과 치안	11
군사	25
그밖의 이야기와 일화	72
점술, 주술, 민속	22
역학과 음양오행	7
수학	11
천문학과 달력	19
기상학	18
지질학과 광물학	17
지리학과 지도학	15
물리학	6
화학	3
토목 기술, 금속공학과 기술	18
관개와 수력공학	6
건축학	6
생물학, 식물학, 동물학	52
농업 기술	6
의학과 약학	23
인류학	6
고고학	21
언어학	36
음악	44

—— 심괄의 저서 《몽계필담》(1088)에 대한 조지프 니덤의 분석은, 그의 방대한 지식과 전문성을 보여준다.

와 싱카이호興凱湖(한카호), 안후이성 동부 상공에서 목격된 "주먹만 한 큰 진주가 (……) 사람의 눈으로는 도저히 볼 수 없을 정도로 강한 은백색 빛으로 (……) 풍경과 모든 나무를 비추는" 미확인 비행물체에 대해 여러 경로를 통해 확인된 놀라운 설명을 늘어놓기도 한다. 그는 검뿐만 아니라 예리한 검을 만드는 강철 기술에도 관심이 많지만, 유행을 좇는 시민들이 "통이 좁은 소매, 짙은 빨강이나 녹색의 짧은 예복, 높은 장화, 금속 허리띠 장식으로 꾸미는 것은 모두 야만인의 복장"이므로 마음에 들지 않는다고 밝혔다.

11세기의 인물인 심괄이 언급한 '야만인'이란, 북방 초원에 사는 몽골족으로 몇 세기 동안 많은 피해를 입혔다. 그런데 진정한 야만인은 그로부터 몇 세기 뒤에 중국에 들어온다. 그들은 중국인들이 느끼기에는 시큼한 우유와 늙은 개 냄새가 나고, 붉은 머리가 귀를 덮고 코가 긴 서양의 백인들이었다. 이 야만인들은 큰 배와 위력적인 총을 가지고 있었고 허세를 부리기를 좋아했지만, 심괄과 같은 사람에게 경멸을 드러냈다. 그들은 곧 자신들이 성급하게 판단했음을 알고 후회하게 될 것이다. 중국은 아주 오래 전, 세계 역사에서 영국이 대청大青(고대인들이 몸과 얼굴에 칠하는 데 쓰던 청색 염료—옮긴이)에 대해 어렴풋이 알고 있었던 시절에, 이미 많은 것을 알고 있었다.

아프리카의 지도자 제임스 빌

박식가가 서양의 전유물이라는 생각은 필요 이상으로 오래 지속됐다. 물론 레오나르도 다빈치, 고트프리트 빌헬름 라이프니츠,

스웨덴의 미네르바 여신인 크리스티나 여왕, 르네 데카르트, 알렉산더 폰 훔볼트, 볼테르, 몽테스키외, 루소, 메리 서머빌(그녀의 이름을 딴 옥스퍼드대학교 칼리지가 있다), 허셜Herschel가의 셀 수 없이 많은 천문학자, 벤저민 프랭클린, 토머스 제퍼슨(현재는 명성이 많이 떨어졌지만), 알베르트 슈바이처와 가봉에 있는 랑바레네 나환자촌의 슈바이처 병원,《옥스퍼드 영어사전》편집자 제임스 머리, 앞서 언급한 문다네움의 폴 오틀레,《중국의 과학과 문명》의 저자 조지프 니덤에게 경의를 표해야 한다. 우리는 일반적으로 이들을 지적 능력이 뛰어나고 관심사가 폭넓었던 인물로 알고 있고, 또한 존경한다. 우리는 이들의 동상을 여기저기 세워놓는다. 박식가에게는 불가피하게 성격적인 문제가 종종 발생하는데, 할리우드는 그런 이들에게 가끔씩 관심을 보인다. 이런 소재는 흥행에 도움이 되는 경향이 있다(프린스턴대학교의 수학자이자 게임이론을 만든 존 내시John Nash는 두뇌가 무척 뛰어났지만 다중인격장애에 가까울 정도로 심한 조현병을 앓았다. 그의 위기와 재기는 2001년에 개봉한 영화〈뷰티풀 마인드〉에서 사랑스럽게 묘사됐다).

제임스 빌이라는 이름을 들어본 사람은 별로 없을 것이다. 그는 자신이 직접 개명한 이름인 아프리카누스 호턴이라는 이름으로 더 익숙하며, 특히 아프리카를 수 세기 동안 지배했던 백인들로부터 해방시키기 위해 오랫동안 힘써왔던 사람들 사이에서 더 잘 알려져 있다.《옥스퍼드 인명사전》에는 '제임스 아프리카누스 빌 호턴James Africanus Beale Horton'으로 등재되어 있다. 그런데 호턴은 성질을 잘 내는 반란자는 아니었다. 그는 흑인이었지만 그의 특별한 경력은 거의 전적으로 영국 육군에서 쌓은 것이었고, 부대원들과 함께 고향 대륙에서 식민지 탄압에 관여했다. 만일 그가 저속한 사람이었다면 그가 사냥개를 이끌고 토끼들 사이를 뛰어다니며 사냥했다고 주장하는 사람들에게, 텐트 밖에서 안으로 오줌을 누는 낙타보다는 안에서 바깥으로 오줌을 누는 낙타가 낫다는 미국 격언을 인용하며 손쉽게 응수했을 것이다. 1835년에 태어나 1883년에 마흔여덟 살의 나이로 세상을 떠난 짧은 생애 동안 이런 일을 모면했다는 것은, 그가 보기 드문 총명함과 놀라울 정도로 폭넓은 관심사를 가진 인물이었음을 보여준다. 그는 스펀지처럼 지식을 흡수했다. 그는 의사이자 군인이었다. 그는 철도 선로를 조사했고, 금을 채굴했고, 은행을 설립했다. 그는 뛰어난 정치 이론가이자 범아프리카의 자유를 옹호하는 선견지명 있는 운동가였다. 오늘날 아프리카에서 더 이상 백인에게 지배받는 흑인 국가가 존재하지 않는다는 것은 부분적으로는 호턴의 비전과 강력하고 지속적인 그의 활동 덕분이다.

호턴은 서아프리카 해안의 시에라리온 왕령 식민지에 있는 영국풍 이름의 마을 글로스터에서 태어나, 한동안 제임스 빌이라는 이름으로 불렸다. 그는 이보족 출신으로, 지금의 나이지리아가 있는 곳이 그의 고향이다. 그의 부모는 런던의 새로운 아프리카 식민지였던 시에라리온의 대부분의 주민처럼 해방된 노예 신분으로 시에라리온에 왔다. 그들은 피부색과 부족이 출세에 큰 장애물이 되지 않는 놀라운 자유의 시대에 이곳에 왔다. 빌은 지역 기독교 학교에서 교육을 받았고, 성직자가 될 생각을 잠깐 했지만,

—— 제임스 빌은 서아프리카의 영국 식민지 시에라리온에서 자라 외과 의사가 됐다. 그는 아프리카누스 호턴으로 이름을 바꾸고, 아프리카 민족주의에 대한 선견지명을 갖고 다수의 저서를 집필하면서 그것이 궁극적으로 독립을 가져올 것이라고 확신했다. 그는 은행가, 광산 기술자, 정치 활동가로도 활약했다.

런던의 육군성으로부터 영국에서 장학금을 받고 의학을 공부할 수 있는 제안을 받고서는 기회를 놓치지 않고 받아들였다. 그는 런던의 킹스칼리지에서 공부한 후 북쪽으로 가서 에든버러대학교에서 박사 과정을 마쳤다. 1859년에 학위를 받기 위해 줄을 서 있던 그는 다른 식민지 출신의 흑인 학생들이 모두 평범한 영국식 이름을 가지고 있다는 사실을 알게 됐다. 그는 그들과 다른 사람으로 보이고 싶었다. 그래서 학위 증서에서 제임스라는 이름을 서둘러 지우고, 황급히 떠오르는 대로 라틴어 이름 아프리카누스로 바꿨다. 그는 그 이름이 자신의 출신 대륙을 밝혀주기 때문에 선택했다고 말했다. 호턴이라는 성을 쓴 것에 대해서는 별다른 설명이 없는데, 그가 좋아하는 에든버러대학교 교수의 이름에서 따온 것으로 추측된다.

그는 그 후 2년 동안 영국 육군 서아프리카 연대에서 의무 장교로 근무하며 골드코스트에서 복무했고, 가넷 울슬리 장군* 밑에서 영국군이 중앙아프리카 아샨티 왕국의 팽창주의자들과 전투를 치르는 모습을 두 차례나 지켜보았다. 그는 당시 병원 막사에서 아프리카 전역의 정치개혁을 옹호하는 짧은 책과 논문을 집필하는 등 활발한 저술 활동을 펼쳤으며, 영국이 이를 실현할 수 있는 독보적인 위치에 있다고 생각했다. 그는 《서아프리카 국가와 민족West African Countries and Peoples》, 《영국령 서아프리카의 정치 경제The Political Economy of British West Africa》, 《골드코스트의 정치 상황에 관한 편지Letters of the Political Condition of the Gold Coast》, 그리고 가장 중요하게는 《아프리카 인종 옹호A Vindication of the African Race》를 썼다. 모두 19세기 중반에 출판된 이 책들에서 그는, 당시 백인 인류학자들의 항의를 무릅쓰고 흑인 남성과 여성도 과학과 철학, 역사와 수학을 완벽하게 이해할 수 있다고 강력히 주장했다. 이 책들 중 상당수는 무려 100년이라는 세월이 흐른 뒤인 1960년대 후반에 재출간되어 영국이 자국의 식민지들을 해방하면서 지침으로 활용됐다. 호턴은 《아프리카 인종 옹호》에서 이미 영국이 2차 세계대전 이후

● 이 책 전반부에서 전쟁 특파원, 그중에서도 특히 《타임스》의 윌리엄 하워드 러셀을 극도로 혐오했던 것으로 언급했던 가넷 경은, 그럼에도 불구하고 영국에서 가장 유명하고 훈장을 받은 장교 중 한 명이다. 그의 군사작전이 성공을 거둔 사례가 워낙 많다 보니 모든 것이 잘 풀렸다는 뜻의 '모두 가넷 경(All Sir Garnet)'이라는 말이 유행할 정도였다. 그는 영국해협에 해저 터널을 건설하는 것에 반대하는 활동을 오랫동안 했는데, 평온하고 목가적인 영국에 마늘을 우적우적 씹어 먹는 프랑스인들이 대거 유입될 것으로 믿었기 때문이다. 그의 완강한 반대는 쉽게 뚫을 수 있었던 짧은 터널이 그토록 오랜 세월이 지난 후인 1994년에야 개통된 이유 중 하나였다.

에야 본격적으로 추진하기 시작한 교육 개선과 경제 개혁을 열렬히 요구했다.

호턴은 열대지방에서 발생하는 질환에 관한 교본을 쓰고, 위생 매뉴얼을 만들었으며, 한 세기가 지난 뒤에야 미국의 39대 대통령인 지미 카터가 조치를 취하면서 마침내 잠잠해진 서아프리카의 기생충 기니 벌레를 퇴치하는 최선의 방법에 관한 논문을 썼다. 또한 이 지역의 지질에 관한 자세한 이야기를 책으로 집필했으며, 수개월 동안 금광을 찾아다닌 끝에 동부 구릉지의 추장에게 채굴권을 얻어서 광산 회사를 설립하고, 필요할 때를 대비해 철도 노선을 조사하고(건설되지는 않았지만), 아주 잠깐 작은 은행을 세우기도 했다. 호리호리한 체격에 연약한 편이었던 호턴은 말라리아에 걸려 마흔여덟 살에 갑작스러운 죽음을 맞았다. 그는 시에라리온의 수도 프리타운에 묻혔으며, 프리타운에서 가장 큰 성공회 성당에는 그의 짧은 생애를 기념하는 명판이 세워져 있다. 그의 유산은 최근에야 아프리카 민족주의자들, 특히 영어를 사용하는 서아프리카의 많은 이에게 제대로 인정받기 시작했다. 오늘날 호턴은 식민지 노예 사회에서 벗어나 지금과 같이 더 윤택하고 민주적인 사회로 발돋움하는 데 크게 이바지한 훌륭한 지도자로 존경받는다.

아프리카의 운동가, 에드워드 블라이든

시에라리온과 그 이웃 국가인 라이베리아 모두 지금껏 노예로 살아온 사람들에게 삶의 터전을 제공하기 위해 세워졌다는 점에서 국가 건립 초창기에는 이상주의자와 사상가들이 두드러지게 등장했다. 호턴도 그중 한 사람이었다. 그리고 지금은 거의 잊힌 인물인 에드워드 블라이든Edward Blyden도 마찬가지였다. 이보족 출신의 호튼과 마찬가지로, 블라이든도 지식과 관심 영역의 폭이 넓은 인물이었는데, 그는 언어에 특출한 재능이 있어서 여러 개 국어를 구사했다. 거기에는 그가 살아온 배경이 도움이 됐다. 그는 1832년에 태어나 당시 덴마크령이었던 서인도제도에서 자랐기 때문에 간단한 덴마크어를 구사할 수 있었고, 부모님과 함께 베네수엘라로 이주해 스페인어를 익히고 라틴어와 그리스어, 영어 등 다양한 언어를 배웠다. 그는 미국 뉴저지와 뉴욕에 있는 신학교에 입학하려고 했지만 흑인이라는 이유로 거부당했다. 새로 생긴 국가인 라이베리아로 가보라는 조언을 듣고서 그곳으로 건너가서 아랍어를 배웠으며, 아프리카 현지 언어에 대한 상당한 지식을 얻게 됐다(그가 익힌 언어 중에는 노바스코샤의 흑인들 대부분이 루이지애나로 이주했을 때 먼 고향 서아프리카로 돌아간 사람들이 구사했던 크리올어의 다양한 변형어들도 있었다).

블라이든은 라이베리아, 시에라리온, 나이지리아에서 《흑인과 아프리카 세계Negro and the African World》를 포함한 몇 개의 신문을 창

494   지식의 탄생

간하고 편집하면서 저널리즘에 몰두했다. 그는 영국 총리였던 윌리엄 글래드스턴과 긴밀히 서신을 주고받기 시작했고, 얼마 뒤 성제임스 궁정(영국 왕궁의 공식 명칭─옮긴이) 라이베리아 대사로 임명됐다. 그는 시온주의(유대인 국가 건설을 위한 민족주의 운동─옮긴이)를 열렬히 지지하게 됐고, 시온주의의 창시자인 테오도어 헤르츨Theodor Herzl과도 친구가 됐다. 그러면서 시온주의의 수사와 원칙을 응용해 미국 흑인들이 에티오피아주의라는 기치 아래 아프리카로 돌아가도록 설득하려고 노력했다. 하지만 그의 말을 따르는 사람은 거의 없었다. 아마도 그의 80년 인생에서 유일하게 겪은 실패였을 것이다. 그의 말년이 다소 허망한 소망으로 끝났다는 점을 제외하면 말이다. 그는 시온주의를 숭배하면서도, 이슬람 신앙을 서아프리카에 전파하고 싶다는 열망을 품게 됐다. 평생 독실한 기독교인으로 살았지만, 이슬람이 아프리카인들의 방식과 사고에 훨씬 더 적합하다고 믿었고, 특히 사하라 사막 이북의 모든 국가가 알라를 섬기기 때문에, 이슬람 신앙이 사막 건너 남쪽으로 퍼져 내려오게 하는 것이 타당해 보였기 때문이다.

숫자를 사랑한 수학자, 스리니바사 라마누잔

지금부터 소개할 두 사람은 엄밀히 따지면 박식가는 아니지만 박식가의 특성에 상당히 근접한 인물이다. 두 사람 모두 인도에서 태어났는데, 한 사람은 '라마누잔Ramanujan'이라는 길고 명확한 인도식 성을 쓰고, 나머지 사람은 인도 아대륙에서 찾을 수 있는 가장 짧은 '데De'라는 성을 썼다. 안타깝게도 두 사람 모두 30대 초반의 젊은 나이에 세상을 떠났다. 데는 최소 34개 언어를 구사하는 뛰어난 언어학자였다. 라마누잔은 숫자에 있어서 전무후무하게 위대한 재능을 타고난 수학자였다. 스리니바사 라마누잔Srinivasa Ramanujan에 관한 유명한 일화 두 가지는 그의 놀라운 지능을 보여주며, 특히 택시와 관련된 일화는 실제 있었던 일로 받아들여진다.

1919년 가을, 서른한 살의 라마누잔은 치명적인 병에 걸려 퍼트니Putney에 있는 한 병원에 입원해 있었다. 그의 스승이자 가장 충실하고 헌신적인 친구였던 케임브리지대학교의 수학자 고드프리 해럴드 하디G. H. Hardy●가 병문안을 왔다. 하디는 사회성이 부족했던 라마누잔과 대화를 시작하면서, 리버풀가역에서 템스강 변에 위치한 병원까지 타고 온 택시 번호를 아무렇지도 않게 말했다. 그 번호는 1729였다. 하디는 그냥 평범한 숫자라면서, 나쁜 징조가 아니기를 바란다고 말했다.

그러자 라마누잔이 침대에서 벌떡 일어나며 "아니, 그렇지 않아요"라고 말했다. "사실 아주 흥미로운 숫자예요. 두 개의 세제곱

● 두 사람은 아주 각별한 사이였다. 인생의 말년이었던 1947년에 하디는 한 인터뷰에서 그가 수학계에 기여한 가장 큰 공로가 무엇이라고 생각하느냐는 질문을 받았다. 그는 주저 없이 라마누잔을 발견한 것이라고 대답했다. 그리고 나중에 어느 강연에서는 "라마누잔과의 인연은 내 인생에서 가장 로맨틱한 사건"이었다고 말했다. 스리니바사 라마누잔은 1909년에 결혼했는데, 당시 그는 스물두 살이었고 신부는 열 살이었다. 그의 아내는 영국으로 건너오지 않고 인도 남부에서 부모님과 함께 지냈다.

수의 합으로 나타낼 수 있는 수들 중 가장 작은 수거든요."

이 말을 듣고 하디의 입이 떡 벌어졌을지 모른다. 라마누잔의 분석은 완벽했다. 1,729라는 숫자는 1의 세제곱과 12의 세제곱을 더해서 만들 수 있고, 9의 세제곱과 10의 세제곱을 더해서도 만들 수 있다. 사실 1,729라는 수는 그가 몇 년 전 인도에서 발표한 논문에서 다룬 적이 있다. 그 자리에서 즉각 계산해서 나온 결과가 아니라 예전의 기억을 떠올린 것이었다. 어쨌든. 그의 이런 발견은 오늘날 '택시 수taxicab numbers'라고 불리는, 세제곱 수의 합으로 만들어지는 수의 다양한 방식을 정리한 일련의 수학적 정리를 이끌어냈다. 그래서 첫 번째 택시 수, 다시 말해 Ta(1)은 2이며, 1의 세제곱 더하기 1의 세제곱 한 가지 방법으로만 구할 수 있다. Ta(2)로 지정된 숫자 1,729는 앞서 살펴본 것처럼 두 가지 방법으로 구한 두 세제곱 수의 합이다. Ta(3)은 세 가지 방법으로 구한 두 세제곱 수의 합으로, 167의 세제곱에 436의 세제곱을 더하거나, 228의 세제곱에 423의 세제곱을 더하거나, 414의 세제곱에 255의 세제곱을 더한 값이다. 이 세 가지 방법으로 구한 세 번째 택시 수, 즉 Ta(3)는 87,539,319이다. 만약 하디가 이 여덟 자리 숫자가 적힌 택시를 타고 왔다면, 불쌍한 스리니바사 라마누잔은 "네, 맞아요, 두 개의 세제곱 수의 합으로 나타낼 수 있는 방법이 세 가지인 유일한 숫자예요"라고 즉각적으로 말할 수 있었을까? 곰곰이 생각해봐야 할 문제다.

숫자를 사랑하며 숫자에서 신을 본다고 말했던, 성자 같은 인물 라마누잔은 수학 외에는 아는 것이 거의 없었기 때문에, 그의 지성과 그에 대한 보상(왕립학회 펠로십, 케임브리지 트리니티칼리지 펠로십)이 아무리 대단했더라도, 진정한 박식가로 꼽을 수는 없다. 전기 작가들에 따르면 그는 다른 많은 수학 천재처럼 유머도 없고, 기쁨을 잘 느끼지 못하며, 외부 세계에도 별로 관심이 없었다고 한다.

여기에는 아마도 어떤 자명한 이치가 숨어 있는 듯하다. 라마누잔은 수학에는 뛰어났지만 세상살이를 비롯한 다른 거의 모든 분야에서는 그다지 뛰어나지 못했다. 그래서 어쩌면 인류의 창조물(예를 들면 언어)에 재능이 있는 똑똑한 사람들이, 수학이라는 보편적이고 온기가 없는 절대적인 것에 열정을 쏟는 사람들보다 인류와 더 끈끈히 연결된 것처럼 보이는지도 모른다.

언어의 천재, 하리나스 데

유명한 독서가였던 20세기 초의 학자 하리나스 데Harinath De가 바로 그런 경우였다. 그는 벵골인으로 콜카타에서 교육을 받았으며, 재능 있고 창의적인 예술가를 양성하는 시대 분위기 속에서 성장했다. 콜카타의 시인 라빈드라나트 타고르는 데가 사망한 지 2년이 지나지 않은 1913년에 노벨 문학상을 수상했다. 두 사람은 서로 알고 지냈거나 아니면 학계에서 함께 활동했다. 데는 인도에서 교육을 받은 후 케임브리지대학교 크라이스트칼리지로 진학했다. 그곳에서 그는 계산에 얽매이지 않고, 상냥하고, 사교적이며, 학생들 사이에서 존경받는 사람이었다. 아이작 뉴턴에서 조지 바이런, 토머스 맬서스에 이르는 수많은 지성인을 배출한 케임브리지대학교에서도 특히 존 밀턴과 찰스 다윈이 공부했던 단과대에서 영어 학위를 받은 후 인도로 돌아와 콜카타와 다카에 있는 여러 대학에서 영어를 가르쳤고 나중에는 새롭게 인정된 학문인 언어학을 가르쳤다. 이 두 도시는 1947년까지만 해도 같은 벵골주에 속해 있었지만, 인도 분할(인도 제국이 힌두교 중심의 인도 자치령과 이슬람교 중심의 파키스탄 자치령으로 분할된 것—옮긴이) 이후 각각 인도와 방글라데시로 분리되어 삼엄한 국경 장벽이 세워지면서 고대의 공통점이 사라졌다.

데는 가르치는 일을 좋아했고 실제로도 좋은 스승이었지만, 당시 영국령이었던 인도 수도 콜카타의 벨베데레 영지에 있는 웅장한 제국도서관에서 일하고 싶다는 소망을 가졌다. 그러다가 1906년에 공석이 한 자리 생기자 지원했다. 모두 백인 영국인이었던 도서관 고위 관리들은 그의 무례함을 속으로 불쾌하게 여겼다. 그들은 파르가나 24[●]라는 기이한 이름으로 불리는 갠지스 삼각주 밀림 지역 출신에, 평범한 사무원의 아들이고, 손으로 말아 실로 묶어 만든 비디_{Beedi} 담배를 피우고, 빤_{paan}(구장나무 잎에 내용물을 넣고 삼각형으로 접어 만든 간식으로, 껌처럼 씹다가 뱉는다—옮긴이)을 씹는, 그것도 백인도 아니고 아시아인인 하리나스 데가, 여러 언어를 알아야만 하는 이 직위에 고려할 만한 인물이 아니라고 여겼기 때문이다.

케임브리지대학교 석사학위 소지자인 하리나스 데는 그들의 생각이 틀렸다는 것을 입증했다. 최대한 많은 언어를 완벽하게 구사해야 하는 임무를 맡은 지 4년 만에 그는 34개 언어를 섭렵했다. 공식 기록에 기재된 언어는 영어, 벵골어, 힌디어, 라틴어, 그리스어, 독일어, 프랑스어, 이탈리아어, 스페인어, 산스크리트어, 팔리어, 아랍어, 페르시아어, 우르두어, 오리사어, 마라티어, 말라얄람어, 칸나다어, 구자라트어, 타밀어, 프로방스어, 포르투갈어, 루마니아어, 네덜란드어, 덴마크어, 앵글로색슨어, 고대 독일어, 중세 고지_{高地} 독일어, 히브리어, 튀르키예어, 티베트어, 중국어 등이다. 기록으로 확인이 되지 않는 두 가지 언어가 무엇인지는 결국 밝

- 1757년 콜카타의 대지주가 벵골 전역을 사실상 통치했던 동인도회사의 벵골 지사 로버트 클라이브에게 양도한 농촌 구역인 파르가나(pargana: 몇 개의 읍면으로 구성되는 행정 지구—옮긴이)의 숫자였다.

혀지지 않았지만, 그가 인도의 제국도서관 제2수석 사서에 임명되는 데에는 전혀 지장이 없었다. 인종 때문에 최고 직책을 맡을 수는 없었지만, 그는 이 신성한 건물에서 고위직에 오른 최초의 인도 원주민이라는 사실에 뿌듯함을 느꼈다. 그가 오래 살았다면 인도의 모든 장서를 관리하는 직책을 맡게 됐을지 모른다.

하지만 그는 오래 살지 못했다. 그는 1911년에 장티푸스로 세상을 떴다. 당시 그의 나이는 34세였는데, 우연히도 그가 유창하게 구사했던 언어의 수와 일치하는 숫자다. 그는 문학, 힌두교, 언어학 분야의 저서 약 88권을 남겼다. 그가 번역한 책 중에는 폴그레이브Palgrave의 《골든 트레저리Golden Treasury》와 토머스 배빙턴 매콜리의 《밀턴에 관한 에세이Essay on Milton》, 《리그베다Rig Veda》(인도에서 가장 오래된 브라만교의 근본 경전으로, 네 편의 '베다' 중 하나다 — 옮긴이)의 일부와 이븐바투타의 여행기 일부도 포함되며, 그가 집필한 《영어-페르시아어 사전》과 《아랍어 문법》은 지금도 세계 유수의 도서관에서 찾아볼 수 있다. 타밀나두와 인도 전역에서 기념우표 세트를 자주 발행하며 라마누잔을 기억하고 기리는 것처럼, 하리나스 데는 벵골 사람들에게 기억되고 숭배되고 있다. 두 사람은 젊은 나이에 요절하지 않았다면 깊이 있는 지식을 쌓아 인류의 위대한 지성들과 어깨를 나란히 했을 것이다.

현명함과 지혜의 의미

올더스 헉슬리는 《멋진 신세계》에서, 언젠가는 인류가 생각이라는 것을 하지 '않도록' 돕는 장치와 사랑에 빠지게 될지도 모른다고 기술했다. 그의 예측은 점점 현실화하는 듯하다. 그렇게 되면 사려 깊게 생각하고, 배려하고, 배움을 경외하는 정신적 성향이 약해지지 않을까? 그리고 만일 그런 일이 일어난다면, 축적된 지혜의 발전에는 앞으로 어떤 변화가 있을까?

오랜 세월 '현명하다'는 수식어를 붙일 만한 뛰어난 지적 능력과 교양을 갖췄던 남성과 여성들의 명확하고 상식적인 견해는, 탈지능화 사회라고 불러도 좋을 만한 미래에도 여전히 중요한 역할을 하게 될까? 만일 현명한 사람의 수가 지금보다 줄어들고 영향력도 약해진다면, 현명한 사람이 없는 그런 미래의 세상은 어떤 모습일까?

'현명함wise'이나 '지혜wisdom'라는 단어가 정확히 무엇을 의미하는지, 좀 더 자세히 생각해볼 필요가 있다. 우선 근래의 중요한 박식가 세 명과, 허용된 26년의 세월보다 조금 더 살았다면 그 대열에 합류했을지도 모르는 네 번째 인물에 대해 알아보자. 이들은 모두 지식 확산의 변곡점에 아직 도달하지 못했던 시대에 살았기 때문에, 본인의 뛰어난 지적 능력의 혜택을 널리 전파할 의무가 있음을 잘 알고 있었다. 그들은 거의 확실하게 현명하다고 할 수 있고, 선한 영향력을 퍼뜨린 똑똑한 사람들이었다.

―――― 모든 사고와 행동이 컴퓨터와 인간의 마음을 조종하는 알고리즘에 의해 작동하는 사회를 그린 올더스 헉슬리의 소설 《멋진 신세계》 (1932)의 초판본 표지.

앞으로 살펴볼 네 명 중 두 명은 대중적인 박식가라고 불릴 만큼 유명해졌고, 세상을 떠난 지 한참이 지났지만 여전히 그 명성을 유지하고 있다. 세 번째 인물은 대중에 대한 책임감을 새롭게 인식했지만, 전자통신기술이 발달한 민주주의 시대에 살 만큼 축복받지는 못했기 때문에 셋 중 가장 덜 알려져 있다. 벤저민 조엣 Benjamin Jowett은 1817년에 태어나 1893년에 사망했다. 그는 무수한 발명과 발전이 이루어졌던 빅토리아 시대에 살았지만 아쉽게도 라디오 등장을 불과 몇 년 앞두고 세상을 떴다. 마르코니가 발명한 무선 전파는 2년 후 영국해협을 건널 수 있을 만큼 발전했고, 1901년에는 영국 콘월에서 캐나다 뉴펀들랜드까지 도달할 수 있게 됐다. 무선 전신기술이 나오기 전에 세상을 뜬 조엣은 이런 새로운 기술을 활용해서 산업화의 경이로움, 유용성, 그리고 이로 인해 발생할 수 있는 폐해를 전 세계에 방송할 기회를 누릴 수 없었다.

최고의 스승, 벤저민 조엣

누구도 벤저민 조엣을 얌전한 척하는 사람이라거나 수줍음이 많은 사람이라고 비난하지 못할 것이다. 런던 태생인 그는 1835년 옥스퍼드대학교 베일리얼칼리지에 입학했고, 1838년 특별 연구원이 될 만큼 뛰어난 재능과 활동을 인정받았다. 1855년 빅토리아 여왕으로부터 옥스퍼드의 그리스어 흠정欽定교수로 임명됐고, 1870년부터 베일리얼칼리지의 석좌교수로 승진했으며, 1882년부터 4년 동안 부총장으로 재직했다. 그는 베일리얼칼리지가 배출한 가장 똑똑하고 세속적인 졸업생들에게 영국 전체가 '예방접종'을 받았으면 좋겠다고 말할 정도로 베일리얼에 헌신적이었다. 조엣은 당대 가장 유명한 옥스퍼드 학자였으며, 체격이 작은 편이고 본인 말에 따르면 어릴 때 수줍음을 많이 탔지만 대학 가면극에서 관객에게 즐거움을 주기 위해 다음과 같은 패러디를 선뜻 허락할 정도로 자신감이 넘쳤다.

내가 왔다, 나는 조엣이다.

나는 내가 아는 모든 걸 알고 있다.

이 대학의 최고 스승은 바로 나다.

내가 모르는 건 지식이 아니다.

그의 학문적 스승은 플라톤이었으며, 그가 번역한 5권짜리 《대화편》(1892)은 한 세기 반이 지난 지금까지 여전히 출간되고 있다. 앞서 서문에서 말했듯이 오늘날에도 널리 사용되고 있는 지식의 정의, 즉 '정당화된 참인 믿음'이 플라톤이 소크라테스를 내세워 테아이테토스와 나눈 대화편에 등장한다는 사실을 기억할 것이다. 오늘날 가장 많이 참조되는 판본은 벤저민 조엣이 번역한 것으로, 현재 개정판 3판이 재출간되고 있다. 조엣은 투키디데스에 관해서도 거의 같은 작업을 했다. 그가 번역한 투키디데스의 책은 지금도 역사가, 군사 전략가, 국제관계학을 배우는 이들에게 널리 읽히고 있다. 2,500년 전의 그리스 장군이었던 투키디데스는 위기와 갈등, 극한 상황에서의 인간의 행동방식을 연구한 위대한 권위자 중 한 명으로 여겨진다.

왜소하고, 천사 같으며, 올빼미를 닮은 조엣은 약간 엉뚱한 데가 있었다. 그는 옥스퍼드대학교처럼 사교적인 공동체에서 흔히 눈에 띄는 단점인 잡담을 거의 하지 않았다. 오히려 그는 지나칠 정도로 과묵했다. 한 어린 학생이 조엣과 3킬로미터 정도를 함께 걸었는데, 산책하는 동안 그는 단 한마디도 하지 않았다. 그러다가 산책을 마치고 돌아와서 그 불운한 남학생에게 앞으로 "대화의 기술을 익히라"며 쓴소리를 했다고 한다. 그와 말이 통하는 사람은 딱 한 명 있었던 것 같은데, 바로 열다섯 살의 소녀였다. 그 소녀는 조엣을 부추겨 용수철이 없는 이륜마차를 타게 하고 일부러 가장 험한 길로 데려간 뒤에, 질문을 쏟아냈다. 그녀가 나중에 설명한 바에 따르면, 그렇게 해서 교수님에게서 "가까스로 답을 얻어냈다"고 한다.

조엣은 결혼하지 않았지만, 평생에 걸쳐 한 사람을 짝사랑했다. 짝사랑에 대한 그의 기억은 꽤나 놀라운데, 그 여성은 다름 아닌 플로렌스 나이팅게일이었다. 크림반도에서 부상당한 병사들을 밤새 간호해 사랑받은 그 유명한 '램프를 든 여인' 말이다. 이런 이야기는 오만하고 서툴고 때로는 무심하고, 다른 세상에서 온 천재처럼 보이는 그의 이미지를 조금은 부드럽고 따뜻하게 느껴지게 한다. 더없이 훌륭하고 많은 사람에게 사랑을 받았던 여성이 그의 소심한 접근을 거절했다는 믿음에는 약간의 슬픔이 깃들어 있어서, 당시 옥스퍼드와 케임브리지의 수많은 학자가 그랬던 것처럼 그 역시 여성 혐오적인 현인이었음이 분명하다고 넘겨짚기보다는 따뜻한 눈빛으로 그를 바라보게 한다.

시간이 흐르면서 조엣이 이전 시대의 더 유명한 천재적 학자들과 달리 보이는 이유가 바로 여기에 있다. 그는 친절하고 섬세한 사람이었으며, 특히 제자들에게 정성을 다하는 스승이었다. 원칙적으로 그는 옥스퍼드의 방식에 따라 매주 한 번씩 연구실로 찾아오는 수백 명의 학부생에게 그리스어를 가르쳐야 했다. 하지만 그는 수업 내용 외에도 무수히 많은 것을 이야기했다. 그는 종교적 견해가 이단에 가까울 정도로 자유롭다는 이유로 정통 성공회 신자들로부터 공격을 받았다. 그는 초·중·고등학교 및 자신이 소속된 옥스퍼드대학교 같은 귀족적인 교육기관을 개혁할 필요가 있다고 생각했다. 또 베일리얼칼리지에서 교육받은 엘리트들로 구성된 소수의 군단을 배출해서, 조국과 그 너머의 세계에 "예방접종"을 놓아주는 것을 떳떳이 지지했지만, 빅토리아 사회에 만연한 병폐와 불평등에 대해 자유주의적이고 개혁적인 관점을 가지고 있었다. 그는 연구실에 찾아온 학생들에게 이런 주제를 비롯한 많은 이야기를 흠뻑 쏟아냈다. 학생들은 공손한 태도를 보이려는 마음도 있었지만 가죽 안락의자가 너무 편해서 자리에서 일어나지 못했고, 그러면 조엣은 아주 작은 잔에 얼음이나 물 없이 셰리주를 절반만 따라 건네주고는 학생에게 그걸 마시면서 조용히 듣고 있으라고 했다. 한 시간 뒤에 다른 학생이 연구실을 찾아오면, 이야기를 듣고 있던 학생은 정말로 총명한 사람을 만났다는 것 외에는, 어째서 이런 큰 감명이 느껴졌는지를 인식하지 못했다. 이유를 정확히 설명하기는 힘들지만, 위대한 현인에게 잠시 대접받은 기분을 느꼈다. 그런데 매 학기 수업은 8주였고, 그다음에는 2학기가 또 있으며, 3년이라는 시간이 더 남아서, 그 학생은 이 기간 동안 똑같은 안락의자에 앉아서 똑같이 셰리주를 가볍게 마시며 현존하는 가장 뛰어난 지성의 한 사람인 조엣 교수에게서 지식을 전수받는 이런 시간을 앞으로 71번이나 더 보내게 될 터였다.

조엣의 제자들은 그의 수업에 완전히 빠졌고, 대다수는 그의 평생 친구로 남았다. "후회하지 말고, 변명하지 말고, 사과하지 말

—— 벤저민 조엣을 패러디한 극에는, "이 대학의 최고 스승은 바로 나다. 내가 모르는 건 지식이 아니다"라는 대사가 나온다. 그는 옥스퍼드대학교 베일리얼칼리지 교수였으며, 플라톤과 투키디데스의 번역서를 비롯한 고전에 대한 그의 업적은 역사에 지워지지 않는 흔적을 남겼다.

라"는 매력 없는 문구를 처음 사용한 사람이 조엣이라는 소문은 사실일지도 모른다. 그러나 그의 생애에 대한 수많은 기록에 비추어 볼 때 이 문구가 조엣이라는 사람을 충실하게 표현한 것이라고 보기는 어렵다. 그가 정말로 퉁명스럽고, 무뚝뚝하고, 건방졌을지 모르지만, 동시에 그는 정성스럽고, 친절했으며, 자신의 지식과 옥스퍼드라는 훌륭한 교육기관의 혜택이 위대한 가문의 후손들에게만이 아니라 중산층 학생들에게도 제공되기를 진심으로 바랐다. 당시 좋은 가문의 후손들은 옥스퍼드를 부와 매력을 얻기 위한 디딤돌로 여겼다. 그는 신입생 수를 연간 25명에서 60명으로 늘렸으며, 전 세계에서 온 신입생들이 전원 백인으로 구성되지 않게 했다. 태국 왕자, 일본 총리의 아들, 다수의 고학력 아프리카인, 인도 출신 등 다양한 사람들이 베일리얼칼리지에 다녔고, 이들 중 다수는 베일리얼에서 석사학위를 받고 고국으로 돌아가 그들 국가에 이바지했다. '위대한 교사'로 널리 알려진 조엣은 대학의 이름과 명성을 해외에 널리 알리는 데에도 열심이었지만, 자신이 습득한 폭넓은 지식을 널리 전파하는 데에도 그에 못지않은 열정과 정성으로 학생들을 선발하고, 열심히 가르치고, 적소로 돌려낸 훌륭한 지도자였다.

플로렌스 나이팅게일은 조엣의 몇 안 되는 여성 친구 중 한 명이었지만, 동성 친구가 무척 많아서 그중에는 테니슨 경, 로버트 브라우닝, 베드퍼드 공작, 셸본 경, 위대한 교회 개혁가이자 웨스트민스터대학교 학장이었던 아서 스탠리 같은 거물급 인사도 있다. 그는 또한 아주 친하지는 않지만 좋은 관계로 지내던 다른 저명인사들과도 함께 식사를 하고 조언을 구했다. 이들 중에는 영국 총리였던 세 사람, 즉 그가 "학생"으로 묘사한 더비 경(에드워드 스미스스탠리), "악동"으로 묘사한 벤저민 디즈레일리, "일종의 천재적 광기가 있는" 사람으로 묘사한 W. E. 글래드스턴도 있었다. 글래드스턴의 경우, 조엣은 "호메로스에 대한 불건전한 견해를 가진 사람"이어서 못마땅하다고 덧붙였다. 이런 비판은 미국의 고위 공직에 출마하는 사람들에게는 좀처럼 영향을 미치지 않는다. 다만 트럼프 전 대통령의 경우는, 꽤 철저하다고 알려진 전통적인 자격 검증을 어떻게 통과했는지 여전히 수수께끼이지만 말이다.

위대한 지성 버트런드 러셀

벤저민 조엣이 많은 조언을 건넸던 사람 중에는 영국의 전 총리 존 러셀 경Lord John Russell도 있다. 존 러셀 경은 지금도 여전히 잘 운영되는 영국 민주주의 체제의 틀을 확립한 1832년의 선거 개정법 주요 설계자 중 한 명이다. 러셀 경에게 조엣이 한 조언은 본질적으로 교육개혁에 관한 것이었으므로 여기서 자세히 설명할 필요는 없다. 그렇지만 조엣이 옥스퍼드에서 막강한 영향력을 행사하던 1872년에 태어난 존 러셀 경의 손자가 바로 위대한 수학자이자 철학자였던 버트런드 러셀이기 때문에, 이런 인연은 이야기를 이어가는 데 좋은 전환점 역할을 한다.

그래서 지금부터는 이 장의 중심 질문과 맞닿아 있는, 세상에 대한 배려와 관심이 있는 위대한 지성 세 사람 중 두 번째 인물에 대해 알아보자. 지식이 너무 쉽게 습득되고 쉽게 잊히는 세상에서, 세상에 이로운 영향을 미치는 이런 위대한 지성이 과연 계속해서 번성할 수 있을까? 조엣과 같은 사람이 만일 현대 기술을 접할 수 있었다면 어떤 영향을 받았을지 궁금해지기도 한다. 1970년에 사망한 버트런드 러셀은 최소한 어느 정도는 영향을 받았다고 볼 수 있다. 그는 현대 세계의 디지털 편의성에 대한 지식을 약간은 가지고 있었다. 적어도 라디오와 텔레비전에 대해서는 어느 정도 알고 있었기 때문에, 조엣과 달리 이런 기술 발전의 영향을 받았다고 봐야 한다. 하지만 러셀은 그가 접한 기술의 발전이 사고나 계산, 지리에 대한 지식에서 멀어지도록 유혹하지는 않았던 시대에 살았다. 러셀도 조엣이나 그 이전 세대 사람들과 마찬가지로, 지식을 쌓으려면 노력을 기울여야 했다. 그에게도 총명한 사람으로 사는 건 쉬운 일이 아니었다. 이는 우리가 지금 살펴보는 핵심 질문을 고려할 때 꽤 중요한 문제다.

버트런드 러셀은 어린 시절의 내게 아주 친숙한 인물이었다. 라디오에 너무 자주 출연해서, 그를 아나운서나 뉴스 리포터로 아는 사람이 많지 않을까 싶을 정도였다. 러셀은 목소리가 가늘고 높은 편이었는데, 음성에서 단호한 상류층의 학자 분위기와 다정함이 느껴졌다. 그가 라디오 방송에 나오면 비록 나는 무슨 말인지 전혀 못 알아들었지만, 부모님은 푹 빠져서 라디오에 귀를 기울였다. 우리가 벽난로 옆에 앉아 있을 때 방송에 그가 나오면 거실에 평온함이 감돌았고, 그의 말소리는 거실을 감싼 기분 좋은 배경처럼 느껴졌다.

나의 네 번째 생일이 며칠 지나지 않았을 때, 강연 때 러셀이 항상 타고 다녔던 비행정이 북극 근처 바다에 추락했다는 소식을 듣고 가족이 걱정했던 기억이 어렴풋이 난다. 우리는 그가 익사하거나 얼어 죽거나 곰에게 잡아먹히지는 않았을지 걱정했다. 다행히 그는 무사히 구조됐다. 비행정이 북극에서 한참 떨어진 트론헤임 앞바다에 착륙하다가 발생한 사고였다. 탑승객과 승무원 45명 중 상당수가 10월의 추운 바다에 빠져 익사하는 큰 비극을 겪었다. 다음 날 각 신문사의 기자들은 참담함과 기쁨을 동시에 느끼며, '노르웨이 비행정 추락 사고로 대형 인명사고 발생'이라는 제목 아래, 그 밑으로 나란히 '버트런드 러셀 무사히 구출'이라는 기사를 함께 실었다. 더 이상의 설명은 필요 없었다. 그는 저명인사였다. 그냥 철학자가 아니라 저명한 철학자였다. 영국인들은 물론 유럽 전역에서 모두 안도의 한숨을 쉬었다. 나도 다행이라며 안심했지만, 사실 그가 누군지는 잘 몰랐다.

마르고 울퉁불퉁한 얼굴에 부스스한 흰 머리의 러셀이 해안가에서 추위에 떨며 서 있는 모습이 나왔는데, 그는 구조대원들에게 감사를 표하며 "가까스로 탈출했다"고 상황을 설명했다. 그는 비행정이 수면 위에 착륙하는 과정에서 철주鐵舟 하나가 거대한 파도에 휩쓸렸고, 곧바로 기체가 뒤집혀서 가라앉기 시작할 때까지는 침착함을 잃지 않았다고 말했다. 그러다가 승무원이 창문을 깨고 러셀을 비행정 밖으로 내보냈고, 그는 해안으로 힘껏 헤엄쳐 가서 작은 범선에 의해 구조됐다고 했다. 방송 기자는 기적적인 일이라고 말했다. 하느님이 비행정에 탄 유일한 영국인이었던 그의 목숨을 구해주었으니, 모두가 감사해야 할 것이라고 말했다. 하지만 러셀은 좀 더 냉정하게 분석했다. 그는 자신이 살아남은 것은 담배를 피운 덕분이라고 나중에 말했다. 생존자는 모두 기내의 뒤쪽에 앉았던 사람들이고, 모두 흡연자였기 때문이다. 그는 다른 승객들, 즉 노르웨이 사람들이 모두 죽었는데 자신만 살아남은 것에 대해 깊이 유감스러워했지만, 신은 아무런 관련이 없다고 생각했다.

실제로 버트런드 러셀의 길고 화려한 인생에서 신은 한 번도 등장한 적이 없다. 그는 어린 시절 보모로부터 잠잘 때 천사들이 와서 지켜준다는 말을 들었지만, 한 번도 천사를 본 적이 없기 때문에 의심을 품기 시작했다. 천사의 부재는 어린 그의 마음에 깊은 회의감을 불러일으켰고, 신에 대한 회의적 태도는 아흔일곱 해 동안 단 한 번도 약해지지 않았다. 그는 종교는 높은 등급의 미신에 불과하며, 대부분의 인간에게 큰 해를 끼치고, 지식 습득을 방해하고, 두려움을 야기하고, 교회만이 위안을 줄 수 있다는 잘못된 믿음을 조장하며, 필연적으로 반복적인 갈등과 억압, 불행을 낳는다고 확고히 믿었다. 그는 특히 영국 국교회의 위선적인 말에 혐오감을 느꼈다. 자신은 올림푸스 신들에 관해서는 불가지론자이지만 기독교 신에 관해서는 무신론자라고 다짐했다. 그는 인본주의 운동의 저술에서 세속적인 위안을 얻기도 했지만, 그 외에는 철학이 주는 위안에서 꾸준히 기쁨을 얻었다.

버트런드 아서 윌리엄 러셀Bertrand Arthur William Russell의 어린 시절은 여전히 속세에 뿌리를 두고 있었다. 피임과 여성 참정권을 지지하는 무신론자였던 아버지의 영향으로 다소 괴벽스러운 편이었지만 말이다. 심지어 아내가 그에게 아이들의 가정교사와 바람을 피우라고 권했을 때 (표면상으로는 심하게 결핵을 앓은 그의 기운을 북돋아주고, 요양 치료소에서 금욕을 해야 했던 데 대해 그의 상사가 염려한다는 이야기를 듣고서 권했던 것이지만) 아내의 말에 전적으로 순응하기도 했다. 부모님이 오래 살았다면 버트런드의 삶이 조금은 달라졌을지도 모른다. 그가 다섯 살 때 두 분 다 돌아가셨고, 그 후 그는 형제자매와 함께 두 번이나 총리를 지낸 외할아버지 존 러셀 경의 런던 저택으로 이사하게 된다. 당시 존 러셀은 휠체어 신세를 지고 있었는데, 아이들이 도착한 지 얼마 지나지 않아 사망했다. 버트런드와 그의 형제들은 대단한 미망인 백작 부인의 보살핌을 받게 됐다. 그의 외할머니는 스코틀랜드 장로교 집안 출신이었지만 깊은 지식을 가지고 있었고 의식적으로 진보적인 태도를 추구했다. 그녀는 다윈의 진화론에 동의하고 여성 참정권을 지지했으며 아일랜드의 독립을 바랐다. 상류층(백작 부인은 영웅적인 대접을 받았다)의 사회 정의를 추구하는 분위기 속에서 고아로 자란 버트런드는 처음에는 자신감이 없었지만, 열한 살 때 형을 통해 유클리드 기하학의 논리적 순수성을 접하면서 갑자기 수학과 평화에 대한 광신에 가까운 관심에 사로잡혔다. 그때부터 그는 "지식에 대한 끊임없는 탐구"를 시작했는데, 이는 훗날 그가 설명했듯, 이른바 박식가라고 불리는 사람들의 특징이며, 그는 그 대표적인 본보기였다.

이후 그의 경력은 눈부시게 발전했다. 그는 가정교사들에게 그리스어와 라틴어, 현대의 여러 언어, 경제학, 헌정사憲政史, 과학, 그리고 특히 그가 가장 좋아했던 이론 수학을 배웠으며 학문적으로 두각을 나타냈다. 영문학에도 관심이 많았고, 특히 시에 탐닉했지만, 안타깝게도 음악과 미술은 배우지 못했다. 그는 1890년 케임브리지대학교 트리니티칼리지에 입학하면서 평생에 걸쳐 이어지는 케임브리지와 인연을 맺었고, 핵심 연구 분야로는 수학을 선택했다. 자서전에서 밝혔듯 수학의 정리는 "전혀 의심할 여지없이 참으로 증명될 수 있으며, 그 진리는 모든 의견과 모든 권위로부터 자유롭고 어떤 종류의 불확실성에도 영향을 받지 않는" 학문이기 때문이었다. 그는 수학이 "반박할 수 없고, 증명해 보일 수 있으며, 무엇보다도 확실한", 모든 지식의 모범이라고 《옥스퍼드 인명사전》은 12쪽에 걸쳐 기술했다.

수학에 대한 그의 관심은 논리학으로, 그리고 철학으로 이어졌다. 그는 세 분야에서 모두 국제적 명성을 얻은 권위자이자 작가가 됐으며, 수많은 분야의 책과 에세이를 출간해 책 판매와 강연 수입으로 아주 편안하고 풍족한 생활을 할 수 있었다. 그는 사생활이 복잡했고 불명예스러운 평판이나 소문에 자주 휘말렸는데, 그의 방대한 지성과 반짝이는 눈빛은 쾰른에서 캘리포니아에 이르는 세계 곳곳의 강의실과 강연장에서 거부할 수 없는 최음적 분위기를 전파했다. 그의 삶에는 연인과 정부, 이혼이 끊이지 않았으며, 이로 인해 큰 곤욕을 치르기도 했다. 그는 1940년 뉴욕시티칼리지의 초빙 교수로 부임했지만, 그 지역의 성공회 주교가 그를 "종교와 도덕에 반하는 선동가이며, 수시로 간통을 옹호하는 사람"으로 규정하고 법원에 임용 무효 신청을 냈다. 한번은 진 케이Jean Kay라는 브루클린의 주부가 자신의 딸이 러셀에게 성폭행을 당한 것 같다고 주장했다. 하지만 딸이 뉴욕시티칼리지에 다니지 않았다는 사실이 밝혀지면서 의혹이 조금 수그러들었고, 당시 책에서 아인슈타인이 언급한 "위대한 영혼은 늘 평범한 사람들의 격렬한 반대에 부딪혀왔다"라는 취지의 발언이 널리 알려지면서 결국 주교와 케이 부인이 한발 물러나 위기를 넘겼다. 이 사건이 널리 알려지면서 68세의 노교수였던 러셀은 유명세를 누렸고, 그의 강의실은 학생들로 꽉 찼다. 《라이프》는 두 면 전체에 걸친 러셀

—— 시대를 초월한 철학자 버트런 드 러셀은 말년에 평화주의 운동에 심취했으며, 영국의 핵무기 개발과 보유를 반대하는 시위를 끊임없이 벌였다. 그는 여러 차례 체포돼서 긴 밤을 교도소에 갇혀 지냈으며, 심지어 여든이 넘어서도 수감된 적이 있다.

에 관한 기사를 게재하면서, 연구실로 찾아와 질문을 하는 여학생에게 러셀이 친척 아저씨 같은 친근한 미소를 짓는 연출된 사진을 함께 실었다.

미국에서의 명성은 그가 쓴 책, 그가 귀족 출신이라는 점, 장난기 많고 종교에 비판적이면서도 어쩔 수 없이 영국 사람다운 그의 성격에서 비롯됐다. 그렇지만 영국에서의 명성은 사람들 사이에 널리 퍼진 악명도 한몫했다. 그는 한 차례 이상 감옥에 들어갔는데, 평화주의 운동을 벌이다가 체포돼 브릭스턴 교도소에 수감됐고, 말년에는 핵무기에 대한 집요한 반대 활동으로 수감 생활을 했다. 그는 부당함과 불의에 과감히 도전하면서 시위를 벌이다가 체포돼서 대학과 연구직, 높은 기관에서 밀려났고, 결혼생활도

파경을 맞았다. 그럼에도 영국 사람들은 그를 사랑했는데, 러셀에게는 흔들리지 않는 도덕적 나침반과 원칙이 있었고, 명성이나 지위 또는 개인적인 안락함을 희생하더라도 자신이 믿는 바를 위해 꿋꿋이 일어서는 면모가 있었기 때문이다. 《옥스퍼드 인명사전》에는 그가 벌인 핵무기와 핵전쟁 반대 운동과 관련해 이렇게 서술한다.

> 수감자 중 한 명은 1961년 9월, 89세의 나이로 징역 2개월(나중에 일주일로 단축)을 선고받고 브릭스턴 교도소에서 복역 중인 러셀이었다. 연약하지만 도전적이고 저명한 철학자가 감옥에 갇히는 모습은 핵무기 반대 운동에 큰 선전 효과를 낳았고, 1960년대 내내 러셀의 이미지(완연한 노인의 백발, 뼈가 앙상한 작은 체구, 턱에 불끈 힘을 주고 완강히 저항하는 모습)는 정치 시위의 대중적 아이콘이 됐다.

러셀은 1950년에 노벨 문학상을 받았고, 영국 왕실에서 수여하는 가장 영예로운 훈장인 메리트 훈장˙을 받았다. 그런데 돌이켜보면, 당대의 가장 훌륭하고 너그러운 지성인으로 꼽히는 그의 유산에 비하면 이런 상은 그다지 중요하지 않을지 모른다. 그는 박식가 중의 박식가였다. 또한 대단히 사려 깊고 관대했으며, 이런 생각의 힘과 가치를 잘 알고 있기에 이를 최대한 많은 청중

● 월드와이드웹의 창시자인 팀 버너스리 경 역시 현존하는 수상자를 24명으로 제한하는 이 메리트 훈장을 받았다.

에게 전달해야 한다고 믿었다. 그가 라디오 매체를 선호했던 것도 그래서였다. 그 덕분에 런던 북부에 사는 우리 가족이 1950년대 초부터 러셀이라는 인물과 그의 훌륭한 견해에 대해 알게 된 것이다. 그는 우리가 사는 세상과 우리 각자의 위치를 가장 잘 이해하고 생각하는 법을 거의 매일 라디오로 전했다. 벤저민 조엣도 자신의 둥지인 베일리얼칼리지에서 이와 똑같은 활동을 하고 싶어 했을지 모르지만, 전자기술이 없어서 강의실과 강단으로 대신해야 했다. 반면 러셀은 녹음실, 마이크, 텔레비전 카메라를 마음대로 사용할 수 있었다. 그렇게 해서 러셀은 자신의 재능을 최대한 활용할 수 있었고, 그 재능을 일반 대중을 위해 사용하기로 결정했다.

러셀도 조엣이나 그보다 앞선 시대를 살았던 사람들과 마찬가지로, 자신의 목표를 달성하는 데 필요했던 생각의 힘이 더는 필요 없는 세상의 의미를 고민하지 않아도 되었다. 하지만 그런 세상이 오고 있었다. 물론 러셀의 탁월함은 밤늦은 시간까지 열심히 연구하고 머릿속에 기억해두려는 노력의 결과였으며, 추후 개발된 무선 전신기술은 그의 사상을 해외에 더 널리 전파하려는 소망에 도움을 준 것에 불과했다. 만약 기계가 인간을 대신해서 일상적인 지적 작업을 수행해준 덕에 그가 인생 초반에 일상적인 지적 작업을 수행하는 방법을 배울 필요가 없었다면, 우리가 기억하는 노신사와는 매우 다른 사람이 되었을지도 모른다. 하지만 얼마나 달랐을지는 그저 추측만 해볼 뿐이다.

우주선 폭발 원인을 찾아낸 리처드 파인만

1986년 1월 28일, 몹시 추웠던 화요일 오전 11시 38분, 나사의 스물다섯 번째 우주 왕복선 STS-51-L이 플로리다 대서양 연안 케이프커내버럴에 있는 케네디우주센터의 39B 발사대에서 발사됐다. 발사체에 탑재된 우주선은 6년 동안 10회에 걸쳐 임무를 수행하면서 지구 궤도를 1,000바퀴 이상 돌면서 미국 우주선 중 가장 긴 비행 경력을 쌓은 챌린저호였다. 그 안에는 남성 다섯 명과 여성 두 명, 총 일곱 명의 우주비행사가 탑승하고 있었으며 그중 한 명은 뉴햄프셔 출신의 교사였다.

그런데 우주선 발사 73초 만에, 챌린저호를 궤도로 밀어올리는 로켓이 폭발했다. 우주선이 바다에 추락하면서 우주비행사 일곱 명 전원이 사망했다. 모든 미국 국민이 큰 충격을 받았다. 그중에는 뉴잉글랜드에서 플로리다까지 와서 선생님이 우주로 날아오르는 모습을 설레는 마음으로 관람석에서 지켜보던 크리스타 매콜리프Christa McAuliffe의 학생들도 있었다. 어린 학생들의 얼굴에 가득했던 충격과 공포는 이를 지켜본 모든 사람의 기억 속에 선명하게 남았다.

수백만 명이 발사 순간과 이후에 발생한 재앙을 목격했다. 레이건 대통령은 집무실에서 이를 지켜보고 있었다. 추후 대통령이 담화문에서 오래전에 세상을 뜬 어느 공군의 말을 인용해 일곱 명의 젊은 우주비행사들이 "지구의 속박을 벗어던지고 신의 얼굴

——— 리처드 파인만은 1986년 우주 왕복선 챌린저호 폭발 사고의 치명적인 원인(추위로 딱딱해진 밀폐용 O링 주변의 연료 누출)을 밝히는 데 기여했다. 또한 그는 잘 알려지지 않은 탄누투바(투바공화국의 예전 이름—옮긴이)라는 나라에 평생 깊은 관심을 가졌다.

을 만졌다"라고 표현했을 때 전 국민이 감동의 눈물을 흘렸다. 나는 필리핀의 한 호텔 방에서, 독재자 페르디난드 마르코스의 퇴진을 이끌어낸 필리핀의 반정부 시위를 취재하던 중이었다.

그리고 캘리포니아 앨터디나에서는 노벨상 수상자이자 방금 일어난 사건을 정확히 규명하는 데 핵심적인 역할을 하게 되는 뛰어난 학자인 캘리포니아공과대학교 물리학 교수가, 자택에서 이 비극의 현장을 지켜보고 있었다. 그의 이름은 리처드 파인만 Richard Feynman이며, 그는 키플링이 '충만한 호기심'이라고 지칭했던 것에 즐겁게 평생을 몰두했던 과학자였다.

사고 원인은 챌린저호의 고체 연료 로켓 부스터가 분리되는 부위의 실리콘 O링이 추운 날씨에 딱딱해져서 밀폐 기능을 상실한 데 있었다. 파인만은 조사위원회에서 이런 물리적 사실을 기억에 남을 만한 인상적인 시연으로 제시했다. 그는 얼음물이 담긴 컵에 O링을 담가두어서, 영하에 근접한 온도에서 실리콘 패킹이 단 몇 초 만에 얼마나 딱딱해질 수 있는지를 보여주었다. 실제로 로켓이 발사되던 그날 아침, 케이프커내버럴의 기온은 영하를 훨씬 밑돌았고 발사 정비탑에는 고드름이 잔뜩 맺혀 있었다. 이렇게 낮은 온도에서 우주선을 발사하는 것은 위험한 일이었다. 발사를 연기해야 마땅했다. 앨라배마에 있는 로켓 부스터 제조업체의 엔지니어들은 무슨 일이 일어날지를 너무 잘 알고 있었기 때문에, 플로리다와 휴스턴의 관리자들에게 발사를 연기해달라고 간청했다. 그러나 정치적 압력, 관료들의 압박, 그리고 나중에 논의할 단순한 결정 추진력decision momentum 문제의 압박 등으로 그들의 의견은 무시됐다.

로켓은 결국 발사됐다. 밀폐되어야 할 연결 부위는 제대로 밀폐되어 있지 않았다. 가스가 누출되고 불이 붙으면서 연료 탱크가 폭발했고, 우주비행사 일곱 명이 끔찍하게 목숨을 잃었다. 위원회 보고서가 발표된 후 파인만은 더 유명해졌지만, 자신이 옳았다는 사실에서 기쁨을 느끼지는 못했다. 그리고 어쨌든 그는 당시 암에 걸려서 죽음을 불과 몇 달 앞두고 있었다. 그가 공개적으로 참사의 원인을 밝힌 것은, 관습에 얽매이지 않는 그의 인상적인 삶에 걸맞은 유산이었다.

지혜로운 천재, 프랭크 램지

밀레토스의 알렉산드로스에서 리처드 파인만까지 지난 2,000년 동안의 가장 뛰어난 지성을 나열한 긴 행렬에, 1930년 1월 스물여섯의 나이로 세상을 떠난 영국의 철학자이자 경제학자, 수학자인 프랭크 램지Frank Ramsey를 추가해야 할 것이다.

그는 지금까지 살펴본 사람들 중에서 일부에서만 나타나는(혹은 어쩌면 모두가 가진, 혹은 아무도 없는) 특징을 가진 전형적인 인물로 생각되기도 한다. 그에게는 지적 재능이 있었다. 그는 본래 현자가 되어야 할 운명이었다.

확실히 그는 유전적으로 유리한 조건에서 태어났다. 수학자였던 그의 아버지는 케임브리지 막들린칼리지 총장이었고, 그의 형 마이클은 캔터베리 대주교가 됐다. 그는 존 메이너드 케인스와 루트비히 비트겐슈타인의 절친한 친구였다. 램지는 한 달도 안 되는 짧은 기간 동안 독일어를 공부해서 비트겐슈타인의 주요 저작인 《논리-철학 논고Tractatus Logico-Philosophicus》를 영어로 번역하기도 했다.●

● 또한 그는 얼음과 나무 부스러기를 섞어 파이크리트라는 대단히 강력한 재료를 발명하고, 마운트배튼 경(Lord Mountbatten)을 설득해서 항공모함을 건조하게 한 제프리 파이크(Geoffrey Pyke)라는 케임브리지 출신의 저명한 인물과도 친분이 두터웠다. 파이크는 혀를 내두를 만큼 약삭빠른 원자재 투기꾼이기도 했는데, 1920년대 중반에는 전 세계 주석 공급량의 4분의 1을 사들였다고 한다. 프랭크 램지는 절망적이게도 열아홉 살에 파이크의 아내 마거릿에게 깊은 사랑의 감정을 느끼게 됐는데, 마거릿은 파이크를 아들의 대부로 삼아서 그의 뜨거운 마음을 슬기롭게 가라앉혔다.

——— 케임브리지의 수학자이자 철학자였던 프랭크 램지는 천재적인 재능과 어린아이 같은 순수함을 가진 인물로, 26년밖에 살지 못했지만 현대의 가장 위대한 지성 중 한 명으로 이름을 남겼다.

키가 192센티미터에 몸무게가 110킬로미터나 나가고, 나무 몸통 같은 팔과 '덩치 큰 말의 엉덩이'를 자랑하는 육중한 거구였던 램지가 남긴 업적은 학계의 언어로 전해져 내려온다. 생애만큼 짧을 수밖에 없는 그의 전기傳記 서문에 정리된 내용에 따르면, 그의 이름을 빌린 학문적 개념은 총서를 내도 좋을 정도로 종류가 많다. 철학에는 램지의 진리 이론, 램지의 격언, 램지 문장이 있다. 경제학에는 램지 가격 책정, 램지의 선호 이론, 램지 저축 이론, 램지 조세 이론, 램지 확률 이론이 있다. 수학에는 램지 정리, 램지 수, 램지 기수가 있고, 심지어 논리에 램지화Ramsification라는 절차도 있다. 사망한 뒤에는 영향력이 다소 약해졌지만, 램지는 니콜라 테슬라Nikola Tesla, 스티븐 호킹Stephen Hawking, 그리고 조금 전에 살펴본 리처드 파인만을 추앙하는 사람들의 마음을 사로잡은 것과 비슷하게 추종자들의 숭배를 받고 있으며, 특히 최근 아주 중요한 인물이 됐다. 사람들은 이들의 헤아릴 수 없는 총명함에 경이로움을 느낀다. 프랭크 램지의 경우 21세기의 한 철학자가 "X가 자신이 발견했다고 믿는 이론은 알고 보면 램지가 이미 예상했을 가능성이 높다"라는 뜻의 '램지 효과Ramsey effect'라는 용어를 만들어낸 것이, 대중이 그를 새롭게 추앙하게 된 결정적인 순간이었다.

그가 똑똑하다는 사실은 의심의 여지가 없다. 그런데 현명하기도 했을까? 성격에서 미루어 보면, 지혜가 진정으로 무엇을 의미하는지에 대해 공상적인 생각밖에 하지 못하는 우리 눈에는 최소한 그래 보인다. 케인스에 따르면, 램지는 친절하고 침착했으며, 둥글둥글하고 쾌활했고, 카드놀이를 즐겼다고 한다. 그가 20대 초반에 오스트리아 빈에 갔던 것은(그는 간 질환 오진으로 스물여섯이라는 젊은 나이에 사망했다는 사실을 염두에 두어야 한다), 부분적으로는 비트겐슈타인의 웅장한 저택에서 놀기 위해서였지만, 더 큰 이유는 정신분석을 받기 위해서였다. 그는 섹스에 대해 걱정이 많았고, 자꾸 마거릿 파이크 같은 기혼 여성에게 마음이 끌렸다. 한번은 파이크 부인에게 퉁명스럽게 이렇게 물었다고 한다. "저하고 한번 하실래요?" 그의 서툰 접근에 파이크 부인이 "한번 같이 자면 뭔가가 달라질 거라고 생각하나요?"라고 응수하자, 램지는 의기소침해졌다. 그때부터 빈 여행의 중심은 정신분석이 된다. 6개월간의 치료 끝에 그는 이제 개인적인 편견에서 벗어나 깊은 식견을 갖게 되었다면서, 완치를 선언하고 케임브리지로 돌아왔다. 고국에 돌아와 수학과 경제학, 철학 연구에 몰두한 그는 자신의 능력과 한계를 훨씬 더 명확하게 파악하고, 충분한 자기 인식을 바탕으로 자신의 방대한 지성을 합리적이고 더 나아가 현명하게 활용할 수 있게 됐다고 여겼다(빈에서 그를 치료했던 정신분석가는 애초에 그에게 큰 문제는 없었다고 말했다).

이 무렵 그는 레티스라는 미혼 여성과 사랑에 빠졌다. 그들은 결혼했고, 램지는 결연한 실용주의적 정신으로 새로운 케임브리지 생활을 시작했다. 이제 남은 삶을 즐겁고 밝은 태도로 살아가겠다는 의욕이 충만했다. 그는 이렇게 말했다. "우울한 것보다 짜릿하게 기쁜 것이 더 기분 좋다. 그리고 그저 기분이 좋기만 한 것이 아니라 삶의 모든 활동에 더 이롭다."

상식. 기쁨. 실용주의. 실용성. 자기 인식. 만족. 인내심. 사려 깊음. 친절. 배려. 모든 생각에 맥락과 관점을 적용할 수 있을 만큼 충분히 배우고 익힌 지식. 적어도 존 메이너드 케인스가 쓴 감탄스러운 평가에 따르면, 아직 젊은 나이였던 프랭크 램지는 이런 자질을 모두 풍부하게 갖추었던 것 같다. 그리고 일반적으로 이 모든 자질은 지혜가 있는 사람들에게서 공통적으로 찾을 수 있는 특성이다.

그는 고작 26년밖에 살지 못했기 때문에, 그에게 지혜가 있었더라도 그런 지혜를 발휘할 수 있는 상황은 아니었다. 그렇지만 오늘날 그를 존경하는 사람들은 궁금해한다. 만약 그가 조금 더 오래 살았다면 20세기의 진정한 현자 중 한 명으로 꼽힐 수 있었을까? 그리고 뭔가 좋은 영향을 얻을 수 있었을까?

현명함이란 무엇인가

현명함의 의미가 무엇인지는 정의하지 않는 편이 현명할 것이다. 사전적 정의는 아주 많다. 현명함이란 무엇인가를 논하는 수많은 격언, 유명하거나 잊힌 시인들의 인용문, 무수히 많은 시, 정기적으로 열리는 학술회의가 있고, 대학 학과 전체가 현명함을 논하는 경우도 있다. 지혜는 특히 인지심리학자들 사이에서 크게 유행하는 연구 주제이며, 대부분의 종교 경전은 지혜의 정의와 다양한 이점을 상당히 길게 설명한다. 스코틀랜드의 역사학자이자 신학자인 알렉산더 크루던Alexander Cruden은 1737년에 성경의 모든 단어에 대한 최초의 진정한 용어 색인*을 정리해 편찬했는데, 예상대로 지혜wisdom 및 현명함wise과 관련된 항목이 아주 많았다. 그럼에도 불구하고 이 항목의 서두에는 이런 주해가 달려 있다. "이 단어는 성경에서 학습과 관련된 측면뿐 아니라 예술적 기교, 새와 짐승의 본능, 신중함, 영적 통찰과 관련해서도 사용된다." 이런 길에서 벗어나면 위험에 처하게 된다.

불교에서 말하는 지혜는, 부처가 궁극적으로 도달한 깨달음이나 각성, 또는 방편方便(산스크리트어로는 우파야upaya)을 부족하나마 열망할 수 있는, 가장 높은 정신적 명민함의 경지라고 한다.《옥스

● 《크루던의 용어 색인(Cruden's Concordance)》은 거의 3세기가 지난 지금까지도 여전히 출판되고 있다. 신학에 관심을 가진 사람들의 의견이 오랜 세월에 걸쳐 많이 반영됐지만, 현재 출판사는 여전히 이 책에 오류가 있을 것으로 예상하고, 혹시 오류를 발견하면 추후 수정을 위해 출판사에 연락해줄 것을 독자들에게 요청하고 있다.

퍼드 영어사전》은 역시나 가장 간결한 설명을 제시한다. "삶과 행
동에 관한 문제에서 올바르게 판단하는 능력; 수단과 목적을 선
택함에 있어서의 판단의 견실성; 때로는 조금 가볍고 단순하게,
실제적인 문제에서의 건전한 감각을 의미하기도 함." 이 정의에 따
르면 지혜는 '현명한 자질 또는 성품'을 의미하는 것이므로, 이번
에는《옥스퍼드 영어사전》이 '현명함wise'을 어떻게 정의하는지 알
아보아야 한다. "건전한 판단력이나 분별력을 가지고 있거나 행사
함; 무엇이 옳고 그른지를 진정으로 판단할 수 있고, 그에 따라 행
동할 수 있음; 목적을 달성하기 위한 최선의 수단을 인식하고 채
택할 수 있는 능력; 좋은 감각과 신중함이 특징임."

다른 대부분의 영어 사전도 이와 비슷한 정의를 제시하는데,
이런 사전적 정의에는 입사 지원자가 방에서 나간 뒤 면접관들끼
리 서로 주고받는 말에 자주 사용되는 단어가 포함된다. "그런데
이 지원자, 견실한가요?" 견실함이라는 단어, 견실함에 대한 함축
적인 질문은 분명 모든 사람에게 잠재된(그렇다고 희망하는) 이상
에 대한 무언의 승인이다. 견실하다는 건, 합리적이고 이성적으로
판단하는 능력, 상식과 냉철한 신중함을 바탕으로 인생의 심각한
문제에 접근하는 능력, 서두르거나 성급하게 굴지 않고, 편견이나
경멸이 없고, 사려 깊고, 풍부한 지식과 경험을 바탕으로 결정하
는 능력을 의미한다. 우리는 모두 어느 정도는 이런 자질을 갖고
있다. 이런 자질들이 최대한 꽃을 피우고, 한데 작용해서 건전한
판단과 올바른 행동이 계속해서 발현되는 부분, 흔치 않지만 존재
하기만 하면 사람들이 쉬 알아보는 부분, 이런 부분이 바로 진정

깨달음과 열반에 이르는 길에 대한 가르침으로 수백만 명에게 영감을 준 인도의 고행자, 부처, 고타마 싯다르타.

한 지혜가 있는 자리다.

세계 전체가 지혜에 관한 학문적 담론에 몰두하는 것도 불가능한 일은 아니며, 실제로 그렇게 되면 정말 좋겠다는 생각이 든다. 시카고대학교는 2016년에 세계적 명성이 높은 사회과학부 내에 '실천적지혜센터The Center for Practical Wisdom'를 설립해서, 이 분야를 선도하고 있다. 그런데 최근 캐나다와 런던의 학자들도 이 분야의 연구에 뛰어들었고, 현재 전 세계의 수많은 학자가 이 주제를 연구하고 있는데, 이런 연구는 모두 '인간 발달의 정점'으로 결론이 모이는 듯하다. 런던에 있는 '증거기반지혜센터Centre for Evidence-Based Wisdom'에 따르면 이런 새로운 관심은 "긍정 심리학을 강조하는 요즈음의 분위기에서 비롯한 것이다. 지혜로운 사람들은 성숙하고 통합적인 성격, 삶에서 어려운 문제를 만났을 때의 뛰어난 판단력, 삶의 굴곡에 대처하는 능력 등 긍정적인 자질을 많이 가지고 있는 것으로 추정된다." 이런 연구소들이 사람들의 지혜를 증진시키고, 현명해지는 방법을 가르치고, 어떤 성격 특성이 현명한 의사결정으로 이어지는지를 알아낼 수 있을까? 이런 질문 대부분은 사회적으로 더 방대한 규모의 자기계발과 관련이 있으며, 이는 "더 현명한 사람들로 구성된 사회는 더 현명한 사회가 될 것"이라는 가정에 기초한다.

2010년 런던센터(증거기반지혜센터)에서는 인지심리학자 여섯 명이 '지혜'를 주제로 수행한 연구 논문을 《노인학Gerontologist》 저널에 발표했다. 이 연구에는 전문가 패널에게 일련의 질문을 던지고 합의가 도출될 때까지 반복해서 질문하는 연구법인 '델파이 기법Delphi method'이 사용됐다. 무작위로 선정된 포커스 그룹(연구 조사를 위해 각 계층을 대표하도록 뽑은 소수의 사람들로 이뤄진 집단—옮긴이)보다는 전문가들이 더 사려 깊은 답변을 할 것으로 예상했기 때문이다.

기본적인 질문은 두 가지였다. 첫 번째 질문인 '지혜는 지성 및 영성과 구별되는가?'에는 30명의 전문가가 참여했다. 대부분의 응답자는 지혜로운 사람은 지적인 사람일 가능성이 높다고 생각했고, 상당수는 지혜로운 사람은 영적인 사람일 가능성이 높다고 생각했으며, 영적이지도 지적이지도 않은 사람은 지혜롭지 않을 가능성이 높다고 생각했다. 이는 예측에서 벗어나지 않은 의견이었다.

두 번째 질문은 '지혜의 실제 특성은 무엇인가'였으며, 첫 번째

—— 2016년 존 템플턴 재단에서 200만 달러를 지원받아 시카고대학교가 설립한 실천적 지혜센터는 지혜는 운이 좋은 소수의 전유물이 아니라 많은 사람이 배우고 습득할 수 있는 자질이라는 믿음에 기초한다.

질문 응답자 30명 중 27명이 참여했다. 사전의 무미건조하고 중립적인 단어들에서 벗어나서 보면 실제 어떤 모습과 느낌인지를 묻는 질문이었다. 연구팀은 지혜를 정의하는 특성은 아니지만, 지혜의 정의를 보충하고 구체적으로 설명하기 위해 다음과 같이 아홉가지 특성을 제시했다.

1. 지혜는 인간 고유의 특성이다.
2. 지혜는 고도의 인지적·정서적 발달을 증진한다.
3. 경험에서 출발한다.
4. 개인적인 자질이다.
5. 인류 전체에서 드물게 나타난다.
6. 배울 수 있다.

지식의 탄생

7. 측정할 수 있다.

8. 나이가 들면서 더 많이 쌓인다.

9. 합법적인 약물을 복용해서 (혹은 불법적인 약물을 복용해서) 강화할 수 없다.

이 질문에도 의외의 답변은 나오지 않았다. 연구팀은 기본적으로 현명한 사람의 수는 아주 적지만, 현명한 사람은 대부분 똑똑하며, 대체로 나이가 들어서 경험의 양이 많다고 판단했다.

지혜의 발현

지혜를 연구하는 학계에서는 개인의 평온을 증진하고, 자손을 잘 양육하고, 공동체를 결속시키는 수단으로 활용하는 등 지극히 개인적인 차원에서 지혜를 활용하는 데 중점을 두는 듯하다. 하지만 역사에서는 더 위급한 순간에 지혜가 발현되는 경우가 존재한다. 오늘날에는 정보를 쉽게 찾을 수 있어서 지식을 머릿속에 담아둘 필요가 없는데, 이 때문에 생각의 깊이가 얕아지고 결과적으로 사회적인 지혜가 감소하고 있는 듯하다는 이 책의 근본적인 논점을 고려할 때, 최근의 역사에서 몇 가지 주목할 만한 사건을 살펴보면 좋을 것 같다. 이를 통해 우리가 결정하고, 고려하고, 거부하고, 수용했던 다양한 판단이 실제로 얼마나 지혜로웠는지,

즉 얼마나 적절하게 숙고했는지, 《옥스퍼드 영어사전》의 무미건조한 표현대로 "삶과 행동에 관한 문제에서 올바르게 판단했는지", "수단과 목적의 선택에 있어 판단의 건실함"이 얼마나 드러났는지 가늠해볼 수 있을 것이다. 다시 말해 사건의 전개 방식에 지혜가 어떤 역할을 했는지 알아보려고 한다.

한 가지 주의사항이 있다. 지나고 나서 돌아보면, 현명한 결정을 내리는 것이 쉬워 보인다는 점이다. 이 사실을 염두에 두고 접근하도록 하자. 여기 소개하는 사례들은 그 사건에 어느 정도 중요하게 작용했는지를 보여줄 것이다. 어떤 경우에는 지혜가 가장 중요한 역할을 했지만, 어떤 경우에는 지혜의 역할이 아주 미미했다. 그렇게 하지 않았다면 얼마나 좋았을까 안타까워하는 사람도 있겠지만, 그런 안타까움이나 희망은 잠시 밀쳐두자. 대신 간단하게 분석해보면서, 앞으로 지혜를 어떤 식으로 더 적용할 수 있을지 생각해보는 계기가 되면 좋겠다.

원자폭탄과 재앙의 군주

이 논의에 적합한 일련의 사건을 우선 살펴보려고 한다. 20세기의 가장 중대한 결정으로 꼽히는 사건, 즉 1945년 8월 6일 일본 남부의 도시 히로시마에 원자폭탄을 투하하라는 해리 트루먼 미국 대통령의 명령으로 귀결되는 일련의 상황이다.

첫 번째 원자폭탄은 민간인 약 7만 명과 군인 2만 명의 목숨을 순식간에 앗아갔다. 1945년 3월 10일 도쿄 대공습에서 화염폭탄으로 인해 하룻밤 사이에 발생했던 사망자 수와 거의 비슷했다. 그런데 원자폭탄은 그 즉각적인 영향에 그치지 않고 이후 방사능에 의한 엄청난 규모의 생물학적·정신적 피해를 남겼다. 1933년 런던에서 레오 실라르드Leo Szilard라는 헝가리 물리학자가 빗속에서 신호등이 바뀌기를 기다리던 순간부터 시작된 일련의 발견, 이론, 순간적인 영감, 깨달음, 결정이 연속해서 발생한 결과였다. 빨간불이 바뀌기를 기다리던 순간부터 원자폭탄이 투하되던 순간까지의 12년 동안, 인류의 지도자들은 몇 번이나 극명한 선택의 기로에 섰다. 그때마다 이루어진 결정들은, 우리가 자신과 세상 전체를 영원히 돌이킬 수 없이 파괴할 능력을 갖추게 되는 상황으로 거침없이 내몰았다. 세계 공동체에 오랜 세월에 걸쳐 축적된 지혜가 있었는데도 어떻게 이런 위험하고 비극적인 파멸을 초래할 수 있는 결정을 내리고 실행하게 됐을까? 지혜가 필요했던 이때, 우리는 왜 지혜를 구하지 못했을까?

이 사건의 전개에는 몇 가지 변곡점이 있으며, 각 변곡점은 결정이 필요한 순간이었다. 첫 번째는 1933년 9월 12일 화요일, 노벨 화학상 수상자 어니스트 러더퍼드Ernest Rutherford가 원자력이 언젠가 현실화될 수 있다는 발상에 찬물을 끼얹는 의견을 냈던《타임스》기사를 읽으며 짜증이 났던 실라르드가, 격노에 휩싸여서 사무실까지 출근하던 때였다. 블룸즈버리의 어느 건널목에서 보행 신호가 켜지기를 기다리던 그는 러더퍼드가 틀린 이유를 갑자

——— 1945년 히로시마 핵 공격에 따른 즉각적인 물리적 파괴의 참상. 미군의 공습과 사흘 뒤 나가사키에 원자폭탄 투하의 도덕성에 대한 의문은 여전히 널리 제기되고 있다.

기 깨달았다. 실라르드는 중성자라고 불리는 새로 발견된 아원자 subatomic 입자의 움직임을 상상하다가, '연쇄반응'이라는 아이디어를 떠올렸다. 원자 분열에 대한 개념이 아직 정립되지 않았던 때여서 그런 반응이 어떻게 촉발될 수 있는지는 불명확했다. 하지만 그런 일이 일어날 수만 있다면 엄청난 양의 에너지가 방출돼서 원자의 결합 에너지에서 벗어날 수 있을 터였다. 이런 순간적인 영감에는 심오한 의미가 있었다. 현명한 사람이라면 그 의미를 이해하고 어떤 조처를 취했거나, 취할 수 있었거나, 마땅히 취해야 했다. 그런 조치가 무엇이 될지는 연쇄반응을 일으킬 수 있는 원동력인 '원자핵분열'의 가능성이 추가 연구를 통해 확인됐던 1938년까지 기다려야 했다. 일단 핵분열 현상이 관측되자, 당시 미국에 있었던 실라르드는 핵분열의 중요성을 미국 대통령에게 알려야겠다고 판단했다. 프랭클린 루스벨트 대통령은 실라르드라는 물리학자를 알지 못하기 때문에 그의 말을 듣지 않을지도 모르지만, 만일 아인슈타인이 이 발견과 그 의미를 알리는 서한에 서명한다면 백악관은 분명히 주의를 기울일 것이라고 생각했다.

그리고 실제로 그렇게 됐다. 1939년 8월 2일 타자기로 작성된 유명한 두 장짜리 편지에서, 아인슈타인은 루스벨트 대통령에게 "이 새로운 현상은 또한 (……) 새로운 유형의 매우 강력한 폭탄이 개발되는 결과를 낳을 것"이라고 경고했다. 편지를 쓰기로 결심하고, 그 내용을 신중하게 구성한 것은 상당한 지혜에서 나온 결정이었다. 하지만 그런 행동만으로 충분했을까? 권고와 그에 따른 행동도 마찬가지로 현명했을까? 사람들은 그렇지 않았다고 주장할지 모른다.

소 잃고 외양간 고치는 격이지만, 지금 그 상황을 돌아보면 쉽게 현명한 판단을 내릴 수 있다. 유럽에는 폭풍우 구름이 빠르게 형성되고 있었다. 아인슈타인의 편지가 발송된 것은 나치 독일이 폴란드를 침공하면서 2차 세계대전이 발발하기 거의 한 달 전이었다. 만일 이때 루스벨트가 아인슈타인을 불러 이 사안을 면밀히 조사하고, 당시 과학자들이 빠르게 인식했던 그 기술의 장기적 영향을 완전히 알아차리고, 국제 사회를 규합해서 이 끔찍한 새로운 무기류에 대한 추가 연구를 금지하기로 결정했다면 어땠을까. 그러면 핵무기의 탄생을 막고, 핵의 사용이 국제적으로 금

—— 1933년 런던에서 핵 연쇄반응의 아이디어를 떠올리고 원자폭탄을 개발한 헝가리 망명 물리학자 레오 실라르드는 원자폭탄을 사용해서는 안 된다는 현명한 조언을 했다. 하지만 그의 조언은 무시됐고 수십만 명의 무고한 사람들이 목숨을 잃었다.

지되고, 핵무기 개발에 대한 연구가 중단되고, 핵무기 연구를 수행하는 모든 국가는 국제적으로 따돌림을 받게 됐을 것이다. 물론 이미 따돌림을 받던 국가들은 인류를 업신여기며 반항적으로 악마적인 일을 계속했겠지만 말이다.

오늘날이라면 그런 제안을 비현실적이고 순진하고 비실용적이고 심지어 유치하다고 치부할 것으로 추측하는 건 나태한 생각이다. 당연히 현명하지 못한 것도 아니다. 그런 질문은 고려된 적이 없다. 만일 있다면 교회에서나 대학 휴게실에 앉아 사색하는 철학자들 사이에서 고민했던 것이 전부일 것이다. 정세가 급박하게 흘러가는 가운데, 완전히 다른 결정이 내려졌다. 연구 자금을 투입

지식의 탄생

하고, 프로그램을 시작해서, 다가올 전쟁에서 승리한다는 결정이었다. 그때의 결정이 지금의 현실과 같은 결과를 초래했다. 그리고 결정이 내려지는 동안 과학계의 분별심 있고 선견지명을 가진 사람들은 그런 불쾌한 결과가 나올 가능성을 예상하며 초조해하고 있었다.

그 이후 변곡점이 하나씩 연달아 나타났다. 현실적이라기보다는 상징적인 의미를 지닌 최초의 정부 보조금인 5,000달러의 예산이 지급됐다. 우라늄 위원회, 대체자원 개발사무소, 맨해튼 엔지니어링 지구 혹은 맨해튼 프로젝트 같은 기이한 이름의 기관들이 생겨났다. 추가로 예산 5억 달러가 새롭게 투입됐다. 테네시주 오크리지 아래 애팔래치아 계곡에 수천 대의 원심분리기를 돌려 폭탄에 사용할 우라늄 동위원소를 극미량 추출하고 농축할 수 있는 지구상에서 가장 큰 공장이 건설됐다. 치명적인 플루토늄 금속을 제조하기 위해 워싱턴주 핸포드에도 마찬가지로 방대한 시설이 세워졌다. 로스앨러모스에 있는 메사mesa(꼭대기가 평평하고 주위가 절벽으로 된 암층 대지로, 미국 남서부에서 흔히 볼 수 있다 — 옮긴이)에는 뉴멕시코 일급기밀 연구소와 폭탄설계 및 조립센터가 설립됐다. 1945년 7월 16일 뉴멕시코 앨라모고도에서 트리니티Trinity라는 암호화된 이름으로 불린 최초의 플루토늄 폭탄 폭발 실험이 성공적으로 진행됐다. 뒤이어 공중 투하형 폭탄 세 개를 제작해서, 탈환한 영토인 태평양 서부 티니안섬에 있는 공군기지로 운송하고, 1945년 8월 6일 어둑한 새벽에 '리틀보이Little Boy'라는 별명이 붙은 농축 우라늄 폭탄을 일본의 산업 도시인 히로

시마에 투하한다는 결정이 내려졌다. 마침내 오전 8시 15분에 투하된 이 폭탄은 설계된 대로 도시 상공 약 580미터 상공에서 투하됐다. 반경 1.6킬로미터 이내의 모든 것이 증발했고, 민간인 7만 명과 군인 2만 명이 사망했으며 그와 비슷한 수의 사람들이 심각한 부상을 입었다.

실제로 핵분열로 폭발을 일으킨 우라늄의 양은 약 900그램이었다. 방출된 에너지는 1만 6000톤의 고성능 폭약이 폭발했을 때와 맞먹는 양이었다. 그 한순간에 수없이 많은 생명이 사라졌지만, 새로운 무기의 시대가 열렸으며 이 무기는 그 이후 줄곧 세계를 공포에 떨게 했다.

이런 여러 차례의 변곡점에서 지혜가 의사결정에 영향을 미쳤을까? 대답은 '그렇다'이다. 현명한 조언이 틀림없이, 공식적으로 제기됐지만, 편의성, 정치적 계산, 그리고 안타깝게도 보복을 위한 결정에 따라 경멸당하고, 외면당하고, 무시당하고, 기각됐다. 게다가 앞서 언급한 결정의 가속도 현상 때문에, 일단 어떤 대규모 계획이 확립되면 지구상의 어떤 권력도 이를 막을 수 없다.

그렇지만 속도를 늦추려는 시도는 있었다. 미국 전쟁부는 원자 폭탄의 개발과 사용의 사회적·정치적 영향을 검토하기 위해, 일곱 명으로 구성된 위원회를 설립했다. 레오 실라르드가 위원으로 참여했고, 위원장은 독일 태생의 노벨상 수상자인 제임스 프랑크 James Franck였다. 화학자, 암 전문가, 물리학자 등의 과학자들로 구성된 위원들은 1944년에서 1945년에 걸친 겨울 내내 고민했다. 유럽 전쟁이 끝나고 태평양 전선만 남은 상황에서, 공중 투하 핵무기 사용이 기술적으로 가능하다는 사실이 갈수록 명백해지던 때였다. 1945년 초여름에 프랑크는 루스벨트 정부의 전 부통령이자 이례적으로 진보적이었던 헨리 월리스Henry Wallace •에게 연락해서, 지금 우리가 기대하는 바로 그 표현을 사용해 위원들을 대표해 공식적으로 경고했다. 프랑크는 "인류는 핵을 현명하게 사용할 윤리적·정치적 준비가 아직 되지 않은 상태에서 핵을 개발하는 법을 배웠다"라고 말했다.

위원회의 보고서는 '트리니티 실험 장치'라는 별칭으로 불린 플루토늄 폭탄이 성공적으로 폭발하기 한 달 전인 6월 11일에 발표됐다. 위원들은 인류가 어떤 일이 일어날지 완전히 알지 못하고 있다는 사실을 입증하기 위해 다양한 의견을 제시했다. 그들은 일본에 대한 핵무기 배치가 단기적으로 어떤 영향을 미치든, 앞으로 세계 전체가 '군축 경쟁'이라는 표현으로 처음 묘사된 현상에 이끌릴 가능성이 높다는 것을 강조했다. 특히 일본에 관한 한 위원회는 원자폭탄 투하를 전적으로 반대했다. 위력을 보여주기 위한 것이라고는 해도, 민간인들에게 경고 없이 무기를 사용하는 것은 도덕적으로나 윤리적으로 금지된 일이었다. 게다가 "무차별적이고 (……) 수천 배나 더 파괴적인 무기를 비밀리에 개발했다가 갑자기 발사할 수 있는 국가가 국제적 협의에 따라 그런 무기를

● 한때 농장주였고 기자로도 일했던 월러스는 트루먼 대통령 행정부에서 상무부 장관을 지냈는데, 소련에 화해적으로 접근해야 한다고 촉구한 연설 이후, 장관직에서 경질됐다. 이후 그는 진보당을 설립하고 양성 평등, 무상 국민 의료보험, 인종차별 폐지 등 친숙한 진보적 정책을 추진했다. 1948년 대통령 선거에서 제3지대 정당 후보로 출마했지만 3퍼센트 미만의 득표율에 그친 뒤 정치계에서 잊히고, 1965년 루게릭병으로 사망했다.

폐기하겠다고 선언할 때, 전 세계를 설득해 신뢰를 얻어내기는 매우 힘들 것"이라는 현실적인 지혜가 언급됐다.

이 모든 훌륭한 의견은 무시됐다. 트루먼 대통령은 예기치 않게 대통령에 취임한 지(전임 대통령인 루스벨트 대통령이 4월 12일에 갑작스럽게 사망하면서, 부통령이던 트루먼이 대통령이 됐다) 4개월도 채 지나지 않은 시점에서, 여러 가지 이유로 새로운 폭탄을 사용하기로 마음먹은 정치인, 의원, 군인, 과학자들에게 둘러싸여 있었다. 그들은 전쟁을 끝내고 싶어 했다. 이유는 다양했다. 미국인의 생명을 구하기 위해서, 소련에 깊은 인상을 남기기 위해서, 새로운 무기를 시험해보기 위해서, 서구의 위력이 난공불락임을 전 세계에 보여주기 위해서 등등. 이유가 무엇이든 간에, 백악관을 막 점령한 캔자스시티의 '전직 양복점 주인'(트루먼 대통령)은 모든 반대 의견을 물리치고 핵폭탄을 투하하기로 결정했고, 며칠 후 두 번째 핵폭탄을 투하했다. 그는 집무실에서 일본이 항복하는 모습을 만족스럽게 지켜볼 수 있었고, 2주 후에는 도쿄만에서 트루먼의 고향 이름을 딴 미 해군 전함 미주리호에 승선한 맥아더 장군이 "이제 사태가 모두 마무리됐다"는 마지막 발언을 들을 수 있었다.

그런데 리처드 파인만이 로스앨러모스의 사무실에서 복잡한 계산을 수행하며 원자폭탄 개발에 몰두했다는 사실은 어렴풋하게 기억될 뿐이다. 그는 생전에 이 이야기를 거의 꺼내지 않았으며, 이와 관련한 도덕성에 대해 어떤 설명이나 의견이 제시되면 "우리는 나치가 먼저 이 무기를 사용할까 봐 두려웠다"라고만 말했다. 그는 정말 현명한 사람이었을지 모르지만, 이 특별한 문제에 대해서는 자신의 지혜를 공개적으로 발휘하지 않았으며, 그럼으로써 많은 이에게 괴로움과 실망을 안겼다.

그 이후 핵무기 사용과 관련해서 제기된 두 가지 진술이 후대까지 널리 알려져 있다. 첫 번째는 로스앨러모스 연구소 소장이자 파인만의 전 상사였던 로버트 오펜하이머Robert Oppenheimer의 진술로, 그는 이 폭탄을 만들면서 "파괴의 신 시바와 같은 사람이 됐다"라는 잊을 수 없는 말을 남겼다. 파인만이 들었다면, 결코 그렇게 말하지 않았을 것이다. 그리고 파인만은 로스앨러모스에서 일했던 대부분의 사람들과 마찬가지로, 나중에 로스앨러모스 소장이 된 해럴드 애그뉴Harold Agnew의 "진주만, 바탄반도, 난징, 그리고 다른 모든 잔학 행위 때문에, 일본인은 죽어 마땅하다!"라는 의견에 반대한 적도 없었다. 한 가지는 다소 현명한 발언이고, 다른 하나는 잔인할 정도로 속물적인 판단인데, 그럼에도 세계 최고의 지성 중 한 사람으로 꼽히는 파인만은 이 두 가지에 대해 아무런 반응을 보이지 않았다. 이런 기묘한 무반응은 수수께끼로 남아 있으며, 그저 리처드 파인만이 세계 최고의 다른 석학들과 마찬가지로 복잡한 사람이었다는 변명이 일부에서 제기되고 있을 뿐이다.

끝으로 한 가지 덧붙이려고 한다. 히로시마 원자폭탄 투하의 직접적인 결과로 오늘날의 세계에는 핵무기가 가득하다. 지금껏 만들어진 무기 가운데 사용되지 않고 지나간 무기는 없으므로, 누군가가 어딘가의 전쟁에서 수소폭탄을 터뜨릴 것이라고 가정해도 타당할 것이다. 지혜가 개입해서 사전에 이런 일을 막지 않는 한

말이다. 런던 러셀 스퀘어의 신호등과 에놀라게이Enola Gay(히로시마
에 원자폭탄을 투하한 미국 B-29 폭격기의 애칭 — 옮긴이)의 역사적인
임무 사이의 지독히 고통스러운 시기에 지혜가 개입할 여지가 있
었던 것처럼, 이번에도 그럴 여지는 충분히 있다. 오늘날 인류 앞
에 놓인 현명한 길은 단 하나뿐이다. 완전히 비현실적인 방법이어
서 제안하는 것만으로도 조롱받고 경멸당할지 모르지만, 이것이
단 하나밖에 없는 지혜로운 방법이라는 사실에는 모두가 동의할
것이다.

일방적 핵 군축Unilateral nuclear disarmament. 이 문구는 오래전 1960년
대 뉴욕 그랜드아미플라자에서 그린햄커먼Greenham Common의 시위
와 체포, 실랑이를 떠올리게 한다. 앞서 소개한 위대한 철학자 버
트런드 러셀은 말년에 세계가 원자폭탄으로 자멸할 수 있는 길을
따라 여기까지 왔다고 하면서 이제 남은 유일한 현명한 조치는
핵 개발 중단이라는 믿음을 고수했다. 그리고 영국 정부에 이를
촉구하는 글을 쓰고 시위했다. 하지만 영국 정부는 이를 받아들
이지 않았다.

현재 미국에서 그런 주장을 공개적으로 옹호하는 사람은 거의
없다. 그의 뒤를 이은 거의 모든 백악관 후임자보다 전쟁의 참상
을 잘 알고 있었으며, 갈수록 힘을 키우는 군산복합체에 대한 반
대 의견을 인상적으로 공개 표명했던 드와이트 아이젠하워 대통
령을 제외하고는, 그 어떤 대통령도 이를 고려한 적이 없다. 일방
적 군축이라는 개념은 터무니없어 보이고, 정치적으로도 독이 될
수 있다. 미국 대통령이 어느 날 밤 황금시간대 텔레비전 방송으

로 국민 연설을 하고(그런 움직임이 경쟁국들을 설득할 수 있는지는 차치하고), 미국이 보유한 수천 개의 핵탄두를 모두 폐기하고, 전략 잠수함 함대를 기지로 복귀시키고, 폭격기 편대를 지상에 묶어두고, 연구 프로그램을 중단하고, 미래의 정치적 상황이 아무리 심각하더라도 다시는 핵무기를 사용하지 않겠다고 엄숙하게 선언할 수 있다고 가정해보자. 이런 생각은 상상하기조차 힘들고, 비현실적이다. 그렇다고 이것이 현명하지 못한 결정일까? 단기적 결과가 어떻든 간에, 앞으로 세계가 이 모든 재앙의 군주(즉 핵무기)로부터 안전하게 보호받을 것이라는 장기적 보장은 없다고 진지하게 목소리를 내는 사람은 거의 없다. 그런 주장을 펼치는 것이 옳은 일이다. 이는 현명한 결정이며, 필요한 조치를 먼저 취하는 사람은 참으로 현명한 지도자일 것이다. 그러나 최근의 어떤 미국 대통령도 이런 지혜를 발휘하는 모습을 볼 수 없다.

숙고하는 창조와 생각 없는 파괴

항상 그런 건 아니었다. 물론 미국 트럼프주의자들 사이에 나타나는 현실 부정은 말할 것도 없고, 브렉시트라는 별칭으로 불리는 영국의 2020년 유럽연합 탈퇴로 절정에 달했던 저급한 논쟁에서도 드러났듯, 오늘날 국가 정책을 결정하는 데 있어 현명한 판단이 부족하다고 한탄하는 사람이 많다. 하지만 비교적 최근의

─────── 존 제이, 알렉산더 해밀턴, 제임스 매디슨이 쓴 85개 소론 중 상당수는《연방주의자 논집》으로 통칭되며, 그들의 소론에는 미국 헌법 초안에 대한 해박한 논의가 담겼다.

역사에서도 조금은 고무적인 에피소드가 있었다. 미국이 새로운 헌법을 만들던 18세기 말에 훨씬 더 강력하고 지적인 논쟁이 벌어졌던 것처럼 말이다. 1787년 미국 전역이 열광했던 공개 토론의 기록인《연방주의자 논집》은 지혜가 어떻게 유익하게 활용될 수 있는지를 오늘날 틱톡에서 널리 공유되는 밈meme처럼 생생히 보여주는 사례다. 특히 이 경우는 낙관주의에 힘입어 세밀한 조율을 거쳐 새로운 정부를 수립하는 과정에서 지혜가 큰 힘을 발휘했다.

1787년 5월 필라델피아주 의사당에 55명의 남성이 모여, 지난 10여 년 동안 연결성이 약해서 제어하기 힘들었던 영국 식민지 연합의 정부를 가장 잘 규제하고 조정할 방법을 고민했다. 당시 서른여섯 살이던 제임스 매디슨이 전반적으로 이끌었던 토론에서 선출된 사회자 조지 워싱턴의 지휘 아래, 모인 사람들은 찜통같이 더웠던 펜실베이니아의 여름 내내 흥정하고 협상하며 고군분투했다. 마침내 9월 중순, 양피지에 '우리 국민We the People'이라는 유명한 문구로 시작하는 다섯 쪽짜리 문서를 작성했고, 참석자 중 39명이 서명했다(이 문서는 제이컵 샐루스Jacob Shallus라는 침착한 서기

지식의 탄생

가 형식을 갖춰 작성했다).

대표단 중 최고령자이자 미국 최고의 정치가였던 벤저민 프랭클린®은 회의가 끝날 무렵 다음과 같이 울림이 있는 연설을 했다.

우리는 오랫동안 함께했습니다. 그리고 온갖 반대에 맞서 싸워 왔습니다. 이해관계가 너무 많이 다르고 서로 경쟁하기 때문에, 어느 한 사람이 원하는 모든 걸 얻을 수는 없습니다. (……) 전체적으로 볼 때, 나는 이 헌법이 현재 상황에서 구성할 수 있는 최선이라고 생각하며, 이 헌법은 하나의 통일된 서명을 가지고 밖으로 나가야 하며, 우리의 모든 지지와 동의를 받아야 한다고 생각합니다. 나는 서명을 거부하는 사람이 한 명도 없을 것이라고 믿습니다. 거부하는 사람이 있다면, 나는 그 사람을 보면서 항상 주변의 모든 사람과 다투고 남의 흠을 찾아내던 프랑스 소녀를 떠올릴 겁니다. 그 소녀는 언니가 매우 특별한 사람이라고 생각한다고 말했지만, 실제로는 항상 자기 말고는 옳은 사람이 없다고 생각했지요.

그 후 거의 1년 동안 필라델피아에서 이룬 성과에 대한 논쟁과

● 놀랍도록 뛰어난 이 보스턴 태생의 필라델피아인의 관심사와 창작물을 소개하려면 지면을 몇 쪽이나 할애해야 할 것이다. 벤저민 프랭클린은 귀신처럼 뛰어난 체스 선수였고, 유리 하모니카를 만든 사람이자, 저널리스트, 작가, 편집자, 우정장관, 외교관, 스웨덴 대사, 프랑스 대사, 대학 설립자 겸 총장, 주지사, 물리학자(전기학 전공), 해양학자, 인구학자, 노예폐지론자, 사서, 프리메이슨 회원, 런던 식민지 사무관, 투자자로 활동했다. 그는 1785년 약간의 돈을 남겼는데, 그 돈은 2세기 동안 보관됐다가, 누적 금액이 수백만 달러에 이르렀던 1985년에 공익을 위해 사용됐다. 그는 미국 독립선언서에 서명했으며, 미국 헌법 작성에 기여한 사람 중 하나였다.

─── 벤저민 프랭클린의 엄청
난 지적 호기심과 업적에 필적할
만한 사람은 거의 없다. 미국 건국
문서에 대한 그의 논평은 그의 사
려 깊은 성품과 지혜를 모두 드러
낸다.

공개적인 검토가 이어졌다. 가장 유명한 것은 제임스 매디슨, 존
제이, 알렉산더 해밀턴이 쓴 81편의 소론으로, 초안대로 헌법을
비준해야 하는 이유를 냉정하고 이성적인 언어로 주장한 글이며,
뉴욕의 여러 신문에 실렸고 연방 전역의 신문에도 게재됐다. 이
소론들은 나중에 책으로 묶여서 오늘날 《연방주의자 논집》으로
알려진 한 권의 책으로 출판됐다. 학자들은 오늘날까지 이런 사
해 문서Dead Sea Scrolls(사해 북서부 동굴에서 발견된 구약 성서 등을 포함
한 고문서의 총칭─옮긴이)를 어떻게 하면 정부를 가장 잘 꾸릴 수
있을지에 대한 헌법 작성자들의 의도를 읽을 수 있는 글로서, 엄
숙함과 경외심을 품고 참조한다.

　1787년 9월부터 헌법이 비준되고 발효된 1788년 6월 21일 사

이의 기간에, 2,000쪽이 넘는 연설문, 권고문, 발표문, 비망록이 작성되고 출판됐다. 아직 공식적으로 발효되지 않은 헌법 조문에 대해 많은 사람이 숙고했던 것이 분명하며, 이런 문서들을 분석해 보면 사람들의 생각이 인상적으로 높은 수준이었음을 알 수 있다. 물론 남부인 다수가 노예제 폐지에 대해 완강한 거부감을 표명했으며, 단기간의 분리 독립과 4년간의 전쟁을 통해 해결되기까지 80년을 기다려야 했다. 그리고 아메리카 원주민을 '야만인'으로 지칭하거나 적어도 상존하는 위험으로 여기는 경우가 너무 많았던 것도 사실이다. 브루투스 9세_{Brutus IX}라는 필명으로 글을 썼던 뉴욕의 격렬한 반연방주의자는, 평시에 상비군을 양성해야 할 필요성에 반대하면서, 군대가 사람들의 자유를 위협하는 악이라고 보았다. 그의 경멸과 빈정대는 말투는 꽤나 위압적이다. 브루투스 9세는 이렇게 말한다.

많은 사람이 정부에 국민을 위압해 복종하게 할 군대가 없으면 질서를 유지할 수 없다고 말한다. 군대를 조직해서, 정부의 위엄을 뒷받침해야 한다고 말이다. 변방의 인디언이나 인접한 유럽주에서 비롯한 위험 등 여러 가지 그럴듯한 이유를 들어서 군대 양성을 정당화할 수 있을 것이다. 게다가 관심과 근면성이 필요한 직업을 찾기에는 너무 나태하고, 일을 아예 안 하기에는 너무 가난한 많은 가정의 젊은이들에게 군대가 만족스러운 일자리를 제공해 도움을 줄 것이라는 점을 더한다면, 정부가 군인들의 급여를 지급할 자금을 마련하기만 하면, 아마도 이른 시기

내에 대규모 상비군이 조직될 것이라는 사실을 의심할 이유가
거의 없다.

이것이 바로 미국이 현재 보유하고 있는 군 조직이다. 이 글의
작가는 지금으로부터 200여 년 전에, 군대가 생기는 것을 단호히
반대하면서도, 오늘날에는 거의 찾아볼 수 없는 현명한 분별력으
로 그런 조직이 곧 생길 것임을 정확히 예측하고 있다.

　세계 역사에서 이런 사건을 굳이 더 많이 들추지 않더라도, 결
정을 내릴 때 지혜가 어느 정도 적용됐는지는 그 결정이 무언가
를 건설했는지 또는 파괴했는지에 따라 달라진다는 간단하고 어
쩌면 쉬운 결론을 제안할 수 있다. 무언가를 만드는 데에는 시간
과 계획과 정성이 필요하지만, 무언가를 허무는 것은 언제나 빠르
고 지저분하며, 생각할 필요가 훨씬 적다. 헌법을 만들 때는 현명
한 사람들의 깊은 사색과 숙고가 필요했다. 도시, 국가, 행성을 파
괴할 때 가장 중요한 목표는 속도이며, 빨리 완수하고, 끝내고, 마
무리하고, 어떤 영향을 미칠지는 나중에 생각한다. 2020년 영국
과 유럽연합의 공식적인 관계 파기가 대표적인 예다. 해체하는 것
은 신속성의 문제이지만, 창조하는 것은 적어도 부분적으로는 현
명한 사람들의 작업이어야 한다.

위대한 지혜

그리고 원로들도 있다. 건축가 벅민스터 풀러가 이 세상의 문제는 제대로 된 작동 지침 없이 만들어졌다는 것이라고 불평한 이래로, '근원적 지침original instructions'이라는 표현이 널리 쓰이기 시작했다. 이 표현은 백인들에 의한 지구 파괴 과정이 서서히(그렇지만 갈수록 빠르게) 시작되기 전에, 우리보다 훨씬 전에 이 땅에 살았던 사람들은 세상의 작동 원리를 깊이 인식하고 있었으며, 실제로 풀러가 추구했던 것과 동일한 근원적 지침을 갖고 있었다는 사실을 상기시켜주는 말이었다. 점토판에 새기거나, 양피지에 필사하거나, 구텐베르크의 인쇄기로 찍어내거나, 도서관에 보관하거나, 휴대폰에 저장해둔 것은 아니지만, 많은 이의 마음속 깊은 곳에 존재했다. 이런 지침은 노래, 시, 춤, 의례, 의식 등 다양한 형태로 오랜 세월 동안 전승되어왔으며, 현대적인 것에 밀려 그동안 하찮게 취급됐던 민족의 축적된 지혜를 대변한다. 이익과 성공을 위해서라면 수단과 방법을 가리지 않는 약탈자들인 우리가, 우리 행성을 파괴하지 않고 잘 돌보고, 지속 가능한 삶을 위해 귀 기울여야 하는 것이 바로 이런 민족의 후손들의 이야기다. 그들은 원로이며, 위대한 지혜를 가지고 있다고 일컬어진다.

그들은 믿을 만하다. 이는 본질적으로 전 세계의 모든 원주민에게서 오랜 세월 이어져 내려오는 가장 위대한 힘인 것 같다. 현대 생활의 정신없이 빠른 속도, 끝없이 쏟아지는 새로운 기술, 혼란과 소동, 다양한 정치적·군사적 모험과 사건은 모두 잠깐 있다가 사라지는 것이지만, 그 모든 순간의 배경에는 울루루, 로터루아, 파인리지, 요세미티, 수라바야, 하르드와르, 툭토약툭이나 치첸이 차 출신의 지혜로운 사람들이 주의와 경계의 눈으로 우리를 지켜주고 있다. 과라니족이든 투아레그족이든 산족이든 사미족이든, 칼리만탄(보르네오) 밀림 깊숙한 곳에서, 현대인과 접촉하지 않는 유목민으로 태어났든, 현명한 원주민들은 자신들을 함부로 대하는 백인 침입자들에게 한결같은 메시지를 전한다. 지구가 위험에 처해 있으니, 행동을 절제하고 우리가 오래전부터 물려받은 상태를 유지하도록 도와달라는 것이다.

안정적이고 믿을 만하다는 뜻의 '배의 키를 능숙하게 잘 다룬다'는 표현은 폴리네시아 원주민들에게 특히 적절한 은유다. 최근 폴리네시아의 한 원로가 오랜 세월을 살며 터득한 조언을 세상 사람들에게 전한 내용을 나는 매체를 통해 접했다. 그의 이름은 마우 피아일루그Mau Piailug였고, 부족 사회에서 항해사이자 길잡이 역할을 하는 사람이었다. 1970년대 후반까지 그는 나침반, 시계, 육분의, 라디오, GPS를 비롯한 어떠한 기계나 광학 장치 없이도 광활한 태평양을 횡단할 수 있었다. 조상 대대로 이어져 내려온 능력이었다. 하와이, 아오테아로아, 라파누이 경계 해역에서 활동하던 폴리네시아 항해사들은 태양, 달, 별, 구름의 패턴, 지나가는 바닷새의 비행경로와 새의 종류, 파도의 방향과 너울, 바람의 세기와 방향, 떠다니는 부유물의 성질, 선체 아래 바다의 촉감 등을 관찰해서 항해에 이용했다. 바다에서 길을 찾으려면 끊임없는 관찰과 끝없는 암기가 필요했는데, 현대 기술이 편리함과 안전이라는 명목으로 이 두 가지 요건을 모두 없애버렸기 때문에 그 기술은 침식되고 쇠퇴하며 사라지기 시작했다. 1970년대 중반쯤에는 폴리네시아인 중에 조상 대대로 내려오는 길 찾기 기술을 아는 사람이 거의 사라졌다. 실제로 그 기술을 아는 사람은 마우 피아일루그가 유일했고, 그는 캐롤라인제도에 있는 미크로네시아인의 섬 사타왈Satawal에 숨어 있었다. 당시 40대였던 그는 폴리네시아어로 '팔루palu'라고 불리는 항해의 달인으로 그 지역에서 존경을 받았으며, 넓은 바다용 카누를 제작하는 기술이 아주 뛰어났다. 1976년에는 미국 독립선언 200주년이 되는 해를 맞아, 그의 독특한 기술이 갑자기 예기치 않게 유용하게 사용됐다. 사타왈에서 바다를 6,500킬로미터나 건너가야 닿는 하와이의 젊은이들로 구성된 한 단체가, 하와이 문화가 와이키키의 꽃목걸이 레이lei와 루아우luau(하와이 요리로 여는 야외 연회―옮긴이)가 전부가 아니라는 것을 보여주고, 그들이 사는 지역의 전통문화를 알리고 싶은 간절한 마음에, 대형 카누를 만들어서 미국 본토 사람들에게 자랑하기로 결심했다. 그들은 조상들이 그랬던 것처럼 카누를 타고 바다를 항해하는 방법을 배우고 싶었고, 그 방법을 가르쳐줄 사람을 찾았다. 하지만 하와이에서도, 이스터섬에서도, 한참 밑에 있는 뉴질랜드에서도 항해법을 알려줄 만한 사람을 찾을 수 없었다. 알고 보니 그 요령을 아는 건 단 한 사람, 마우 피아일루그뿐이었다. 하와이에서 파견된 대표자가 캐롤라인제도를 찾아가서, 다소 수줍음이 많은 마우 피아일루그를 만나 설득했다. 생전 처음

————— 폴리네시아의 위대한 뱃사람이자 전통 항해사였던 마우 피아일루그와 하와이의 지
리학자 엘리자베스 린지(Elizabeth Lindsey). 두 사람 모두 태평양 문화 정보 분야에서 널리
알려진 인물이다.

비행기를 타게 된 피아일루그는 유나이티드항공 아일랜드 호퍼
비행기를 타고 사타왈에서 480킬로미터 떨어진 추크Chuuk의 활주
로에 내렸다. 하와이 젊은이 단체는 새로 만든 쌍동雙胴 카누 호쿨
레아Hokule'a('기쁨의 별'이라는 뜻)를 보여주었다. 그가 그들에게 항
해법을 가르쳐줄 수 있었을까? 도구 없이 방향을 찾아가는 법도
알려줄 수 있었을까? 하와이에서 타히티까지 4,425킬로미터를 무
동력으로 함께 항해할 수 있었을까?

　그는 흔쾌히 동의했다. 그는 갑판의 방향타 옆 해먹에서 잠을
잤다. 그는 관찰하고, 암기했다. 그는 별에 대해서, 그리고 시시각

각 변하는 별의 위치에 대해서 잘 알고 있었다. 때때로 물속으로 내려가서 선수에 평평히 누워 아래쪽 바다의 소리를 들었다. 그는 지나가는 파도를 세기도 했다. 그리고 구름을 한없이 바라봤다. 그는 거의 말을 하지 않았지만, 31일 동안 바다만 보고 수평선에 있는 다른 배에는 눈길 한번 안 주다가 다음 날 아침 제1사장 bowsprit(이물에서 앞으로 튀어나온 기움 돛대―옮긴이) 옆에 있는 망루에서 해안의 돌출부를 확인해야 한다고 말했다.

작은 흰 제비갈매기가 하늘에 나타났는데, 이는 육지에 가까워졌다는 신호였다. 그리고 마우의 말대로 작은 배는 미개척지인 투아모투제도 마타이바Mataiva의 서쪽 절벽에 닿았고, 하루 뒤에는 타히티의 수도인 파페에테 항구에 도착했다.

이 항해는 성공적이었고, 2012년에는 3년간의 세계 일주 오디세이가 시작되어 전 세계에 폴리네시아 항법을 널리 알리는 등 많은 사람이 그 뒤를 따랐다. 그 성과는 이루 말할 수 없이 컸다. 전통적인 장거리 항해의 장점과 이점이 완전히 새로운 세대의 하와이인들에게 알려졌고, 섬 주민들은 오늘날까지도 사타왈 원주민의 거의 소멸할 뻔한 기술을 통해 탄생한 범태평양 문화와 역사적 깨달음의 감탄스러운 부흥에 대해 이야기한다. 마우 피아일루그는 35년 동안 명예 학위와 훈장, 증서, 그의 삶을 다룬 다큐멘터리 영화가 제작되는 등 자부심과 존경 속에서 살아갔다. 중년의 나이에는 전통적인 폴리네시아 항해술이 사라지고 기술의 편리함으로 완전히 대체될 것을 걱정했었다. 이제 원로의 자격을 갖춘 그는, 전통이 소멸하지 않고, 오래된 카누가 그랬던 것처럼 앞으로 수십 년 동안 오세아니아 전역에 퍼져나갈 것이라는 사실에 만족한다는 솔직한 마음을 털어놓았다.

지식의 본질

그런데 이 모든 것 이전에 르네상스보다도, 계몽주의보다도, 산업혁명보다도, 갈릴레오와 뉴턴보다도, 밀턴과 아인슈타인보다도, 팀 버너스리보다도 전에, (그렇지만 플라톤과 소크라테스 이후에) 아리스토텔레스가 있었고, 공자도 있었다. 공자는 기원전 551년에 중국 동부에서 태어났고, 철학자 아리스토텔레스는 2세기 후인 기원전 384년에 그리스 동부에서 태어났기 때문에, 두 사람의 생애가 겹치지는 않는다. 아리스토텔레스는 62년, 공자는 72년을 살았다. 두 사람의 영향력은 엄청나게 깊었고 특이하게 아주 오래도록 이어지고 있기 때문에, 아리스토텔레스학파와 공자의 철학인 유교 사상은 인류가 문명화된 행동을 할 수 있는 한 꾸준히 존재할 사상과 감정, 도덕적 올바름을 대표하는 학파가 될 가능성이 높다.

두 인물의 개별적인 영향력은 더없이 깊고 고결하지만, 그들의 가르침은 엄청나게 다르다. 여기서 내가 어느 한쪽을 요약하거나 둘을 비교하는 잘못을 범한다면 철학계의 분노를 사고도 남겠지만, 두 사람 중 공자가 더 명료하고 명확한 가르침을 남겼다는 데에 이의를 제기하는 사람은 거의 없다.

수천 년 전의 일이긴 하지만, 공자는 지극히 야만적인 상황이 벌어지던 중국에서 자랐다. 끔찍한 전쟁이 끊이지 않았고, 사람을 제물로 바치는 일이 널리 행해졌으며, 사제단은 소의 어깨뼈와 거북의 등껍데기에 생긴 균열을 보고 점을 쳐서 사람들에게 조언했다. 기원전 6세기에 중국 동부는 매우 혼란스러웠다. 가난한 관료 출신으로 10년 동안 자신의 사상을 전파하기 위해 떠돌이 전도사로 살았던 공자는, 《논어》에서 사회를 조금 더 질서 있는 방향으로 이끌 수 있는 몇 가지 규칙을 제시했다. 공자는 인간에게는 선한 본성이 내재되어 있으며, 이를 발굴하고 중요한 규율을 지키며 실천하면 사회 전체와 개인 모두를 개선할 수 있다고 생각했다.

유교적 삶은 스스로 정한 규칙을 의식적으로 꾸준히 지키는 삶이다. 유교의 가르침은 개인의 도덕성이라는 궁극적 목표를 위해, 윗사람을 존중하고, 부모를 공경하고, 효를 실천하고, 열심히 일하고, 나라를 사랑하고, 통치자를 존중하고 순종하며, 다른 사람에게 사랑을 보여주고, 온화하고 예의 바르게 행동하고, 배려해야 한다. 정의와 올바른 생각을 실천하고, 시와 음악을 즐기며, 의식과 의례의 중요성을 배운다. 무엇보다도 우리가 직관적으로 알고 있으면서도 이기적인 이유로 종종 무시하지만 이를 따르면 사회 전체를 지혜, 조화, 올바른 행동으로 이끌 수 있는 길인 도道를 따라야 한다. 다시 말해 유교는 완벽한 사람(남성)이 되는 것을 추구한다. 공자는 여성을 열등한 존재로 여겼고, 여성은 글을 읽고 쓸 줄 모르는 것이 최선이라고 말한 것으로 유명하다. 긍정적인 측면

—— 존경받는 고대 사상가인 아리스토텔레스와 공자는 오늘날까지도 전 세계 추종자들의 일상에 강력한 영향을 미치고 있다.

에서, 유교에서는 죽은 뒤 내세에는 어떤 보상도 없고 오직 덕이 그 자체로 보상이라고 받아들이며, 덕을 쌓기 위해 스스로 부과한 규칙에 의해 운영되는 사회는 악과 무절제를 몰아내고, 개별 구성원들도 마찬가지로 선망의 대상이 되는 절제와 덕을 가진 주체가 된다.

아리스토텔레스의 철학도 이렇게 단순하고 간소하면 얼마나 좋았을까? 아리스토텔레스의 사상은 이보다 훨씬 더 복잡하다. 그는 공자보다 200년 뒤에 마케도니아에서 살았고, 소크라테스의 제자인 플라톤에게 가르침을 받았다. 공자는 10년 동안 방랑하며 자신이 만난 군주들에게 자신이 제시한 규칙을 따르도록 유도하기 위해 노력했다. 아리스토텔레스는 많은 것을 알아내고, 탐구하고, 배우고, 이미 넓어진 마음을 더욱 확장하기 위해 해외로 떠났다. 아리스토텔레스는 독학으로 박식가가 됐다. 말년의 그는 대단히 폭넓고 방대한 지식을 가졌으며, 그의 사상은 이후 많은 서양 사상의 기초를 형성해 논리학과 철학 학파와 과학 사상을 탄생시켰다. 공자는 규칙을 세웠고, 아리스토텔레스는 문을 열었다. 공자가 올바른 행동의 길인 '도'를 제시했다면, 아리스토텔레스는 고결한 삶이 어떻게, 그리스 철학에서 에우다이모니아eudaimonia, 즉 '행복'이라고 부르는 것으로 이어질 수 있으며, 또 그렇게 되어야 하는지를 보여주었다.

나는 인도 아대륙 10킬로미터 상공을 서쪽으로 비행하는 TWA 항공기 안에서 조금은 특이한 대화를 나누면서 이 개념에 대해 알게 됐다. 때는 1971년 여름이었고, 다카에서 런던으로 향하던 중이었다. 내 옆자리에 앉은 사람은 콜카타 북쪽 마을의 가정의학과 전문의 아가왈 박사로, 작은 체구에 안경을 쓴 인도 신사였다. 이륙하는 동안에는 각자의 일에 신경을 썼지만 비행 중에 그와 대화를 나누게 됐다. 그때 승무원이 다가와 음료를 마시겠냐고 물었다. 그는 물을, 나는 콜라를 부탁했다.

"왜 콜라를 달라고 하셨어요?" 그가 내지르듯 큰 소리로 물었다.

"목이 말라서요." 내가 대답했다.

"그런 바보 같은 말이 어디 있어요?" 나는 그의 직설적인 말투가 싫지 않았다. 재밌고 듣기 좋았다. "콜라를 마시면 갈증 해소가 안 되고, 살이 찌고, 이가 썩는다는 걸 알잖아요. 그러니 다시 말해보세요. 왜요?"

"콜라가 좋아서요." 내가 말했다.

"하지만 몸에도 나쁘고 갈증 해소에도 도움이 되지 않는다는 걸 알면서, 왜 좋아하죠?"

"마시면 행복해지니까요." 내가 대답했다. "콜라를 마시면 기분이 좋아져요."

대화에 완전히 몰입한 아가왈 박사가 '바로 이거다!'라는 깨달음을 얻은 표정을 지었다. "아하! 알겠어요!" 그가 외쳤다. "서양 사람들은 꼭 그렇다니까요. 특히 미국인은요. 미국 사람들은 행복이 쾌락에서 비롯한다고 생각하는 것 같아요. 두 가지를 혼동하고 있어요. 쾌락의 삶은 진정한 행복의 삶이 아니에요. 행복은 탄산음료를 마시는 것이 아니라 미덕의 삶을 살고 성취의 삶을 살 때, 그러니까 삶을 온전하고 올바르게 살아갈 때 얻을 수 있는 거예요. 아리스토텔레스를 읽어보세요. 특히 《니코마코스 윤리학》을요. 행복(여기서 아가왈 박사한테서 에우다이모니아'라는 단어를 처음 들었다)은 도덕적·지적 인격을 적절히 훈련한 결과로, 즉 덕이 있는 사람이 옳은 일을 하는 데에서 즐거움을 느낄 때 얻을 수 있는 겁니다. 쾌락은 부산물로 따라올 수 있어요. 하지만 그건 이성과 미덕을 지키며 사는 삶이 주는 부차적인 측면이지요."

나는 다소 당황했지만, 일종의 동의를 표했다. 아가왈 박사는 물을 한 모금 마시고 한동안 책을 읽었다. 그리고 몇 마디 더 대화를 나누다가 우리 둘 다 잠이 들었다. 히스로 공항의 택시 줄에서 추위에 잔뜩 웅크린 채 비를 맞지 않으려고 애쓰는 그를 마지막으로 보았다. 그는 미소를 지으며 내게 손을 흔들었다. "아리스토텔레스를 잊지 마세요. 힌두교도이자 벵골인인 아시아 사람으로서 말하는 거예요. 아리스토텔레스는 아주 뛰어난 철학자예요.

그를 절대 잊지 마세요."

　아리스토텔레스의 매력은 그가 아는 것이 정말 많았다는 것이다. 비행기에서 만난 벗이 그토록 존경했던 윤리에 관한 두꺼운 저서에 나오는 조언과 주의 사항 외에도 훨씬 더 많은 내용이 있다. 그의 저서를 나열하면 대체로 다음과 같다.

《장수와 단명에 관하여》

《젊음과 늙음, 삶과 죽음에 관하여》

《동물의 역사》

《동물의 부분들에 관하여》

《동물의 움직임에 관하여》

《동물의 앞으로의 움직임에 관하여》

《동물의 발생에 관하여》

《형이상학》

《정치학》

《수사학》

《시학》

《아테네 헌법》

《자연학》

《천체에 관하여》

《생성과 소멸에 관하여》

《기상학》

《혼에 관하여》

《감각과 감각 대상에 관하여》

《기억에 관하여》

《잠에 관하여》

《꿈에 관하여》

《잠 속의 점술에 관하여》

《소피스트적 논박(궤변론)》

《범주론》

《변증론》

《분석론 전서》

《분석론 후서》

《명제론De interpretatione》

《위대한 도덕Magna moralia》

《에우데모스 윤리학》

  이 책의 중심이 되는 한 가지 분야를 제외하고는, 그의 관심사와 전문지식의 규모와 폭은, 그의 사상을 요약하는 것이 시도조차 불가능한 수준임을 알 수 있을 것이다. 아리스토텔레스는 '지식의 본질'에 끊임없이 흥미를 느꼈다. 서문에서 언급했듯, 플라톤의 제자였던 그가 오랫동안 같은 생각, 즉 '안다는 건 무엇이며, 알게 된다는 건 무언가?'라는 질문과 씨름했으니 당연한 일이라 하겠다.

  플라톤에게 지식의 본질은 정당화된 참인 믿음으로 요약될 수 있다는 것이었는데, 현대의 많은 철학자가 이런 설명의 간결함에 문제를 제기하고 더 미묘하고 세분화된 접근을 요구할지 모르지만, 아리스토텔레스는 더 근본적인 문제로 고민했다.

그는 플라톤이 증거나 경험에 기초하기보다는 가정, 분석, 깊은 사색에 근거해서, 자신이 정한 규칙을 선험적 명제로 제시하고, 지식에 대해 지나치게 공상적인 접근방식을 취했다고 믿었다. 플라톤은 외부 세계의 혹독한 현실과 거리를 두고 아카데메이아에서 지낸 뛰어난 사상가였다. 이탈리아, 시칠리아, 이집트 등을 여행했을 때도 플라톤은 다른 철학자들과 만나 고차원적인 토론을 벌였을 뿐 단 한 번도 세속적인 세계에 몸을 담그지 않았다.

아리스토텔레스는 그와 달랐다. 그는 궂은 경험을 해가면서 여기저기 여행을 다니며 생물학, 물리학, 논리학, 천문학, 일기예보, 지질학을 비롯한 수많은 학문을 배웠고(특히 그리스의 많은 섬에서) 집으로 돌아갈 때면 논문, 소책자, 주요 저작 등 모든 것을 세심히 챙기고 도서관 사서와 같은 정신으로 정리하고 분류해서 가지고 갔다. 그의 호기심을 자극하기에 너무 하찮거나 너무 중요한 것은 없었다. 옥스퍼드에서 평생을 아리스토텔레스 연구와 번역에 헌신한 스코틀랜드인 데이비드 로스 경Sir David Ross은 아리스토텔레스의 두 가지 특징으로 질서와 정돈에 대한 애정과 "지식 이론에서 합리주의자도 경험주의자도 아닌, 감각과 지성의 역할을 모두 인정하는 일종의 영감에서 출발한 상식 덕분에 어느 한쪽으로 치우치지 않았음"을 지적했다. 한마디로 아리스토텔레스는 다재다능하고, 다차원적이며, 영리하고, 지식이 풍부하고, 호기심이 많고, 영감을 주는 사람이었다.

가장 현명한 사람

원래는 바로 앞 단락을 마지막으로 이 책을 마무리하려고 했다. 하지만 시카고대학교의 실천적지혜센터의 학자들과 장시간 대화를 나누면서 들었던 한 가지 최종적인 생각이 자꾸 떠오른다. 어떤 학술적 근거가 있는 것은 아니고, 일반인으로서의 생각이다.

바로 앞 몇 쪽에 걸쳐서 자주 언급했던 것처럼, 이 책은 다양한 방식으로 뇌의 과로를 덜어주는 이 모든 놀라운 기계가 어떤 식으로든 인간의 사고능력을 축소시킬 것이라는 생각에서 출발했다. 마치 근육을 덜 쓰면 약해지고 쓰임새가 없으면 작동을 멈추는 것과 마찬가지로 말이다.

그런데 만일 그 반대가 사실이라면 어떨까? 마음은 근육과 다르다면? 연산, 지리, 철자법, 수많은 사실 암기 같은 지루한 일로 정신에 부담을 주지 않아서 오히려 정신의 일부가 자유로워진다면? 그리고 그렇게 여유로워진 정신에 추측하고, 숙고하고, 반추하고, 고려하고, 평가하고, 궁금해하고, 관조하고, 상상하고, 꿈꿀 수 있는 시간과 여력이 그만큼 더 생긴다면? 일상적인 과업의 폭풍과 스트레스를 없애고, 정신의 신호 대 잡음 비율을 낮추어서 정신이 맑아지면, 덜 흐릿하고 덜 부담스럽고 덜 괴로운 상태로, 늘 잠재되어 있던 정신적 능력을 발견할 수 있게 된다면 어떨까? 그러면 우리는 사려 깊고, 배려하고, 인내심 있고, 현명한 사람이 될 수 있다.

그러면 우리 모두가 각자 공자, 아리스토텔레스, 플라톤, 심지어 소크라테스 같은 사람이 될 수도 있다. 미래의 지능형 기계는 전두엽의 부담스러운 작업을 처리하고 뇌의 부담을 덜어줄 수 있다. 현대 사회의 정신적 지루함과 사실적 지식의 과부하에서 벗어난 인류는 다시 한번 편히 앉아 '생각'할 수 있는 혜택을 누릴 것이다. 그렇게 되면 우리가 실제 '아는' 것뿐만 아니라 온전한 인간이 되기 위해 '알아야' 하는 것까지 알게 될지도 모른다.

감사의 말

이 책의 주제가 헤아릴 수 없이 방대한 데 비해서 자료를 조사하고 집필하는 과정에서 실제로 도움을 받았던 이들이 상대적으로 적다는 사실을 최종 원고를 검토한 뒤에야 깨달았다. 그 배경에는 누가 봐도 명백한 이유가 있다. 2020년 봄에 시작된 전 세계적인 코로나 바이러스 팬데믹 때문이다. 다행히 이 글을 쓰는 시점에는 차츰 소강상태에 접어든 것으로 보이지만 말이다.

지금까지 책을 쓸 때는 다루고자 하는 주제가 그다지 방대하지 않았는데도, 조사할 것이 있으면 주저 없이 여행길에 올랐고 도움의 손길을 내미는 분들의 환대와 안내를 감사히 수락했다. 그러나 이 책을 집필하는 동안에는 사실상 아무 데도 가지 않았다. 2021년 가을에 딱 한 번 영국에 다녀온 것을 제외하면, 매사추세츠 서부에 있는 우리 집 서재에 엉덩이를 딱 붙이고 앉아서 읽고,

읽고, 또 읽고, 쓰고 또 쓰면서 집필에 몰두했다.

물론 그러는 동안 셀 수 없이 많은 전화 통화와 이메일을 주고 받았으며, 페이스타임과 스카이프를 이용한 영상통화, 줌 화상회의, 문자로 사람들과 긴밀히 소통했다(디지털 세상의 변화 속도가 얼마나 빠른지를 고려하면 10년 뒤에는 지금 이 문장을 이해하기가 힘들어질지도 모르겠다). 하지만 사람들을 직접 만난 경우는 아주 드물었다. 술집이나 카페 테이블, 책상에 마주 앉아서 대화를 하거나, 전문지식을 나누거나, 책을 빌리거나, 잊힌 지 오래된 자료에서 발췌한 글을 공유하는 등의 관습적인 사회 활동은 대부분 금지됐다. 자료 조사 과정에서 평소 큰 기쁨을 얻었던 이런 활동들이 이 책을 집필할 때는 거의 없었다.

나의 다른 책들과 비교하면 책을 집필하는 데 직접 받은 도움이 훨씬 적었을지 모르지만, 그런 상황에서도 꽤 많은 이에게 도움을 받았다. 이 자리를 빌려 그들에게 깊은 열정과 기쁨으로 감사의 인사를 전하고 싶다. 우선 지식에 관한 연구의 대가인 피터 버크 케임브리지대학교 문화사 명예교수는 이매뉴얼칼리지에서 나를 환대해주었으며, 그가 보내준 편지와 조언은 오래도록 소중한 가치가 되었다. 마찬가지로 지식의 수집과 보관에 관심이 많은 옥스퍼드대학교 보들리도서관 사서 리처드 오벤던은 관련 기관의 역사를 통해 그 취약성에 관한 소중한 의견을 들려주었다. 시카고대학교 실천적지혜센터 설립자인 하워드 누스바움은 줌을 이용한 화상회의에서 인간의 정신에 있어서 더 숭고한 성취의 미래 가치와 위험에 관한 흥미로운 이야기를 들려주었다.

동료, 친구, 지인 중에서는 아동 발달 전문가인 하버드대학교의 폴 해리스와 옥스퍼드대학교 윌리엄스칼리지의 수전 엥겔, 런던 도서관의 페이 해리스와 매슈 브룩, 케임브리지대학교 니덤연구소의 존 모펫, 인도 벵갈루루 파리크르마 학교 설립자인 슈클라 보스, 인공지능의 놀라운 신비를 알려준 케인 셰이와 데이비드 루안, GPS 내비게이션이 나오기 전에 얼마나 복잡한 방법을 사용했는지를 일깨워준 독보적인 항해사 루스 보이델, 소장하고 있는 《키싱의 현대기록 아카이브》여러 권을 빌려준 암몬 셰이, 공영방송 BBC의 역사에 대한 통찰력을 제공해준 《가디언》기자 샬럿 히긴스, 문다네움에 관한 몹시 당황스럽고 힘들었던 연구 과정에 도움을 준 폴라 케이로스와 이에 대한 훌륭한 책을 집필한 알렉스 라이트, 폴리네시아 고유 지식의 불꽃을 간직하고 있는 엘리자베스 카푸우와일라니 린지, 작고한 아버지 리처드 파인만에 대한 이야기를 너그럽게도 내게 글로 적어서 알려준 미셸 파인만, 파인만에 대한 이야기와 짧은 역사 동안 그가 사랑했던 그의 조국 탄누투바에 여러 해 전부터 계속 관심을 가져왔던 내 친구이자 런던에서 활동하는 영화 제작자인 크리스토퍼 사이키스, 불교 지혜의 본질에 대해 내가 자문을 구했던 몬트리올 마리아노폴리스칼리지의 버네사 사손 교수, 오랜 친구이자 폴리네시아의 전통 지식에 대해 많은 이야기를 해준 동료 이언 부루마에게 특히 감사드린다. 편집자이자 역사가인 리처드 코언도 현명한 조언을 많이 해주었다. 그리고 내 큰아들 루퍼트 윈체스터는 지금까지 항상 그랬듯이 책을 쓸 때 건설적인 격려를 아끼지 않았다. 또 윌리엄스칼리

지식의 탄생

지에 다닐 때 중국인 동료 학생들을 데려와서 중국의 대학입학시험인 가오카오에 대한 흥미로운 이야기를 들려준 에리카 친에게도 감사의 인사를 전한다.

대단히 훌륭한 편집자이자 좋은 친구인 세라 넬슨은 신중하고 다정한 태도로 이 책에서 필요한 부분을 잘라내고 접합하는 등의 수술을 시행해 거친 표현을 읽기 쉽게 바꾸어놓았다. 효율성, 재능, 감각의 귀감인 에디 애스틀리는 상사인 세라 넬슨을 도와 책에 넣을 이미지 자료를 함께 골라주었고, 많은 고비를 넘기면서 이 책을 만들어냈다. 두 사람에게 진심으로 감사드린다.

런던에서 내 책의 출판을 맡아 진행한 편집자 아라벨라 파이크, 내가 가장 좋아하는 뉴욕 WME의 에이전트 수잰 글럭, 불굴의 의지로 함께하는 그녀의 조수 앤드리아 블랫(지금은 그녀도 자신의 능력에 걸맞게 에이전트가 되었다)과 니나 이안돌로, WME 런던에서 마찬가지로 에이전트로 일하는 마틸다 포브스 왓슨에게도 감사드린다.

2022년 12월,
매사추세츠주 샌디스필드에서
사이먼 윈체스터

- **갈레노스**Galenos : 서기 129년 소아시아에서 태어난 클라우디오스 갈레노스는 인간과 동물 해부학에 대한 독보적인 지식을 쌓았다. 그 후로는 의학적 지식을 습득해 여든일곱 살의 나이로 죽을 때까지 연구와 저술 활동에 매진했다.

- **계몽주의**Enlightenment : 1637년 르네 데카르트의 유명한 '코기토, 에르고 숨(Cogito, ergo sum: 나는 생각한다. 그러므로 나는 존재한다)'이라는 선언과 함께 2세기에 걸쳐 진행된 이 운동은 교회의 독단적 지배에서 벗어나 이성적인 인간을 중요시하기 시작했다. 계몽주의의 영향으로 과학이 탄생했고, 이단과 배교(背敎)는 그림자 속으로 사라지게 됐다.

- **공자**孔子 : 기원전 551년에 출생했다. 서양에서는 동양 철학과 문화적 가치의 시조이자 중국에서 가장 존경받는 사상가로 평가된다.

- **네부카드네자르**Nebuchadnezzar : 기원전 605년부터 562년까지 43년 동안 바빌로니아 제국을 통치한 최장수 왕. 고대 세계에서 가장 강력한 통치자이자 바빌로니아 도시의 주요 설계자 중 한 명이었다.

- **달라이 라마**Dalai Lama : 티베트 불교의 14대 지도자로 1935년에 태어났다. 어릴 때는 라모 톤둡(Lhamo Dhondup)이라는 이름으로 불렸다. 1959년 중국에 합병된 티베트에서 탈출한 이후 티베트의 대의를 널리 알리기 위해 전 세계를 돌아다니고 있다.

- **《데르수 우잘라》**Dersu Uzala : 러시아에서 출판된 책으로 일본의 구로사와 아키라 감독이 만든 두 편의 영화 제목이기도 하다. 문명화된 외부 세계의 모든 사람이 부러워하는 최고의 원주민으로 뽑힌 극동의 숲에 사는 사냥꾼에 관한 내용이다.

- **데칸고원**Deccan Plateau : 인도 중남부의 광물이 풍부하고 대체로 건조하며 바위가 많은 광활한 지역으로 많은 힌두교 왕조와 제국의 본거지였다.

- **레오 10세**Leo X : 1475년에 태어나 1521에 사망했다. 사제 교육을 받지 않은 몇 안 되는 교황 중 한 명이다. 마르틴 루터가 요구한 개혁을 거부해 종교개혁과 개신교의 확산을 초래했다.

- **로런스 스턴**Laurence Stern : 1759년부터 1767년까지 출간된 아홉 권짜리 책 《트리스트럼 샌디Tristram Shandy》로 유명한 아일랜드 출신의 영국 작가다.

- **로버트 번스**Robert Burns : 1759년에 태어나 서른일곱 살의 젊은 나이에 세상을 떠났지만, 스코틀랜드의 국민 시인으로 전 세계에 이름을 알렸다. 그의 시는 쉽게 읽을 수 있는 가벼운 스코틀랜드어로 쓰였다.

- **루도비코 라자로 자멘호프**Ludoviko Lazaro Zamenhof : 안과 의사였던 그는 1873년 학창 시절에 새로운 언어가 세상에 평화를 가져올 수 있기를 바라며 국제어 에스페란토를 창안했다.

- **마그나 카르타**Magna Carta : 영국에서 1215년 주권자의 자의적 권위에 맞서 개인을 보호할 것을 선언한 평화조약. 오늘날에도 여전히 인권의 기초 문서로 여겨진다. 현존하는 사본은 네 부다.

- **마셜 매클루언**Marshall McLuhan : 캐나다의 철학자이자 커뮤니케이션 이론가. 지구촌 (global village)이라는 용어의 창시자로 1960년대 토론토에서 가르친 "매체는 메시지다 (the medium is the message)"라는 표현으로 더 유명하다.

- **말벌**Wasp : 수만 종의 말벌은 보통 독립적으로 이동한다. 마치 성가시게 하는 것 외에는 다른 목적이 없는 것처럼 보인다.

- **매슈 페리**Matthew C. Perry : 밀러드 필모어(Millard Fillmore) 미국 대통령의 몇 안 되는 업적 중 하나는 1853년 페리 제독을 일본에 파견해서 고립되어 있던 일본이 미국과의 교역에 문을 열게 하고 굳건한 우정을 쌓은 것이다.

- **맹자**孟子 : 기원전 3세기의 중국 철학자로 유교 사상과 신념을 가르치고 전파했다. 지금도 공자 다음으로 영향력 있는 인물로 여겨지고 있다.

- **멘사**Mensa : 1946년에 설립되어 '지성의 귀족'을 양성하기 위해 만들어진 고지능자 단체. 현재 약 13만 5000명의 성인 및 어린이가 회원으로 가입되어 있다.

- **반역죄**Treason : 반역죄는 오랜 세월 이어져 내려온 가장 중대한 범죄 중 하나이다. 최근까지 사형에 처해졌으며, 종종 이색적인 형벌(예: 잡아 늘이기, 사지 찢기)을 받기도 했다. 반역은 자신이 충성을 바쳐야 하는 국가를 공격하는 행위다.

- **버그도프 굿맨**Bergdorf Goodman : 1899년에 설립된 이 고급 백화점은 뉴욕의 상징적인 건물로 1920년대부터 5번가와 58번가가 교차하는 지점 한 블록에 걸쳐 자리 잡고 있다.

- **벅민스터 풀러**Buckminster Fuller : 측지선 돔(geodesic dome: 다각형 격자를 짜맞춘 돔―옮긴이) 을 만든 것으로 가장 잘 알려진 미국의 디자이너이자 발명가, 건축가.

- **《베오울프Beowulf》** : 3,182행으로 구성된 고대 영어 서사시. 8세기 스칸디나비아의 전투

와 괴물 퇴치, 영웅주의에 관한 이야기로, 초기 색슨족 문학에서 타의 추종을 불허하는 대서사시다.

- **사르곤**Sargon : 메소포타미아 최초의 통치자로 사르곤 대왕, 아카드의 사르곤 등으로 불린다. 기원전 2300년대에 살았으며 세계 최초 제국주의 군주로 널리 알려져 있다.

- **새뮤얼 존슨**Samuel Johnson : 《미국 인명사전》은 18세기 작가이자 시인, 비평가인 그를 "영국 역사상 가장 저명한 문필가"라고 소개한다. 1755년에 처음 출간된 그의 영어 사전은 여전히 고전으로 남아 있다.

- **샤르트르 대성당**Cathédrale de Chartres : 약 1,000년 전에 지어진 고딕 양식의 가톨릭 성당. 파리 남서쪽 평지에 우뚝 솟아 있으며 수 세기 동안 변함없는 모습을 유지하고 있다.

- **서태후**西太后 : 청나라 말기의 황태후로 중국 제국의 끝에서 두 번째 통치자였다. 이 무자비하고 야심에 가득 찬 만주족 여인은 1908년에 사망하기까지 47년 동안 자금성에서 권력을 휘둘렀다.

- **소크라테스**Socrates : 이 그리스 철학자는 저술을 남기지 않았다. 우리가 알고 있는 그의 생애는 주로 플라톤과 크세노폰 등 제자들과의 '대화'에서 비롯된 것이다. "성찰하지 않는 삶은 살 가치가 없다"라는 유명한 격언을 남겼다.

- **수기 신호**Semaphore : 말 그대로 원거리에서 시각적으로 정보를 전송하는 시스템이지만, 현대에는 주로 해상에서 선원들이 사용하는 깃발 흔들기 암호와 관련이 있다.

- **시안**西安 : 인구 800만 명의 유서 깊은 이 도시는 오랫동안 고대 중국의 수도였다. 이곳에서 실크로드가 시작되었다.

- **시어스로벅**Sears, Roebuck : 미국 미니애폴리스에서 시계를 판매하기 시작한 리처드 시어스(Richard Sears)와 앨바 로벅(Alvah Roebuck)은 유명 출판물의 전신인 우편주문 카탈로그를 만들었다.

- **시에라리온**Sierra Leone : 이 작은 서아프리카 국가는 한때 노예의 공급원이었으며, 영국이 노예무역을 폐지한 후에는 해방된 사람들의 피난처가 됐다. 1961년 영국의 식민지에서 해방되었다.

- **아리스토텔레스**Aristoteles : 철학과 윤리학의 거장. 기원전 384년 그리스 북부에서 태어나 62년간 살면서 방대한 저술을 남겼으며, 이후 수 세기 동안 모든 종파 분열을 극복하고 지금까지도 전해지고 있다.

- **안다만제도**Andaman Islands : 인도와 미얀마 사이의 벵골만에 있는 약 300개의 열대 섬으로 이루어진 군도. 일부 섬에는 원시 사회 모습을 그대로 간직한 원주민들이 살고 있다.

- **앤드루 카네기**Andrew Carnegie: 스코틀랜드 출신으로 수백 개의 도서관을 기부한 자선 활동으로 유명하다. 미국 철강업 대부호가 되어 막대한 부를 축적했지만 거의 모든 재산을 기부했다.

- **에벌린 워**Evelyn Waugh:《특종》,《쇠퇴와 타락(Decline and Fall)》 등의 풍자소설을 쓴 작가. 사회적·정치적 견해 때문에 오늘날에는 오히려 유행에서 밀려났지만, 명쾌한 상상을 담은 그의 글을 여전히 좋아하는 독자가 꽤 있다.

- **올두바이**Olduvai: 탄자니아 북부에 있는 50킬로미터 길이의 협곡. 리키(Leakey) 가문의 일원이 대부분인 고인류학자들이 세계 최초의 인류 조상에 대한 귀중한 화석 증거를 많이 발견한 곳이다.

- **요제프 괴벨스**Joseph Goebbels: 나치 선전부 장관이자 홀로코스트의 주요 설계자. 히틀러의 가장 충성스러운 추종자 중 한 명인 그는 히틀러와 마찬가지로 베를린의 벙커에서 자살했다.

- **유척**遊尺, vernier scale: 16세기 프랑스 발명가 피에르 베르니에(Pierre Vernier)의 이름을 딴 아날로그식 측정 저울. 오늘날에도 초정밀 마이크로미터나 그와 유사한 장치에서 볼 수 있다.

- **유클리드**Euclid: 그리스 지배하에 있던 이집트 북부 알렉산드리아에 살았던 유클리드는 지난 2,500년 동안 전 세계 학교에서 가르쳐온 수학적 원리를 발견한 '기하학의 아버지'다.

- **유프라테스강**Euphrates River: 튀르키예의 아르메니아고원에서 남동쪽으로 페르시아만까지 2,800킬로미터 가까이 이어진다. 초기 서양 문명의 비옥한 진원지였던 메소포타미아의 경계 중 하나다.

- **이마누엘 칸트**Immanuel Kant: 계몽주의의 핵심 인물 중 한 명으로 1724년 프로이센에서 태어났다. 초월적 이상주의 사상으로 유명해져 현대 서양 철학의 토대를 마련했다.

- **제대군인원호법**Gi Bill: 1944년에 제정된 이 법률의 정식 명칭은 '군인 재조정 법안(Servicemen's Readjustment Act)'으로, 전시 복무를 마친 군인들에게 재정적 지원을 제공해서 민간 생활로의 복귀를 촉진하기 위해 제정됐다. 이 법률 덕분에 200만 명 이상의 수혜자가 무료로 대학에 진학했다.

- **조지프 니덤**Joseph Needham: 케임브리지대학교 생화학자에서 중국학자로 변신한 괴짜 학자. 중국이 세계 과학과 기술의 발전에 막대한, 그러나 잘 알려지지 않은 영향을 미쳤다는 믿음에 평생을 바쳤다.

- **존 로크**John Locke: 17세기 후반 영국의 철학자이자 경제학자. 오늘날 '자유주의의 아버지'로 여겨지는 로크는 계몽주의 이후 세계에 지워지지 않는 흔적을 남겼다.

- **《주역**周易**》:**《역경》이라고도 알려진 이 책은 중국 철학과 신앙의 중심이 되는 점술서로,

3,000년의 세월이 흘렀지만 여전히 많은 사람이 참고하고 있다.

- **총리아문**總理衙門：1861년 베이징에 설립된 중국 최초의 외무부. '여러 나라에 관한 사무를 총괄 관리하는 사무소'라는 뜻이다.

- **칼 포퍼**Karl Popper：20세기 오스트리아 빈 태생의 철학자로 주로 영국에서 활동했으며, 플라톤의 지식에 대한 정의를 확장했다.

- **코야니스카시**Koyaanisqatsi：호피족의 언어로 '균형이 깨진 삶'을 뜻하며, 해설이 없는 실험적인 1982년 다큐멘터리의 제목이다. 고프리 레지오(Godfrey Reggio) 감독이 만든 세 편의 시리즈 중 하나로 컬트 클래식(일부 관중에게 고전으로 자리매김한 작품—옮긴이)이 되었다.

- **크라카타우**Krakatau：1883년 인도네시아 수마트라와 자바섬 사이의 해협에 있는 화산. 이 화산 폭발은 현대 역사상 가장 격렬했던 폭발 중 하나이며, 그 소리와 충격파는 지구 전체에 영향을 미쳤다.

- **태평천국운동**：자신을 예수 그리스도의 동생이라고 믿었던 하카의 제자 홍수전(洪秀全)과 그의 추종자들이 1850년 중국 통치 왕조에 반기를 들고 일으킨 반란. 2000만 명이 사망한 세계 역사상 최대 규모의 내전이다.

- **토머스 칼라일**Thomas Carlyle：빅토리아 시대의 인물 중 스코틀랜드에서 가장 유명한 수필가이자 역사가, 철학자다. 특히 노예제도와 유대인에 대한 그의 견해를 상당히 불쾌하게 여기는 사람이 많지만, 그 명성은 여전한 듯하다.

- **트론헤임**Trondheim：노르웨이에서 지식의 수도로 알려진 피오르드 지방 도시. 1948년 영국의 철학자 버트런드 러셀이 비행정 추락 사고에서 살아남은 곳으로 유명하다. 이 비행기의 이름은《트롤과 염소 삼형제(The Three Billy Goats Gruff)》에서 따온 '부켄 브루스(Bukken Bruse)'였다.

- **티그리스강**Tigris River：튀르키예 동부의 호수에서 발원한 약 1,930킬로미터에 이르는 강. 서구 문명의 요람으로 알려진 메소포타미아의 비옥한 땅인 유프라테스강과 거의 나란히 동쪽으로 흐른다.

- **포클랜드 전쟁**Falklands War：1982년 4월 아르헨티나 군사정권은 약 320킬로미터 떨어진 영국 식민지 포클랜드제도에 대한 침공을 명령했다. 런던에서 파견된 군사 원정대가 침략자들을 격퇴하면서 1,700명의 주민들이 일상적인 생활로 돌아갈 수 있었다.

- **플라톤**Platon：고대 아테네 아카데메이아의 창시자이자 철학자. 소크라테스의 제자이며, 훗날 아리스토텔레스의 스승이 된다. 이 책의 맥락에서 지식의 본질을 '정당화된 참인 믿음'으로 정의한 것으로 가장 중요하게 거론됐다.

- **하인리히 힘러**Heinrich Himmler : 게슈타포의 수장이자 홀로코스트의 지적 선구자. 나치 정권에서 가장 사악한 인물 중 한 명으로 꼽힌다. 전쟁이 끝날 무렵 영국에 구금되어 있다가, 입에 숨겨둔 청산가리를 먹고 자살했다.

- **함무라비**Hammurabi : 기원전 1792년부터 42년간 바빌로니아 제국의 왕으로 재위했지만, 체포되어 기소된 사람의 무죄추정을 비롯한 법률을 담은 함무라비 법전으로 더 많이 기억된다.

- **해크니 택시**Hackney cabs : 검은색 런던 택시의 초창기 이름. 런던 교외의 해크니라는 마을에서 운송용으로 키우던 품종의 말에서 유래했다. 해크니 말은 내연기관이 나오기 전에 사람들을 태워 나르는 데 활용됐다.

그림 출처

- 이 책에 사용된 그림의 출처는 다음과 같습니다. 출처가 표기되지 않은 이미지의 경우 저자가 제공하였거나 저작권이 소멸된 것입니다.

옮긴이 **신동숙**

끊임없이 배우고 탐구하는 삶이 좋아서 번역가의 길을 걷기 시작했다. 주옥같은 글에 어울리는 우리말 옷을 입히는 과정에 큰 재미를 느끼며, 의식 성장에 도움이 되는 좋은 책을 많이 소개하고 싶다. 고려대학교 영문과 대학원을 졸업하고 바른번역 소속 번역가로 활동하면서 다양한 분야의 책을 번역해왔다. 옮긴 책으로 《분노하는 사람들을 상대하는 법》, 《예민함이라는 선물》, 《맥스웰 몰츠 성공의 법칙》, 《인간은 필요 없다》 등이 있다.

지식의 탄생

이 시대 최고의 지성이 전하는 '안다는 것'의 세계

초판 1쇄 2024년 8월 30일

지은이 | 사이먼 윈체스터
옮긴이 | 신동숙

발행인 | 문태진
본부장 | 서금선
책임편집 | 임은선   편집2팀 | 김광연 원지연   교정 | 오효순

기획편집팀 | 한성수 임선아 허문선 최지인 이준환 송은하 송현경 이은지 장서원
마케팅팀 | 김동준 이재성 박병국 문무현 김유희 김은지 이지현 조용환 전지혜
디자인팀 | 김현철 손성규   저작권팀 | 정선주
경영지원팀 | 노강희 윤현성 정헌준 조샘 이지연 조희연 김기현
강연팀 | 장진항 조은빛 신유리 김수연 송해인

펴낸곳 | ㈜인플루엔셜
출판신고 | 2012년 5월 18일 제300-2012-1043호
주소 | (06619) 서울특별시 서초구 서초대로 398 BnK디지털타워 11층
전화 | 02)720-1034(기획편집) 02)720-1024(마케팅) 02)720-1042(강연섭외)
팩스 | 02)720-1043   전자우편 | books@influential.co.kr
홈페이지 | www.influential.co.kr

한국어판 출판권 ⓒ ㈜인플루엔셜, 2024

ISBN 979-11-6834-225-5 (03900)